山东省社科规划项目(16CZWJ34)成果

魏晋南北朝道教文献词汇研究

刘祖国　著

山东大学出版社

图书在版编目(CIP)数据

魏晋南北朝道教文献词汇研究/刘祖国著. —济南：山东大学出版社，2018.6

ISBN 978-7-5607-6083-4

Ⅰ. ①魏…　Ⅱ. ①刘…　Ⅲ. ①道教—文献—古汉语—词汇—研究—魏晋南北朝时代　Ⅳ. ①B958②H131

中国版本图书馆 CIP 数据核字(2018)第 133864 号

责任编辑：秦大忠
封面设计：牛　钧

出版发行：山东大学出版社
社　　址：山东省济南市山大南路 20-2 号
电　　话：市场部 0531-88363008
经　　销：山东省新华书店
印　　刷：泰安金彩印务有限公司
规　　格：700 毫米×1000 毫米　1/16
　　　　　23.5 印张　421 千字
版　　次：2018 年 6 月第 1 版　2018 年 6 月第 1 次印刷
定　　价：38.00 元

目　录

序　一

2009年8月，祖国作为师资博士后由我作联系导师，讨论博士后的研究课题，我提出题目一要有研究基础，二要有发展空间。不几天他报来《东晋南北朝古道经词汇研究》，理由是在读硕士、博士的时候就有研究这个题目的考虑，并且积累了一定语料，我同意了。由于汉语文献的多样性和汉语词汇的丰富性，汉语词汇史研究有多种切入点，有多种开创性研究。2011年8月，《东晋南北朝古道经词汇研究》作为博士后出站报告，得到了与会专家的肯定。从2009年算起，到现在9年了，经过研究修订的《魏晋南北朝道教文献词汇研究》，有了新的进步，体系性更加完善，是一部名副其实的开创性的关于道教文献词汇的共时研究专著了。

道教是我国本土产生的最大教派，产生于东汉晚期，有近1900年的历史了，但其根基扎在我国有史以来的文化里，尤其扎在春秋战国时期的道家文化里。我国传统文化有三大主体：儒、释、道。道教虽然排号最后，但其对中国社会生活的影响不一定弱于儒、释。只是随着历史的发展，由于我们不了解道教的组织、活动、思想、哲学、典籍等文化现象，因而不能很清晰地说出哪些来源于道教罢了。道教在漫长的历史中为我们留下了丰富的文化典籍。我国2004年编辑出版的《中华道藏》共49册，收道教典籍凡1453种。从语言学角度看，这些道教文献都是值得重视的汉语史语料。道教文献是随着道教和道教思想文化的发展而不断丰富的。东汉道教始建时期，道教文献主要是注释阐发《老子》《庄子》著作。魏晋南北朝，尤其东晋郭璞以后，道教官方化，出现了一批原创性新作，形成了道教神仙思想体系，奠定了道教宗派文化的基石。“道教”是思想文化的分类，在当代学科体系中属于哲学。“道教文献”是文献学的分类，在当代属于“子藏”。要研究道教文献词汇，对于道教思想史、道教文献史、道教文献词汇研究史，是必需熟悉的。本专著绪论中通过“研究背景”“研究内容”“道教文献词汇研究述评”娓娓道来，有评有述，有褒有贬，得心应手，展示了对道教史、道教文献史、道教文献词汇研究史的了如知掌，展示对道教文献词汇研究方向的把握稳妥。

本专著属于对魏晋南北朝道教文献词汇的共时研究。词汇共时研究的任务是对共时词汇系统作出描写分析。那么,词汇的共时系统是什么?目前,现代汉语词汇研究、汉语词汇史研究看法很不统一,即便同是现代汉语词汇研究或同是汉语词汇史研究也不统一。因此,对共时词汇研究描写什么?描写到什么程度?也没有标准。这是汉语词汇共时研究中存在的两个大问题。本专著是采取二分法,从五个不同的切入点,即"古语词和新生词""单音词和复音词""口语词和书面语词""方言词和通语词""道教语词和普通词",来组建魏晋南北朝时期的道教文献词汇共时构成系统。换句话说,魏晋南北朝时期道教词汇共时系统是什么?就是上面的内容。道教文献词汇共时系统研究,这是第一次尝试,具有开拓性。

道教是我国土生土长宗教教派,其文献语言自然是汉语,但是,道教徒为了构建自己的思想体系,创建自己的话语权,更为了宣教布道,形成了道教文献语言中自己的特色,如文风中的神秘色彩,描写中的仙境,词汇中意义的隐晦等。本专著中所举的"三魂""七魄""种民""刀圭""火枣""交梨"等,文字浅显,语义奥秘。这些对于揭示道教文献词汇、语义的特色,都是非常有价值的。

魏晋南北朝时期,是汉语词汇双音化急剧发展的时期,词是怎样由单音节变成双音节的?构造、机制是怎样的?本专著进行了全面探讨,这对于魏晋南北朝时期双音节词造词、构词的理解,乃至对于魏晋南北朝时期文风、语体的理解,都是必要的。文中对于复合词构词分"词根复合""同义连文""词语重叠"三项,对于附加词有"增加词缀",对于修辞造词有"用典""比喻""借代""委婉""熟语""其他",另有"缩略""词汇化"二项等,把魏晋南北朝复音节词的构造原理讲得清清楚楚,明明白白,很朴实,很大气,毫无矫揉造作、故作高深之势。

本专著关于词义演变、常用词等章,也写得很平实。

还有一项内容引人注目,就是"魏晋南北朝道教文献高频构词语素研究"。语素是汉语的根,是汉语语法的根,也是汉语词汇的根。语素研究是中国传统语言学研究的长项。我国的文字学、音韵学、训诂学都以语素为研究对象,只不过当时叫"字"而不叫"语素"。现在叫语素,是词汇学、语法学研究的起点。常听人说,现在,汉语单音节词研究已经很充分了,需要下大气力研究的是双音节词。其实,这个说法是个误解。我们以《汉语大词典》为例,《汉语大词典》出版后,为之纠错正讹者纷纷,我们 2005 年粗粗统计,单篇论文有 1300 余篇,专书 4 部,现在可能更多了,针对的大多是复音词。其实,《汉语大词典》中单音节词义项的建立、分合问题是最多的,一字多词的分合问题也是很多的,为什么?因为单音节词的义位、义位变体、内部形式义、义素、义素组合研究很粗,甚至没有研究,根据几个例句就简单归纳义项了。尽管是词典的义项与词汇的义位要求不同，但毕竟义位是义项的基础。一个单音节词就是由一个语素担任的，所以，在汉语中，语素研究是极为重要的。本专著对魏晋南北朝道教文献复音词的特点，选择“云”、“玄”两个语素，详细研究其独立的语素义、构词语素义、语素义间构词关系、语素义间语义关系、构词能力等，形成了这两个语素义的意义系统、构造的复音词系统。这种研究能引导词汇、词义研究走向深入，具有重要方法论价值。

共时词汇研究的重点在描写，即描写语言的最小音义结合单位，描写最小音义结合单位之间的关系，描写词，描写词与词之间的关系，描写义位，描写义位之间的语义关系和功能关系。在描写的基础上，一类一类的作出分析，归纳规律。本专著在每一章，甚至每一节都有规律性的总结、小结。如对“魏晋南北朝道教词汇的构成”一章最后总结道教词汇的特点说“风格典雅，语言华美，注重藻饰”“方俗词语逐渐增多”“词汇系统表现出极为复杂的共融状态”“出现大量中古新兴成份”“有一些罕见于同时代其他文献的个人言语创造”等，这些规律性的总结、小结，表现了作者通过研究对魏晋南北朝道教词汇深刻的把握，对以后的研究者、读者都是重要的知识奠定与积累，对于中古道经词汇，乃至中古汉语词汇，都具有重要的词汇史意义。

祖国本书还有一个大优点，在每一章节之前的引子中，对每一个问题、每个词的论述中，甚至在每一个总结、小结中，凡前人有成说者，都不厌其烦的加以引用，以示不掠人之美。这是写文章、做学问的一种美德，相比于那种明明是前人成说，却隐去原创者名姓，掐头去尾，改变说法，规避类同，声明己出，“提出了什么概念”“提出了什么理论”者，显得特别光彩炫目。

祖国的《魏晋南北朝道教文献词汇研究》亮点多多，但是道教文献语言有1900年的历史，1400余种，整理、研究近十来年才开始，可以说刚起步，还有许多问题没弄清楚，祖国本专著只是做了奠基的工作，同样留有不少修正、补充的空间，道教文献词汇共时系统描写到底当怎么做？道教文献词汇研究缺少象儒家经典、佛典那样的一个长时间的疑难词研究阶段，个别词语的解释怎样才能获得共识？祖国尚富于年，相信，定会继续深入研究下去，不断有新成果面世。

祖国的专著就要出版了，嘱我写序，我们有师生之谊，专著写得好，我愿意向学界推荐，也愿意共勉，是为序。

杨端志
2018年5月21日
于山东大学五宿舍

序　二

2003 年 9 月，刘祖国君凭借优异成绩从山东免试推荐到华东师范大学攻读硕士学位，我们由此成为师生。2005 年秋冬他报考了我的博士生，2006 年 6 月在完成了对他的录取之后我调至北京，虽然没有继续担任他的指导教师，但我们的交流从未中断。如今看到《魏晋南北朝道教文献词汇研究》这部书稿，感慨万千，回顾我所了解的刘祖国君，如下两点，不得不先说：

读书刻苦，极富钻研精神。记得那是硕士生一年级下学期，他向我提出想作《太平经》研究。我很意外，因为一年级各类学位课程很多，也没到选题的时候，这学生怎么现在就提出了具体研究课题呢，是不是偶尔看到什么论著心血来潮了？我曾翻检过王明的《太平经合校》和俞理明的《太平经正读》，也看过一些研究《太平经》的文章，于是即兴问了他几个简单问题。他的回答让我深感振奋，我的判断是，他确实已经下了不少功夫，提出论题完全是有备而来。因此，立即布置他先完成一份作业，即全面搜集并深入阅读相关研究论著，撰写一篇《太平经》研究的综述文章，没想到也很快拿出来了。2004 年 10 月，他带上《太平经研究述评》和我一起参加了第四届中古汉语国际学术研讨会，并借机拜访了俞理明先生。俞先生对他的文章给予充分肯定，还给了他不少指导意见。2005 年出版的四川大学《汉语史研究集刊》第八辑发表了这篇文章，这使他深受鼓舞，也让我刮目相看。读硕期间，他还在《中国学术研究》2005 年第 3 期发表了《太平经词语诠释》一文，在《宜春学院学报》2006 年第 1 期上发表了《再谈〈广韵〉语词训诂所反映的宋代新语词》一文，硕士论文自然就是做《太平经》语言研究了。

坚忍不拔，终成一家之言。刘祖国君的《太平经》研究肇始自 2004 年上半年，自此而后，他坚忍不拔地走在道教文献语言研究的道路上，心无旁骛，埋头努力，已在词语考释、注释商榷、文本校订、道教文化、文献整理等方面取得了一系列成果，并提出了“道经语言学”这一富有创见的概念，俨然已成一家之言。读者不妨看一看他的主要成果清单，因为这个清单完全能够印证我的上述评判：2006 年完成硕士学位论文《〈太平经〉复音词研究与〈汉语大词典〉》,2009年完成博士学位论文《〈太平经〉词汇研究》,2011年完成博士后出站报告《东晋南北朝古道经词汇研究》,2015年完成教育部人文社会科学研究青年基金项目“魏晋南北朝道经词汇研究”,2018年完成山东省社科规划项目“魏晋南北朝道教文献词汇研究”;与此同时,发表了60多篇论文,其中各类核心期刊论文有30多篇,按照时间先后列举如下:《〈太平经〉研究述评》(2005),《从几个道教术语看〈太平经〉语言研究的价值》(2007),《〈太平经〉疑难语词例释》(2008),《〈太平经〉语词札记》(2009),《〈太平经〉注释指瑕》《〈太平经〉校注辨正》《〈太平经〉语词释读献疑》《〈太平经〉与汉代社会文化》《试论道经语言学》《道教典籍〈太平经〉语言的再解读》(2010),《〈太平经〉注释商兑一则》《〈周氏冥通记〉注译献疑》《〈太平经〉注释辨误》《〈周氏冥通记〉注释商兑》(2011),《〈周氏冥通记研究(译注篇)〉商补》《〈周氏冥通记研究(译注篇)〉注释拾补》《〈周氏冥通记研究(译注篇)〉补苴》《道教文献语言研究的困境与出路》(2012),《〈太平经〉校点辨正》《〈中华道藏〉校点商榷》(2013),《〈中华道藏〉校点疏误例释》《〈周氏冥通记〉注释献疑》《〈周氏冥通记研究(译注篇)〉补阙》(2014),《〈中华道藏〉订误》《〈真诰校注〉考疑》(2015),《中华书局〈无上秘要〉点校本评介》《〈中古上清经行为词新质研究〉评介》(2016),《新世纪以来道教文献词汇研究述评》《点校本〈无上秘要〉与道教文献整理》《〈道教灵验记〉校读札记》(2017)等。

现在来谈谈刘祖国君的这部著作(以下简称“刘著”),希望我的评介能够对读者有所助益。刘著的学术目标非常明确,就是试图勾勒出魏晋南北朝道教文献词汇的基本面貌,初步构建中古道经词汇的框架体系,并借鉴运用现代语言学理论,对发掘到的语言事实努力作出科学解释,还希望探寻道教文献的语言风格,发现中古时期道教文献词汇发展演变的特点与规律,从而促进中古道经语言的研究,为编写全面详尽的汉语词汇史提供有价值的参考。那么,刘著到底取得了哪些成绩?所用方法能否经得住检验?都具有什么样的特点?一句话,刘著的研究目标是否已经实现,实现到什么程度?兹试述如下:

我认为刘著至少在三个方面取得了重要成绩。第一,对魏晋南北朝道教文献的词汇构成进行了较为全面的描写。该著从古语词和新生词、单音词和复音词、口语词和书面语词、方言词和通语词、道教语词和普通语词等五个方面,初步概括了中古道经的词汇面貌,并在此基础上归纳出魏晋南北朝道教文献词汇的特点。中古道经,丛脞繁多,内容驳杂,语言骈散并存,词汇雅俗兼具,有不少极具个性的特色成分。例如刘著对“炁”的讨论,能结合道教文化、联系古代字典辞书,详细分析其意义和使用情况,就是典型例证。

魏晋南北朝道经中有些内容非常接近日常生活，用词平实浅显，客观记录了当时的方俗语词，例如刘著对“一二（乙二）”“昔在”“的”等词的研究，为中古汉语词汇研究提供了有价值的新材料。第二，对魏晋南北朝道教文献词汇的衍生方式作了细致研究。刘著将中古道书新词的衍生方式概括为词根复合、同义连文、词语重叠、增加词缀、修辞造词、缩略、词汇化等六种情况，论述精彩纷呈。例如“增加词缀”，刘著列举了“来”“头”“边”“面”“子”“复”“自”“当”八个词缀的构词情况，呈现出道教文献中附加式构词与中古汉语一致的特点；例如“修辞造词”，刘著分析了用典、比喻、借代、委婉等修辞手法在道经构词中的应用，对“千椿”“万椿”“亿椿”“积椿”“椿柯”五个词进行了详尽考察，洞见幽微，思致绵密。第三，通过对魏晋南北朝道教文献词汇构成、词汇衍生、词义演变、常用词、高频语素、辞书编纂的研究，揭示了中古道经的汉语史研究价值。中古、近代汉语研究多年来的重点都放在口语性较强的文献上，这当然是正确的，但对道教文献长期未予重视则属不足，因为道教文献虽然口语性不太强，却也是汉语史语料的有机组成部分，有其不可忽视的研究价值，刘著通过深入挖掘魏晋南北朝道教文献中的词汇史资料，充分证明了这一点，这种证明对研究者正确认识、充分利用道经文献是有积极意义的。

我认为刘著所采用的研究方法是科学的。文献考订与语言研究并重、共时描写与历时解释并重、道教内容与语言研究并重等，是贯穿于刘著的基本研究方法，也是作者多年来从事道教文献语言研究一直坚持的基本方法，检视一下作者的论著篇名和刘著的目录，就能一目了然。这里要着重指出的是，刘著特别重视如下几个重要方法，并取得了很好的成绩：第一，注重系统的综合研究。前辈语言学家都很重视这一条，王云路在《中古汉语词汇史》中也曾强调指出，要注意词汇系统，要对同类构型词语作整体考察，要对同步发展词语进行对照考察。作者深知词汇的发展演变不是孤立现象，词汇是成系统的，因而非常重视这一方法，并在考察词语时注意把同类的相关语词放在一起进行综合研究。例如刘著在对“良可”“良为”“良亦”一组词词汇化的研究中，正因为采用了这样的研究方法，才发现“类推”(analogy)在词汇发展演变中的作用。第二，坚持采用比较的方法。比较是学术研究的基本方法之一，语言研究也不例外，正如我在《周秦汉晋方言研究史》中所说过的那样，“语言研究主要是研究语言的差异（包括古今的差异、方域的差异等），以及这些差异中所隐含的规律，而差异的发现和区别都需要运用比较的方法”。刘著在研究魏晋南北朝道教文献词汇时，特别注意多角度的比较，魏晋南北朝道教文献词语与东汉道书《太平经》的比较、与宋代道典《云笈七签》的比较，《真诰》与《周氏冥通记》的比较，道经词语与全民语言的比较等，书中随处可见，通过这种全方位的比较，发现的问题更真实，得出的结论更坚确，进行的论证更充分，因而也就更能令人信服。第三，语言与文化相结合的方法。语言是文化的重要载体，语言本身也是文化，所以语言与文化是相互依存而又能相互证明的。魏晋南北朝道教文献词汇必然与道教文化密切相连，也自然会与同期历史密切相关，刘著在研究中十分重视这一问题并在方法上充分体现出来。例如汉代以降的文献中逐渐见到名人的小名，六朝时大量增多，刘著把魏晋南北朝道教文献中反映"小名"的材料搜罗起来并作出解释，正是因为作者注意到了这一文化现象，从而提供了具有语言学与文化学双重价值的小名研究成果。例如道教对衣着服饰有严格要求，道门服饰与世俗服饰又有密切联系，刘著对"帔""单衣""金环""条脱""约臂"等系列服饰词汇进行了深入考察，很有见地。

我认为刘著在同类研究成果中具有独特贡献。作者长期沉潜在道教文献中，对道教语言特别是它的词汇，涵咏古今，深造自得，所以自然能够有不少创获。与同类论著相较，刘著的独特贡献至少也可以指出三点：第一，以断代为域选取典型文献，这是刘著的鲜明特点。道教文献语言文字研究，或涉文献较多却无断限，或涉文献有限但论题单纯。刘著立足于汉语史断代，选取中古道教的30部重要经典进行综合研究，同时还兼顾地域及道派的差别，这样选材深具史家眼光，自然更有利于准确考察中古时期道经词汇的整体面貌与微观差异。举刘著中一个微观研究的例子，就能看清这种史家眼光的意义。关于常用词"寡/少"，刘著发现6例"寡"中有3例出自《传授经戒仪注诀》，且有2例出现在前半部分，这与《传授经戒仪注诀》前半部分文言色彩浓郁、后半部分有一定口语性的特点形成印证，这个发现就把文言性成分和口语性成分有效地区别了开来，因而就能为汉语史研究提供更为真实的材料。第二，以词汇史研究为旨归，这是刘著的另一个特点。道教文献的研究论著，大多侧重于疑难字词考释，这固然是因为道藏迄今没有精善之本而必须进行基本研究，但从汉语史的眼光来看，同时还应该进行词汇的系统性研究，把专书词汇、断代词汇的研究置于汉语词汇史的视域之中。作者开始进入这一研究领域就确立了这一观念，硕士论文小试牛刀，博士论文做的是《太平经》专书词汇研究，博士后阶段则将视野扩大至魏晋南北朝道教文献词汇，刘著正是在十多年研究基础上所进行的道经断代词汇研究尝试。第三，理论与方法积极融会，这是刘著的又一个特点。刘著注意吸收最新的语言学理论，例如采用描写词汇学中关于复现率与分布面的理论与方法，最大限度地呈现词汇的真实面貌，高频构词语素一章调查"景云"一词的使用情况时，是典型例证；刘著还注意多学科知识的综合利用，例如在分析道教特色词语“坛靖”时，就积极借鉴了王承文关于“静室”及其与斋戒制度的论述。如此之类，不一而足。

一部学术专著，一部专类文献断代词汇研究的专著，而且这个专类文献还是道教文献（其本身问题就很复杂，诸如产生时代不明、来龙去脉不清、前后累增成书、没有精善传本等等问题都很突出），这部专著又是出自一位年轻学者之手（尽管刘祖国君已经在这一领域钻研了十四五年），存在一些问题，自然难免。

就刘著个别研究结论来看，论证还有待进一步加强。比如常用词研究一章，刘著发现魏晋南北朝道教文献中的常用词呈现出与世俗口语文献不同的风貌，他的某些调查结果与学界既有观点不完全吻合，那么是否需要进一步扩大调查范围，搜集更为丰富的资料，以使自己的结论更加坚实或者有所修正？就有关专题的研究来说，探讨还可以进一步深入。比如高频构词语素一章，除了语素的构词能力、语素意义、语素位置分布、结构类型四个方面的分析之外，是不是还可以对语素构词特点、规律及制约因素进行更为细致的考察？个别新词、词义的考释，也有进一步斟酌的必要，试举一例如下：

第二章新生词的第一个例子是“墅”，刘著的基本材料和观点如下：《真诰》卷十九有一个用例，谓“何（道静）后多换取真书，出还剡东墅青坛山住，乃记说真经之事，可有两三纸”。作者认为释为田庐、村舍的“墅”是中古产生的新词，最早见到的用例是三国曹魏时期曹植《梁甫行》中“剧哉边海民，寄身于草墅”这一句，在魏晋南北朝道经中也不是很常见。

魏晋南北朝之后的使用情况暂且不说，这个词是不是产生在曹魏时期，也就是说，是不是中古新词，值得怀疑。《说文》中没有“墅”字。《里部》“野”字释云：“郊外也。从里、予声。壄，古文野。从里省、从林。”朱骏声《说文通训定声》：“从林、从土，予声，字亦作埜、作墅。”朱氏的看法是有道理的。“野”有两音两义，且形音义关系密切。《集韵·马韵》：“野、墅、壄、埜，以者切。《说文》：‘郊外也。’或从土。古作壄、埜。”《广韵·语韵》：“野，田野。承与切，又与者切。墅，田庐。”《集韵·语韵》：“墅、野，上与切。曰庐也。或省。”《正字通》和《篇海类编》对此都有解释。《正字通·土部》：“后人家庐外立别墅，因借郊野之野加土，转声，故《集韵》云‘墅或作野’。盖墅借古野字，非野为古墅字也。”《篇海类编·地理类·里部》：“野，古墅字。以其借为郊野，字复加土字。”清代学者王筠讲得最为透彻。王氏《说文解字句读补正·里部》云：“‘野’字当有‘田庐’一义，乃与从‘里’关合。《广韵·八语》‘野，田野’、‘墅，田庐’，二字并承与切。毛晃韵增‘野，古墅字’。《诗·叔于田》‘野马武’为韵,《小明》‘土野暑苦雨罟’为韵。然则野者,墅之古字也;墅者,野之古音也。”

“墅”字在传世文献中出现得比较晚,不知秦汉出土文献中有没有用例,我没仔细查考。“野”(壄、埜)字在甲金文里就已经见到了,甲金文字形与“野”字形成的异文用例也不少,如就《尔雅·释地》“牧外谓之野”一句,陆德明《释文》云:“野,本或作埜,古字。”最重要的是,传世文献中确实有“野”借作“墅”的使用例证,而且肯定早于曹魏时期。《大戴礼记·曾子制言上》:“近市无贾,在田无野,行无据依,苟若此,则夫杖可因笃焉。”王聘珍解诂:“卢注云:‘无野,无田庐也。’聘珍谓:野,读曰墅。《玉篇》《广韵》并云‘墅,田庐也’。”可见,“墅”这个字虽然晚出,但这个词却在之前就产生了,只不过最初是用“野(壄、埜)”这个字来记录的。

汉语史研究既要重视传世文献,也要重视出土文献,这已成为学界共识;传世文献中经史子集不仅量大,而且故训资料最多,是汉语史研究中使用得最普遍最广泛的材料。如今,传世与出土的佛教文献所受到的重视和产生的成果可谓前所未有,相较而言,道教文献的整理与研究,特别是运用道教文献从事汉语史研究,就显得格外寂寥。刘祖国君一开始就将道教文献置于汉语史视域加以研究,这是很有远见的。道教文献研究的难度很大,以之为材料研究汉语史,不仅要熟悉宗教史、要掌握道教专业知识,而且要面对不很理想的传本。明代编纂的《正统道藏》在保存道教文献上意义重大,但无论是编排还是文字都存在很多问题;本世纪初上百位专家整理编纂的《中华道藏》,质量有了很大提高,但句读、校勘方面错讹仍然不少。因此,运用文献学方法对道教文献进行最基础的校订整理,就成为汉语史研究的前提。可见,这条有意义的研究道路并不那么容易走,更不容易走好。正如本文开头所介绍的那样,刘祖国君在这条研究道路上坚韧跋涉,一往无前,已经取得很多成果,这部著作更是证明。

清儒有言:淹博难,识断难,精审难。愿以此与刘祖国君共勉。刘祖国君志存高远、脚踏实地,勤于读书、敏于思考,我坚信,其学必将日新又新矣!

是为序。

华学诚
2018 年 4 月 9 日
于京华成府路之潜斋

凡　例

1. 本书采用的明正统《道藏》版本是文物出版社、上海书店、天津古籍出版社1988年影印本。
2. 一个词语如果有其他异体书写形式，则用(　)标出。
3. 误字用[　]标出，正字用(　)标出；衍字亦用(　)标出；脱文，据文意补，以[　]标出；正统《道藏》本《真诰》围以圆圈的阴刻字句，本书中用带圈字符表示。
4. 《道藏》中的一些经典，如《真诰》《周氏冥通记》等，带有小字注释，本书中采用小五字体加以区别。
5. 本书除少数几个为了不影响行文意义而必须保留的繁体字外，其余皆采用通行的简体字。
6. 本书采用意义分类，词目以意义为单位分列，若一个词语形式有多个意义，就分别标注1、2、3，加以区别。
7. 书中引用《汉语大词典》《汉语大字典》时，简称《大词典》《大字典》。
8. 为求行文简洁，书中称引前修时贤之说，皆直书其名，不赘先生字样，敬请谅解。

绪 论

第一节 研究背景

中古汉语主要指东汉至隋时期的文献语言，以其口语化的特色在汉语史研究中具有承上启下的重要地位。中古汉语这门学科在科学意义上的起步比较晚，是上个世纪后半叶才兴起的研究领域，突飞猛进则是近二十年的事情。同以往的零星研究相比，无论研究内容还是研究方法，都不断拓展提高，出现了不少可喜的成果，仅专著就有江蓝生《魏晋南北朝小说词语汇释》（语文出版社 1988 年版），方一新、王云路《中古汉语语词例释》（吉林教育出版社 1992 年版），朱庆之《佛典与中古汉语词汇研究》（台北文津出版社 1992 年版），董志翘、蔡镜浩《中古虚词语法例释》（吉林教育出版社 1994 年版），汪维辉《东汉—隋常用词演变研究》（南京大学出版社 2000 年版），周俊勋《中古汉语词汇研究纲要》（巴蜀书社 2009 年版），王云路《中古汉语词汇史》（商务印书馆 2010 年版），方一新《中古近代汉语词汇学》（商务印书馆 2010 年版）等，都是这方面的突出代表。

从事中古汉语词汇研究，材料的掌握是十分关键的一环，语料是研究的前提和基础。当前的中古汉语学界关注较多的主要是以下几方面的语料，即：汉译佛典、小说、史书、诗歌、注释语料、农书、医书、杂帖书信。对比一下，不难发现，学界对于数量巨大的道教典籍关注还不多。其实对于这个问题，一些富有远见的学者早就指出了，可惜应者寥寥。例如，成书于东汉晚期的第一部道经《太平经》，近年逐渐引起研究者的重视。其实早在 20 世纪 90 年代王云路就指出了该书的语料价值，并呼吁加强对该书的研究。[①] 向熹也认为应加强道经语言的研究，“道教典籍也很丰富，收集在道家典籍汇编

---

① 参见王云路：《〈太平经〉语词诠释》（《语言研究》1995 年第 1 期）、王云路：《〈太平经〉释词》（《古汉语研究》1995 年第 1 期）。

《道藏》里。其中如东汉的《太平经》、晋葛洪的《抱朴子》,南朝梁陶弘景的《真诰》等,也都是研究汉语史有必要参考的作品”[①]。近年出版的中古汉语词汇研究的通论性著作如《中古汉语词汇研究纲要》罗列了道藏中的华侨等《上清经》、葛巢甫《灵宝经》、正一派所传《正一法文》等多种道经语料。[②]方一新《中古近代汉语词汇学》中也说道:“在研究汉魏六朝文献语言的时候,也应该注意利用道教典籍。包括成书于汉末的《太平经》、晋代的《抱朴子》、梁代的《真诰》以及后代的《云笈七签》等,以往对此不够重视。自两汉魏晋以来,汉语词汇发生了很大的变化,这种变化在道藏中也有充分的体现。”[③]

道经语料数量庞大,亟待开发。道教文献语言研究的语料主要是《道藏》。明正统十年(1445),道经全部刊刻完毕,命名为《正统道藏》,共5300余卷。正统十年编纂的《道藏》有些文献未能收入,于是,明神宗万历三十五年(1607),命人刊刻《续道藏》,共32函,180卷,后代称为《万历续道藏》。1988年,文物出版社、上海书店、天津古籍出版社三家联手,以涵芬楼本为底本,又借用上海图书馆所藏上海白云观旧本加以对照补缺,影印出版了36册的《道藏》,共512函,5485卷,该本实际包括了《万历续道藏》,大大方便了读者。清代至民国期间,又编纂了《道藏辑要》,共辑录道书297种,其中新增《正统道藏》《万历续道藏》所无的93种。影印出版了《道藏》之后,1994年大陆学界还整理出版了《藏外道书》,共收录近千种《正统道藏》《万历续道藏》所未收的道书。另外,还有敦煌藏经洞出土的500多件道书。这些都是我们研究所要关注的对象。

当前学界对道教典籍语言的研究还处于初级阶段,较之于佛经语言研究来说相当滞后,这是有着多重原因的。葛兆光是国内较早涉及道教文献研究的学者,他曾把道教不受重视的原因归结为三点:“第一,从近现代以来,中国文化阶层就越来越看不起道教,觉得佛教理论高深、生活高雅,而道教则属于迷信,比较粗浅。文化阶层对道教的轻视态度影响了研究者对古代社会生活中道教的地位的判断,误认为古代也和现代一样,道教影响很小。第二,道教经典的时代、内容、语言十分复杂,时代不清,作者不明、隐语很多;道教的理论常常隐藏在它的法术、神谱、仪式背后,很难清理它的思想系统。第三,还有一个很直接的原因,那就是道教辞典的编纂还不够细致,至今中国还没有一部非常广博、非常细致、非常准确的道教大辞典,可是道教偏偏词汇又非常隐晦、深奥,隐语极多,这使得很多研究者很难深入这一

① 向熹:《简明汉语史》(上),商务印书馆2010年版,第12页。

② 参见周俊勋:《中古汉语词汇研究纲要》,巴蜀书社2009年版,第22～23页。

③ 方一新:《中古近代汉语词汇学》,商务印书馆2010年版,第420页。

领域。”[①]这三点也充分说明了研究道教文献及道经语言的困难所在。

道教宣称“神授天书”，喜欢故作神秘，逐渐形成了一种诡异神秘的文字风格，有学者将其概括为“古奇”[②]，这种文字风格使很多人望而却步，一定程度上影响了人们对道教语言进行探求的欲望。研究中国传统学问的学者，很少是以道教为其专业研究的，大家在心态上又总是漠视此类文献的存在，虽然它数量庞大，但却往往不被学界所理会。就辞书编纂而言，《汉语大词典》等大型语文辞书在引证方面对于宗教文献利用不多，道教文献的利用更是少之又少。据叶贵良研究：“《汉语大词典》指出的‘道家语’或‘道教语’的词不及‘佛教语’的十分之一。”[③]专业的道教研究者多注重其义理思想的挖掘，大都集中在研究其思想、历史、炼丹术、仪式、宫观等，绝少有人去关注道教的语言，他们认为语言文字仅仅是思想的载体，只要理解大意就够了，不会过多地去关注其中具体的语言文字问题。这就形成了一种很尴尬的局面：一方面，道教学者不大管或者不大懂语言，很少从字里行间去细致考察所蕴含的思想；另一方面，语言学者则一门心思研究语言，不大管或者不大懂道教，很少联系道教思想来探析语言，两者互相隔绝，老死不相往来。种种因素导致道经语言研究罕有涉及，以致非常薄弱。

当前研究道教语言还面临一个困境，我们的《道藏》是没有标点断句的，整理得比较好的单行本道经很少。道经帙多篇繁，其中又多仪轨、咒语，在解读上较一般古籍更是不易。另外，在数字化大潮冲击下的今天，《道藏》至今好像还没有一个校对精善的电子版可供学者免费进行全文检索。目前可以全文检索的《道藏》电子资源基本都是收费的，如北京爱如生公司的《道教全书》，台湾汉珍公司的数位版《正统道藏》，日本凯希媒体公司的雕龙古籍全文检索丛书系列之《正统道藏》，这些检索软件售价高昂，都达数万元，非一般研究者所能承受。互联网上虽有部分免费的道经电子文本，但错误百出，这在一定程度上也制约了道经语言研究的深入。与之形成鲜明对比的是，佛典电子检索早已成为现实，如众所周知的台湾中华电子佛典协会CBETA电子数据库，它是以《大正新修大藏经》第一卷至第五十五卷及第八十五卷为底本，正式取得了该底本版权所有者大藏出版株式会社的公开授权，校对精审，可以在网上随意检索使用，极大地推动了佛经语言的研究。

---

① 葛兆光：《道教与唐代诗歌语言》，《清华大学学报（哲学社会科学版）》1995年第4期。

② 张振谦先生指出：“当我们翻阅道教经典时，它们的语言文字给我们的直觉印象就是：古奇。说它‘古’是其语言带有很深的复古意味，无论是《太平经》《云笈七签》，还是《真诰》《黄庭经》，都在试图运用古怪且神奇的语词系统。”参见张振谦：《〈太平经〉〈真诰〉对李贺、李商隐爱情诗语言的影响》，《兰州学刊》2008年第6期。

③ 叶贵良：《敦煌道经写本与词汇研究》，巴蜀书社2007年版，第53页。

2004年华夏出版社整理出版了《中华道藏》，这是中国道教学界的一大盛事，是书对《道藏》进行了补遗、点校、重新分类编排。《中华道藏》选择了部分近代发现的古道经，如黄老简帛书、敦煌道经写本、金元藏经刻本孑遗等，补入本编；对原本错漏衍讹文字作了校补，并按照现代古籍整理规范，全部加以新式标点；对所收经书都根据其内容性质、时代先后、所属门派，重新归类编次，分编为三洞真经、四辅真经、道教论集、道法众术、道门科仪、道史仙传、目录索引7大类，共49册。《中华道藏》较之以前的文物出版社等三家影印本更加方便适用，但在使用时还是应当注意，因其书出众手，在文字校对、标点断句方面尚有一些疏漏。综观已出版的道经单行本，王明《〈太平经〉合校》（中华书局1960年版）、《〈抱朴子内篇〉校释》（中华书局1980年第1版，1985年第2版增订本），俞理明《〈太平经〉正读》（巴蜀书社2001年版），李永晟点校《云笈七签》（中华书局2003年版），[日]吉川忠夫、麦谷邦夫编，朱越利译《〈真诰〉校注》（中国社会科学出版社2006年版）等堪称道经整理的典范之作，其经验与方法值得学习借鉴。道教经典的校勘整理是一个看似简单、实则复杂的工作，需要大家一起努力，做好这个工作可以说功德无量。

葛兆光曾指出："道教语言就像古代的鼎一样，总是有绿锈的，看起来斑驳古奥，也像错金壶一样，总是有意弄得很繁复，装饰性很强，可是现在还没有深一步的研究。现在据说是语言学的时代，语言分析是很流行的方法，可是放着这么一个有意思的课题，没有人去做，不是太奇怪了么？就连一部好的道教词典，现在也还没有呢，所以我想，在这方面，无论是传统的还是现代的方法，都可以一试。"①

道教包罗万象，博大精深，可以多角度进行研究，语言研究当然是其中一个重要的方面。道经语言研究不仅对读懂道经有直接帮助，而且也是汉语史学科不可或缺的一个分支，具有广阔的发展前景。

第二节　道教文献词汇研究述评

中国道教研究在哲学、科技、医学、艺术、历史等方面都取得了长足的进步，然而从语言的角度对道教经典进行研究却少有学者涉及，语言研究在道教研究中是一个非常薄弱的方面。道经语言研究的历史大概最早可以追溯

① 葛兆光：《关于道教研究的历史和方法》，《中国典籍与文化》2003年第1期。

到汉代，第一部道经《太平经》就记载了原始道教的不少训诂资料。后来，历代的道经注本如北宋陈景元《元始无量度人上品妙经四注》、元代陈致虚《太上洞玄灵宝无量度人上品妙经注》等，记录了时人对道教语言的训释，是对道经语言的最初研究。清代以前，专门措意于道经词语训释的学者并不多，一些著作偶见关于道经词语的考释，但数量甚少，且极为零散，残缺不全。道经语言的研究成果前人缺少总结，非常有必要进行梳理，以发现问题，明确前进的方向，推动这一领域的发展。本节我们主要讨论道教文献词汇研究的历史与现状。

对于道教文献词汇的研究，基本上可以分为三个时期：

一、清代至民国

第一阶段主要的成果，可从以下论著得到反映：

清初的学者黄生，他精通文字训诂之学，在其《义府》卷下对陶弘景《周氏冥通记》中的"弥沦""登""约尺""五尺""角家""畔等"等共 27 个语词作了比较详尽的解释[①]，如其中"道义，谓同事道法之义友""戴屋，盖屋也"等，考证详明，多可信从，这可以说是最早的集中解释道教文献词汇的成果。

真正阅读道藏，并有所发明的，不能不提到近代著名学者沈曾植的《海日楼札丛》。《札丛》卷六的 50 余条中，有 40 多条所载为道教事。如"章醮"条："立礼正推祷醮于庙堂之前，书遗炎烟，耀于苍云，精消无文。曰唐史之策，上灭苍云，良史也。(《北堂书钞》引《元命苞》)醮字始见于此。(《杂家言》)"[②]书中内容涉及道教史考订、《道藏》源流、道佛关系等问题，常能慧眼独具，每有卓见。

第一位比较科学地研究道教的人是刘师培，其《读道藏记》(1911)[③]有不少地方论及道教文献语言文字问题，如第 2 页《原始无量度人上品妙经四注》篇："审之卷一之注，仅有薛李成三家，知严氏未注道君前序，即后三卷所录严注亦均简要，训诂一宗苍雅，薛注亦然，兼明通假。如卷一无鞅注云：鞅者，央也，古字少以鞅为央。央，尽也，已也。卷二眇眇劫刃注云：刃者，仞也，古之字少以刃为仞。"当然，这仅是一份读书心得，还谈不上真正深入的研究。

---

① (清)黄生撰，(清)黄承吉合按，刘宗汉点校：《字诂义府合按》，中华书局 1984 年版，第 252～262 页。

② 沈曾植著，钱仲联辑：《海日楼札丛》，上海古籍出版社 2009 年版，第 231 页。

③ 本节在罗列有关学者论著时，限于篇幅，只提及论文或专著的题目及发表年份，刊物或出版社省略。

胡适《陶弘景的〈真诰〉考》(1935)通过对勘文字,一针见血地指出《真诰》剽窃了《四十二章经》,"他(陶弘景)《四十二章经》中的20章,把'佛言'都改作了道教高真的话,文字也有了极微细的改动,又故意加上了两个字的校勘,和两处脱文的校补,——摆出他的十足的谨严方法的架子——使人知道他是有所本的"[①]。胡氏此文的研究扎实严谨,这种对勘文字的方法对于考求道教经书的来源多有启发。

汤用彤《读〈太平经〉书所见》(1935),这是国内学术界对《太平经》的创始性研究,文章从卷帙、版本、地理、语言、文化、历史、宗教等诸多方面以翔实的证据指出《太平经》当为汉代旧书,影响深远。

许地山是早期道教研究者中唯一受过宗教学训练的,其《扶箕迷信底研究》(1941)一书,旁征博引,是迄今对扶鸾问题所作的最深刻、最完整的研究。书中也有关于道教语言的论述,如:"(扶箕)国文有时写作'乩''鸾''銮''栾'(见故事四二)、'神卟'(见故事七六)等,都是后起的名称。""'飞鸾'就是扶箕。大概是因神仙驾风乘鸾,故有此名。至于'乩'从'占'从'乚',乃是俗写。"[②]

王明是汤用彤的高足,其所撰《论〈太平经钞〉甲部之伪》(1947)从金丹、符书、文体、所用名辞四点,证说《钞》甲部不可信为《太平经》之节文;今本《太平经钞》甲部抄自《灵书紫文》等南朝上清经。

二、1949年后至20世纪80年代末

敦煌卷子对道教研究非常重要,饶宗颐在英国找到了《老子想尔注》残本,完成了《〈老子想尔注〉校笺》(1956),对《老子想尔注》进行了校对、笺释和研究,做了开创性的工作,值得称道。

杨联陞《〈老君音诵诫经〉校释》(1956)对《老君音诵诫经》作了精到的校点注释,如"天下经方,百千万亿,草药万种,万药百数"条云:"万药百数,万药依下文当作石药。盖石万形近而误。"[③]杨先生对《老君音诵诫经》的点校整理为后世提供了一个可靠的本子。

王明于1959年编成《太平经合校》,基本上恢复了本经170卷的原始面貌,被公认为是研究《太平经》的最权威、最详备之底本。王先生还著有《〈抱朴子内篇〉校释》(1980)、《〈无能子〉校注》(1980),皆采用数种文本参校而成。其所著《论〈太平经〉的成书时代和作者》(1982)从汉代语言、地理名称、

① 胡适:《陶弘景的真诰考》,见《胡适文集》第5册《胡适文存四集》,北京大学出版社1998年版,第138页。

② 许地山:《扶箕迷信底研究》,商务印书馆1999年版,第7页。

③ 杨联陞:《中国语文札记》,中国人民大学出版社2006年版,第86页。

社会风尚、思想内容等方面进一步加以论证，得出《太平经》“大抵是公元2世纪前期的作品”的最终结论，在学术界广为称道，堪称道教文献考证的典范之作。

陈国符《道藏源流续考》(1983)收论文8篇，第一篇《中国外丹黄白法词谊考录》，收集外丹黄白术经诀之文集中的名词术语600余条。第二篇《中国外丹黄白法经诀出世年代考》从用韵角度考证了《太清金液神丹经》的出世年代。第三篇《石药尔雅补与注序》，所补多为已列或未列之药名或隐名。陈氏尚有《中国外丹黄白法考》(1997)，用现代的化学知识考释古道经中的炼丹术词语，共考明道教炼丹术语、词义319项，该书可以说是第一部专门研究道教文献语词的专著，也是研究道教史、文化史、汉语史所必征必引的文献。陈氏继承发扬清代朴学大师的考证方法，搞清了许多炼丹方法所用术语的含义，这些方法出现的朝代以及所用术语名称的演变，嘉惠学林。

《道家金石略》本是陈垣在20年代中期时，搜集《道藏》、历代文集及缪荃孙所藏拓片中与道教有关的碑体文字的记录，由于这一工作本身的艰巨性，一贯严谨的陈垣去世前始终没有付梓，直到1988年才由文物出版社出版。陈智超同志对原稿又有经过7年之久的重新校勘、整理，并作了很有价值的增订。此书是近代以来第一部有关道教的大型金石略著作，为中国道教史研究提供了丰富全面的碑刻资料。

此一时期有两位外国学者的研究值得重视。1960年，法国学者康德谟(Max Kaltenmark)发表《“灵宝”：一个道教术语的札记》一文，对“灵宝”这一道教术语进行了比较详尽的考察，对古灵宝经中自汉魏以来逐步增衍的《太上灵宝五符序》作了深入的探讨。[①] 许理和(Erik Zürcher)是荷兰莱顿大学著名汉学家，1980年发表了《从经典看佛教对早期道教的影响》长篇论文，以东汉到公元6世纪123份早期道教经典为基础，探讨了佛教对道教的影响。作者集中讨论了道教对佛教内容借用的几种类型。他认为首先存在“形式的借用”(formal borrowing)，表现为对于词汇和文体的吸收，而这又是一种最基本的借用。其次是“概念借用”(conceptual borrowing)。如“三界”等概念在大乘佛教中有明确的义理，但又难以弄清它们在道经中还保留多少原来的含义。[②]

三、20世纪90年代至今

20世纪90年代之前的道经语言研究，研究者多为宗教学者，多多少少涉及的词义解释也是为宗教思想研究服务的，因此基本上可以说是“语言学

① 参见王承文：《敦煌古灵宝经与晋唐道教》，中华书局2002年版，第19页。

② 参见王承文：《敦煌古灵宝经与晋唐道教》，第20页。

家缺席的中国道教研究”。从20世纪90年代中期开始，道经语言的重要性逐渐引起了语言学界的高度重视，道经语言的研究进入了自觉的阶段，不少学者开始从汉语史的角度来研究道经词汇，道经词汇研究成果如雨后春笋般不断涌现。道教文献逐渐成为汉语史研究向纵深发展的新的学术生长点，目前主要成果有：

（一）词汇分类研究

1. **常用词方面**　汪维辉《〈周氏冥通记〉词汇研究》(2000)探讨了《周氏冥通记》15组常用词的使用情况，从中可看出此书反映当时口语的程度相当高。冯利华《六朝道经词语研究发微》(2006)对道书中出现的常用词“巾、建”(着、戴)作了数据统计，说明道经在常用词研究中的价值。叶贵良《说“真”》(2008)认为春秋之前罕见“真”字，“真”的广泛使用与秦汉方仙道大量借用该字有很大的关系，以此说明道教语言对汉语词汇的丰富和发展所作的贡献。方一新《从〈抱朴子〉4组名词看中古基本词的更替演变》(2010)对《抱朴子》4组单音名词的使用情况作了初步调查，分析了《抱朴子》基本词的使用状况和更替演变，思致绵密，洞见幽微。

2. **复音词与构词法方面**　董玉芝《〈抱朴子〉特指义拾零》(2004)、《〈抱朴子〉词缀研究》(2004)等系列论文全面讨论了《抱朴子》复音词的构成问题。罗庆《〈太平经〉复式虚词研究》(2006)对《太平经》中的108个复式虚词进行了考察，分析了其逐渐由短语向词转化的过程。刘艳娟《〈真诰〉复音词研究》(2014)采用传统的构词法分类对《真诰》的复音词进行了详细的数据统计。田启涛《汉语词汇复音化再认识——以魏晋时期天师道文献为例》(2013)指出以往对复音化的判定多以单复音词的数量为标准，这样的判定标准值得再认识，词语的词次、词频、多义性、普遍度等语用特点也应该成为衡量复音化程度的重要指标。田启涛、俞理明《汉语词汇复音化的观察视点和方法——以早期(魏晋)天师道文献为例》(2016)指出汉语词汇的复音化，是通过不同层面逐步扩展的。它的扩展顺序是先后从以下几个层面依次进行的：(1)新词；(2)新义；(3)词库；(4)整体覆盖面；(5)语流；(6)个体覆盖率；(7)个体使用率。此文立论深刻，观点新颖，是近年汉语词汇复音化研究的重要成果。

3. **同义词与反义词方面**　夏雨晴《〈太平经〉中三音节同义并列复用现象》(2003)从特点、原因、作用角度对《太平经》中大量存在的三音节同义并列复用现象进行了探讨。李娜《〈抱朴子〉反义词研究》(2003)对《抱朴子》中338对反义词从词性、概念间的关系角度进行了分类研究。张元治《〈太平经〉单音节同义词研究》(2013)对《太平经》的单音节名词、动词、形容词同义词作了初步的辨析。另外还有王敏红《从〈太平经〉看三字连文》(2004)、曹静《〈太平经〉里的三字连文》(2005)。

4.新词新义方面 刘祖国《〈太平经〉所见东汉时期的新词新义》(2008)考察了《太平经》中一些东汉时新出现的词语用法。俞理明、顾满林《东汉佛道文献词汇新质的表义分析》(2012)考察词汇发展和创新的动因,发现对于新事物新概念的表达,并不是词汇创新的全部。俞理明、顾满林《东汉佛道文献词汇新质研究》(2013)首次对东汉佛道文献中的名物词、行为词、性状词新质进行了全面系统深入的研究,胜义纷纶,多有创获。周作明《中古上清经行为词新质研究》(2013)从时代可靠的六朝《上清经》中筛选出 2901 个词汇新质,描写其面貌,分析其构成,探讨其来源及语用地位。俞理明、田启涛《早期天师道文献高新生率词汇部分考察》(2014)采用描写词汇学的方法,就词汇新质与旧质之间的关系作了细致的考察,发现词汇新质不仅为表达新概念而产生,也为翻新旧概念的表达形式而产生。周作明、俞理明《东晋南北朝道经名物词新质研究》(2015)以语义为纽带,对其中的名物词新词和新义作了详细描写和训释,释义举证稳妥贴切。

5.道教特色词语方面 道教创造了很多富有自身特色的语词。叶贵良《敦煌道经写本与词汇研究》(2007)将敦煌道经中的道教特色语词分为十五类,还指出了道教特色语词的研究方法,研究道教语言必须结合社会发展的历史来进行。刘祖国《〈太平经〉词汇研究》(2009)对“道教词语”的定义进行了辨析,胪列解释了书中与道教教义或道教文化有直接或间接关系的八类词语。孟燕静《〈周氏冥通记〉道教类词汇研究》(2015)参照以上两部著作的界定与分类,初步描写了 221 个道教特色词语。另外还有周作明《东晋南朝上清经中的“兆”》(2004),周作明、俞理明《东晋南朝上清经中的动词“宴/晏”》(2006)等。

6.口语词方面 纵观汉语词汇发展的历史,口语词一直是词汇系统中最为生动与宝贵的组成部分。刘祖国《〈太平经〉词汇研究》(2009)对《太平经》中的 60 条口语词进行了较为系统的考察。周作明《中古道经中的口语成分及口语词举例》(2012)从道典“十二部类”入手,分析了各类道经的用语特点,举例论述了早期道经中的口语成分和口语词。牛尚鹏、姜云鹏《道经白话词语例释》(2015)揭示了近代道经《太上洞渊神咒经》《玄天上帝启圣录》中 14 条口语词的意义。

7.其他特殊语词方面 俞理明《〈太平经〉中的汉代熟语》(2001)发掘了不少具有特定的意义,罕见于当时其他文献,但在《太平经》中有很高使用率的熟语,开拓了中古汉语词汇史研究的领域。另外还有黄建宁《〈太平经〉中的同素异序词》(2001)、俞理明《〈太平经〉中常用的应叹提顿语》(2002)、冯利华《道书隐语刍议》(2006)等论文。

与卷帙浩繁的道教经典相比，道教文献的词汇分类研究还是相当薄弱的，应继续加强对这些词汇专题的研究。

(二)语料研究

1.语料价值的揭示 从事中古近代汉语词汇研究，材料的掌握是十分关键的一环，语料是研究的前提和基础。道经语料数量庞大，但早期学界对道教文献多有偏见，近些年来，道教文献的汉语史价值逐渐引起重视，出现了不少专门揭示某种道经语料价值的文章。

东汉第一部道教文献《太平经》是最早进入汉语史研究者视野的，论述其语料价值的有高明《简论〈太平经〉在中古汉语词汇研究中的价值》(2000)、刘祖国《从几个道教术语看〈太平经〉语言研究的价值》(2007)，两篇文章从不同角度分别阐发了此书的重要价值。

《真诰》是东晋南朝时期流行的一部道书，用词独特，叙述平实，冯利华《陶弘景〈真诰〉的语料价值》(2003)对其词汇、语音、俗字方面的价值进行了初步探讨；王用源《中古道书〈真诰〉的介词系统及其语料价值》(2015)独辟蹊径，从介词角度讨论了《真诰》的语料价值[①]；周作明《论〈真诰〉在中古汉语词汇研究中的价值》(2016)进一步指出《真诰》中的“仙真降诰”“在世记述”和“叙录”三部分内容，并非同时写成，语料价值也各有侧重，其中的“在世记述”和“陶弘景语料”在词汇研究上价值最高。

东晋葛洪《神仙传》具有丰富的道教语词、大量的六朝常用语词、芜杂的后出语词和仅见于《神仙传》的语词，方一新、柴红梅《〈神仙传〉的词汇特点与研究价值》(2010)揭示了其在汉语词汇史研究中的语料价值。

除以上专论某部经典价值的系列论文之外，周作明《试论道典与中古汉语词汇研究》(2015)分中古世俗通用语词、东晋南朝方俗语词、道经特殊用语以及受佛教影响的用语四方面，全面论述了道教经典在中古汉语词汇研究中的价值。这方面的研究还有俞理明、周作明《论道教典籍语料在汉语词汇历史研究中的价值》(2005)、冯利华《道书音注的语料价值》(2007)、秦桦林《敦煌〈抱朴子〉残卷的抄写年代及文献价值》(2013)等。

2.语料辨伪 道教文献常常假托神授，故作神秘，对道教文献的断代和辨伪就显得十分重要，其中也有不少考辨道教文献的时代及作者的成果。

学界讨论最热烈的是《列仙传》的成书年代问题，先后有陈洪《〈列仙传〉

---

① 词汇分为实词和虚词两大类。一般而言，词汇研究以实词为主，但很多虚词是由实词虚化而来的，实词和虚词关系极其密切。所以，我们把个别有关虚词的文章也收进来，以备参考。

成书时代考》(2007)、程亚恒《今本〈列仙传〉成书时代问题》(2011)、肖娇娇《〈列仙传〉文献形态研究》(2013)、程亚恒《今本〈列仙传〉的语言时代》(2014)、夏冬梅、肖娇娇《〈列仙传〉赞语成文与作者考论》(2014)。从目前最新研究成果来看,《列仙传》一书大约在魏晋以前已经出现,今本《列仙传》是在原本基础上增补而成的一个本子,从文献征引和作品本身的语言角度综合分析,今本《列仙传》最终成书时间应该不早于唐代。

《神仙传》一书的版本流传极其复杂,裴凝撰、卞东波译《〈神仙传〉之作者与版本考》(2007)、殷爽《〈神仙传〉研究》(2010)、盛莉《〈太平广记〉中〈神仙传〉考》(2010)、周文晟《〈神仙传〉版本及其流传情况》(2012)、向群《〈神仙传〉版本考》(2014)先后进行过探讨。向群《葛洪〈《神仙传〉研究》(2015)堪称集大成者,今存《神仙传》数十种,大致可归为《说郛》、四库、汉魏本三个系统,今本《神仙传》已非葛洪一人之作,而是一个复杂的文本变迁的结果。

此外,容志毅《道藏中几部外丹经出世朝代的考订》(2012)、夏先忠《试论〈洞玄灵宝自然九天生神章经〉中"三宝章"非元后增补——兼谈道经成书年代判定中证据的发掘与利用》(2012)、丁宏武《葛洪论稿:以文学文献学考察为中心》(2013)亦考证了有关道经的年代问题及作者归属。

3.语料校注与整理 道教文献的校注与整理是一个重要的基础性工作,有了这个基础,才能更好地发挥道教文献在汉语史研究中的作用。

《中华道藏》是道教文献整理方面最突出的成果,2004 年华夏出版社整理出版《中华道藏》,对明本《道藏》错讹衍脱文字作了校补,并加以新式标点,为学界提供了一个阅读方便的版本,但因《道藏》多有俗字、俗语词,辨认理解不易,加之书出众手,尚存在不少文字错讹及句读失误,刘祖国《〈中华道藏〉校点商榷》(2013)、《〈中华道藏〉校点疏误例释》(2014)、《〈中华道藏〉订误》(2015)、《〈中华道藏〉指瑕》(2016)对其字词点校问题多有阐发。

还有些单行本道经整理作品,如俞理明《〈太平经〉正读》(2001),[日]吉川忠夫、麦谷邦夫编,朱越利译《〈真诰〉校注》(2006),刘雄峰译《〈周氏冥通记〉研究(译注篇)》(2010),胡守为《〈神仙传〉校释》(2010),赵益点校《真诰》(2011),叶贵良《敦煌本〈太玄真一本际经〉辑校》(2010)、《敦煌本〈太上洞玄灵宝无量度人上品妙经〉辑校》(2012)、《敦煌本〈太上洞渊神呪经〉辑校》(2013),王家葵《〈登真隐诀〉辑校》(2011)、《〈养性延命录〉校注》(2014),韩吉绍《黄帝九鼎神丹经诀校释》(2015),周作明点校《无上秘要》(2016)等。2012 年 7 月全国古籍整理出版规划领导小组发布了"2011～2020 年国家古籍整理出版规划",其中一项即为"道教典籍选刊(23 种)",整理者为丁培仁、董恩林、谢阳举等,整理方式为点校、注评,2011～2018 年由中华书局陆续出版。它们为道教文献词汇研究提供了一个较为可靠的底本，对于道教文献语言研究功莫大焉。

另有不少商榷补校方面的论文，其中订补《太平经合校》的，如俞理明《〈太平经合校〉校对补说》(2002)、杨寄林《〈太平经合校〉识误》(2003)等。

订补《〈周氏冥通记〉研究(译注篇)》的主要是刘祖国的系列论文，如《〈周氏冥通记〉注释商兑》(2011)、《〈周氏冥通记〉注译献疑》(2011)、《〈周氏冥通记〉研究 (译注篇)注释拾补》(2012)、《〈周氏冥通记〉研究(译注篇)商补》(2012)、《〈周氏冥通记〉研究(译注篇)补苴》(2012)、《〈周氏冥通记〉注释献疑》(2014)、《〈周氏冥通记〉研究(译注篇)文字校勘献疑》(2014)、《〈周氏冥通记〉研究(译注篇)补阙》(2014)等。

订补《真诰校注》的，如刘祖国《〈真诰校注〉订补》(2013)、《〈真诰校注〉补疑》(2014)、《〈真诰校注〉考疑》(2015)、《〈真诰校注〉勘误札记》(2015)，再如何亮《〈真诰校注〉指瑕》(2009)，刘扬《〈真诰校注〉商补二则》(2009)，周作明、俞理明《〈真诰校注〉补阙》(2010)等。

关于其他经典，还有周作明《点校本〈云笈七签〉商补三则》(2005)、胡守为《文渊阁四库全书本〈神仙传〉疑误》(2009)、许蔚《〈历世真仙体道通鉴〉所见〈真诰〉校读记》(2011)、张雁勇《〈真灵位业图〉校勘举要》(2011)、秦桦林《敦煌〈抱朴子〉研究概况及校勘举隅》(2013)、谢明《国图敦煌道经校释札记》(2015)、谢明《国图藏敦煌道经校正三则及相关问题考释》(2016)等，以上论文对有关经典的文字、标点、注释等都进行了一些校勘整理，是研究有关文献词汇的重要参考。

（三）专书、专类词语系统研究

专书、专类词汇研究是汉语词汇史研究的基石，没有坚实的专书、专类词汇研究成果，汉语词汇史的书写就无法推进，这是汉语史学界的共识。此类研究比较重要的有汪维辉、冯利华、叶贵良、周作明、刘祖国等人的论著。

1. 专书语词研究　汪维辉《〈周氏冥通记〉词汇研究》(2000)从常用词、疑难词、新词新义入手，系统揭示了此书对汉语史研究的价值。成妍《〈抱朴子内篇〉词汇研究》(2005)分析了该书词汇的特点：专业性、隐语性、丰富性，讨论了书中的新词新义和复音词问题。柴红梅《〈神仙传〉词汇研究》(2005)重在对其反映中古时期语言面貌词语的发掘论证，同时发现了一些较晚出的与葛洪时代不符的语词，可为文献辨伪提供资料。

刘祖国《〈太平经〉词汇研究》(2009)对《太平经》中的口语词、道教词语、新词新义、常用词等问题进行了细致的分析。冯利华《中古道书语言研究》(2010)分析了《真诰》《周氏冥通记》中的一些词语用法，及俗字、隐语、道经整理等相关问题。

孔珍《〈真诰〉词汇研究》(2010)对《真诰》中的道教语词、叠音词、典故词进行了初步考察。刘彩红《敦煌本〈太上洞渊神咒经〉文字与词汇研究》(2012)对敦煌本《神咒经》的道教词汇、佛教词汇、儒源词汇、杂源词汇进行了梳理、举例和考证。杨静《敦煌本〈太上业报因缘经〉文字与词汇研究》(2012)对其中的儒源词、佛源词、本源词以及杂源词进行考释。王佳欣《〈周氏冥通记〉虚词研究》(2015)将书中虚词分为副词、连词、介词、助词四类及若干小类,从词类、用法、意义、功能等方面加以分析,力求呈现《周氏冥通记》虚词的特点。

这些专书语词研究的系列成果,很好地体现了中古道经词汇研究的不断深入与发展。

2. 专类语词研究 叶贵良《敦煌道经写本与词汇研究》(2007)对敦煌道经文字与词汇进行了开拓性的研究,深入探讨了敦煌道经词汇的研究方法,敦煌道经文字与词汇考释,敦煌道经词汇对道家文化的传承,道教义理语词,道教特色语词等内容,多所发明。

刘祖国《东晋南北朝古道经词汇研究》(2011)首次对东晋南北朝古道经词汇进行了较为全面的研究,分词汇系统概貌、词汇的衍生、词义的演变、道经词汇与中古文化等专题进行系统研究,初步描写出东晋南北朝古道经词汇和词义的系统及构成。

牛秀芳《宋以前道教碑刻词语研究》(2011)对道教碑刻中具有道教特色的神仙传说类、众术丹法类、斋戒科仪类词语分别进行研究,拓宽了道教词汇研究的语料范围。

田启涛《早期天师道文献词汇描写研究》(2012)饶有新意,选取魏晋时期的十部天师道文献作为研究对象,采用描写方法对48849字的文献材料进行穷尽性分析,切分出8619个词语,对这些词汇的历史层次、新旧质比例、单复音词使用情况、语义场分布等展开了全面而深入的讨论,取得了很多富有价值的结论。

总之,这方面的研究目前成果较少,盲点较多,是今后有待努力的方向之一。应注意加强对道经专书、专类文献词汇系统的描写,在揭示语言事实的基础上,尝试从史的角度对词汇发展演变加以研究,探讨道教文献词汇发展演变的特点规律和内部机制。

(四)词义考释研究

道教文献语言研究是从字词训诂考释起步的,在道经词汇研究的各项工作中,词义考释研究成绩最为突出。

1. 以某一类文献语料为主要对象的研究 敦煌道教文献中有许多俗字、俗语词，语义隐晦，不易理解，有待诠释。叶贵良《敦煌道经词语考释》(2009)集中考释了数百条道教特色词语和疑难俗字，缜思明辨，持论坚确。这方面成果还有周作明《敦煌道经语词札记》(2006)、田启涛《敦煌道经词语例释》(2013)等。

中古灵宝经数量繁多，年代确定，内容广泛，其中有不少难解的方俗语词，忻丽丽《中古灵宝经词语考释》(2012)对中古灵宝经(及少数三皇经)中的70多条难解词进行考释，释义细密精当。科仪类道经具有较高的口语性，相关文字、词汇方面的研究至今仍多有空白，周学峰《道教科仪经籍疑难语词考释》(2013)考释辨析了一些易造成阅读障碍的俗讹字和疑难词，结论多可信从。

另外还有田启涛《早期天师道文献词语拾诂》(2010)、田启涛《魏晋南北朝天师道典籍中的"县官"》(2010)、牛尚鹏《道法类经书疑难语词考释》(2012)。

2. 专门考释某一时期词汇的研究 中古时期的道教文献具有较高的语料价值，是中古汉语研究不可缺少的一部分，许多在六朝时期道书中出现的词语可与同时期其他文献相互比勘，对于词语考释多有启发。冯利华《中古道书词语辑释》(2010)解释了中古道经的"陪负""陪填""劬剧""秽殗""扰竞"等词，对于辞书释义具有很好的匡补作用。此外，刘玉红《〈金元全真教石刻新编〉释词》(2008)则对《金元全真教石刻新编》中的一些词语进行考释，开拓了道教文献词汇研究的新领域。这方面的成果目前很少，亟待加强。

3. 专门考释某部书中词汇的研究 成书于东汉的《太平经》是中国道教的第一部经典，早在1959年，王明就编成《太平经合校》，被公认为是研究《太平经》的最权威、最详备之底本，也使其成为汉语史界最早的研究对象，关于此书的词语考释成果颇丰。

俞理明《〈太平经〉中常用的应叹提顿语》(2002)把《太平经》中的应叹提顿语分为感叹、应答、提顿用语三大类，分析了各自的用法，并对相近词语或用法进行了比较，甚为精审。王敏红《〈太平经〉词语拾零》(2002)利用多种字书辞书，发掘旧注，对《太平经》中的"腐涂"等词语作了考证，堪为的训。连登岗《〈太平经〉语词再释》(2004)对前人无释的"晏早""晏蚤""厌畏""根柄"等八组词语作了详细考释。近年对《太平经》词语考释用力较多的是刘祖国，先后发表《〈太平经〉注释商兑》(2006)、《〈太平经〉词语拾诂》(2008)、《〈太平经〉语词札记》(2009)、《〈太平经〉语词释读献疑》(2010)、《〈太平经〉注释指瑕》(2010)、《〈太平经〉注释商兑一则》(2011)、《〈太平经〉注释辨误》(2011)等系列论文。

《抱朴子内篇》也是汉语史学界比较关注的一部经典,专门对书中疑难词语词义进行考释的文章,主要有王敏红《读〈抱朴子·内篇〉校释札记》(2001),董玉芝《〈抱朴子〉特指义拾零》(2004),曾昭聪《〈抱朴子内篇〉词语零札》(2005)、《〈抱朴子内篇〉词语小札》(2006),成妍《〈抱朴子内篇〉语词零札》(2005)、《〈抱朴子内篇〉语词训释》(2007),这些文章在一定程度上解决了部分疑难词问题。

考释《真诰》疑难字词的文章有冯利华《〈真诰〉词语校释三则》(2002)、《〈真诰〉词语辑释》(2002),王磊《〈真诰〉词语拾零》(2003),雷汉卿、周作明《〈真诰〉词语补释》(2010)等。

北宋张君房编《云笈七签》是道教最大的一部类书,保存了《大宋天宫宝藏》的精华,素有"小道藏""道教小百科"之美称,也是汉语史研究的重要资料。王敏红著有《〈云笈七签〉"临目"释义》(2001)、《〈云笈七签〉"养""迫"释义》(2002)、《〈云笈七签〉词语零札》(2002),结合道教炼丹文化,考释了《云笈七签》中的"临目""养""迫""不用""自抟""正尔""救理"等疑难词语。

4.个别词语的考释研究 田启涛先后发表《搏颊:一种已消失的道教仪式》(2011)、《也谈道经中的"搏颊"》(2012)、《再谈道经中的"搏颊"》(2012),指出"搏颊"是魏晋南北朝道经中的一个常见词语,表"击打面颊"之义,后人因不了解"搏颊"之俗,而对该词产生诸多误解。三篇系列论文以道经语料为依托,以佛经及传统文献典籍用例为参照,廓清了其意义内涵。

"乙密"一词,学界看法不一,先后有王云路《〈太平经〉词语诠释》(1995)、连登岗《释〈太平经〉之"贤儒""善儒""乙密"》(1998)、真人成《再释"乙密"》(2010)、史光辉《"乙密"补释》(2011)、田启涛《道经词语"藹沫""乙密"语义考辨》(2015)对该词进行考释。

中国社科院姜守诚近年来致力于出土文献与早期道教民间信仰的研究,立足于考古新材料,遵循"二重证据法"的原则和精神,发表多篇字词考释文章,例如《"命树"考》(2007)、《"业秤"小考》(2008)、《"冢讼"考》(2010)、《中国古代的"家先"观念》(2011)、《中国古代的"业镜"观念》(2011)、《汉晋道书中所见"玉女"考释》(2012)等,对一些重要的道教文化词语提出不少新见解,对道教文献语言研究具有积极的启发意义。

此外,比较重要的成果还有叶贵良《"殡"字考辨》(2004)、连登岗《释〈太平经〉之"贤柔、贤渘、大柔、大渘师"》(2005)、王柯《〈太平经〉语词选释》(2007)、高朋《"冢讼"的内涵及其流变》(2008)、忻丽丽《道经词语"离罗"考释》(2011)、芦笛《道教文献中"芝"之涵义考论》(2015)、田启涛《说"蕴"》(2016)等。

(五)词汇比较研究

魏晋南北朝时期,社会动荡,南北对峙,五胡乱华,北人大批南迁,民族大融合，造成汉民族与外族、南方与北方之间文化的交融，这对于语言发展产生了重要影响。近年来，已有学者着手对南北朝时期南北语言的差异进行研究，这是非常有意义的，有利于发现语言内部的一些深层内容。

1.方言词汇差异研究 汪维辉《六世纪汉语词汇的南北差异——以〈齐民要术〉与〈周氏冥通记〉为例》(2007)以《齐民要术》和《周氏冥通记》为调查对象，结合同时期其他语料和现代方言，从“特用词语”“同义词语”两方面勾稽出一批具有方言色彩的词语，揭示出南方较多地使用新词，北方则相对保守的规律。文章视野宏阔，精见迭出，具有很强的指导意义。

萧红《六世纪汉语第一、第二人称代词的南北差异——以〈齐民要术〉和〈周氏冥通记〉为例》(2010)通过对比发现北魏汉语人称代词稍显保守。萧红《六世纪汉语疑问词语的时代特征和地域分布——以〈齐民要术〉和〈周氏冥通记〉为例》(2012)指出《齐民要术》中疑问词语的用法相对保守，保留旧的用法更多，较新的一些词语在《周氏冥通记》中出现了，而在《齐民要术》中没有见到。这两篇文章将中古汉语的内部差异问题进一步推向深化，具有较高的参考价值。

刘海平、李晶《试述〈周氏冥通记〉〈齐民要术〉所反映的南北语言差异》(2013)研究发现：词汇方面，《齐民要术》具有六朝北方口语特色，《周氏冥通记》具有南方口语特色；语法方面的发展，《周氏冥通记》比《齐民要术》要更快一些。

中古时期南北方言词汇差异的研究相关论著不多，这方面的研究仍应加强。

2.语言与文化的交互影响 语言既是历史的积淀，又是社会的折光。道经语言与文化问题的研究，重要的有夏先忠、周作明等人的成果。

佛、道二教在发展中相互斗争，又彼此融合，相互间的交融渗透在用语上也多有反映。刘屹、刘菊林《论〈太上妙法本相经〉的北朝特征——以对佛教因素的吸收为中心》(2007)是一篇富有新意的文章，作者认为《本相经》对佛教概念和词汇的借用有其特色，并将其总结为“直接移植”(直接借用不改变意义)和“偷梁换柱”(虽保持佛教的名称，但彻底改变了原有的佛教意含)。

夏先忠《六朝道典用语佛源考求举例》(2008)对其中数则深受佛教影响的词语，如“右别”“形论”“度”“付度”等进行了考求。夏先忠、周作明《试论宗教文化对词语意义及构造的影响——以东晋六朝上清经为例》(2008)分析了东晋六朝上清经中受道家“虚静”思想影响引起的词义变化，上清派的修道思想及观念对词义的影响，角度新颖。周作明、夏先忠《从六朝上清经看佛教对道教用语的影响》(2008)以六朝上清经为考察对象，发掘出一批深受佛教影响的用语，并从源头上对其加以分析。夏先忠、周作明《从六朝上清经看文化对文献用语的影响》(2009)考察了道家思想及道派文化对上清经用语构造及意义的影响，分析透彻。另外，杨静《敦煌本〈太上业报因缘经〉佛源词例释》(2011)、杜晓莉《道教"古灵宝经"中的佛教词语》(2013)、唐武嘉《敦煌道经佛源词研究》(2014)也都谈到了道经中吸收的佛教语词。

作为一种宗教文献，道书保存了大量具有特殊的道教文化蕴涵的语词，是道经词汇研究的重要内容。田启涛《道教文化影响下的道经用语》(2014)指出道教所关注的热点问题和当时的社会风尚必然会以词汇形式反映在其文献中，形成不同的语义群，从七个方面探讨了道教文化影响下的50条道经用语。牛尚鹏《道经文化词语分类解诂》(2014)分类考释了"擢质""基考""斋直""都章""天民"等文化词语，并阐释了其产生和存在的文化背景。周作明《早期道教日月崇拜的用语表达》(2016)详细梳理并解释这些表示日月的用语，对道经文献的解读和研究有所裨益。

3.语言比较研究 随着中古近代汉语词汇研究的逐渐深入，不同文献语言之间的对比研究日益受到学者们的关注，比较重要的有俞理明、顾满林、萧红等人的论著。

四川大学俞理明教授是国内较早专门从事道教文献语言研究的学者，鉴于《太平经》与东汉佛典在语言上的诸多相似，他提出了《东汉佛道文献词汇研究的构想》(2005)，这是一个独具价值的创新性题目，把东汉佛道文献语言放在一起进行对比考察，堪为首创。顾满林、俞理明《东汉佛道文献词汇新质的概貌》(2011)发现在4757条东汉词汇新质中，佛经的词汇创新量明显高于道经。佛经中的新词不仅数量高于道经，与中土非宗教文献用词的密切程度也略高于道经。俞理明、顾满林《东汉佛道文献词汇新质研究》(2013)第一次全面地比较了佛、道二教的文献用语，解释了佛经与道经在词汇词义方面的诸多细微差异，提供了一种全新的研究思路，开辟了一个新的研究领域，填补了相关研究空白。

萧红《南北朝佛典、道书复音词语比较》(2014)从宗教、时代、地域、个人风格等方面归纳了《杂宝藏经》《百喻经》《老君音诵诫经》《周氏冥通记》四部经典在复音词方面的差异，视角新颖。李振东、张丽梅《东汉佛教译经语言及文献比较研究述论》(2014)也谈到了可将《太平经》与东汉佛典或《论衡》进行比较。

比较是学术研究的一种基本方法，语言方面的比较可以发现语言现象的同中之异和异中之同。比较作为语言研究的一种有效手段，但现阶段道教文献词汇比较研究方面的论著尚不多见，这一研究领域应大力加强。

（六）词汇研究与辞书编纂

《汉语大词典》（下文省称《大词典》）、《汉语大字典》等大型语文辞书当初编纂时很少利用道教文献，道教文献词汇研究可为相关字头词条的立目、释义、书证等提供参考，对辞书的修订和完善具有重要的意义。

刘祖国《〈太平经〉复音词研究与〈汉语大词典〉》（2006）通过对《太平经》复音词穷尽性调查，发现并纠正《大词典》在收列词条、解释意义、列举书证等方面的问题。俞理明《〈玄都律文〉的用词和〈汉语大词典〉的释义》（2010）考察《大词典》解释的词语中与道经《玄都律文》用例释义不合的情况，借以说明道教文献语料对汉语历史研究的作用。牛尚鹏《从道经语料看〈汉语大词典订补〉仍存在的问题》（2015）指出《大词典》在编纂时对道经语料措意不多，新出的《汉语大词典订补》仍存在释义不确、义项缺失、音项缺失、词条失收等问题，需要在《大词典》第二版全面修订时引起注意。

周作明近年致力于道教文献的整理，有多篇文章论及道经词汇与辞书编纂的问题。《论早期道经与大型辞书编纂》（2013）指出辞书对道经的零星利用中，尚存立目时采用词形有误、释义欠妥、引例可商等未善之处。《中古道经与近代汉语语词溯源》（2013）认为中古道经在一般语词溯源上作用巨大，而在专门语词研究上，则应当成为主要的依托材料。《论〈真诰〉在中古汉语词汇研究中的价值》（2016）详举《真诰》中的信札等材料，用实例论述了其在大型辞书编纂中的价值。

另外，还有贺志伟《李白诗歌道教语言文化研究》（2014），张琨《〈云笈七签〉词汇研究和〈汉语大词典〉的修订》（2012）、《〈汉语大词典〉书证滞后补遗——以〈云笈七签〉为例》（2012）等。

（七）词汇研究述评

1. 书评　周作明对近年出版的多种道经点校本有系列评论文章，《他山之石，可以攻玉——评吉川忠夫、麦谷邦夫编，朱越利译〈真诰〉校注》（2013）从四个方面肯定了该书在六朝道典校勘方面的开创之功，同时指出其中个别语词出注时，所引文献与该词在原句中的本意不符，在异文出校上还可再下工夫等。《"道教典籍选刊"之〈真诰〉与〈登真隐诀辑校〉》（2015）评介了两书的整理得失，并就道教古籍的整理谈了几点看法，如建立分类合理、方便可靠的电子语料库，尽最大可能参照同期道经；在缺少他校材料的情况下，对文字的改动一定要谨慎。周氏的书评文章还有《点校本〈云笈七签〉商补续——兼论道教典籍的整理》（2007）、《〈真诰校注〉补阙》（2010）、《"道教典籍选刊"与道教古籍整理》（2012）、《点校本〈真诰〉述评——兼论魏晋南北朝道经的整理》（2012）、《点校本〈真诰〉商补》（2012）、《〈登真隐诀辑校〉商补》

(2013)、《〈登真隐诀辑校〉与早期道经整理》(2014)等。

刘祖国对道教文献语言研究论著也多有评论,《〈养性延命录校注〉评介》(2015)从版本选择、标点注释等方面充分肯定了《养性延命录校注》,也指出了个别语词释读问题。《〈东晋南北朝道经名物词新质研究〉评介》(2015)认为此书首次对东晋南北朝时期道经名物词新质作了较为全面的整理和研究,是近年来道教文献词汇研究的一项可喜收获。《道教文献语言研究的探索之作——〈中古上清经行为词新质研究〉评介》(2016)认为此书角度新颖,在中古道经词汇研究方面作出了可贵的探索。《中古宗教文献语言比较研究的力作——〈东汉佛道文献词汇新质研究〉评介》(2016)认为此书第一次对东汉佛道文献词汇新质进行了全面的、系统的、深入的描写,具有开创意义,具有很高的学术价值。《道教文献整理与科技史研究之完美结合——韩吉绍〈黄帝九鼎神丹经诀校释〉读后》(2016)认为此书是一部高质量的道教文献整理作品,亦举例指出书中一些标点注释还可再斟酌。

2. 研究综述　新世纪以来,道经语言研究成果如雨后春笋般不断涌现,尤以中古道经词汇研究方面的成果最为丰硕,近年也出现了几篇对研究现状加以总结的论文。

张婷、曾昭聪、曹小云《十年来道教典籍词汇研究综述》(2005)对近十年来的道教典籍词汇研究进行了简要的回顾,同时对道教词汇研究的将来也作了展望,作者对道经词汇研究的现状总结比较到位,此文距今虽已有 10 年,但仍有重要价值。

罗业恺《近二十年道教语言研究综述(1988～2008)》(2009)从道经语音、词汇、文字、传播及影响等方面,对近 20 年道教语言的研究作简要综述。窃以为,此文尚存在一些不足:一方面,文中所论对象有些并非严格意义上的道教文献,如《老子》《庄子》,范围过宽;另一方面,有不少本应收录的重要成果却未提及,王云路、周作明、连登岗、赤松佑子等先生的多篇重要文章皆漏收。

萧红、袁媛《百年中国道教文献语言研究综述》(2013)指出百年来中国道教文献语言研究从前期以考据为主的文献语言研究发展到后期以语言本体研究为主,由强调经验研究到开始注重理论的系统性,逐步成为一门交叉学科。与佛经语言研究相比,道教文献语言研究存在着起步晚、数量少、根基浅等明显差距,但未来在学科发展、材料利用、研究方法改进等方面有十分广阔的空间。这篇文章具有较高的理论水平,反映了作者对这一问题的探索与思考。

刘祖国《汉语学界道经语言研究的回顾与展望》(2013)以时间为线,将汉语学界百年来的相关成果分三个时期进行了梳理，并指出了今后努力的七个方向，如要注意研究道经语言对全民语言的影响，要研究道经语言对儒家文化以及佛教文化的吸收与借鉴，有步骤、有计划地展开道经语言的专题研究、专书研究、专类体裁研究、断代研究、通代研究等。作者10多年来都在从事道经语言研究，对这一领域比较熟悉，成果总结全面细致，具有较高的参考价值。

近20年来，《太平经》一直是学界关注的热点，成果众多，刘祖国《〈太平经〉研究述评》(2005)、刘晓然《〈太平经〉的词汇研究》(2006)、李振东《八十年来道教典籍〈太平经〉研究的历史与现状》(2012)从校勘、训诂、语法、词汇等方面，对《太平经》语言的研究情况进行了简要的介绍，对其中的某些问题作了必要的补充。

此外，还有几篇对道教文献语言研究进行全面辨析与理论阐述的重要文章，对这一研究领域的发展进行了深入思考。

刘祖国《试论道经语言学》(2010)认为在道教文献日益受到重视的今天，有必要建立一门专门研究道教文献语言的学科，即道经语言学。文章首次提出"道经语言学"的概念，论述了建立道经语言学的可能性与必要性，道经语言学的研究内容、研究方法等问题。刘祖国《道教文献语言研究的困境与出路》(2012)分析了道教文献语言研究的困难所在，并结合各方面实际，认为可以从以下几方面寻求突破，如做好道教经典的校勘整理，下大力气加强道经的辨伪研究，等等。周作明《利用早期道经从事汉语史研究的问题及对策》(2013)客观分析了道经语言研究现状和使用中存在的问题，指出这些困难可通过以下途径来克服：利用国内外早期道经文献学的考订成果，确定出时代总体可靠的核心材料；结合道经衍生中互相抄截或纂集的特点，加强文献整理；客观谨慎地处理道经传承中的文字变动问题，以保证研究材料的可靠性。

总的来看，近年来道教文献语言研究正逐渐成为汉语史学界一个新的学术生长点。纵观新世纪以来的道教文献词汇研究，研究的对象和范围日益扩大，研究成果也较为丰硕，尤其是中古道经词汇的研究成果最为突出，其特点主要表现在以下方面：

(一)研究内容

本时期的研究虽仍有不少字词考释类的成果，但从整体上看，其内容又有一些新的拓展：

一是研究广度不断拓宽，对汉语词汇研究的各个方面均有涉及，无论是新词新义、复音词、构词法，还是常用词、同义词、反义词等，都有相关论著。

虽说各个方面的成果还不均衡，但这足以说明21世纪以来道教文献词汇研究取得了较大的发展。

二是出现了几部扎实厚重的成果，对中古道教文献词汇进行系统描写，总结道教文献词汇的特点与规律。最突出的代表就是俞理明、顾满林《东汉佛道文献词汇新质研究》(2013)。此书第五章“东汉佛道文献词汇新质分析”是对描写结果的纵深分析，包括词汇新质的总貌、表义情况、意译词，从社会文化背景角度考察东汉佛道文献词汇的社团特点，发现了一系列蕴含在材料深处的规律，令人耳目一新。全书既有详细的共时描写，又有深入的理论分析，贯彻了描写与解释相结合的原则，为此项研究树立了典范。周作明《中古上清经行为词新质研究》(2013)专门研究中古上清经的行为词，周作明、俞理明《东晋南北朝道经名物词新质研究》(2015)则重点讨论东晋南北朝道经名物词，可以说，两部著作珠联璧合，相映生辉，成为研究中古道教文献词汇研究的代表性成果。

三是出现了几篇对道教文献语言研究进行宏观思考的理论性文章，立足高远，视野闳通，对学科的发展具有一定的指导意义。如俞理明《东汉佛道文献词汇研究的构想》(2005)，刘祖国《试论道经语言学》(2010)，周作明《利用早期道经从事汉语史研究的问题及对策》(2013)等。

(二)研究方法

本时期的研究在方法上有所改进，主要表现为两个方面：

一是尝试运用词汇化、概念场、现代语义学、描写词汇学等理论对中古道教文献词汇作系统的研究，取得突破性进展。如刘晓然《双音短语的词汇化：以〈太平经〉为例》(2007)、周作明《从概念场看文献中新旧词语的语用地位》(2009)、俞理明、顾满林《东汉佛道文献词汇新质研究》(2013)，田启涛、俞理明《汉语词汇复音化的观察视点和方法——以早期(魏晋)天师道文献为例》(2016)。

二是重视道教文献与不同材料之间的相互印证，研究方法趋于多样化。如周建姣《东汉买地券镇墓文与〈太平经〉释文互证》(2008)取地下文献与《太平经》相互印证，张文冠《〈太平经〉字词校释四则》(2015)以魏晋碑刻及敦煌文献校订辨析《太平经》的字词错讹，李振东《〈太平经〉与东汉佛典复音词比较研究》(2016)选取《太平经》和东汉佛典中的复音词进行对比研究。

从另一方面来看，道教文献词汇研究虽已取得一定成绩，但与佛经语言研究相比，尚处于起步阶段，在以下方面还需加强。

(一)从研究范围来看，尽管道教文献词汇研究已走过20年历程，但目前研究仍多围绕《太平经》《抱朴子内篇》《真诰》《周氏冥通记》《云笈七签》以及东晋南朝上清经、敦煌道经等展开，其他众多经典无人问津，今后应特别注意扩大研究范围。另外，目前的研究对象主要集中于中古道教文献，其实，近代汉语阶段的一些重要道经，如《续仙传》《江淮异人录》《神仙感遇传》《录异记》《历世真仙体道通鉴》等也都有较高的研究价值。

（二）从研究角度来看，相当多的成果集中于疑难词语考释，这种零碎的原子式研究有待改变，应着眼于词汇的系统性研究，大力加强道教文献的专书、专题语词研究，逐步开展道经断代词汇研究乃至通代研究。目前的专书、专题词汇研究成果以硕士论文居多，在研究的深广度上尚有待提高。以道经断代词汇为对象的成果非常稀少，空白点还有许多，这项工作任重道远而又意义重大。

（三）从研究基础来看，要大力加强道经的辨伪工作，同时继续做好道经的校勘整理。道教文献常托之神授，其编著者姓名和编著年代大多不详，要综合利用语音、词汇、语法等手段，加强道经辨伪。对那些在道教史或汉语史上研究价值较大的道经进行标点、注释（或校注、校释、训诂）、翻译（或译注）①，可为道教文献词汇研究提供可靠的文本依据。另外，为了促进道教文献语言研究的发展，同时也是顺应时代潮流，一定要联合各方面力量加快《道藏》全文检索系统的开发。②

（四）从研究方法来看，要加强相关比较研究，如不同道经、不同道派词汇之间的比较、道经与佛典或其他同时代文献词汇的比较等③，目前的研究

① 中国道学权威卿希泰先生早已指出此项工作之重要。他在谈道教研究的展望时曾说道："四是开展道教典籍的研究和整理（包括注释、标点、译为白话）。这项研究得到国内一些出版社的重视，也出版了一些道教典籍的注释和翻译，但将其像中华书局那样系统安排列入计划的并不多，即使有系统安排的，其进展也很慢，赶不上形势发展的需要。所以，这项研究还需要加大力度。"（卿希泰：《道教研究百年的回顾与展望》，《四川大学学报（哲学社会科学版）》2006 年第 4 期）

② 国外学者有的已经在进行道经的电子化开发，如"道藏辑要研究计划"由莫尼卡（Monica Esposito）、维习安主持，日本京都大学人文科学研究所执行，并得到了台湾"中央"研究院、法国远东学院等学术机构的合作，而研究经费由台湾蒋经国基金会和日本学术振兴会赞助。此计划旨在发掘、整理与出版关于《道藏辑要》的各类学术研究成果。其研究目标是整理出高质量的《道藏辑要》所收藏外经典及其异本的电子资料，开发出多功能全文检索系统与相关知识的创新方法、研究工具，以电子资料方式出版一套由权威专家批注与校订的经典。（详见 http://www.daozangjiyao.org/DZJY_C/Project.html）

③ "道典中所保存的道教用语材料，作为一个特殊社会团体的用语，既与一般汉语有所区别，又与一般汉语有密切的联系。它以一般汉语为基础，在相当程度上反映了一般汉语的面貌；同时，又发展出了具有个性的部分，并且反过来影响全民用语，部分道教用语通过与其他语言社团的交际，渗入到全民用语中。"（俞理明、周作明：《论道教典籍语料在汉语词汇历史研究中的价值》，《绵阳师范学院学报》2005 年第 4 期）要注意研究道教文献语言对全民语言的影响，发现那些渗透到全民语言中的成分。另外，也要对儒、释、道三教的互动关系予以考察，研究道教文献语言对儒家文化以及佛教文化的吸收与借鉴。

多以某部经典为对象，考察面过于单一，缺乏必要的比较，很多时候，通过比较才能发现其深层特点与规律。

（五）从研究目标来看，要提高理论素养，挖掘道教文献词汇的发展演变规律。目前的研究还多属传统训诂学的研究，今后需注意利用语义学、认知语言学、词汇化、语法化等语言学理论进行研究，尝试对发掘到的语言事实予以解释和理论概括，探寻道教文献的语言风格、道教文献词汇发展演变的规律与机制。

（六）从研究梯队来看，应创造条件，吸引更多的学者加入进来，共同推动道教文献语言研究。目前国内专门致力于道教文献语言研究的学者仅有10多位，面对浩如烟海的道经，这是远远不够的。不过，近年出现了一个可喜的现象，一些年轻的硕士、博士生开始自觉地把道教文献语言作为自己的学位论文选题，毕业后如能继续从事有关研究，必将成为推动道教文献语言研究发展的有生力量。

（七）从研究视野来看，要放宽眼界，注意吸收各相关学科的最新研究成果。道教文献语言研究涉及多个学科，最基本的就是汉语史、宗教学，另外，文献学、历史学、古代文学的成果我们也要关注。因为学科分类的问题，目前从事道教文献整理及语言研究的学者，在不同的高校，可能会分属不同的学院或专业，因为来源比较复杂，所以不能闭门造车，而要眼观六路，善于及时掌握各相关学科的最新动态。

（八）从研究前景来看，要顺应当今交叉研究、跨学科研究的大势，逐步建立一门能把道教学与语言学真正融合起来的新兴学科——道经语言学。道经文献丛脞繁杂，可多角度进行研究，语言研究当然是其中一个重要的方面。道教文献语言是汉语史研究的薄弱环节，少有学者把道教文献作为断代语言研究的对象。佛经语言研究早已硕果累累，然而道经语言研究一直进展缓慢，这与其在中国传统文化中的地位极不相称，可以说建立道经语言学也是学科布局平衡发展的需要。道经语言学是未来道教学研究及中国语言学研究的新趋势，具有广阔的发展前景。

第三节　研究内容

东晋南北朝是道教整合发展并初步形成的关键阶段，而更早一些的两汉道经存世相对较少，因而这一时期的道教文献成为重要的“古道经”（相对于隋唐以后道经而言）系统，对研究道教的"整合"或"形成"，具有重要的意义。由此，关于六朝道教文献的专门性实证研究作为道教研究的重要起点，已经成为国际道教学界的共识。[①]

《道藏》编纂按照道教经籍的渊源及其传授的不同，将道书分为"三洞""四辅""十二类"。"三洞"指"洞真"（主要是上清经）、"洞玄"（主要是灵宝经）、"洞神"（主要是三皇经）三部。"四辅"是指"太清""太平""太玄""正一"四部，它们是对"三洞"体系的解说和补充，属于道教经籍的辅助部分。所谓"十二类"是对"三洞"内容的区别和划分，按照《道教义枢》和《云笈七签》的说法，其名称及内容如下：

1. 本文类。为道教各大经系经典的原本真文。

2. 神符类。为龙章凤篆之文，灵迹符书之字。

3. 玉诀类。为各家道经注解和阐述。

4. 灵图类。为道经原文的图解或以图象为主的经书。

5. 谱录类。为记录高真上圣的应化事迹和功德名位的典籍。

6. 戒律类。为功过格及戒规、科律一类的经书。

7. 威仪类。为斋法、醮仪及道教科仪制度之类的经书。

8. 方法类。为论述修真养性和设坛祭炼等各种方法的著作。

9. 众术类。为介绍外丹炉火、五行变化以及术数之类的方术书。

10. 记传类。为众仙传记，碑铭以及山渎道观等有关的志书。

11. 赞颂类。为赞颂灵章、诸真宝诰、步虚词等歌颂赞倡之类的著作。

12. 章表类。为建斋设醮时上呈天帝的章奏、青词。

冯利华认为在这"十二类"中，以"本文类""戒律类""方法类""玉诀类""纪传类"的语料价值为高。若从道书7类经系而言，即上清经系、灵宝经系、三皇文经系、太玄经系、太平经系、太清经系和正一经系，中古时期，在数量上以上清经系和灵宝经系占多，由于它们的成书年代的上下限可以确定在中古，因此，我们在研究时特别进行了重点参考。[②]

周作明在近年来的研究中指出，方法类和众术类的用语最具生活性和通俗性，戒律类用语总体浅近易懂，是中古汉语词汇研究不可忽视的材料，这三类作品在词汇、语法方面的价值似更突出。记传类由于其内容多叙述仙话，以其用语的通俗和较强的可读性历来受到关注；玉诀类作品，有些解释还多用口语；本文类与赞颂类，其中的一般语词仍有相当多的通俗成分；

---

① 本节内容较多参考了赵益：《东晋南北朝古道经研究简述及分析》（《古籍整理研究学刊》2004年第4期）、冯利华：《中古道书语言研究》（巴蜀书社2010年版），谨致谢忱。

② 冯利华：《中古道书语言研究》，第14页。

神符类与灵图类其中的一些叙述性文字包含的词汇研究方面的信息也不少。[①] 本书在语料选择上，充分吸取了两位先生的意见。

上清派创立于东晋，在当时的南方很有影响。上清派的主要经典为《上清大洞真经》《黄庭经》《真诰》。关于早期上清经的成书及确定，海内外学者已经有相当充分的考证。西方学者有司马虚(Michel Strickmann)、施舟人(Kristofer M. Schipper)、贺碧来(Isabelle Robinet)，日本学者有吉冈义丰、石井昌子、小林正美等。特别是贺碧来和司马虚，他们对现存《道藏》中可能属于当时上清系原始经典的部分进行了考定。贺碧来在分析了140多种上清经记录的基础上，从《道藏》中重新整理出大约260篇上清经文献；而司马虚则重点研究了现存《道藏》中94篇上清经典，考出上清"降授"出世的原始篇目及陶弘景所编辑整理的文献情况(参见Seidel，Anna. Chronicle of Taoist Studies in the West 1950—1990)。

国内也有不少这方面的成果。任继愈(1991)考订了200余种上清派经典，产生于东晋南朝的占大部分[②]；朱越利(1996)的考论与此相仿[③]；胡孚琛(1995)于"洞真上清部经书"下列186种，订为六朝上清经的约130种、170余卷。[④] "东晋中叶至隋前上清派所尊奉的上清经，经过国内外学者多方考订，时代总体明确可靠，是我们研究早期道教及魏晋六朝社会的重要经籍。"[⑤]

至于灵宝经则是三洞之一洞玄经的主要经典，它不仅是指某一特定经典，也是灵宝系经典的总称。灵宝经，确切的说是《灵宝五篇真文》，由葛巢甫构造于东晋末叶。葛巢甫是葛洪的从孙。道教学界常说的"古灵宝经"是刘宋初年以来渐次著成的。陆修静曾将这些经文进行了系统的整理，并增修斋法仪轨，今研究人员遂将陆氏所整理的灵宝经称为"古灵宝经"。关于灵宝经，国内学者最早是陈国符(1963)作了一定程度的研究[⑥]，后来又有卿希泰(1987)进行了大致的分析。日本学者如福井康顺等，也较早开始了灵宝经的系统研究。但真正意义上的开拓性研究，则是由日本学者大渊忍尔(1978)完成的。此后柏夷(Stephen R. Bokenamp 1983)、石井昌子(1981、1984)、小林正美(1990)等在此基础上作了进一步的深入研究。

① 周作明：《中古道经中的口语成分及口语词举例》，载四川大学汉语史研究所编：《汉语史研究集刊》第15辑，巴蜀书社2012年版。

② 任继愈：《道藏提要》，中国社会科学出版社1991年版。

③ 朱越利：《道藏分类解题》，华夏出版社1996年版。

④ 胡孚琛：《中华道教大辞典》，中国社会科学出版社1995年版。

⑤ 周作明：《试论早期上清经的传抄及其整理》，《宗教学研究》2011年第1期。

⑥ 陈国符：《道藏源流考》，中华书局1963年版。

大渊忍尔从敦煌遗书中勾示出的“古灵宝经”有29篇，绝大部分保留于今《道藏》洞玄部，这29部灵宝经在宗教学研究上的价值颇大，它们也属于本书的研究对象，详目如下[①]：

《太上洞玄灵宝五篇真文赤书》	《太上洞玄灵宝玉诀》
《太上洞玄灵宝空洞灵章》	《太上说太玄都玉京山经（升玄步虚章）》
《太上洞玄灵宝自然至真九天生神章》	《太上洞玄灵宝大道无极自然真一五称符上经》
《太上洞玄灵宝诸天内音自然玉字》	《太上洞玄灵宝智慧罪根上品》
《太上洞玄灵宝智慧上品大戒威仪自然》	《太上洞玄灵宝金录简文三元威仪自然真一经》
《太上灵宝长夜九幽府玉匮明真科》	《太上洞玄灵宝智慧定志通微经》
《太上洞玄真文度人本行妙经（本业上品）》	《太上洞玄灵宝真一劝诫法轮妙经（法轮罪福）》
《太上洞玄灵宝无量度人上品妙经》	《诸天灵书度命经》
《太上洞玄灵宝灭度五炼生尸妙经》	《太上洞玄灵宝三元品诫》
《太上洞玄灵宝二十四生图三部八景自然神真录仪》	《太上太极太虚上真人演太上灵宝威仪洞玄真一自然经诀》
《太上洞玄灵宝天文五符经序》	《太上玉经太极隐注宝经诀》
《太上洞玄灵宝真文要解》	《太极真人敷灵宝文斋戒威仪诸要解经诀》
《太上消魔宝身安志智慧本愿大戒上品》	《太极左仙公请问经》
《仙公请问本行因缘众圣难》	《太极左仙公神仙本起内传》
《太极左仙公起居经》	

本书从语言的角度对魏晋南北朝时期的道教文献进行研究，首先要解决的一个重要问题就是年代的确定。道经传授过程中传授者故弄玄虚，以此来神话、提高其地位，鼓吹“神授天书”，故而道经中有相当一部分经典语料年代不明。对此，我们除参照《道藏提要》《道藏分类解题》《敦煌道经目录编》《增注新修道藏目录》《正统道藏提要》等书籍外，还采用中外道教研究界

① 古灵宝经经目引自[日]福井康顺等监修，朱越利译：《道教》第1卷，上海古籍出版社1990年版，第89～90页。

通行的方法，把一些年代明确的著作排列起来，再比照敦煌出土文献中的道教资料，以此为坐标，对这些作品的引用书籍进行系联。① 注重“内证”与“外证”相结合，根据《紫阳真人内传》《四极明科》《九真明科》等道教目录文献中的著录情况，《真诰》《无上秘要》等道教纂辑著述中的征引事实，以及中外学界的相关研究成果，通过这种方法来推测文献大致年代应该是可信的。

本书在研究时侧重于那些语料价值比较大的道经②，我们选取了30部魏晋南北朝道教文献进行重点考察，即《老君音诵诫经》《太上洞玄灵宝灭度五炼生尸妙经》《登真隐诀》《赤松子中诫经》《上清太上帝君九真中经》《太上老君戒经》《太上老君经律》《太上经戒》《正一法文天师教戒科经》《女青鬼律》《玄都律文》《上清太上九真中经绛生神丹诀》《上清洞真智慧观身大戒文》《上清太极真人神仙经》《洞真高上玉帝大洞雌一玉检五老宝经》《紫阳真人内传》《元始上真众仙记》《上清黄书过度仪》《太上妙法本相经》《陆先生道门科略》《太上洞玄灵宝智慧定志通微经》《洞玄灵宝三洞奉道科戒营始》《太上洞玄灵宝赤书玉诀妙经》《三天内解经》《元始五老赤书玉篇真文天书经》《太上洞玄灵宝诸天灵书度命妙经》《赤松子章历》《洞玄灵宝长夜之府九幽玉匮明真科》《太上洞玄灵宝五符序》《传授经戒仪注诀》。《抱朴子内篇》《真诰》《周氏冥通记》三部道经篇幅较长，且已有不少研究成果，我们将单独进行考察，力争把这些魏晋南北朝道经的词汇面貌展现出来，在此基础上，研究中古道教文献的词义系统及词汇系统。

第四节　研究方法与研究意义

从事学术研究，既要重视材料，也要重视方法。关于汉语史的研究方法，学界前辈多有论及。王力的《汉语史稿》专设《汉语史的研究方法》一节，提出了汉语史研究的四个原则：(1)注意语言发展的历史过程；(2)密切联系社会发展的历史；(3)重视语言各方面的联系；(4)辨认语言发展的方向。至

① 冯利华：《中古道书语言研究》，第12页。

② 如何判断一种语料价值的高低，汪维辉先生有言：“判定一种语料的价值高低，不外乎这么几条标准：一是反映口语的程度；二是文本的可靠性，包括时代和作者是否明确，所依据的版本是否最接近原貌；三是反映社会生活的深广度；四是文本是否具有一定的篇幅。一般来说，上述四方面的正面值越高，语料的价值也就越大。”(汪维辉：《〈周氏冥通记〉词汇研究》，原载浙江大学汉语研究中心编：《中古近代汉语研究》第1辑，上海教育出版社2000年版。又收入汪维辉著《汉语词汇史新探》，上海人民出版社2007年版，第98页)

于具体方法，书中接着说道："谈到语言史的研究方法，不能不谈到历史比较法，因为历史比较法是语言的历史研究的重要方法之一"；"在根据上面的四个原则来处理汉语史的时候，还要注意三件事：(1)认真地审查研究的对象；(2)深入细致地进行观察；(3)区别一般和特殊。"[①]向熹《简明汉语史》指出了研究汉语史应注意的几个问题：(1)注意语言的时代特点；(2)区分通例和特例；(3)注意语音、词汇、语法各方面的联系。关于研究汉语史的方法，书中列举了七种：(1)归纳；(2)比较；(3)统计；(4)证实；(5)探源；(6)转换；(7)推演；(8)系联。[②] 综合前修时彦的多种观点，并结合本研究之特点，我们确定了本书所采用的研究方法，大致如下：

1. 共时和历时相结合

本书虽然属于断代专类语料语言研究，但不想局限于就书论书。我们采用共时分析和历时比较相结合的研究方法，即在对魏晋南北朝道教文献进行静态的共时描写的基础上，进一步联系其他文献作动态的考察。蒋礼鸿指出，研究古代语言要从纵横两方面做起，"所谓横的方面是研究一代的语言，如元代。其中可以包括一种文学作品的，如元剧；也可以综合这一时代的各种材料，如元剧之外，可以加上那时的小说、笔记、诏令等。当然后者的做法更能看出一个时代语言的全貌。所谓纵的方面，就是联系起各个时代的语言来看它们的继承、发展和异同"[③]。程湘清也指出研究汉语词汇的，不能仅仅满足于静态的描写，"还必须抓住某一断代的汉语某一现象上探源、下溯流，作纵向的历史比较和动态分析"[④]。只有将共时研究与历时研究结合起来，才能看清词汇继承和演变的脉络。

2. 描写与解释相结合

中国传统语言学一直重事实描写轻理论分析，这种现象直至20世纪80年代以来才有所转变，蒋绍愚《古汉语词汇纲要》作出了可贵的尝试。本书力图在对魏晋南北朝道教文献语言进行客观描写的基础上，结合宗教文化和词义变化的相关理论，尝试对某些语言现象作出进一步的分析解释，诸如词汇特点，词汇和词义演变规律等等。当然，这是一个比较高的目标，笔者希望能够作出一点探索。

① 王力：《汉语史稿》，中华书局1980年版，第14～19页。

② 向熹：《简明汉语史》(上)，商务印书馆2010年版，第2～8页。

③ 蒋礼鸿：《敦煌变文字义通释·序目》(增补定本)，上海古籍出版社1997年版，第1～2页。

④ 程湘清：《汉语史专书复音词研究》，商务印书馆2003年版，第13页。

3. 语言与文化相结合

语言是伴随人类社会的产生而产生的，是思想的直接表现形式，是思维的工具。语言反映一个民族的特征，它不但包含着该民族的历史和文化背景，而且蕴含着该民族的生活方式、思维方式等等。语言是文化的重要载体，文化对语言有制约作用，语言与文化互相依赖，互相影响。理解语言必须了解文化，理解文化必须了解语言。在研究魏晋南北朝道教文献语言时，必须紧密联系当时的历史文化。

4. 系统的综合研究

以往的词语考释多为个别的、孤立的考察，新时期的词汇研究主张系统的综合研究。蒋绍愚认为："在我们还无法描写一个时期的词汇系统的时候，只能从局部做起，即除了对单个词语进行考释之外，还要把某一阶段的某些相关的词语（包括不常用的和常用的）放在一起，作综合的或比较的研究。"[①]王云路也指出："不能对词语只作单个的、零散的分析，而要把同类词语集中起来进行考察，从而发现其间秩然有序的条贯，或者说是构词规律。"[②]本书在考察某一词语时，会尽量将相关语词对比进行综合考虑，以使研究结论更加可靠。

5. 注意运用比较的方法

"比较是学术研究的基本方法之一，语言方面的比较可以发现语言现象的同中之异和异中之同。"[③]比较作为语言研究的一种有效手段，但现阶段对词汇的比较研究成果尚不多见，如胡敕瑞《〈论衡〉与东汉佛典词语比较研究》（巴蜀书社 2002 年版）、陈秀兰《魏晋南北朝文与汉文佛典语言比较研究》（中华书局 2008 年版）、刘传鸿《两唐书列传部分词汇比较研究》（巴蜀书社 2009 年版），这一研究领域亟待加强，这一方法应大力提倡。比如现在已有学者着手对南北朝时期南北语言的差异进行研究[④]，这是非常有意义的，有利于发现语言内部的一些深层内容。我们在研究魏晋南北朝道教文献词汇时，注意多角度的比较，如与东汉第一部道经《太平经》的比较，与宋代《云笈七签》的比较，以及道经词语与全民语言的比较等。

本研究预计将会产生以下几方面的学术及社会意义：

---

① 蒋绍愚：《近代汉语研究概况》，北京大学出版社 1994 年版，第 287 页。

② 王云路：《从〈唐五代语言词典〉看附加式构词法在中近古汉语中的地位》，《古汉语研究》2001 年第 2 期。

③ 董琨：《魏晋南北朝文与汉文佛典语言比较研究 · 序一》，载陈秀兰著：《魏晋南北朝文与汉文佛典语言比较研究》，中华书局 2008 年版，第 2 页。

④ 汪维辉：《六世纪汉语词汇的南北差异——以〈周氏冥通记〉与〈齐民要术〉为例》，《中国语文》2007 年第 2 期；王东：《南北朝时期南北词语差异研究刍议》，《长江学术》2008 年第 3 期。

1. 可直接推动汉语史研究。道教文献语言是汉语史研究的薄弱环节，很少有学者把道教文献作为断代语言研究的对象。对于汉语史研究来说，经过学界多方努力，许多道经的写作年代已大体弄清，可以作为汉语史研究的材料。中古时期汉语词汇发生了很大变化，在道经中也有充分体现，应注意利用这些道经语料。本书有助于揭示道教文献词汇的特点和规律，必将直接推动汉语史研究，特别是中古汉语词汇史的发展。

2. 可有力促进道教研究。从道教研究的需要而言，现有道经整理本在不少文字校勘、句读标点、词语注释上存在分歧，本书可解决一些久悬未决的疑难问题，有利于准确释读古代道教文献，促进道教研究。

3. 可补正字典辞书。《汉语大词典》《汉语大字典》等大型语文辞书编纂时很少利用道教文献，本课题可为相关字头词条的立目、释义、书证等提供参考，对辞书的修订和完善具有重要的意义。

4. 可促进传统文化的继承与弘扬。做好魏晋南北朝道教文献词汇研究，亦可为中古社会文化、政治、历史等的研究提供更为可信的资料，进而更好地利用中国古代道教文献，传承弘扬中国优秀传统文化。

第一章　魏晋南北朝道教文献的词汇构成

“萌生于中国传统文化的道教，在两千年的中华民族精神生活中，产生过重要的影响，成为中华传统文化的重要组成部分。道教在发展过程中，积累了大量的文献典籍，这些典籍成为中华文化遗产的重要组成部分，它们不仅记录了中华民族思想上的变迁，也在不同程度上反映了历代汉语的发展变化，以及道教用语对全民用语的影响，是汉语历史研究中不可忽视的材料。”①“道教的兴盛发展，经历了漫长的历史阶段，道教典籍的词汇也必然具有各个阶段的语言特色，反映各历史阶段的方俗语词，能准确反映汉语各个转型时期的重要特征，对汉语词汇史的研究有重要的学术价值。”②各个历史时期的语言是不同的，那么历朝历代的道经语言也必然会有所不同，在利用道经语料时必须注意这种区别，不可盲目地同等对待。

本书试图对魏晋南北朝道教文献的词汇构成进行穷尽研究，但因语料数量庞大，全部中古道教文献的字数在200万字左右，很难逐一排列阐述，限于条件，有不少该纳入研究范围内的材料尚未来得及收集，以后想把其他材料收录进来作进一步的研究。因此，在本书的写作中，我们重点列举那些既有成果未论及或可补充完善的词条。

第一节　古语词和新生词

语言具有继承性，一个时代的语言不可能全都是新兴成分，如果这样的

① 俞理明、周作明：《论道教典籍语料在汉语词汇历史研究中的价值》，《绵阳师范学院学报》2005年第4期。

② 张婷、曾昭聪、曹小云：《十年来道教典籍词汇研究综述》，《滁州学院学报》2005年第4期。

话,那就无法进行交际了,它一定会有前朝的某些旧质成分,唯有如此,才能保障交际的顺利进行。另一方面,语言又具有创新性,社会的发展、新事物的产生、观念的变化、表达精密的要求都会促使语言中产生一些新的要素。语言的发展不是一蹴而就的,它是在继承的同时,逐渐演变的。诚如斯大林所言:“语言的发展不是用消灭现存的语言和创造新的语言的方法,而是用扩大和改进现存语言基本要素的方法。并且语言从一种质过渡到另一种质,不是经过爆发,不是经过一下子破旧立新,而是经过语言的新质和新结构的要素逐渐的长期的积累、经过旧质要素的逐渐衰亡来实现的。”①

任何一个共时平面上的词汇系统都是不同历史时期的词汇沉淀的结果,共时层面上的词汇中,有很多词语是不同历史阶段的词语直接累积下来的。“严格地讲,词汇系统是指所有的词在同一时间平面上在同一范围内出现的所有词而形成的一个范畴。而实际上由于词语是不断变化的,所以词汇系统实际上是不同历时平面的共时堆积的结果,因而共时平面上历史文献专书词汇系统研究就需要同时关注词汇成分在共时与历时两个方面的存在状态。”②在进行断代词汇研究时,我们应注意哪些词语是对前代的沿用,哪些词语是这一时代新出现的,这些新出现的词语在后世又有何变化等等。

关于词汇的历史层次,已有学者进行了一些研究。理论方面的探索,如俞理明认为:“语言事实告诉我们,处在某一共时系统中的语言成分,不是在一朝一夕之间产生的,而是通过漫长时期的筛选、累积、融合而成的。因此,可以反过来说,在一个共时系统中保存了以往不同历史时期产生的相关成分,我们可能在一个语言的共时平面中看到来自不同时间层面的丰富的历史遗存。”③具体实践方面,张能甫《郑玄注释语言词汇研究》(巴蜀书社 2000 年版)共分三章,其中第一章讨论了单音词的历史层次与基本词,第二章是复音词的历史层次研究;王东《〈水经注〉词汇研究》(四川大学 2003 年博士学位论文)研究了《水经注》词汇的时代层次;杨同军《语言接触和文化互动:汉译佛经词汇的生成与演变研究——以支谦译经复音词为中心》(中华书局 2011 年版)其中第四章“支谦译经复音词的历史来源”分为:承继先秦时代的复音词、承继西汉时代的复音词、承继东汉时代的复音词、反映三国时代的复音词。

---

① [苏联]斯大林:《马克思主义和语言学问题》,人民出版社 1971 年版,第 8～9 页。

② 郭作飞:《历史文献专书词汇研究方法新探》,《社会科学论坛(学术研究卷)》2009 年第 18 期。

③ 俞理明、谭代龙:《共时材料中的历时分析——从〈根本说一切有部毗奈耶破僧事〉看汉语词汇的发展》,《四川大学学报(哲学社会科学版)》2004 年第 5 期。

有鉴于此，本节首先尝试对魏晋南北朝的道教文献词汇从历史来源上进行分析，按照汉语史的分期，大致分为上古传承词语（简称“古语词”）和中古[①]新生词语（简称“新生词”）。

一、古语词

古人说道教信仰“杂而多端”，从其思想渊源角度来看，确实如此。道教充分吸收了先秦道家思想、儒家宗法思想、谶纬神学、易学和阴阳五行学说、巫术鬼神观念和自然崇拜等，道教文化源远流长，博大精深。

道家和道教是有区别的，先秦道家是以老子和庄子为代表的哲学派别，道教乃是在东汉中后期形成的一种宗教。然而，二者之间又不是毫无联系的。道教在创立的时候，就把老子奉为教主，尊老子的著作《道德经》为主要经典，并定为教徒必须习诵的功课；在后来的发展中，又把道家学说另一代表人物庄子的著述《庄子》奉为经典，命名为《南华真经》。这表明，道家哲学是道教的思想渊源。[②] 叶贵良有言：“道教文化和其他文化一样有一个传承、发展和创新的过程。道教的传承性表现在词汇上就是沿用了大量的道家语词，我们把这些沿用的前代语词称为传承词。”[③]

魏晋南北朝道教文献内容体系极为庞杂，经文之中汲取糅合了很多不同的理论观念，包含了道家、儒家、墨家等多家之思想。下面通过一些具体词例来看魏晋南北朝道教文献对上古文献语言的继承。

【沃】

《周氏冥通记》卷一：“周所住廨，庭坛有数株大柏树，其户前壹树甚丰茂。甲午年腊月望日，忽见有如糖洒遍树上下，中间尤多。于时晡许，华阳都讲丁景达来看，徐普明并见之，惊问：‘见此甘露降下？’家人不欲显此事，仍戏言：‘向小儿以糖沃之耳。’因共摘尝，正如蜜味。”

按：沃，浇；灌。《说文·水部》：“沃，灌溉也。”段玉裁注：“自上浇下曰沃。”《周礼·夏官·小臣》：“大祭祀，朝觐，沃王盥。”贾公彦疏：“先盥手洗爵乃酌献，故小臣为王沃水盥手也。”《周礼·春官·郁人》：“凡祼事沃盥。”孙诒让正义：“沃盥者，谓行礼时必澡手，使人奉匜盛水以浇沃之，而下以槃承

① 关于中古汉语的分期：王力、向熹认为是公元4～12世纪（南宋前半）；太田辰夫、孙锡信认为是魏晋南北朝；潘允中认为是自两晋经过十六国时期至隋唐五代；方一新、王云路认为是东汉魏晋南北朝隋。本文采用方一新、王云路《中古汉语语词例释》（吉林教育出版社1992年版）中提出的“东汉、魏晋、南北朝、隋”的观点，此说法已得到学界普遍认同。

② 卿希泰、唐大潮：《道教史》，江苏人民出版社2006年版，第12页。

③ 叶贵良：《敦煌道经写本与词汇研究》，巴蜀书社2007年版，第593页。

其弃水也。"《左传·僖公23年》:"奉匜沃盥。""沃盥"谓浇水洗手。《素问·痹论》:"胞痺者少腹膀胱,按之内痛,若沃以汤。"王冰注:"沃,犹灌也。"

中古文献沿用,《汉书·王莽传下》:"诸欲依废汉火刘,皆沃灌雪除,殄灭无余杂矣。""沃灌"谓涤荡、洗濯。汉应劭《风俗通·十反·阳翟令左冯翊田辉》:"叔都沃醊神坐,颊仰因语。""沃醊"指以酒浇地而祭祀。三国魏曹操《祀故太尉桥玄文》:"不以斗酒只鸡过相沃酹,车过三步,腹痛勿怪。""沃酹"即以酒浇地而祭奠。《文选·王粲〈登楼赋〉》:"背坟衍之广陆兮,临皋隰之沃流。"李善注引《汉书》孟康曰:"沃,灌溉也。"用水浇灌,上古叫作"沃"。现代福建龙岩方言里还保存着"沃"的古义,如"沃菜、沃水、沃肥"。[①]

【橐籥】

《真诰》卷三:"故玄玄以八风为橐籥,天地为堤防,四海为瓮盎,九州为秕糠,积之以万殊,蒸之以阴阳。其陶铸也,充隆炊累,刚柔清浊,象类不同,呼吸吐合。"

按:橐籥,亦作"橐爚"。古代冶炼时用以鼓风吹火的装置,犹今之风箱。《老子》:"天地之间,其犹橐籥乎?虚而不屈,动而愈出。"吴澄注:"橐籥,冶铸所以吹风炽火之器也。为函以周罩于外者,橐也;为辖以鼓扁于内者,籥也。"唐释慧琳《一切经音义》卷五十一《成唯识论》"橐籥"条:"上汤洛反,下羊灼反。《老子》曰:'天地之间其犹橐籥乎,虚而不屈,动而愈出。'《御注》云:'橐者,鞴囊也;籥者,羌笛也。橐之鼓风,笛之运吹也。顾野王云:'橐籥,铸冶者所以用吹火使炎炽也。'《苍颉篇》云:'囊之无底曰橐。'《毛诗传》曰:'橐橐,用力者也。'古文从口作囥。《说文》:'囊也。'从石从橐省,橐音胡本反。口音韦。鞴音败。冶音野。"唐黄滔《丈六金身碑》:"其日圆空镜然,江山四爽,橐爚之上,腾为烟云,盘旋氤氲,五色成文。"唐储光羲《题辛道士房》诗:"大年方橐籥,小智即蜉蝣。七日赤龙至,莫令余独留。"清王夫之《张子正蒙注·太和》:"老氏以天地如橐籥,动而生风,是虚能于无生有,变幻无穷;而气不鼓动则无,是有限矣。然则孰鼓其橐籥令生气乎?"

【屏营】

《太上灵宝元阳妙经》卷一:"尔时庄严,心生喜悦,欢乐屏营,复作是言:'我今定作人天圣王'。"

按:屏营,惶恐;彷徨。早见于上古文献,《国语·吴语》:"王亲独行,屏营仿偟于山林之中。"《楚辞·九思·逢尤》:"愍余命兮遭六极,委玉质兮于

① 向熹:《简明汉语史》(上),第23页。

泥涂。逶僮遑兮驱林泽，步屏营兮行丘阿。”西汉扬雄《法言·重黎》：“六国蚩蚩，为嬴弱姬，卒之屏营，嬴擅其政，故天下擅秦。”

魏晋南北朝道经习见，《真诰》卷七：“男生许玉斧辞：玉斧以尸浊肉人，受圣愍济拔，每赐敕诫，实恩隆子孙，常仰衔灵泽，永赖天廕。玉斧以驽钝顽下，质性难训。虽夙夜自厉，患于愆失。此夕梦悟，寻思此意，皆玉斧罪责，惭惧屏营，无地自厝。”南朝《正一法文太上外箓仪》：“某月某日男女师姓名，依科考召，授某百五十将军录吏兵，光显天宫，威严辅正灭邪，幽显敬伏，岂某草虫所可克当，不胜感荷屏营，谨拜章谢闻。”《赤松子章历》卷四《断魁泉章》：“某即日叩头自列，口乞恩辞，素以胎生，千载庆幸，得奉大道，忝切蒙恩。顷者已来，居处轗轲，疾病相连。卜筮云是山泉三河为祸，并此间土地山林觅食之鬼侵害某身，忧怖屏营，不知修何功德，唯用一心，上凭大道，以救性命。”《洞真太上太霄琅书》卷六：“沉沦浊世，与俗不殊，空翫尊经，未能出类，常恐老及，悚愧屏营，宣泄之禁既严，杜绝之罪又重，俯仰惊惶，甚履冰谷。”

其他传世文献亦多有袭用，三国魏曹植《感婚赋》：“顾有怀兮妖娆，用搔首兮屏营。”唐柳宗元《上武元衡谢抚问启》：“先赐荣示，奉读流涕，以惧以悲，屏营舞跃，不敢宁处。”唐白居易《答桐花诗》：“无人解赏爱，有客独屏营。”宋司马光《谢御前札子催赴阙状》：“臣无任瞻天望圣，激切屏营之至！”清龚自珍《戒将归文》：“屏营寂忽，无适主兮。百愁往来，召群苦兮。”

【肥遯】

《真诰》卷二：“是故古之高人，览罪咎之难豫知，富贵之不可享矣。遂肥遯长林，栖景名山，咀嚼和气，漱濯清川，欲远此恶迹，自求多福，超豁缅聘，保全至素者也。”

按：“肥遯”，亦作“肥遁”。《易·遯》：“上九，肥遯，无不利。”孔颖达疏：“子夏传曰：‘肥，饶裕也。’……上九最在外极，无应于内，心无疑顾，是遯之最优，故曰肥遯。”后因称退隐为“肥遯”。魏晋南北朝道教文献有见，葛洪《抱朴子内篇·畅玄》：“逍遥恍惚之中，倘佯仿佛之表。咽九华于云端，咀六气于丹霞。俳徊茫昧，翱翔希微，履略蜿虹，践跚旋玑，此得之者也。其次则真知足。知足者，则能肥遁勿用，颐光山林，纡鸾龙之翼于细分之伍，养浩然之气于蓬华之中。”《无上秘要》卷八十七《尸解品》：“至于青精先生、彭铿、凤纲、商山四皓、淮南八公，并已服上药，不至一剂，自欲出处默语，肥遁山林，以游化为乐，以升虚为感，非不能登天也，弗为之耳。”

其他典籍亦有使用。如《三国志·蜀书·秦宓传论》：“秦宓始慕肥遯之高，而无若愚之实。然专对有余，文藻壮美，可谓一时之才士矣。”晋陶潜《自祭文》:“寿涉百龄,身慕肥遯。”宋曾巩《发松门寄介甫》诗:“况闻肥遯须山在,早时事力胡能谋。”明陶宗仪《辍耕录·叙画》:“武士多勇悍英烈之貌,隐逸识肥遯高世之节。”

【守雌】

晋葛洪《抱朴子内篇·至理》:“涤除玄览,守雌抱一。”

按:守雌,以柔弱的态度处世。语出《老子》:“知其雄,守其雌,为天下谿。”吴澄注:“雄,谓刚强;雌,谓柔弱。”《唐玄宗御制道德真经疏》卷四《知其雄章第二十八》:“守其雌静,亦当知其雄躁。知雄守雌,则可知雄。守雄则败,败则妨行,故特戒守雌柔。能守雌柔,是谓谦德,物所归往,如水归谿矣。”

道教典籍习见,梁陶弘景《真诰》卷二:“虚和可守雄,萧萧可守雌。夫萧萧者,单景独往也。”《登真隐诀》卷上:“雄雌一神,男女并可兼修之无在也,唯决精苦之至乃获益矣。此谓雌雄之一,男女皆可俱修,不分别其男女之异也。若男人守雌亦为雌形,女子守雄则犹雄状,但三卿是我身中精化所结,当各依本别其男女耳。守一之理,先宜一二年中精思苦到,须得仿佛,便易为存想也。”东晋《太上灵宝五符序》卷上《食日月精之道》:“神龟在中正颇俄,子欲得之当问我。一之所在安在兹,不但守雄复守雌。一在无形甚难知,子不知一万事失。”

【弥纶】

《灵宝无量度人上品妙经》卷六十一:“太虚朗彻,肇生诸天。流演三气,大机弥纶。”

按:弥纶,统摄;笼盖。《易·系辞上》:“《易》与天地准,故能弥纶天地之道。”高亨注:“《释文》引京云:‘准,等也。弥,遍也。’《集解》引虞翻曰:‘纶,络也。’弥纶即普遍包络。此二句言《易经》所讲之道与天地齐等,普遍包络天地之道。”

中古道教文献多见,《真诰》卷三:“仁德流映,高靡弥纶。每贻翰音,恩逮缱绻。旨谕有咸恒之顺,宗期则玄霄之会。”南北朝末《上清道宝经》卷一:“誓心三光,弥纶万劫。”又:“若地厚载万物,若天广覆一切,故能弥纶天地。”《无上秘要》卷三十一《经德品》:“夫升者,上也,是诸十方大圣,不生不死,真人得道者,莫不升度三界,上登金阙,身生水火,与空合德,弥纶至精,辽豁无穷,上包诸天,罗于无涯,下入无底,妙于细微,升上无形,湛体自然。”卷九十五《升玉宫品》:“至真上法,高秀玄澄,罗络万物,宗寂虚凝,妙起激玄,法化三乘,弥纶亿劫,量何可胜,岂复稽于明科乎?”《洞玄灵宝丹水飞术运度小劫妙经》:"道言:'无上无下,弥纶运会,轻至于历,无沦入于空玄。"《太上慈悲九幽拔罪忏》卷九:"志心朝礼,忘心空寂天尊。志心朝礼,善积智圆天尊。志心朝礼,弥纶万化天尊。"《正一法文法箓部仪》:"若有干截公文者,将吏神仙骑乘收付所在狱中,依事治罪,令臣所启上达,伏须告报,臣所上事讫,向出仙官吏兵,各还宫室,弥纶五宫六府,安官复职,至日呼召复出。"

【熠燿】

《真诰》卷三:"旨谕有咸恒之顺,宗期则玄霄之会。虽钦愿荣崇,欣想灵诰,窃惧熠耀之近晖,不可参二景之远丽。瞎彼之小宿,难以厕七元之灵观。"

按:熠燿,光彩;鲜明。《诗经·豳风·东山》:"仓庚于飞,熠燿其羽。"郑笺:"熠燿其羽,羽鲜明也。"三国魏曹植《七启》:"戴金摇之熠燿,扬翠羽之双翘。"葛洪《抱朴子外篇·文行》:"若夫翰迹韵略之广逼,属辞比义之妍媸,源流至到之修短,韫藉汲引之深浅。其悬绝也,虽天外毫内不足以喻其辽邈;其相倾也,虽三光熠燿不足以方其巨细。"

中古道经多见,《太上灵宝五符序》卷上《食日月精之道》:"食日之精,可以长生。常以月一日、三日、五日、七日、九日、十五日,日初出时,披发向日,暝目念心中有小童子,绛衣文彩,五色熠燿正赤。两手以摩面,下至心,十二反为之,日精正赤黄气,来在目前,入口中,咽之二九,以手摩送之。"《灵宝无量度人上品妙经》[①]中共 6 见,如卷十:"一国地土山川林木,缅平一等,无复高下,土皆明彻,熠燿积翠,无有异色。"卷二十:"三炁植根,火力鍊之,九万余岁,其色凝碧,碧光熠燿,其晶霏霏,乍腾乍跃,乍伏乍飞。"卷二十九:"往来云霞,骖驾龙虎,遥瞩须眉,仰观如画,明逾日轮,熠燿上下,金刚之气,围绕维正,作二十四种殊绝异色,出没显晦,金青焕丽,莹等月珠。"卷三十四:"真炁如烟,左周右旋,至精为星,日玄月青,熠燿生华,焕显难名。"卷三十六:"于是元始化一元精,状如朱日,宝华熠燿,在空玄之中,去地九丈。"卷三十七:"穹硕玉京,眇浩无垠。元气成云,紫明宝轮。熠燿太空,牢植大根。"

【摄生】

《上清太霄隐书元真洞飞二景经》:"夫摄生之士,而不知天有开关,地有酆都,开关统神,酆都主鬼,此是二帝,主应乘生死,系由七星之枢机,故七星移而度之。"

---

① 朱越利指出:"今存《度人经》最早注者为南齐严东。是故学者多以《度人经》当出自南朝宋齐之际。"(参见朱越利:《道藏分类解题》,华夏出版社 1996 年版,第 69 页)

按：摄生，养生；保养身体。语出《老子》第五十章："盖闻善摄生者，陆行不遇兕虎，入军不被兵甲。"河上公注："摄，养也。"

魏晋南北朝道经屡见。陶弘景《真诰》卷四："坦夷观天真，去累纵众情。体寂废机驷，崇有则摄生。"卷八："平凝夷质，渊通妙灵，神造重绝，栖真摄生，太玄植简，太素刊名。"又："我尝见南阳乐子长，淳朴之人，不师不受。顺天任命，亦不知修生之方。行不犯恶，德合自然，虽不得延年度世，死登福堂，练神受气，名宾帝录，遂得补修门郎，位亚仙次。缘天资有分，亦由先世积德，流庆所陶。若使其粗知有摄生之理，兼得太上一言之诀，如此求道，无往不举矣。夫人所以不尽年寿，中多夭遏，涉世者或遭刀兵之难，致荣禄不终，祚胤不长。"《无上秘要》卷二十《仙歌品》："体无则能死，体有则摄生。东宾会高唱，二待奚足争。"卷七十四《启志愿品》："若见老病，当愿一切以道摄生，不更衰耄。"

【握固】

南北朝《太上玉晨郁仪结璘奔日月图》："右呼此十六字，握固，存日中五色流霞来接一身，日光流霞俱入口中。"

按：握固，屈指成拳。语出《老子》第五十五章："骨弱筋柔而握固。"魏源正义："握固，谓以四指握拇指也。"

魏晋南北朝道经多见。晋葛洪《抱朴子内篇·地真》："若在鬼庙之中，山林之下，大疫之地，冢墓之闲，虎狼之薮，蛇蝮之处，守一不怠，众恶远迸。若忽偶忘守一，而为百鬼所害。或卧而魇者，即出中庭视辅星，握固守一，鬼即去矣。"《真诰》卷五："常以夜半时，去枕平卧，握固放体，气调而微者，身神具矣。如有不具，便速起烧香，平坐闭目，握固两膝上，心存体神，使两目中有白炁如鸡子大，在目前，则复故也。"又："昔在庄伯微，汉时人也，少时好长生道，常以日入时正西北向，闭目握固，想见昆仑，积二十一年。后服食，入中山学道，犹存此法。当复十许年后，闭目乃奄见昆仑。"陶弘景《养性延命录》卷下《导引按摩篇第五》："按经文拘魂门，制魄户，名曰握固，与魂魄安门户也。此固精明目留年还白之法，若能终日握之，邪气百毒不得入。握固法：屈大拇指于四小指下，把之。"《上清紫微帝君南极元君玉经宝诀》："存二十四神，常以夜半去枕平卧，握固放体，气调而微者，思具身神，安念帝君，令仿佛居位，闭目内视之。如有不具，便当烧香，平坐闭目，握固两膝上，精存众祝行如法。"

近代道经仍多见，宋张君房《云笈七签》中有50余见。《云笈七签》卷六十《幻真先生服内元气诀法·进取诀》："每事皆闭目握固，唯临散气之时，则展指也。夫握固，所以闭关防而却精邪。初服气之人，气道未通，则不得握固，待至百日或半年，觉气通畅，掌中汗出，则可握固。《黄庭经》云：'闭塞三关握固停，漱咽金醴吞玉英，遂至不食三虫亡，久服自然得兴昌。'"

【稽颡】

《周氏冥通记》卷三："丞曰：'今真人来，何不拜？'子良即起再拜，顿首稽颡，乞神仙之诀。"

按：稽颡，古代一种跪拜礼，屈膝下拜，以额触地，表示极度的虔诚。《仪礼·士丧礼》："吊者致命，主人哭拜，稽颡成踊。"《礼记·杂记》："为妻，父母在不杖，不稽颡。母在，不稽颡。稽颡者，其赠也拜。"又："子拜稽颡。委衣于殡东。襚者降，受爵弁服于门内溜，将命。子拜稽颡如初。受皮弁服于中庭，自西阶受朝服，自堂受玄端，将命。"后代沿用，《汉书·李广传》："若乃免冠徒跣，稽颡请罪，岂朕之指哉！"《三国志·魏书·公孙度传》："冀其可化，故割地王权，使南面称孤，位以上将，礼以九命。权亲叉手，北向稽颡。'"《梁书·韦叡传》："其余释甲稽颡，乞为囚奴，犹数十万。"

颡，本义为额头。《易·说卦》："其于人也，为寡发，为广颡，为多白眼。"孔颖达疏："为广颡，额阔为广颡。"《孟子·滕文公上》："其颡有泚，睨而不视。"赵岐注："颡，额也。"《小尔雅·广服第六》："颠、颜、颡，额也。"后引申为动词，叩头。《公羊传·昭公25年》："丧人不佞，失守鲁国之社稷，执事以羞，再拜颡。"何休注："颡者，犹今叩头矣。"明郎瑛《七修类稿》卷十七："稽首，即今之躬身至地；顿首者，头叩地也；稽颡者，头至地也。"

文献中亦有"叩颡"。唐薛用弱《集异记·狄梁公》："其父母泊亲属叩颡祈请，即辇千缣，置于坐侧。"清魏源《圣武记》卷七："莎罗奔等叩颡，誓遵六事，归土司侵地，献凶酋，纳军械，归兵民，供徭役，乃宣诏赦其死。"

"稽首""顿首"作为古代表示跪拜动作的常用词，很多字典辞书解释不够清晰。颜春峰认为："稽首"是先跪而拱手下到膝前地上，手仍不分散，再缓缓伸头到手前地上；稽首之"稽"并非"稽留"而是"至"。"顿首"是先跪而后拱手到地，头急遽伸下，以额头叩地。"稽首"与"顿首"的区别是前者头到地是舒缓的，后者则是快速叩地。"顿首"与"稽颡"不是两种跪拜礼，实则为一。顿首（稽颡）表示哀恸之至和特别崇敬之意，用于凶丧非常之事，后来演变为请罪之拜。①

【雾露】

《周氏冥通记》卷四："二十九日，见保命，云：'勿犯雾露。'"

① 参见颜春峰：《稽首、顿首、稽颡考辨》，《杭州师范学院学报（人文社会科学版）》2001年第2期。

按："雾露"在文献中偏指"雾"，而非"雾和露"。古文献用例如《楚辞·严忌〈哀时命〉》："雾露蒙蒙其晨降兮，云依斐而承宇。"《淮南子·本经训》："是故古者明堂之制，下之润湿弗能及，上之雾露弗能入，四方之风弗能袭。"《水经注·河水四》："其中水流交冲，素气云浮，往来遥观者，常若雾露沾人。"经检核，现代汉语方言中，牟平、杭州、宁波、萍乡、于都方言中都还保留着这种用法。[①]

在古人看来，"雾露"之湿气伤人，有不少因冒雾气犯寒暑而死的记载，《史记·淮南衡山列传》："淮南王为人刚，今暴摧折之，臣恐卒逢露雾病死。陛下为有杀弟之名，奈何！"《汉书·贾捐之传》："颛颛独居一海之中，雾露气湿，多毒草虫蛇水土之害，人未见虏，战士自死。"《后汉书·谢弼传》："幽隔空宫，愁感天心，如有雾露之疾，陛下当何面目以见天下？"《魏书·岛夷萧衍传》："驱羸国之兵，迫糊口之众，南出五岭，北防九江，屯戍不解，役无宁岁。死亡矢刃之下，夭折雾露之中，哭泣者无已，伤痍者不绝。"唐释道世《法苑珠林》卷八十八："神名婆罗门地鞞哆，主护某不为蛊毒所中；神名那摩呼哆耶舍，主护某不为雾露恶毒所害。"《元史·朵尔直班传》："朵尔直班素有风疾，军中感雾露，所患日剧，遂卒于黄州兰溪驿，年四十。"古医书亦有相关记载，元代著名医学家滑寿所著《难经本义》是最受医家推崇的《难经》注释本，其中《论脉》篇曰："涩为中雾露者，雾露之寒伤人荣血，血受寒，故脉涩也。"所以，《周氏冥通记》中保命提醒周子良"不要让雾沾上身体"。

[日]麦谷邦夫、吉川忠夫著，刘雄峰译《〈周氏冥通记〉研究（译注篇）》（齐鲁书社 2010 年）第 215 页译文为："不要侵害雾和露的实体"，此说不合常理，何为"雾和露的实体"，甚是费解，应改为"不要让雾沾上身体"。

除以上详细解说的沿用自上古文献的词汇之外，魏晋南北朝道教文献中还有一些古语词，诸如曲故、逆诈、应物、有待、丘垤、协日、同然、由豫、胸次、志行、号咷、干干、吹万、欣欣、迟速、谈士、谦谦、嗷嗷、愦愦、洟、墩、甓、通人、意旨、中条、方丈、意疑、称说、度世、时时、数数、任意、举家、大略、隐密、丁壮、几乎、壮健、略卖、羽族、去来、发觉、块然、临丧、淫泆、置辞、自杀、丰富、五果、勤厉、呕血、按剑、行气、导引、供养、妙门、闷闷、察察、自非、宽仁、徐徐、大椿、空同、养形、余庆、为意、情欲、竖子、逢遇、披褐、山栖、羽族、吕梁、矔兜、志好、失日、丈人、家长、行来、号咷、吹万、吉人、谭说、章闻、志行、称举、烦重、烦难、反顾、嘿然、叱咤、干肉、亲爱、恻恻、囷仓、乖异、巧便、呜呼哀哉、忧心如醉、视民如子、视民如伤、大同小异、一言以蔽之等等，限于篇

① 参见李荣主编：《现代汉语方言大词典》，江苏教育出版社 2002 年版，第 6041 页。

幅，兹不赘述。

二、新生词

语言是社会历史的产物，社会的发展变化必然会影响到某一时期的语言面貌。词汇在语言的三要素中是对社会变化最为敏感的，生产的发展、新事物的出现、习俗的改变都会在词汇中得到反映。词汇始终处于不断的吐故纳新过程中，数量的增加，词义的更新，用法的演变，这都是词汇新陈代谢的表现。词汇的发展包括词和词义两个方面：一方面，作为信息的载体，社会政治经济文化的发展，必然会带来不少新词的产生；另一方面，作为词的核心——词义的发展，即“一个形式向一种新意义的伸展”。

“所谓新词新义，从理论上讲，是一个时代新产生的词以及旧词所产生的新义。”[①]新词新义的判断标准是一个颇为棘手的问题，诸前贤进行了不少可贵的探索，“如果一个词的外部形式是语言里原有的，那么，确定是新词或新义，主要是从词的意义角度加以判别。如果新义与旧义之间有引申关系可寻，那么这个词就不算新词而是新义；反之，如果新义与旧义之间没有明显的意义联系，那么这个词就算作新词”[②]。“对中古新词的判定可以概括为这样几个基本原则：(1)词义和词形皆为中古新生，属新词。(2)读音和词形与旧词相同，但在意义上与之没有任何联系，属新词。(3)读音和词形与旧词相同，意义上曾经有所联系，但在词义的共时层面上已经有较明显的距离，视为新词。(4)一组异体字中后来出现的书写形式不能视为新词。”[③]

《汉语大词典》是迄今为止最具权威性的大型历史性汉语语文辞典，无论在收词、释义、溯源、探流等方面都取得了丰硕的成果，但书成众手，难免百密一疏。目前的研究多以基本反映汉语词汇史研究最新成果的《汉语大词典》为主要标准，这种作法的局限性是显而易见的，本书将酌情取舍。在尚未出现更为可靠的参照系以前，以《汉语大词典》为判断新词新义的重要标准不失为一种较好的选择，这类研究的逐渐增多至少有助于今后修正《汉语大词典》，使之朝着构建汉语词汇史整体框架的方向逐步迈进。本书在判断新词新义时，使用了《汉语大词典》《汉语大字典》《辞源》等大型语文辞书，并结合一些关于新词新义的文章；使用了目前所能见到的一些大型语料库，如：瀚堂典藏、四库全书、国学宝典、大正藏等，特此说明。先根据几部大型辞书确定一个大致范围，再通过电子语料库进一步检验确认，这样基本上可

---

① 万久富：《〈宋书〉复音词研究》，凤凰出版社2006年版，第149页。

② 张振德、宋子然主编：《〈世说新语〉语言研究》，巴蜀书社1995年版，第5页。

③ 宋文兵：《〈宋书〉词语研究》，中华书局2009年版，第39页。

以确定哪些是新词新义。

“在新词新义的抉发上，因为古代作品的成书时间不能够考察得像现代作品那样明确具体，所以同时代的作品，谁先谁后很难说得清楚，因此，说某个新词新义是在某部作品中首先出现，就不如说某个新词新义是在某个时代首先出现的可靠性强，更有意义。”[①]下面主要来谈魏晋南北朝道教文献中出现的中古新词，新义问题将在下一章探讨。

【墅】

《真诰》卷十九：“山阴何道敬，志向专素，颇工书画，少游剡山，为马家所供侍，经书法事，皆以委之。见此符迹炳焕，异于世文，以元嘉十一年，稍就摹写。马罕既在别宅，兼令何为起数篇，所以二录合本，仍留罕间。何后多换取真书，出还剡东墅青坛山住，乃记说真经之事，可有两三纸。”

按：墅，田庐；村舍。是中古时产生的新词，三国魏曹植《梁甫行》：“剧哉边海民，寄身于草墅。”南朝梁沈约《少年新婚为之咏》：“山阴柳家女，薄言出田墅。”唐李商隐《访隐者不遇成二绝》之一：“秋水悠悠浸墅扉，梦中来数觉来稀。”又指别馆，即家宅以外另置的游息之所。《晋书·谢安传》：“又于土山营墅，楼馆林竹甚盛。”《南齐书·周山图传》：“山图于新林立墅舍，晨夜往还。”《梁书·徐勉传》：“今之所敕，略言此意，正谓为家已来，不事资产，既立墅舍，以乖旧业，陈其始末，无愧怀抱。”

“墅”在魏晋南北朝道经中尚属罕见，《真诰》卷二十：“孔璪贱时，杜居士京产将诸经书往剡南墅大墟住，始与顾欢、戚景玄、朱僧标等数人共相料视。”近代道经中行用渐多，五代沈汾《续仙传》卷上“宜君王老”条：“王老，坊州宜君县人也。居于村墅，颇好道，务行阴德为善。其妻亦同心不倦。”宋张君房《云笈七签》卷七十七《太白星官洗眼方》：“嘉州刺史张评士，中年已来，夫妇俱患瞖疾，求方术之士不能致，退居列墅，杜门自责，唯捣醮星辰，以祈所祐。”元姬志真《云山集》卷七《终南山栖云观碑》：“东约五里，有墅曰梁家庄，世传古有洞清庵，乃重阳神化之所立也。”元赵道一《历世真仙体道通鉴续编》卷四“苏庠”条：“客曰：‘我专为君来，君不欲丹，当复持以归。但路绝远，愿借一宿，明旦晴即去，不然须少留也。’不获已，命馆于松菊墅。时天久晴，五更大雨作。”

【獠】

六朝《太上老君戒经》：“当在边夷，短命伤残。边夷，俚獠也，其人相食。

① 车淑娅：《专书词汇研究三维方法论》，《天津大学学报（社会科学版）》2005年第2期。

此谓杀害之报，受生此地，若生中国，则短命及形体不具。”

按：“獠”本为夜猎，亦泛指打猎。《史记·司马相如列传》：“于是乃相与獠于蕙圃。”司马贞索隐：“《尔雅》云：‘宵猎曰獠。’郭璞曰：‘獠，猎也。’”中古时期，“獠”指分布在今广东、广西、湖南、四川、云南、贵州等地区的少数民族。近代壮侗语族各族及仡佬族与其有渊源关系，亦以泛指南方各少数民族。这是中古产生的一个新词。

《无上秘要》卷五十五《太真下元斋品》：“臣甲等今斋直烧香，明灯诵经，思真行道，上求飞仙，持以功德，愿臣等家门九族姻亲、帝王国主、君臣吏民、四陲边国、羌夷氐獠，及蝖飞蠕动、蚑行蝡息，一切众生，已生未生，愿各全其生道，长保自然。”《太上大道玉清经》卷十《法印品第二十》：“尔时大慈天尊与诸上真及诸上仙各各授手，遍满下界，为说妙法，授诸下仙上道一阶，各令下仙进修至法，入于全形无生之道。大度众生，入真妙法，登不退果，不可计数。胡夷蛮獠及诸鬼神、地狱罪魂等众，悉沾玄化，皆得利益。从此已后，人渐浇竞，多事凶害，大道不行，妖魅萌生。”

从三国至清，史籍屡见不鲜。晋张华《博物志》卷二：“荆州极西南界至蜀，诸民曰獠子。”《晋书·李势载记》：“初，蜀土无獠，至此，始从山而出，北至犍为、梓潼，布在山谷，十余万落。”《周书·异域传上·獠》：“獠者，盖南蛮之别种，自汉中达于邛笮，川洞之间，在所皆有之。”宋周去非《岭外代答·蛮俗·獠俗》：“獠在右江溪峒之外，俗谓之山獠，依山林而居，无酋长、版籍。”清钮琇《觚賸·金首》：“通州王孝廉兆陞令台湾，其家人归，言县南百余里，山林蓊翳，獠民居之，盖亦一蛮络也。”

【比者】

《周氏冥通记》卷四：“比者情志落落，弥入真相。”

按：比，近日、近来，是中古新兴的副词用法。《后汉书·宦者传·吕强》：“比谷虽贱，而户有饥色。”《全晋文》卷二三王羲之《杂帖》：“雨蒸，比各可不？”《北齐书·元晖业传》：“文襄尝问之曰：‘比何所披览？’”《资治通鉴·魏纪七》：“比来天下奢靡”胡三省注：“比，近也。比来，犹言近来也。”

比者，近来。《后汉书·桓帝纪》：“诏曰：‘比者星辰谬越，坤灵震动，灾异之降，必不空发。’”《全后汉文》卷三《劝农详刑诏》：“比者水旱不节，边人食寡，政失于上，人受其咎。”《全晋文》卷二二王羲之《杂帖》：“冀来夏秋间，或复得足下问耳，比者悠悠，如何可言？”《陈书·宣帝纪》：“古者反噬叛逆，尽族诛夷……比者所戮止在一身。”《魏书·邢峦传》：“比者宿豫陷殁，淮阳婴城，凶狡侜张，规抗王旅。”《北史·崔光传》：“今或有自贱而贵，关预政事，殆亦前代君房之匹。比者南境死亡千计，白骨横野，存有酷恨之痛，殁为怨伤之魂。"《旧唐书·德宗本纪》："比者卿士内外，左右朕躬，朝夕公门，勤劳庶务。"

中古道经有不少用例，《周氏冥通记》卷二："比者真仙游降，足致欣畅乎。我比恒有事，遂成冥隔。"卷三："不审住此廨中好否？比者恒忧与盗事。"卷四："比者微有准拟，犹欲追为起之。"陶弘景《真诰》卷十八："情兼，无以喻怀。寻省来告，粗承同之。仆寻往，相见近矣。比者翘注，良不可言。"《赤松子章历》中共 6 见。卷三《解咒诅章》："比者居止轗轲，梦想纷纭，怪异妄生，祆祥屡起，四支沈重，颜色瘘悴，精神浮散，不附身形。"卷三《谢土章》："比者已来，居宅不利，招延灾考。某处宅中，土精地灵，更相追责。不知修何功德，防保家口。唯用一心，仰凭大道。"卷四《解五墓章》："夫人入墓之年，恐被墓神注连，鬼气缠绕。比者脚手沉重，饮食不加，罔知拔赎五墓灾厄，扶护身命。"卷四《谢先亡章》："臣谨按玄科，今据乡贯某，比者中外梦想纷纭，精神惚恍，或鬼贼屯集，口舌横生，钱财耗散，怪祟屡见，田产不收，盖由触犯先亡翁婆先祖、左社右稷、井鳌土公、凶神恶鬼。"《洞玄灵宝千真科·亦五》："进至师前，安详三拜，问讯云：'师比者起居安否？德无损乎？'"《洞真高上玉帝大洞雌一玉检五老宝经》："子存感至若，亦将见之于紫房及左右也。比者之间[①]，当有太素玉女、三室真人，来降于子矣。欲行此道，常当别寝独处，不杂他人，每事亦尔，非惟此一事而已。"

【骨录】

《真诰》卷五："人生有骨录，必有笃志，道使之然。若如青光先生、谷希子、南岳松子、长里先生、墨羽之徒，皆为太极真人所友，或为太上天帝所念者，兴云驾龙以迎之，故不学道而仙自来也。"

按：骨录，仙人名籍，具有仙风道骨[②]，这是魏晋南北朝道教文献中的新词。如《洞真太上八素真经受食日月皇华诀》："凡上学之士，得有此法，若能长斋苦行，计日升玄。若有此经，未能勤修思真念灵，与俗无别者，故不失隐存下仙，白日尸解。及命过太阴地下主者，或遗骨胎变，受化南宫，必宿有骨录，应得此经，终归神仙故也。"又："此道飞空步虚，超腾上真之妙法，当传得道有骨录，应为真人者。"《无上秘要》卷三十一《遇经宿分品》："又云：自非宿

---

① 此例"之间"谓"之时"。王云路研究指出，"间"表示位置，也可表示时间，如《世说新语·简傲》8："及桓迁荆州，将西之间，意气甚笃，奕弗之疑。""之间"犹言之时。（参见王云路：《中古汉语词汇史》，商务印书馆 2010 年版，第 735 页）

② 周作明、俞理明：《东晋南北朝道经名物词新质研究》，中国社会科学出版社 2015 年版，第 123 页。

有飞玄天仙之骨录者，莫得而见闻。"《太上玉晨郁仪结璘奔日月图》："藏之于九天之房，丹瑶之台，非勤心好真，宿有飞玄天仙之骨录者，莫得而见闻也。"《洞真高上玉帝大洞雌一玉检五老宝经》："是当得道，有骨录应为真人者，乃得受之。受之必能乘云驾龙，役使万神。"《上清太极真人神仙经》："《太上郁仪文结璘章》，乃太上玉帝君之灵秘宝篇也，藏之于九天之房丹瑶之室，非勤心好真，宿有飞玄天仙之骨录者，莫得而见闻也。"《上清太上九真中经绛生神丹诀》："太上郁仪赤文、结璘黄章，乃太上玉帝君灵秘篇也，藏之于九天之房，丹瑶之台，非勤心好真，宿有飞玄天仙之骨录者，莫得见闻。闻其篇目，皆不可妄言，称及犯三官，天地不赦。"

【喫】

《洞玄灵宝千真科》："今日清净，服食仙粮。行香喫粥，寿命延长。"

按：《玉篇・口部》："喫，啖也。"产生于六朝时期，刘义庆《世说新语・任诞》："答曰：'友闻白羊肉美，一生未曾得喫，故冒求前耳，无事可咨。'"

《养性延命录》卷下："吴普行之，年九十余岁，耳目聪明，牙齿坚完，喫食如少壮也。"《赤松子章历》卷二："丧家祭食，产妇三日，及满月之食，并不可喫。"《正一法文修真旨要》："凡服气后至七日，或二七日，或久远逢食及酒，并喫无妨，酒不得过度乱正气，若食饱，不须服气，食尽则服。"东晋著名道士葛洪《葛仙翁肘后方备急方》中此字多见，卷一《治卒心痛方第八》："真射菵、吴茱萸分等。捣末，蜜和丸，如麻子。服二丸，日三服，勿喫热食。"卷二《治伤寒时气瘟病方第十三》："又方：竹叶（切），五升，小麦七升，石膏三两，末，绵裹之。以水一斗五升，煮取七升，一服一升，尽喫即差也。"卷三《治卒上气咳嗽方第二十三》："又方：桃人三升，去皮，捣，著器中，密封头，蒸之一炊，倾出曝干，绢袋贮，以内二斗酒中六七日，可饮四五合，稍增至一升，喫之。"其他魏晋南北朝道经中难见用例。

【为复】

《太上洞玄灵宝业报因缘经》卷四《持斋品第七》："普济问曰：'未审建斋，功德轻重？复有何神监临？为复直尔断食，复有威仪？'"

按：为复，犹还是，抑或，是中古汉语中常用的选择疑问词，表示几种情况中选择一种，具有鲜明的中古口语特色。《太上洞玄灵宝业报因缘经》卷一《开度品第一》："普齐今见诸天诸地有如许因缘，罪福不同。不知前生何修，今身何犯，前身何福，今生何罪？为是禀身自然，为是业报而来？为是水土使之，为是父母之因？为是当身所受，为是先世种因？为是罪止一身，为复殃流子孙？为是修善可得拔度，为是任命自然？唯愿天尊大慈，赐垂开悟，令众晓知宿命因缘。”葛玄《太上慈悲道场消灾九幽忏》卷八：“慈尊言：‘多犯三业罪苦，毁谤大乘，不忠帝王，讪说出家，点污法身，破坏尊像，侵损常住，即落在九幽，受斯苦报。乃有三官总统九府，曹掾推问，乃越酆都。’普济言：‘为复一业一考，为复百业百考？’”

“为复”进入选择问句大概是在五世纪前期，早于“为当”。“为复”之“复”字具有后缀性质，其作用是补足音节构成复音词。“为当”之“当”还有一定的实在意义，尚未虚化为词缀。[①]

第二节 单音词和复音词

词汇从音节上划分，由一个音节构成的词叫作单音词，复音词指的是两个或两个以上的音节构成的词。上古汉语以单音词为主，中古是汉语单音词复音化加速发展的时期。魏晋南北朝是社会剧烈变动的时期，也是汉语发展变化的关键时期。复音化进程在魏晋以前相对比较缓慢，进入中古时期以后，复音化的步伐大大加快，在短短的两三百年中汉语词汇系统以单音词为主的面貌就得到了很大改观。

在汉语词汇的发展过程中，由以单音词为主的词汇系统发展至以复音词为主的词汇系统，是汉语内部一个重要的规律性趋势，该趋势日益成为学界关注的热点。王力《汉语史稿》《汉语词汇史》强调了中古汉语以及复音词研究的重要性。潘允中《汉语词汇史概要》、史存直《汉语词汇史纲要》、向熹《简明汉语史》都有不少涉及复音词的论述。特别是程湘清《汉语史专书复音词研究》(初版，商务印书馆 2003 年版；增订本，商务印书馆 2008 年版)，分别收录了：先秦双音词研究、《诗经》中的复音“过渡词”、《论衡》复音词研究、《世说新语》复音词研究、变文复音词研究等论文，程先生提出的“汉语史专书研究方法论”极具指导意义，被学术界广泛引用，可以说，它确立了专书复音词研究的一种模式，影响深远。

随着中古汉语研究的不断深入，中古汉语复音词的研究语料已经不再局限于最初的《世说新语》《论衡》等一两部专书，专书语料日渐丰富，可以概括为小说类，如志人小说《世说新语》；志怪小说《搜神记》《异苑》等；史书类，如《三国志》《南史》等；佛典类，如《百喻经》《洛阳伽蓝记》等；碑刻类如东汉

① 参见刘开骅：《中古汉语疑问句研究》，黑龙江人民出版社 2008 年版，第 190 页。

碑刻、中古墓志等。目前，中古汉语复音词的研究语料不仅包括了传世的中古文献、汉译佛典，也涵盖了地下的出土资料，但对于道藏文献研究则略显贫乏。[①] 下面我们以魏晋南北朝道教文献为语料，试作分析。

一、单音词

“单音词是汉语词汇、语法系统的核心，其多义化比较明显，因此单音词的词义演变研究成为词义演变研究的一个重点，同时也是一项十分繁重和复杂的工作。”[②]当前的中古汉语词汇研究，存在一个普遍问题，即轻视单音词，重视复音词，而复音词的研究又陷入了一个固定化的模式，难以有所突破。“在研究过程中则存在，研究内容单一，一般都主要是考察复音词的语法构成、语义构成、复音化等问题；强调汉语词汇的复音化趋势以及作用，不重视对单音词的研究。”[③]蒋绍愚谈近代汉语词汇研究时，特别指出：“要注意单音词和复音词的互动关系”[④]，意在加强近代汉语中的单音词的研究。王云路的《中古汉语词汇史》也专列一章“中古时期的单音词”[⑤]，分别涉及了中古单音词的意义系统、中古单音节新词的构形特点、与新词相关的几个问题，研究深入而全面，具有很强的指导意义。魏晋南北朝道教文献有如下一些典型的单音词。

【坊】

《真诰》卷十一：“元徽中，有数男人，复来其前而居。至齐初，乃敕句容人王文清仍此立馆，号为崇元。开置堂宇厢廊，殊为方副。常有七八道士，皆资俸力。自二十许年，远近男女，互来依约，周流数里。廨舍十余坊，而学上道者甚寡，不过修灵宝斋及章符而已。近有一女人来洞口住，勤于洒扫，自称洞吏，颇作巫师占卜，多杂浮假。”

按：坊，城市居民聚居地的名称，与街市里巷相类似。产生于六朝时期，北魏杨衒之《洛阳伽蓝记·开善寺》：“寿丘里，皇宗所居也，民间号为王子坊。”

魏晋南北朝道经中亦有用例。《洞玄灵宝千真科》：“科曰：‘诸初入道，戒行未全，依倚村坊，不住观舍，上无尊德可畏，下多狡猾为朋，诱引儿女，同

① 贾清妍：《近二十年中古汉语复音词研究综述》，《吉林广播电视大学学报》2013 年第 1 期。

② 王毅力：《两晋汉语词汇研究》，中山大学 2010 年博士学位论文，第 27 页。

③ 郭作飞：《中古近代汉语专书词汇研究的总结与思考——百年中古近代汉语专书词汇研究述略（下）》，《前沿》2011 年第 6 期。

④ 蒋绍愚：《近代汉语研究概要》，北京大学出版社 2005 年版，第 303 页。

⑤ 王云路：《中古汉语词汇史》，商务印书馆 2010 年版，第 483～534 页。

床坐起，歌笑僖戏，饮酒食肉，俗人见之，返生秽慢。’”《太上元始天尊说北帝伏魔神咒妙经》卷四《捍厄品》：“天尊重告太上老君曰：‘若遇瘟疫之年，鬼兵流行。所在国土州县乡坊，疫疠竞起，无处隐藏。若欲求免者，宜志心日诵三遍，可与病人同床同食。’”《洞真太极北帝紫微神呪妙经》：“天下有千万土公鬼，有白头鬼，有五木鬼，有五土鬼。目赤，面黑，口阔，来入中国州县村坊。行其瘟毒，悉皆杀人。”《太上老君说补谢八阳经》[①]：“为见四方三界、国土州县、城市乡坊，每有动土兴工，修造宅宇，添新换旧，东西南北，四维上下，种种施工，建修之后，频遭三灾九厄。”

“坊”还可指别室、专用的房舍。《文选·何晏〈景福殿赋〉》：“屯坊列署，三十有二。星居宿陈，绮错鳞比。”李善注：“《声类》曰：‘别屋也。’方与坊古字通。《释名》曰：‘坊，别室名。’”《新唐书·百官志二》：“园囿有官马坊。”中古道经亦有见，《洞玄灵宝三洞奉道科戒营始》卷一《置观品四》：“造天尊殿……斋堂、斋厨、写经坊、校经堂……精思院、净人坊、骡马坊、车牛坊、俗客坊、十方客坊、碾硙坊、寻真台。”[②]又：“科曰：凡净人坊，皆别院安置，门户井灶，一事已上，并不得连接师房。其有作客，亦在别坊安置。”又：“科曰：凡车牛骡马，并近净人坊，别作坊安置。不得通同师房，及斋厨院内出入，并近井灶。科曰：凡十方道义，或为法，或缘身，来诣观中，所将人畜，皆别安置。不得师例，须别立客院。若未有别院，即安净人坊，驴骡置驴骡坊，所损常住，皆须陪填，不得直尔，师同法众例。”又：“科曰：凡有俗客，或门徒，若本部官人，皆则安俗坊，所将人畜，并不得侵损常住，若赎者住。”

【村】

《真诰》卷十一：“今此中以去，多荒芜，渐近村埭，并不足复居。昔时言去县小近，往来为易。”

按：村，村庄。产生于六朝时期，晋陶潜《桃花源记》：“村中闻有此人，咸来问讯。”《旧唐书·食货志上》：“在邑居者为坊，在田野者为村。”

魏晋南北朝道经多见。《真诰》卷十一：“按三君初得道，乘白鹄，在山头

---

① 丁培仁认为本经出于唐以前，参见丁培仁：《增注新修道藏目录》，巴蜀书社2008年版，第129页。

② 2016年9月26日，日本著名道教史专家都筑晶子教授在武汉大学作了题为《唐代中期的道观——空间·经济·戒律》的学术讲座。她指出，唐代的道观有着清净与污秽两种天然分离的空间特性，前者以殿、堂、院、楼、阁台的建筑形式，承当着供奉天神、举行仪式、道士修行以及道士居住等功用，且在清净的空间中又有着更为清净和神圣的空间，如精思院和天尊殿。污秽的空间则以坊为名，包括有净人坊、骡马坊、车牛坊、俗客坊、十方客坊、碾硙坊、净人坊等，其主要功用在于承担世俗杂务。在道观中，清净与污秽的空间彼此对立，绝不允许混淆与连通，甚至包括死去道士也必须与生前所用信物分别埋葬。（详见 http://www.history.whu.edu.cn/newsopen.asp? id=1016.）

时，诸村邑人互见，兼祈祷灵验，因共立庙于山东，号曰白鹄庙。每飨祀之时，或闻言语，或见白鹄在帐中，或闻伎乐声，于是竞各供侍。此庙今犹在山东平阿村中，有女子姓尹为祝。"《太上洞渊神呪经》卷三《缚鬼品》："道言：'辛巳、壬午年，人民横死，天下不安，死者众多。鬼王乌丸与地下赤炁杀人，人多瘟病，病者门门，十有三四死矣。奈何，奈何？唯有村村大会清斋，拜谒五帝之神，自保家口，令天神知之，鬼王乌丸自伏，不复杀人矣。'"卷七《斩鬼品》："道言：'自今辛巳、壬午年，有九十六种杀鬼，鬼来杀人。村村有四十六万黄獐鬼，来入人村，令人吐血，下痢霍乱，卒死心痛，身染黄病，咽喉塞痛，以致死亡。'"

近代道书袭用，唐王悬河《三洞珠囊》卷一《救导品》："桓闿，字彦舒，东海丹徒人也。梁初，昆仑山渚平沙中有三古漆笋，内有黄素写干君所出《太平经》三部。村人惊异，广于经所起静供养，闿因就村人求分一部，还都供养，先呈陶君，陶君云：'此真干君古本。'"前蜀杜光庭《录异记》卷四："遂州东岸唐村云古有一人，宽衣大袖，著古冠帻，立于道左，与村人语曰：'我钟离大王也，旧有庙，在下流千余里，因水摧损，今形像泝流而上，即将至矣。汝可于此为我立庙。'村人诣江视之，得一木人，长数尺，遂于所见处立庙，号唐村神。"

【墎】

《周氏冥通记》卷四："朱阳馆及彼廨以后乃有两三墎，状似古冢，既林草秦芜，亦可经人埋尘，不见有巫场处。"①

按：墎，《大字典》："同亭(郭)，城郭。"《集韵・铎韵》："《说文》度也。民所度居也。从回象城亭之重两亭相对也。或作墎曠。"《改并五音类聚四声篇海・土部》："墎，古慱切。城墎也。与郭同。"方一新研究指出，今谓"墎"即"郭"的增旁俗字，盖受"城"字的偏旁类化而然。②

传世文献用例不多，北齐《徐彻墓志》："率兹蛙蝇，迫我城墎。"隋杜台卿《玉烛宝典》卷二《二月仲春第二》："今人以此月八日巡城，盖其遗法矣。魏代踵前于此尤盛，其七日晚所司预奏早开城门，过半夜便内外俱起，遍满四墎。"《法苑珠林》卷一《坏劫部》引《观佛三昧经》："久久之后风入海底。取日上大城墎。于须弥山边置本道中。"又卷二十九："其寺都有五院，同一大门，

---

① ［日］吉川忠夫、麦谷邦夫编，刘雄峰译：《〈周氏冥通记〉研究》(译注篇)(齐鲁书社 2010 年版)第 196 页译文："朱阳馆与他的住处后有两三个围起来的地方"，此翻译不甚妥帖。

② 参见方一新：《中古近代汉语词汇学》，商务印书馆 2010 年版，第 82 页。

周回四重，高八丈许，并用砖垒，其最下壁犹厚六尺，外墎三重，墙亦砖垒。”①

敦煌文献亦见，P. 3532号新罗慧超《往五天竺国传残卷》：“已东吐蕃国，纯住冰山雪山川谷之间，毡帐而居，无有城墎屋舍，处所与突厥相似，随逐水草。”S. 1889号《炖煌泛氏人物传》：“大王为狄所侵，[止]于岐[下]，百姓从之，若归于市，招辑戎俗，筑城墎，立宗庙，王道之端，始于此矣。后稷受封于邰，赐姓曰姬。”S. 5804《门僧智弁请赐美柰状》：“右智弁楼上转念之次，忽闻参君郎君出墎于园收柰。”（释录5/7）②

【廨】

《周氏冥通记》卷一：“日中后，其舅暂还廨，忽见步廊竹根生一笋，三寸已上分为二条，并抽筠箨，齐长九寸，昨都不见，而今忽有，普明知是异，恐小儿拔弄，仍折取来中堂，遍示诸道士，咸共嗟叹‘未尝有此’。”

按：廨，本指官舍；官署。汉王充《论衡·感虚》：“星之在天也，为日月舍，犹地有邮亭，为长吏廨也。”引申指官府营建的房舍。《南史·齐竟陵文宣王子良传》：“子良开仓振救贫病不能立者，于第北立廨收养，给衣及药。”

魏晋南北朝道经多见。《周氏冥通记》卷一：“至日昳后，便起云：‘时至矣。’即束带烧香，往师经堂中，遍礼道众，径出还所住廨。住廨，住屋。唯有三间，住东一间，西二间亦安两高坐，并有香火也。”卷三：“于时至尊垂恩，为置宋长沙道士二廨，并左右空地，于此廨西复为起观，前左右即是许长史旧基。”《真诰》卷十一：“元徽中，有数男人，复来其前而居。至齐初，乃敕句容人王文清仍此立馆，号为崇元。开置堂宇厢廊，殊为方副。常有七八道士，皆资俸力。自二十许年，远近男女，互来依约，周流数里。廨舍十余坊，而学上道者甚寡，不过修灵宝斋及章符而已。”卷十三：“后又有句容山，其王文清后为此廨主，见传记，知许昔于此立宅，因博访耆宿。”卷二十：“真降之所无正定处，或在京都，或在家舍，或在山馆，山馆犹是雷平山许长史廨，杨恒数来就掾，非自山居也。”《洞真太上太霄琅书》卷六：“若不受治而受经，或不受经而奉郊，祀皆称臣，女位等男，皆称妾，妾妻差降，姓氏不同，科在传授仪中，年如干岁。今治自官长以下云：位亦居君某州郡县乡里某宫第府廨馆舍，稽首乞恩辞。”

【店】

葛玄《太上慈悲道场消灾九幽忏》卷七：“凡是所为，更相欺盗，或即移篱就彼，侵他地界，虏掠田园，因公托势，夺人邸店，商旅博货，轻秤小斗，减退尺

① 《法苑珠林》例引自周志锋：《大字典论稿》，浙江教育出版社1998年版，第35页。

② 此例转引自黑维强：《敦煌、吐鲁番社会经济文献词汇研究》，民族出版社2010年版，第55页。

寸，隐缩分铢，欺筭圭合，将麤易细，以短换长，巧诈百端，希求毫利，烧人屋舍，枉陷平人，妬人富贵，信他斗谍，瞋怒父母。”

按：店，放置货物的土墩。晋崔豹《古今注·都邑》：“肆，所以陈货鬻之物也；店，所以置货鬻之物也。肆，陈也；店，置也。”引申指商店，《世说新语·任诞》：“阮宣子常步行，以百钱挂杖头，至酒店，便独酣畅”《唐律疏议·名例四·平赃者》：“居物之处为邸，沽卖之所为店。”又引申为旅店，客店。唐温庭筠《商山早行》诗：“鸡声茅店月，人迹板桥霜。”

魏晋南北朝道经中尚属少见，六朝《太上洞玄灵宝宣戒首悔众罪保护经》卷中：“或为人君、长吏，治行多违，政教不平，少公多私，苟贪财色，发赋不均，教人刺讥，访作盲文，伺察非辜，吹毛求瑕，多冒贩踞，店肆卖买，遏遮四路，割贱夺贵。”晋郭象《南华真经注疏》卷二十二《外篇山木第二十》：“《疏》姓阳，名朱，字子居，秦人也。逆旅，店也。往于宋国，宿于中地逆旅。”

近代道经中使用渐多，前蜀杜光庭《神仙感遇传》卷一“刘彦广”条：“闻其尚负官钱，家内穷罄，悯之，形于容色。既而令于所止店中，备生铁及炭。是夕，唐诣其店，置炭铁烈火而去。”卷三“何亮”条：“有一道士，冒雨而至，衣装皆湿。历诣诸店，皆闭门不容。亮见而哀之，延就驿廊下，炽火设食以待之。”北宋张君房《云笈七签》卷一〇一十一“扈谦”条：“进不登龙门，退不求名位，无以消天日，常作巍峨醉。精于易占，常在建康后巷许新妇店前筮，一卦一百钱，日限钱五百止。”卷一百一十三“马自然”条：“及出门，又促速行，到诸暨县南店中，约去禅院七十余里。深夜闻寻道士声，主人遽应此有三人。”北宋吴淑《江淮异人录·润州处士》：“至城外数十里村店中，见其兄亦在焉。女至兄前，兄不之见也。乃弃刀于水中，复往，兄乃见之。”北宋李昌龄《太上感应篇》卷六：“刘平阿本一医人，吴睦本一县史，刘妍本一妓女，鲍靓本一店家，贺生本一屠儿，丁约本一兵卒，朱本一劫盗，李正玄本一猎人，此皆自人而得仙者也。”

【爷】

六朝《太上洞玄灵宝智慧定志通微经》：“胤祖知其必啼，婆诱祖耳。其眠好与祖俱，今独在彼，忼忼未习，亦当思恋阿爷及忆阿祖，且新与婆别，那得不啼。”

按：爷，亦作“耶”，谓父亲。此乃中古新词，产生于六朝[①]，古乐府《木兰诗》：“军书十二卷，卷卷有爷名。”古乐府《木兰诗》：“旦辞爷孃去，暮宿黄河

① 向熹先生对此论之甚详，参见《简明汉语史》(上)，商务印书馆 2010 年版，第 464 页。

边。”晋王羲之《苦姜帖》:“汝母子佳不?力不一一。耶告。”

《太上洞玄灵宝智慧定志通微经》,一名《思微定志经》。道教古灵宝经之一,约成书于东晋末南朝初。陆修静《灵宝经目》已著录。一卷,收入《道藏》洞玄部本文类。另有敦煌残抄本一件(P.5563号),写于唐初。经称灵宝天尊以《思微定志要诀》传授左玄、右玄二真人。经文后半篇讲述善恶报应故事,劝导信徒奉经守戒,供养道士,施财行善,以求福报,口语性很强。

魏晋南北朝道教文献中“爷”表示“父亲”的用法似仅见于此经,其他几例分别是:“母至姊所,具说质儿意,姊得闻之,欢喜无量,乃与见钱整五十万,遣车三乘载妹及钱,送还妹家。次胤跪母辞曰:‘父作如此功德,后必得道。未果之间,愿婆爷行止,时过见视。’”又:“于是次胤跪姨,启曰:‘今为姨儿,何异所生。但凡人分离,犹尚罔罔,愿姨见恕。今欲乞一万钱以与父,别寄婆车去。’姨愍此小儿情趣乃尔,愈加矜敬,即又料出见钱十万,曰:‘以此与子,意可与者,恣意与之。’次胤跪曰:‘赐钱太多。’即启母言:‘以六万奉阿爷阿婆,此是奴心,以供养二尊,朝夕之资,盖亦微微,愿以自供,必不他用。’”又:“今家财产足汝施用,汝其勿废。法解衔泪呜咽,烦冤懊恼,悲哭唤天,一顿一伏,气绝复苏,手抱父母而啼。又曰:‘阿爷阿婆,发如此之福。临命将终,善尚不退。天道虽远,岂当不感。’”

关于亲属称谓词“耶”“爷”的出现时代、来源及形体变迁,陈顺成认为,“耶”假借为父亲义亲属称谓词不晚于东晋时期,“耶”作祖称不晚于辽代(1071年前后),即北宋中期;父亲义亲属称谓词“耶”极有可能源于南方方言,但作祖称的“耶”来源于北方方言;唐前常写作“耶”,未见到可靠的“爷”字,后者为前者的后起俗字。[①] 张涌泉利用碑刻、写本等出土文献资料,进一步指出指称父亲的“爺”古本作“邪”或“耶”,“爺”大约是“耶”受“爸”“爹”“奢”一类字的影响产生的增旁俗字,始见于五代,宋代前后开始通行。[②]

【凹】【凸】

《周氏冥通记》卷一:“湘州人作同心竹,皆伺抽笋,因刻边为孔,笋乃带创成四,此犹是一竿竹,唯中央两边凹耳,未尝有一竹而分为两笋、共本各末者。”

按:凹,周围高,中间低。与“凸”相对。“凹”字不见于《说文》、《玉篇》,

---

① 参见陈顺成:《亲属称谓词“耶”“爷”的历时考察——附论“孃”“娘”》,《古汉语研究》2013年第1期。

② 参见张涌泉:《说“爷”道“娘”》,《中国语文》2016年第1期。

是六朝时产生的新词。[①] 晋葛洪《葛仙翁肘后方备急方》卷三《治风毒脚弱痹满上气方第二十一》:“先灸大椎。在项上大节高起者,灸其上面一穴耳。若气,可先灸百会五十壮,穴在头顶凹中也。”卷七《治防避饮食诸毒方第七十》:“鱼,勿合小豆藿。青鱼鲊,不可合生胡荽。鳖目凹者,不可食。鳖肉,不可合鸡鸭子,及赤苋菜食之。”

魏晋南北朝道教文献有不少用例。如《真诰》卷十一:“按大茅后长阿积金东凹地有一山子,独秀如博山炉,且又近积金山,恐此或当是。”《上清大洞真经》卷四《皇初紫灵元君道经第十七》:“运下元精血缠遶神身,入尾闾穴,穿骨髓,上入泥丸,下布鼻凹,出赤血化为一轮赤光,神在光内,前去身五丈,顺时吐息。”卷五《晨中皇景元君道经第二十九》:“次思晖光从兆泥丸中入,兆乃口吸神云,咽津五过,结作五神,状如孩童。下步五藏,上充华盖,入鼻凹,五色神云分入两目,左三右二,摇睛九过,顺时吐息。”东晋南朝《上清太上帝君九真中经》卷下《太上八景四蕊紫浆五珠绛生神丹方经》:“沉明合景四两。口诀是蚌中珠,已穿凹者亦可用,但令新者可用。”《洞真太上太霄琅书》卷四《法服诀第八》:“礼玄冠不吊,魏武之时,素为此冠,著以相吊,积历多年,有中书监荀勗,著经树间,为垂枝所连,遂凹其上。”《上清太极真人神仙经》:“次存心中朱烟,从心前凹中出,如筋大,直上冲天,光映三万里气,令在向紫气之内。”

《玉篇・亚部》:“凸,起貌。”谓中间高,周围低,与“凹”相对。产生于六朝[②],但其在中古道经中罕见,《太上洞玄灵宝业报因缘经》卷二《受罪品第四》:“昼夜不得息,后生为兽身,常被人刑残;纵得受人身,手足挛跛躃,曲腰又隆背,凸胸及偻脊,双盲及瘖痖,耳聋或鼻塞。众生业无量,受报亦无极,各从其本业,非从他人得。”《真诰》卷十一:“向云高处一百七十丈,下处一百丈,则是中央高,四边渐下。今云上盖正平,是言其质平无凹凸处耳,非直去如板也。亦可是登垄阜之上,则于天为下耳。”

【捺】

葛玄《太上慈悲道场消灾九幽忏》卷六:“或持弓矢,杀害众生;或持刀杖,杀害众生;或手揉脚踏,杀害众生;或坐按卧捺,杀害众生;或耕田种作,杀害众生或;打墙立壁,杀害众生;或竖屋造舍,杀害众生。”

按:捺,用手向下按。产生于南北朝时期,《大广益会玉篇・手部》:“捺,乃曷切。搦也。”《古今韵会举要・去声》卷二十七:“《字林》:‘捺,捎也。’《广

① 向熹:《简明汉语史》(上),第475页。
② 向熹:《简明汉语史》(上),第477页。

韵》:'手按也。'"《太平广记》卷二四九引唐张鷟《朝野佥载·高崔嵬》:"唐散乐高崔嵬喜弄痴。太宗命给使捺头向水下,良久,出而笑之。"

中古道经多有使用。《洞真太上说智慧消魔真经》卷一《真药玄英高灵品》:"焦火卫魂,铜头齐魄,长牙奋耳以逆曜,电父激气以双趹,揭齿敛足,雷公磕捺,六眗营瞻,五虎呴沸,衔刀逐邪,猛兽驱秽,奔气雷精,保生莫坠。"《太清道林摄生论》:"两手捺胜,左右捩身,各二十遍。"又:"左手捺脚,耸上至下,直脚三遍。[左](右)手捺脚,亦尔,前却抑足三遍。"又:"面向午,展两手于膝上,徐徐挼捺支节,口吐浊气,鼻引清气。"又:"凡居家,当诫勒内外长幼,有不快者,即须早道,勿使隐忍,以为无苦,过时不知,便为重病,遂成不救;小有不好,即须按摩挼捺,令百节通利,泄其邪气也。"葛玄《太上慈悲道场消灾九幽忏》卷六:"或杀鼋鼍龟鳖、螺蚌螯蟹,甲虫之属,干河篙堑,下竹竿砂,揠捺网罟,荃罩鳞鬣。"

【挼】

《太上灵宝五符序》卷中《灵宝黄精方》:"欲饵之法,以二月、八月取根,刮去毛,熟洗细切,一斛煮以水六斗,炊火令和,日一至夕药熟,出使寒,手挼之使碎,酒囊酿得汁还竭,令可丸。取滓干末纳釜中,令和药成,服如鸡子者,日三。可绝谷不食,不寒不暑,行及奔马,百病自愈。"

按:挼,同"捼",揉搓、摩挲。《礼记·曲礼上》"共饭不泽手"汉郑玄注:"择,谓挼莎也。""挼莎"亦作"挼挲",谓揉搓,搓摩。《晋书·刘毅传》:"因挼五木久之……既而四子俱黑,其一子转跃未定,裕厉声喝之,即成卢焉。"北魏贾思勰《齐民要术·笨曲并酒》:"以曲末于瓮中和之,挼令调匀。"

魏晋南北朝道教文献亦见行用。《洞真太上八道命籍经》卷下:"入堂向道礼三拜,若人众,可巡行至东。若定位,俱三拜,亦可一拜,亦可心拜。拜毕,正坐,坐定闭目,握固叩齿,存头正青如碧玉,两手如丹,两脚如雪,魂备左,魄守右,良久开目,挼掌案摩,上坐,存毕,上高座诵经讲义。"《洞真太上八素真经占候入定妙诀》:"凡梦及出行,见氛气晦暝,井浊无水,污池不净,粪血尸鬼,人物交淫,皆眼当有疾。急存眼神,挼掌令热,以熨两眼,二七过止。又以手指爪捻目眥,有光明朗则吉,青黑则凶。"又:"凡梦及出行,见游光炫焕,雨雪纷披,从高堕下,器物翻覆,皆头当有疾。急存脑神,挼手摩眉,修历额上明堂、洞房、丹田诸宫,择取东井之水,香药合和,为汤沐栉,传香三过可止。"

东晋葛洪《葛仙翁肘后方备急方》中用例屡见,卷二《治伤寒时气瘟病方第十三》:"又方:取术丸子二七枚,以水五升,挼之令熟,去滓,尽服汁,当吐下,愈。"卷二《治时气病起诸复劳方第十四》:"又方:取蓼子一大把,水挼取汁，饮一升。干者，浓取汁服之。葱头捣，以苦酒和服，亦佳。”卷六《治面皰发秃身臭心惛鄙丑方第十二》：“作手脂法：猪胰一具，白芷、桃人碎各一两，辛夷各二分，冬芪人二分，细辛半分，黄瓜、栝蒌人各三分。以油一大升，煮白芷等二三沸，去滓。挼猪胰取尽，乃内冬瓜、桃人，末，合和之，膏成，以涂手掌，即光。”卷七《治卒蝎所螫方第六十二》：“又方，挼马苋、大蒜。又，嚼干姜，涂之，佳。”又：“蜀葵花、石榴花、艾心分等，并五月五日午时取，阴干，合捣，和水涂之螫处，立定。二花未定，又鬼针草，挼汁傅之，立差。”

【襞】

《周氏冥通记》卷一：“子良仍起，襞纸疏之。”

按：襞，折叠衣物，是中古时期新生的一个单音词。《说文·衣部》：“襞，韏衣也。”徐锴系传：“犹卷也。襞，折叠衣也。”《汉书·扬雄传上》：“芳酷烈而莫闻兮，不如襞而幽之离房。”颜师古注：“襞，叠衣也。”

魏晋南北朝道教文献中有见。《周氏冥通记》卷二：“丞乃令子良襞纸染笔，口授曰：‘华景辉琼林，清风散紫霄。’”陶弘景《真诰》中有三处使用，卷一：“各坐良久，紫清真妃曰：‘欲复烦明君之手笔，书一事以散意忘言，可乎？’某又襞纸待授，真妃乃徐徐微言而授曰：‘我是元君之少女，太虚李夫人爱子也。’”又：“紫微夫人曰：‘我复因尔作一纸文以相晓者，以示善事耳。’某又襞纸染笔，夫人见授诗云：‘二象内外泮，玄气果中分。’”又：“真妃见告曰：‘欲作一纸文相赠，便因君以笔运我鄙意，当可尔乎？’某答：‘奉命。’即襞纸染笔，登口见授，作诗如左，诗曰：‘云阙坚空上，琼台耸郁罗。’”

中古其他文献也有用例。南朝梁王僧孺《为人宠姬有怨》：“锦衾襞不开，端坐夜及朝。”后引申泛指折叠，汉王粲《刀铭》：“灌襞以数，质象以呈。”晋左思《娇女》：“上下弦柱际，文史辄卷襞。”梁元帝萧绎《金楼子》卷六：“合中之物，凡有三种，按卦而谈，或轻或重。又有人名裹襞纸中，射之得鼎卦。”南朝梁简文帝《与湘东王书》：“诗既若此，笔又如之。徒以烟墨不言，受其驱染；纸札无情，任其摇襞。”南朝梁僧祐《弘明集》卷二十三：“帙舒轴卷，藏拔纸襞。”

【格】

《周氏冥通记》卷一：“于时笔及约尺悉在桉上，便自捉内格中，移格置北头。”

按：格，支架。《周礼·地官·牛人》“凡祭祀共其牛牲之互”东汉郑玄注：“互，若今屠家县肉格。”《周氏冥通记》卷一：“砚本在桉北头，笔格在南头，故移就砚而隐桉也。”南朝梁吴筠《笔格赋》：“幽山之桂树……翦其片条，为此笔格。”笔格，即笔架。《梁书·王茂传》：“茂在江州，梦钟磬在格，无故自堕，心恶之。”

近代汉语继续沿用，唐陆龟蒙《和江南道中怀茅山广文南阳博士》之一：“自拂烟霞安笔格，独开封检试砂床。”宋周必大《玉堂杂记》：“御前列金器，如砚匣、压石，笔格、糊校、水滴之属。”元高明《琵琶记·五娘书馆题诗》：“积金花玉版之笺，列锦纹铜绿之格。”钱南扬校注：“格，阁笔之器，俗称笔架。”

【黄】

《上清太上帝君九真中经》：“取铅锡十斤，于铁器中煎熬，投此二丸如鸡子黄，合搅须臾，立成黄金。”

按：黄，卵黄。《宋书·天文志一》：“前儒旧说，天地之体，状如鸟卵，天包地外，犹壳之裹黄也。”北魏贾思勰《齐民要术·笔墨》：“可下鸡子白，去黄，五颗。”

魏晋南北朝道经《上清太上帝君九真中经》云：“清酒美者五斗。凡六物，合搅，令合一，内釜中，微火煎，令凝如糖状，似可圆者，乃出着密器中，更分捣三千杵，圆如鸡子中黄，日服三圆。”《洞真高上玉帝大洞雌一玉检五老宝经》：“次存日月二象，欻然混化，为一明珠，如鸡子大，中黄之状，内外洞彻。”《太上洞玄灵宝五符序》：“一在无形甚难知，子不知一万事失。大如鸡子黄，其色如甘橘，出为半，入为一，子能守之万事毕。”

除以上详细解说的单音词之外，魏晋南北朝道教文献中还有帽、假、格、艿、坑、捣、搅、墌、偃、合、度、汧、铪、软、瞳、薤、狯、皱、囤、钿、娘（孃）等词，限于篇幅，兹不赘述。

二、复音词

魏晋南北朝是汉语词汇复音化发展过程中的一个重要阶段。自 20 世纪 80 年代以来，该领域引起了学者们的广泛关注，中古汉语复音词研究取得了丰硕的成果，例如周生亚《〈世说新语〉中的复音词问题》（1982）、颜洽茂《南北朝佛经复音词研究——〈贤愚经〉〈杂宝藏经〉〈百喻经〉复音词初探》（1984）、吴泽顺《〈百喻经〉复音词研究》（1987）、唐子恒《〈三国志〉双音词研究》（1998）、程湘清《汉语史专书复音词研究》（2003）、李晓玲《〈颜氏家训〉复音词研究》（2007）、李小平《〈齐民要术〉双音词研究》（2015）等。

对于道教文献中的复音词，学术界探讨尚不多，如董玉芝《〈抱朴子〉复音词构词方式初探》（1994）、黄建宁《〈太平经〉复音词初探》（1997）、王敏红《〈太平经〉词语拾零》（2002）、董玉芝《〈抱朴子〉特指义拾零》（2004）、刘祖国《〈太平经〉复音词研究与〈汉语大词典〉》（2006）、田启涛《汉语词汇复音化再认识——以魏晋时期天师道文献为例》(2013)、刘艳娟《〈真诰〉复音词研究》(2014)、田启涛、俞理明《汉语词汇复音化的观察视点和方法——以早期(魏晋)天师道文献为例》(2016)等,尤其值得一提的是,田启涛、俞理明(2016)一文立论深刻,观点新颖,是近年汉语词汇复音化研究的重要进展。下面我们对魏晋南北朝道教文献中的复音词加以介绍。

【为当】

《真诰》卷一:"上寝琼房,流行玉清,手掣景云,足陟金庭,若自此之时,在得道之顷,为当固尽内外,理同金石,情缠双好,齐心帏幙耳?为必抱衾均牢,有轻中之接,尘秽七神,悲魂任魄乎?"

按:为当,犹抑或、还是。"为当"是中古汉语中常用的选择疑问词,表示几种情况中选择一种,相当于现代汉语中的"是……还是……"。中古典籍屡见,南朝梁武帝《答陶弘景书》:"但迁徙之日,为当使人,为当使鬼?"《颜氏家训·书证》:"殷仲堪《常用字训》亦引服虔《俗说》,今复无此书,未知即是《通俗文》,为当有异?近代或更有服虔乎?不能明也。"三国吴支谦译《须摩提女经》卷一:"'我有小儿,始欲觅婇,未有定处。卿此小女可为婚匹。'邠池言:'事不宜尔。''为当门望不齐?为当居生不等?'"三国吴支谦译《撰集百缘经》卷九:"臣等所领三万六千诸小王辈,为当都去,将半来耶?"

魏晋南北朝道经中也有不少用例。《真诰》卷十四:"中君答长史问葛玄云:'在盖竹山,恒与谢稚坚相随,今稚坚乃在此,不知为去来往还,为当两人同姓名也?'"陶弘景《周氏冥通记》卷　:"拜请将还,开视,即是从来受旨五月,唯有夏至日后四事,六月七月并具足,从八月后至今年七月末止。疏目录略举事端,称云而已,未测亦并有事,如六七月而不存录,为当不复备记,止径略如此邪?今以意求,恐是不复疏之。"晋郭象《南华真经注疏》卷五《内篇人间世第四》:"汝将何物比并我故?为当将我不材散木邪?为当比予于有用文章之木邪?"《抱朴子神仙金汋经》[1]卷中《神仙论金丹》:"夫饮玉粕则知浆荇之薄味,睹昆仑则觉丘垤之至卑。既览金丹之道,则使人不欲复视小小之方。然大药卒难得办,为当且御小者以自支持耳?然服他药百斛,为能小小益,而终不能使人长生也。"

【浊秽】

《无上秘要》卷六十六《沐浴品》:"沐浴不数,魄之性也。违魄返是,练其

① 朱越利指出:"余以为,上卷为《金汋经》佚文,后两卷为后人滥补。孟乃昌《中国炼丹术原著评介》认为卷上正文应在东晋中、末年所出,注文出于南齐至陈间,盖为陶弘景所为。"(参见朱越利:《道藏分类解题》,第232页)

浊秽，魄自亡矣。”

按：浊秽，亦作“浊濊”，污浊，亦比喻丑恶、鄙陋之事物。《史记·屈原贾生列传》：“濯淖污泥之中，蝉蜕于浊秽，以浮游尘埃之外。”《汉书·李寻传》：“荡涤浊濊，消散积恶。”颜师古注：“濊，与秽同。”

《上清握中诀》卷中：“沐浴不数，魄之性也，远魄反真，是炼其浊秽，魄日亡矣。数沐浴，常存六丁，令人所向如愿。”南朝宋陆修静《太上洞玄灵宝授度仪》：“今遭天运推移，皇道数行，蒙法师某甲所见拔擢，开导愚蒙，赐臣灵文，奉对圣君。肉尸惶惧，洗除浊秽，得侍灵坛，俯荷拔擢，荣过分表。”《老君音诵戒经》：“吾观世人，夫妻修行黄赤，无有一条按天官本要所行，专作浊秽，手犯靖庐治官禁忌，而天官、仙人、玉女，尚不犯治室之法。”《抱朴子内篇》卷十六：“然不闻方伎者，卒闻此，亦焉能不惊怪邪，又黄白术亦如合神丹，皆须斋洁百日已上，又当得闲解方书，意合者乃可为之，非浊秽之人，及不聪明人，希涉术数者所辨作也。”《太上大道玉清经》卷五：“恐心无贞操，志不殊坚，来此何缘？况心未冥真，体犹凡浊，污我名迹，不宜尸臭，以见真君。我虽名山之灵，身无浊秽，受形已定，虽不任道，常为真君而作外护，不欲浊恶，以此忤真。”

【灾横】

《无上秘要》卷二十六《灵宝符效品》：“洞阳之炁，生三气丹天，梵宝南方赤帝治。九天运周，阳炁激，大劫终。佩此文，度灾横，见太平。”

按：灾横，谓意外的灾祸。中古道经屡见。如《周氏冥通记》卷四：“十七日，见保命赵丞，多论天地灾横之事，亦甚多不可记。此事理难当说。”《太上三元飞星冠禁金书玉箓图·冠五斗二十八宿法》：“人不能长生者，为天魔结其罪也。若修炼我法，必得无诸灾横，寿命长延，福流于后无穷。”《太上洞玄灵宝八威召龙妙经》卷下：“世末多灾横，勤斋以度身。”《赤松子中诫经》：“妇人孝顺，翁婆敬顺，夫婿清贞洁行，饮气吞声，参省晨昏，和颜悦色，无私奉上，并蒙加筭，延寿增禄，灾横消除，男女聪慧。”《正一法文太上外箓仪·事箓行戒》：“不行戒者，呼之不至，破戒之人，吏兵远身，还上天曹考官便逮，致诸厄疾，公私灾横，轗轲衰否，所作不成。”

【吹累】

《真诰》卷十七：“故玄玄以八风为橐籥，天地为堤防，四海为甕罂，九州为稗糠，积之以万殊，蒸之以阴阳。其陶铸也，充隆吹累，刚柔清浊，象类不同，呼吸含吐。”

按：吹累，亦作“炊累”，形容游尘浮动升腾。《庄子·在宥》：“尸居而龙见，渊默而雷声，神动而天随，从容无为，而万物炊累焉。”郭象注：“若游尘之自动。”陆德明释文引司马彪曰：“炊累，犹动升也。”钟泰发微：“‘累’与虆同。”《荀子·仲尼》：“是以位尊则必危……可炊而傹也。”杨倞注：“炊与‘吹’同……言可以气吹之而僵仆。”

宋林希逸《南华真经口义》卷十三解说尤详：“炊累即是野马尘埃，生物以息相吹之意。炊，动也；累，微细而累多也。虚室之中漏日如卵处看，日影中微尘便见。此两字下得奇特，若动而又不动，若多而不见其多，故曰炊累。言我若无为于上，而天下之人日出而作，日入而息，自得自乐，如万物之炊累然，又何用我容心以治之。”其他文献亦见，唐释道宣《广弘明集》卷三十：“妙损阶玄老，忘怀浪濠川。达观无不可，吹累皆自然。”宋罗勉道《南华真经循本》卷十二：“故君子苟能无解其五藏，无擢其聪明，尸居而龙见，渊默而雷声，神动而天随，从容无为而万物炊累上声焉。”元姬志真《云山集》卷八《黄据大斋碑》：“云霞耕集，师德咸臻。慈云法雨，如雷如霆。火庭炼度，炊累超升。”

【谢殃】

《无上秘要》卷五十三《金箓斋品》：“今故立斋，披心露形，叩头自克，为国谢殃，烧香然灯，照曜诸天，下映无极长夜之中、九幽之府，开诸光明。”

按：谢殃，消灾避祸。南朝梁陶弘景《周氏冥通记》卷四：“二十三日，见众真，凡三十人，多论人治身之本、谢殃之法甚多，亦复论作九转事。”《无上秘要》卷五十三《金箓斋品》：“今谨依大法，披露真文，烧香然灯，照曜诸天，信誓自效，行道谢殃，上请天仙兵马九亿万骑、地仙兵马九亿万骑、真人兵马九亿万骑。”《太上玉珮金珰太极金书上经·太极金书秘字三元九真阳符》：“毕，摩两掌，拭额、心、脐下，各三过，手按目四眦三过，又咽液三七过止。此高上秘道，轻宣灵文，七祖充责，己身谢殃矣。”宋张君房《云笈七签》卷三十七《洞玄灵宝六斋十直·十二斋》：“六者指教斋，请福谢罪，禳灾救疾。七者涂炭斋，拔罪谢殃，请福度命。”

【鸡子】

《上清太上帝君九真中经》：“取铅锡十斤，于铁器中煎熬，投此二丸如鸡子黄，合搅须臾，立成黄金。”

按：鸡子，鸡蛋。《汉书·五行志》：“宣帝地节四年五月，山阳济阴雨雹如鸡子。”

中古道经屡见。《上清太上帝君九真中经》：“又不可大下蜜，但可多少下蜜尔。更捣三万杵，药成，圆如鸡子中黄。亦可计黄，以为细圆而服之。”

《真诰》卷五："常以夜半时，去枕平卧，握固放体，气调而微者，身神具矣。如有不具，便速起烧香，平坐闭目，握固两膝上，心存体神，使两目中有白炁如鸡子大，在目前，则复故也。"《上清太上九真中经绛生神丹诀》："月一日夜半存神讫，又存两目中有白气，如鸡子大，在面目前，须臾变成两明镜，径九寸，以前后照我一体上二十四神，洞鉴分明。"《洞真高上玉帝大洞雌一玉检五老宝经》："次存日月二象，欻然混化，为一明珠，如鸡子大，中黄之状，内外洞彻。"《元始上真众仙记》："昔二仪未分，瞑涬鸿蒙，未有成形，天地日月未具，状如鸡子，混沌玄黄，已有盘古真人，天地之精，自号元始天王，游乎其中。"《太上洞玄灵宝五符序》："一在无形甚难知，子不知一万事失。大如鸡子黄，其色如甘橘，出为半，入为一，子能守之万事毕。"

【下声】

《周氏冥通记》卷一："子良又问：'既灵圣垂旨，敢希久停，可得申延数年不？'帅曰：'下声！旁人闻。'"

按：下，下声，即低声。南朝宋刘义庆《世说新语·轻诋》："谢公熟视殷曰：'阿巢故似镇西。'于是庾下声语曰：'定何似？'"《真诰》卷一："六月二十四日夜，南岳夫人见授，令书此。先是二十二日夕，有在别室共论讲道。紫微、南岳二夫人，声气语音殊下，不解其趣。""下"表示声音低，声音小，《大词典》失收此义项。

《周氏冥通记》卷一："前共疑议，日司已白。令来取实，犹复求申。更恐其闻奏，故令下声。"唐朱法满《要修科仪戒律钞》卷三："弟子不得犯触名讳，若尊人问不已，宜须下声答名也。违律，罚筭一纪。弟子不唐突师左右，左右有问察之神。违律，罚筭一纪。"唐张万福《三洞众戒文》卷上《弟子奉师科戒》："弟子不得犯师名讳，若人问不止，下声答之。"《太清金液神丹经》[①]："某甲九拜，九叩头，九自搏，长跪。乃更下声徐徐曰：'以今某年岁月日，某郡县乡里号姓名字年若干，谨上请九天三天高上圣神于某山。'"

【禺中】

《太上大道玉清经》卷四："尔时，天尊至十五日禺中之时，微动左手，抗齐神心，弹指三声。"

按：禺中，将近午时。《东观汉记·光武帝纪》："其有当见及冤结者，常以日出时驺骑驰出召入，其余禺中使者出报。"

---

① 朱越利研究指出："陈国符《道藏源流续考》认为本经在西汉末东汉初出世。其中杂入后人文字。"(《道藏分类解题》，第231页)

中古道经用例如:《真诰》卷七:“七月二十七日禺中,许主簿、华侯当入静中。尔时无复所有,为防未然耳。”《周氏冥通记》卷二:“尔旦,天清赤热,了无雨意。至禺中,周来入岭,至上便见东边风云卒起,未达隐居间,于路便雨,地得好溜,唯在一山周回左右耳。”《太上洞玄灵宝业报因缘经》卷四:“辰时,是诸天帝释食,世人食之,增算一百八十,除病一百六十,地官侍门。禺中,是诸天真圣食,世人食之,增算四十,除四百四病。”

【原赦】

《登真隐诀》卷下:“甲欲改恶为善,愿从太玄上一君乞丐原赦罪过,解除基谪,度脱灾难,辟斥县官。”

按:原赦,宽恕赦免。晋干宝《搜神记》卷一:“令人缚置地上,暴之,使请雨。若能感天,日中雨者,当原赦,不尔,行诛。”《宋书・明帝纪》:“癸丑,原赦扬,南徐二州囚系,凡逋亡一无所问。”

《真诰》卷七:“玉斧归诚乞誓,以今日更始,当洗濯心诚,盟于天地,静守形骸,轨承训诲,乞原父穆、兄虎牙小大罪考。玉斧不修,乞身自受责,原赦大小。若神母遂见哀愍,许玉斧思愆补过,举家端等受恩,是永睹三光,受命更生。”又:“神母仁宥,辄复原赦,故今日忧惶深重,肝胆破碎。”《太上慈悲九幽拔罪忏》卷三:“罪积丘山,功无尘露。虑标名北部,夺算南宫,是敢忏悔道前,乞垂原赦。”《太上洞玄灵宝业报因缘经》卷二:“偷盗经像财物者,见世得癞病,死堕诸地狱,受诸苦恼,万劫千生,不得原赦。”《老君音诵戒经》:“道民家有疾病,告归到宅,师先令民香火在靖中。民在靖外,西向散发叩头,谢写愆违罪过,令使皆尽,未有藏匿,求乞原赦。”

【自杀】

《太上大道玉清经》卷三:“或说死灭为极乐法,令人自杀,刓截其身,速得转凡躯成金刚体。”

按:自杀,自己杀死自己。《史记・秦始皇本纪》:“二十四年,王翦、蒙武攻荆,破荆军,昌平君死,项燕遂自杀。”

魏晋南北朝道教文献《真诰》卷五:“我恶人也,不可以受君子之施,乃自杀。后崇子得道,太极真人以为有杀人之过,不得为真人。”卷十二:“旦使奴至市买菜,奴盗用钱饮酒,晏乃还。卧于阁内,又不得菜。既醒,乃骂之为死狗。骂毕,即束带来[人](入)。恐奴从后自杀,所以虑之,不觉忽然睡耳。”《太上慈悲道场消灾九幽忏》卷六:“或杀债主冤家,四方良善。或堕胎破卵,不惟禽兽。或恐杀,或怖杀,或自杀,或教他杀,或骂杀,或毒杀,或药杀。”《太上老君经律》:“第三十九戒者,不得自杀。第四十戒者,不得劝人杀。第四十一戒者，不得别离他人家口。”《太上大道玉清经》卷七：“大王不受我献。我身无福，定不免灾，不如自杀以远此祸。”

第三节 口语词和书面语词

语言作为一种社会交际工具，有口语和书面语两种不同的表达形式，口语是口头交际时使用的语言，书面语是人们在书写和阅读文章时所使用的语言，书面语是在口语的基础上发展来的。“口语词和书面语词在汉语是纵贯古今的两大词汇系统，任何时期都有这两个系统的对立和竞争。上古时期的《诗经》《楚辞》是可唱可吟的诗歌，应该比较接近口语；《尚书》、《周易》、汉赋是精心雕琢的，是早期的书面语。”①口语丰富生动、富于变化；书面语规范严密、精雕细刻。

先秦到西汉，文献语言与口语基本上是一致的，东汉以后逐渐形成言、文分离的局面。曹祝兵研究指出：“汉语书面语和口语分化，我们认为应该是从东汉时期开始的，东汉之后，汉语书面语和口语逐渐分化，随着时间的发展，距离越来越大。汉语口语和书面语从统一走向分离的根本原因是汉字字形和字音关系松散这一特点造成的，而书写工具的局限、方言的影响、语言的阶级性、古人崇古心理、国家文化制度等对其起了推波助澜的作用。”②

汉语的书面语词和口语词作为两大不同的词汇系统，既有竞争与分化，也存在着交叉、融合与转化。“口语是源，书面语是流；口语及时地反映社会生活，书面语吸收口语成分，能增强其活力；书面语作为口语的加工提炼，更为规范、精当，也能给口语以良好的影响。二者在并存的情况下必定相互渗透，和谐共进。”③

汉语的口语词和书面语词差异明显，但有关研究还很不够。李如龙认为：“汉语词汇中的书面语与口头语差异和对立这一事实，在汉语研究中并没有得到应有的关注。”“口语词研究不景气，不但有学术理念和社会习惯方

① 李如龙：《关注汉语口语词汇与书面语词汇的研究》，《陕西师范大学学报（哲学社会科学版）》2007 年第 2 期。

② 曹祝兵：《汉语口语和书面语分裂原因之探讨》，《苏州大学学报（哲学社会科学版）》2010 年第 5 期。

③ 宋婧婧：《汉语书面语词和口语词的交叉、融合与转化》，《长江大学学报》2012 年第 11 期。

面的原因，也有语言自身的原因。书面语料再多，对于口语来说也只是有限的样本，口语是每时每地、每人每事都在大量产生的，是开放的、无限的领域；书面语有文本可依，相对稳定、规范；口头语广阔无边、无从捕捉，而且变化无穷，搜集整理语料都十分困难。”[①]魏晋南北朝道教文献语言也呈现出口语词与书面语词的交织共融。

一、口语词

蒋礼鸿认为：“所谓‘中古汉语’，和前汉以上的‘上古汉语’有其不同的地方，那就是它的语汇的口语化。”[②]蒋绍愚在谈专书词汇性质划分问题时也曾提到：“从汉语词汇史研究的角度看，我们首先关心的是专书中的反映这个时期词汇新面貌的口语词汇。”[③]可见，若想真正发现中古汉语的奥妙所在，必须花大力气去研究其中的口语词，也只有这样，才能洞悉中古汉语词汇系统发展的真实面目。

张婷等指出：“道教典籍是道教思想传承的工具，需要有一定的口语性才能为广大民众接受。因此，道教典籍中出现了丰富的口语词，是辞书编纂的重要语料。”[④]魏晋南北朝道经中有些内容非常接近生活，用词生动、平实、浅显，客观记录了不少当时的方俗俚语，且出现了一些特殊的词语表达方式。例如六朝灵宝经《太上洞玄灵宝智慧定志通微经》整个故事口语性极强。

试看此段文字：“母归至家忆儿，兄弟甚相珍重，食息嬉戏，及其出入，未曾不同，得一异味，辄相分与，终不独噉。一日分别，我今独反，为福故也。胤祖在后，甚怀忧思，闻母大得钱还，知弟不归，拭泪掩手，跪问母曰：‘婆与奴别，奴啼若如。’母欲割其思，欺曰：‘不啼。姨常念汝兄弟，得之欢喜，抱不离膝，喂以众果，笑与吾别，寄汝钱耳。’胤祖知其必啼，婆诱祖耳。其眠好与祖俱，今独在彼，悦悦未习，亦当思恋阿爷及忆阿祖，且新与婆别，那得不啼？”仅仅一段文字中就包含了“婆”“奴”“若如”“姨”“悦悦”“阿爷”“阿祖”“那得”等口语用法。

“至于书面语和口语词汇的比较研究，首先便要面临着划界的困难。”[⑤]

① 李如龙：《关注汉语口语词汇与书面语词汇的研究》，《陕西师范大学学报（哲学社会科学版）》2007年第2期。

② 王云路、方一新：《中古汉语语词例释》之序言（蒋礼鸿）。

③ 董志翘：《〈入唐求法巡礼行记〉词汇研究》之序（蒋绍愚）。

④ 张婷、曾昭聪、曹小云：《十年来道教典籍词汇研究综述》，《滁州学院学报》2005年第4期。

⑤ 李如龙：《关注汉语口语词汇与书面语词汇的研究》，《陕西师范大学学报（哲学社会科学版）》2007年第2期。

分析、判定口语词[①]，既是中古汉语研究的重点所在，也是难点所在。纵观汉语词汇发展的历史，口语词一直是词汇系统中最为生动与宝贵的组成部分，值得我们更为深入、更为系统地加以研究。下面酌取数例魏晋南北朝道教文献中的典型口语词作一考察。

【二三】【一二(乙二)】

《周氏冥通记》卷一：“闻二君及府中诸监僚选卿为保籍丞，此位乃始立，以助领诸簿录。其任数小而高清为美，兼得宗庇真仙，二三为宜。”

《真诰》卷十二：“余数人不能一二道之，例皆取平贞正直，体隐神清，即侍郎之才，不限男女也。”

按：二三，犹言再三。周一良认为，《魏书》五五游明根传“二三之理，直在萧赜”。但此处之二三，为南北朝时始见之用法，即再三也。卷十四元子思传：“旋省二三，未解所以。”《宋书》六九刘湛传：“量算二三，未获便相顺许。”意皆同。《魏书》七八张普惠传载其奏文，“二三之趣，停之为便”。《南齐书》二二《豫章王嶷传》：“遂使太子见臣必束带，宫臣皆再拜。二三之宜，何以当此?”所谓“之趣”“之宜”疑皆当时奏章公文习语。二三云云意犹再三，以表恳切。[②]

二三，本谓不专一、反复无定。《书·咸有一德》：“德唯一，动罔不吉；德二三，动罔不凶。”孔传：“二三，言不一。”引申可表约数、不定数，表示较少的数目，犹言几。《国语·吴语》：“(越王)曰：‘勾践用帅二三之老，亲委重罪，顿颡于边。’”汉王褒《僮约》：“日暮以归，当送干薪二三束。”又指再三、多次，魏晋南北朝道经例如《周氏冥通记》卷三：“于时至尊垂恩，为置宋长沙道士二廨，并左右空地，于此廨西，复为起观，前左右即是许长史旧墓，窃恐侧近真踪，或以致谴，故二三因闻耳。追恨不得作方畐通辞，方畐通辞，则亦应方畐酬答也。”《真诰》卷十一：“今大茅山南犹有数深坑大坎，相传呼之为金井，当是孙权时所凿掘也。今此山近东诸处，碎石往往皆有金砂。云兵帅仍屯居伏龙，今则无复有。唯小近西有述墟，昔乃名术墟，今是良民。述墟前十数里，大茅有吴墟村，以号而言，乃欲相似而复不关金陵。长史宅西北，近长隐小冈下，乃时有故破瓦器，焦赤土甚多，疑是人居处。既经耕垦，基域不复

① 黄征认为区别俗语词和非俗语词的办法主要有：(1)搜寻旧注；(2)后人对前代俗语词的考证成果；(3)大量阅读口语性文献；(4)以典范文言作为辨别俗语词的参照系。(参见黄征：《汉语俗语词研究的几个理论问题》，《杭州大学学报(哲学社会科学版)》1992年第2期)

② 周一良：《魏晋南北朝史札记》，中华书局1985年版，第355页。按，张延成：《中古汉语称数法研究》(武汉大学出版社2013年版，第181页)亦仅指出中古“二三”表示再三，是新用法，并未作进一步分析。

存，而了无井，亦恐如长史井湮没耳。又小茅、大横不见采金处，大茅金井若是，复不应顿如此远居，二三疑昧。”卷十二：“《魏书·王修传》又云：修往来南阳，多止张奉舍。奉举家病，修营拯之。按张范兄弟，乃尝避地往扬州，投袁术，又非刘表，不应在南阳，二三为疑也。”《百喻经·妇诈称死喻》：“妇于后时心厌傍夫，便还归家，语其夫言：‘我是汝妻。’夫答之言：‘我妇久死，汝是阿谁？妄言我妇。’乃至二三，犹故不信。”①

“南北朝史籍中又常见一二之词，意为详尽。……甲乙用法与一二同，当亦详尽之意。”②魏晋南北朝道经亦有见，《真诰》卷十三：“李伯山，李冲父也。冲，汉时为白马令，行阴德，或积世有道，中行所钟。此二府仙人，皆一进再进，得入此府耳，未必尽径来也。别更一二，密可示尔同气，令知斗处幽闲之泰也。”

另外，《真诰》中还有“乙二”。如卷七：“何以至丧家？保命君言。欲服符饮水，使即愈，不欲者当与。定录君语。寻自差。保命君语。多有所道，甚云云。觐当乙二，第七无虑也。”卷十七：“羲白：‘得主簿书，云野中异事，郄书别答。奉觐乙二，谨白。’”又：“羲白：‘野中未复近问，然华新妇已当佳也，惟犹悬心，奉觐乙二。’”“乙二”最早可追溯到东汉道典《太平经》，《太平经》卷九十《冤流灾求奇方诀》：“吾不空乙二与真人道事也，乃天示教敕，吾下言之也。”《太平经合校》云：“乙同一。”③《太平经正读》曰：“乙二，一一，逐一。”④

【寡人】

《真诰》卷十七：“周君曰：‘寡人先师苏君往曾见，向言曰：“以真问仙，不亦迂乎？”仆请举此言，以相与矣。’玉斧曰：‘情浅区区，贪慕道德，故欲乞守一法尔。’”

按：寡人，古代君主的谦称。《礼记·曲礼下》：“诸侯见天子，曰‘臣某侯某’。其与民言，自称曰‘寡人’。”孔颖达疏：“寡人者，言己是寡德之人。”汉傅毅《舞赋》：“（楚襄王）谓宋玉曰：‘寡人欲觞群臣，何以娱之？’”中古时期，发生了一些变化，普通人也可以用此词，晋人习惯自称寡人。《艺文类聚》卷九引晋王羲之《与人书》：“张芝临池学书，池小尽黑，寡人耽之若是，未必后之。”南朝宋刘义庆《世说新语·文学》：“君辈勿为尔，将受困寡人女婿。”余

---

① 周绍良将“乃至二三，犹故不信”译为“这女人两次三番地解说，他还是不相信。”（周绍良：《百喻经译注》，中华书局2008年第2版，第11页）

② 周一良：《魏晋南北朝史札记》，第355页。

③ 王明：《太平经合校》，中华书局1960年版，第345页。

④ 俞理明：《太平经正读》，巴蜀书社2001年版，第286页。

嘉锡笺疏引李详云:“案晋世寡人,上下通称,不以为僭。”

刘汉生研究指出,由于时代的发展和社会意识的变迁,原来用于称谓封建帝王、国君的词,其指称对象逐渐下移,如“孤”“寡人”,士大夫也常用来自称。王夷甫说:“君辈勿为尔,将受困寡人女婿。”(《文学》)一个姓袁的官员也曾说:“孤往者尝为郯令,正行此事,不知卿家君法孤,孤法卿父?”(《政事》)而“君臣之好”,也可以用指上下级的关系,尤其用于府主和属吏之间。这种现象的出现,反映了魏晋时期政治生活的特殊性。① 方一新亦论及:“‘孤’‘寡人’,在上古时为君主、侯王自称的谦词,但到了中古,则可用作有一定身份地位者的自称,略带有倨傲的语气。”②

明王楙《野客丛书》卷二八:“吴曾《漫录》曰:‘孙绰表哀作诗,其序云“自丁荼毒,不胜哀号,作诗一首,敢冒谅暗之讥,以申罔极之痛。”虽人臣亦可以言谅暗也。’仆谓人臣而称谅暗,不特孙绰也。晋人如山涛居母丧,诏曰‘山太常居谅暗,情在难夺。’盖当时未甚避忌故尔。又如‘登遐’二字,晋人臣下亦多称之,如夏侯湛曰:‘我王母登遐’,孙楚《除妇服诗》曰‘神爽登遐忽一周’,又《诔王骠骑》曰‘奄忽登遐’,自此称‘登遐’者不少,亦当时未避忌尔。然不可谓臣下亦可称也,案暗字何休读为音,郑氏读为谙,白乐天诗曰‘商宗谅暗中’,读为暗。”方一新指出:“(王楙)不足之处是对词义演变过于拘泥,如卷二八‘谅暗登遐’条已经看到在魏晋时期,诸如‘孤’‘寡人’‘谅闇’‘登遐’‘临哭’等原本用于帝王的词语,臣子也可以使用,盖当时君主和臣下的界限不如后代那样分明耳;王氏不明于此,却牵强地用‘当时未甚避忌故尔’作解释,‘然不可谓臣下亦可称也’,自相矛盾,不够通达。”③

【为】

《周氏冥通记》卷四:“易迁,女仙宫。童初,男仙宫。而未知东西列,为南北列耳也。”

按:为,犹言还是,或者。中古新生疑问词,文献习见。东晋干宝《搜神记》卷三:“此本皆人,何化之微贱乎?为见于爻象?出君意乎?”南朝齐王融《永明十一年策秀才文》:“岂薪槱之道未弘?为网罗之目尚简?”《后汉书·卓茂传》:“人尝有言部亭长受其米肉遗者,茂辟左右问之曰:‘亭长为从汝求乎?为汝有事嘱之而受乎?’”《魏书·温子升传》:“天穆召子升问曰:‘即欲向京师,为随我北渡?’”《魏书·胡国珍传》:“崔光尝对太后前问国珍:‘公万

① 刘汉生:《谈魏晋时期的避讳、称呼和小字》,《天中学刊》2005年第1期。

② 方一新:《中古近代汉语词汇学》,商务印书馆2010年版,第502页。

③ 方一新:《中古近代汉语词汇学》,第912页。

年后为在此安厝，为归长安？'"《晋书・苻坚载记》："为宜束手就命？为追晋阳之事以匡社稷邪？"《南齐书・萧遥昌传》："卿为欲朕和亲？为欲不和？"

中古道书《周氏冥通记》多见，卷一："自题《五岳图》《三皇传》及诸经符，并云：'佩随身。'但不知三师的是何者，即谓当作籍师、度师、经师义，为直是师师相承之三世邪？竟不问其寻觅此。"卷四："八月初至十月二十七日舍世，凡三月日中，文书记不复显出。寻入今年来，月月所记自疏简，未知是不复悉记，为时近致希邪？"其他魏晋南北朝道经用例如《真诰》卷五："谢稚坚有三处出：一云与葛玄相随，一云在鹿迹洞中，一即是此。未详为是一人？当同姓名耳？"卷十一："此洞天中官府旷大，云宫室数百间屋，官属正二仙君兄弟，复有他仙官男女凡有几许人？为直是石室亦有金堂玉房耶？宫室与洞庭苞山相连不？包公及妹朱氏昔在世，曾得入此宫不？二人为未得登举，作地下主者耶？治在何处？"《太上洞玄灵宝三元品戒功德轻重经》："天尊：'既垂开悟，诸疑并了，不审功德，何者为先。见明真科文及智慧上品拔赎罪根，为尽如是？为复有余方？'"《太上灵宝元阳妙经》卷九《德行高贵品》："天尊问达解真人光妙音及诸善男子等：'汝为至来，为不至来？'真人光妙音白天尊言：'至亦不来，不至亦不来，我观此义，都无有来。'"

据刘开骅研究，"为"是中古汉语选择问句最主要的关联词。就目前所见，可以确定的最早用例出现于东汉译经。就句法位置来看，作为关联词的"为"可用于选择问句前一选择项，也可用于后一选择项，还可以两个选择项都使用。其中两个或多个选择项都用"为"的最为常见。① 关于"为"的使用时间，蒋冀骋认为，"为"作选择连词，一直用到宋代，如《石林燕语》卷三："只此三德，为更有德？"《涑水记闻》卷四："朝庭诘杞所杀蛮数，为即洞中诛之耶？以金帛招致耶？"到了近代，"还"所以用为选择连词，当是中古选择连词"为"的音变。②

【那】【那得】

《周氏冥通记》卷三："寻既未知应为此位，那言不大欲为，恐是悬照此意。"

《真诰》卷十四："阴成水际出山高，则是高乃应云阳九，而言百六，似是误言，亦可是水起际如此高，非先水退际尔。但水性平，又非湍濑，二山相去不远，未解那得顿孤悬如此。"

按：那，汉末六朝常用疑问副词，相当于文言中问原因的"何"，谓怎么；

① 参见刘开骅：《中古汉语疑问句研究》，黑龙江人民出版社 2008 年版，第 185～187 页。

② 参见蒋冀骋：《近代汉语词汇研究》，湖南教育出版社 1991 年版，第 177～178 页。

如何;为什么。《东观汉记·刘玄传》:“更始韩夫人曰:‘莽不如此,帝那得为之。’”

魏晋南北朝道经用例多有。如《周氏冥通记》卷一:“郎善又来架子上取堰,触此左右,善便倒地,此左右以手接之。此人问:‘那得此小儿子?’子良答:‘家在钱塘,姓俞,权寄此住。’”又:“仍手指壁上所疏桃竹汤方云:‘脱觉体不快,便依此方浴。此方要,卿那得?’子良答:‘写《真诰》中得。’”卷四:“周大夫即太宾。《真诰》亦云在蓬莱。司阴君主天下水事,出《马君传》。前不知那住在蓬莱。”《真诰》卷十三:“地号今亦存,有大路从小茅后通延陵,即呼为姜巴路也。但秦孝公时,未并楚置郡。巴陵县始晋初,不知那有巴陵之封,恐是巴蜀之巴故也。”卷十四:“《后汉书》云:何苗是何进异母弟,为车骑将军,党附阉势。进被害时,苗于朱雀阙下,与进将吴匡战死被斩。董卓又破棺出尸,支解之。既非故为兵解去,不知那遂得来居此。其母亦被刑。苗既非进同生,官位复异,具苗而字达,于义不类,恐别是一弟,不必是名苗战死者耳。”

那得,怎得、怎会、怎能。中古新兴疑问词,《三国志·魏志·曹洪传》“于是泣涕屡请,乃得免官削爵土”裴松之注引三国魏鱼豢《魏略》:“太祖曰:‘我家赀那得如子廉耶!’”

陶弘景道教作品中有多处用例。《真诰》卷一:“又告云:‘汝憎血否?’答曰:‘实憎之。’云:‘血在路上,若汝憎之,当那得行?’又答曰:‘当避之耳。’”卷十三:“越翳王是句践四世孙,初不肯立,逃入菁山穴,越人董出之,后于吴徙还会稽,以周宣王十一年为孙诸咎所杀。越人又杀诸咎,不知那得远来葬此。或当有神异处故也。今寻视,未见指的坟冢,而如有兆域处者。”卷十七:“长史此《仙传》遂不显世,不解那得如此。恐杨以呈司命,不许真事宣行,因隐绝之也。”《登真隐诀》卷下:“自后诸名题宫府所主治,往往小异,并朱书,各载之,此次第犹是取《官仪》上,小复参差,而《官仪》唯无后三官,不知那得尔。寻《官仪》从来久远,传写漏误,所以其中亦自有一官数字之疑,然尚可依傍,斟酌取衷,如运气解厄之例,便判是此传脱矣。”

中古其他道教文献中亦见。如晋葛洪《抱朴子内篇·杂应》:“郑君云:‘本性饮酒不多,昔在铜山中,绝谷二年许,饮酒数斗不醉。以此推之,是为不食更令人耐毒,耐毒则是难病之候也。’余因此问:‘山中那得酒?’郑君言:‘先酿好云液勿压漉,因以桂附子甘草五六种末合丸之,曝干,以一丸如鸡子许,投一斗水中,立成美酒。’”《无上秘要》卷四《林树品》:“安期生谓太真夫人曰:‘昔与女郎游于息安西海际,食枣异美,此间枣永不及,忆此未久,说已三千年矣。’神女云:‘吾昔与君共食一枚乃不尽,此小枣那得相比?’”《太上洞玄灵宝智慧定志通微经》："尔时空中有一天人，意疑天尊说此譬喻，云：'学道之人，不得思微定志要经，如入海采宝，无有导师。'又云：'如彼愚人，晻入空山，觅天子绶，设如是者，造化之初，未有此经，故天尊大圣，那得成道？'"《太上洞玄灵宝智慧定志通微经》："胤祖知其必啼，婆诱祖耳。其眠好与祖俱，今独在彼，悦悦未习，亦当思恋阿爷及忆阿祖，且新与婆别，那得不啼？"《太上洞玄灵宝本行宿缘经》："大极真人乃复作违诫颂曰：人根由本愿，愿定克大患，净想奉十诫，故能超八难，前生犯玄教，今生那得安，愚瞽忽性命，罪至乃长叹，对来如影响，视之令心寒，生值处下贱，惨戚无暂欢。"《太上洞玄灵宝本行因缘经》："仙公曰：'汝超卓高举，裁可升天而已，那得随我之太极宫，朝太上玉京金阙乎？吾无所惜矣。'"《灵宝九幽长夜起尸度亡玄章》[1]："人生会当死，一切皆无常。贤圣犹尸解，转身升天堂。罪重必夭命，善者为延长。富贵与贫贱，斯是福不强。凶顽不信道，那得见仙王？"又："四符行之本，六度咸玄光。受道心不懋，令人命不长。中心有犹豫，那得不早亡？"

【昔在】

《真诰》卷五："昔在庄伯微，汉时人也，少时好长生道，常以日入时，正西北向，闭目握固，想见昆仑。积二十一年，后服食入中山学道，犹存此法。"

按：昔在，从前。《真诰》卷五中罗列了很多道士成仙的故事，每个开头都是讲从前如何如何，如："昔中山刘伟道学仙在嶓冢山，积十二年。""昔青乌公者，身受明师之教，审仙妙之理。""昔有傅先生者，其少好道，入焦山石室中，积七年，而太极老君诣之。""昔有黄观子者，亦少好道。""昔毛伯道、刘道恭、谢稚坚、张兆期皆后汉时人也，学道在王屋山中。"从这些文例，对比归纳可推知"昔在"义同"昔"。

另外，庄伯微的事迹在《无上秘要》中亦有记载。卷六十五《专诚品》："昔庄伯微少时好生道，常以入时，正西北向，别目握固，想见昆仑。积二十一年，后服食入山中学道，犹存此法。当复十许年后，闭目乃奄见昆仑，存之不止，遂见仙人。"异文亦可证明，"昔在"即"昔"。

道教文献中多有使用。《太上灵宝五符序》卷下："昔在黄帝轩辕，曾省《天皇真一之一经》，而不解三一真气之要，是以周流四方，求其释解。"梁陶弘景《华阳陶隐居集》卷上《登真隐诀序》："昔在人闻，已钞撰真经修事两卷，

① 丁培仁将此经的年代定为唐前。(《增注新修道藏目录》，第 278 页)

于时亦粗谓委密。”[①]隋唐《洞玄灵宝左玄论》卷一：“果中无苦，故云乐德具足。无惑秽，故云静德具足。能包容，故云大德具足。能统王，故云王德具足。无量无边德者，总明一切，诸德并皆具足也，何以故？昔在至普被众生者，此总结也。”唐王冰《黄帝内经素问补注释文》卷一：“昔在黄帝，生而神灵，弱而能言，幼而徇齐，长而敦敏，成而登天。”前蜀杜光庭《道德真经广圣义》卷四十七：“故《礼经序》曰：‘昔在唐尧，历象日月，敬授人时是也。’”宋张君房《云笈七签》卷一《总叙道德》：“唐开元皇帝《道德经序》曰：‘昔在元圣，强著玄言。权舆真宗，启迪来裔。’”宋李景元《渊源道妙洞真继篇》篇下：“昔在唐尧，乃上方道德天尊之应躬也。”元张辂《太华希夷志》卷上：“太宗又问曰：‘昔在尧舜之为天下，今可致否？’对曰：‘尧舜土阶三尺，茅茨不剪，其迹似不可及。’”《玉清无极总真文昌大洞仙经》：“道言：‘昔在龙汉劫初，元始天王出《大洞玉经》于高上大有玉清宫。’”元卫琪注：“道言，乃玉宸道君言说。昔在者，向来往古之称。”卫琪注明确指出了“昔在”之意义。

刘百顺认为“在”为词头，不起表义作用。《魏晋南北朝史书语词札记》中分别列举了“在昔”“在生”“在心”“在诚”“在宥”“在国”“在朝”。[②]“在昔”谓从前；往昔。《尚书·洪范》：“我闻在昔，鲧陻洪水，汩陈其五行。”汉班固《东都赋》：“勋兼乎在昔，事勤乎三五。”宋曾巩《齐州谢到任表》：“习诈而夸，著流风于在昔；多盗与讼，号难治于当今。”“在昔”与“昔在”可视作一对同素异序词，“昔在”一词未见有论及。

【不展】

《周氏冥通记》卷一：“今以意求，恐是不复疏之。何知尔？寻初降数旬中已得闲静，后既混糅，恒亲纷务，不展避人题之纸墨，直止录条领耳。”

按：江蓝生认为：“‘不展、未展’表示客观条件或主观能力达不到，可释为‘来不及’或‘不能够’。”[③]不展避人，可释为无法避开众人。

“不展”一词中古文献有见。如《三国志·魏书·王朗传》：“今又加之以霖雨，山坡峻滑，众逼而不展，粮县而难继，实行军者之大忌也。”东晋王羲之杂帖：“及以令弟食后来，想必如期果之，小晚恐不展也。”《南齐书·王俭传》：“俭年德富盛，志用方隆；岂意暴疾，不展救护，便为异世。奄忽如此，痛酷弥深！”近代文献沿用，唐释道世《法苑珠林》卷十八：“不展寻搜，裴回叹

---

① 明正统《道藏》23/646c（表示引文在第23册第646页第3栏，“a、b、c”指“1、2、3”栏，下同）作“昔在人闻”。（南朝梁）陶弘景著，王京州校注：《陶弘景集校注》（上海古籍出版社2009年版）第107页作“昔在人间”，当以作“间”是。

② 参见刘百顺：《魏晋南北朝史书语词札记》，陕西师范大学出版社1993年版，第5～7页。

③ 江蓝生：《魏晋南北朝小说词语汇释》，语文出版社1988年版，第21～22页。

咤。"古道经中罕见,仅检得一例。《太清金液神丹经》卷下:"古人相传有一人病眼,卒被时主国王所召,当往到命,不展服药,神师令借其妇一目用之,乃听师言。师以刃刻妇目,借行经宿,乃反以还之。"

亦有"未展",义同。道经用例仅二见,《真诰》卷十一:"昔占赤石田,利近山下,为往来之阶。此乃丹诚,寻遇天旱,佃不收,塘坏。穆寻见,用出此事,力未展,非为息怀。今方居山下,故当修恳,以此去洞口远,故不欲安耳。"宋张君房《云笈七签》卷六《四辅》:"法师挺素清高,良难可序。受请至山,清斋七日,将就取经。未展之顷,朝云暗野,晓雾昏山。师拜礼进趋,天光开朗。"

其他中古文献习见。《三国志·魏书·臧洪传》裴松之注:"为洪计者,苟力所不足,可奔他国以求赴救,若谋力未展以待事机,则宜徐更观衅,效死于超。"南朝宋刘义庆《世说新语·德行》:"遗已聚敛得数斗焦饭,未展归家,遂带以从军。"南朝梁萧绎《代旧姬有怨》:"未展春光落,遽被秋风吹。"《文选》卷四十任昉《奏弹刘整》:"寅第二庶息师利去岁十月往整田上,经十二日,整便责范米六斗哺食。米未展送,忽至户前,隔箔攘拳大骂。"《全晋文》卷十五安伟德《答安南将军甘卓书》:"子来之义,人思自百,不命而至,众过数千。诚足以决一旦之机,摅山海之愤矣。然迫于仓卒,舟楫未备,魏乂、李恒,寻见围逼,是故事与意违,志力未展。"《全宋文》卷二文帝《诛徐羡之等诏》:"虽欲讨乱,虑或难图。故忍戚含哀,怀耻累载。每念人生实难,情事未展,何尝不顾影恸心,伏枕泣血。"《全隋文》卷三十二释智顗《遗书临海镇将解拔国述放生池》:"贫道至止已久,频荷优任,供给资须,人功影响,每思往彼,未展来游,逖听所闻,颇传惠化。"

【何当】

《周氏冥通记》卷一:"不审若为治疗,腹中又有结病,何当得除?"

按:何当,犹何日、何时。刘淇《助字辨略》卷二:"何当,言何时当如此也。"丁声树曾指出:"'何当'为晋宋齐梁间翰墨习语,实乃问时之词。"[①]"何当"是一个中古时期新兴的用于询问将来时间的疑问词。

魏晋南北朝道教文献习见。《女青鬼律》卷五:"念世愚子不知生,何当合会随邪灵。太一来下条姓名,恐子一身不久停。"《太上玄一真人说三涂五苦劝戒经》:"道言:'吾尝历观诸天,出游东北门,见有百姓子、男女人,身形髡截,锒铛锁械,负山担石,往返铁针之上,食息不得,不舍昼夜,大小相率,无复数量,艰辛涂炭,非可忍视。'道曰:'此人缘何而生?受生谁门?积何罪过?犯何神明?婴负斯对,乃至如此,身充考楚,何当得脱?'"《洞玄灵宝诸

① 丁声树:《"何当"解》,《历史语言研究所集刊》1947 年第 11 本,第 454 页。

天世界造化经》:"是劫有大探坑,方四十里,告令罪人,作役百年,投一芥子,至是坑平满,名为一劫。又有大石方四十里,告令罪人,徒作百年,以天衣一拂,须是大石消尽,名为一劫。尔时罪人哭泣相向,相谓曰:'芥子至小,是坑深广,何当平满?是石坚劲,天衣轻眇,百年一拂,何当消尽?'"《洞真太上太霄琅书》卷十《太上智慧洞真三宝徊玄十方品章》:"元始天王曰:'自非七世大庆,重华敷条,累叶重柯,秀挺后苗,善逸万刦,世世有道,名刊金简,因缘贤应仙合度,何当与戒颂相违耶?'"《太上大道玉清经》卷六《昭灵品第十五》:"尔时,上仙昭灵又更请问天尊:'不审天尊何当得来?'天尊答曰:'我当不久,二万劫后寻即发来。'"

【何似】

《周氏冥通记》卷二:"陶夫人曰:'周年十九,丁丑生,水命人。'因谓赵曰:'此比何似?'赵曰:'亦无定。'"

按:何似,如何、怎样。具有较强的口语色彩,中古书札习见,《全晋文》卷二二王羲之《杂帖》:"又须求雨,已复为灾,卿彼何似?"又:"军昨示,欲见穆生叙赞,今欲默语兴废之格,粗当书尔不?玄度好佳,君谓何似?"卷二三王羲之《杂帖》:"舍内佳不?中书何似?"又:"冷过,足下夜得眠,不衹差也,复何治?甚耿耿,长史复何似,故问具示。"卷二五王羲之《杂帖》:"致比四纸飞白,以为何似,能学不。"

魏晋六朝道经屡见。晋葛洪《抱朴子内篇·祛惑》:"诸亲故竞共问之:'昆仑何似?'答云:'天不问其高几里,要于仰视之,去天不过十数丈也。上有木禾,高四丈九尺,其穗盈车。'"《太上灵宝五符序》卷中《黄帝受黄轻四物仙方》:"一曰鸿光,二曰千秋,三曰万岁,四曰慈墨,实合作四物,丸用白松脂,大如鸡子。服之七年,身寿四万三千岁不死。长服之,可与天地相守。黄帝曰:'此四物形状何似,可得闻乎?'黄轻曰:'鸿光者,云母也。千秋者,卷栢也,生于山石之间。万岁者,泽泻也。慈墨者,苋实也。丸以松脂,如鸡子,日一暮服一丸,令人长存,不饥渴。'"《太上灵宝元阳妙经》卷二《圣行品下》:"如生盲人,不识乳色,便问他言:'乳色何似?'他人答言:'乳色白如贝。'盲人复问:'是乳色者,如贝声邪?'答言:'不也。'复问:'贝为何似邪?'答言:'如稻米味。'盲人复问:'乳色柔软如稻米味邪?稻米味者,复何所似?'答曰:'如雪。'盲人复言:'彼米味者,冷如雪邪?雪复何似?'答言:'犹如白鹤。'是生盲人,虽闻如是譬喻,终不能得识乳真色。"《无上秘要》卷四十三《灵宝道士法服》:"问往人形貌何似?主人答言:'年可十五六,姿容端正,佳丽出人。'道士思惟:'我弟子都无此人,恐神人降耳。'"

【的】

《周氏冥通记》卷四:“此频频告云:‘陶或信不信,欲相试。’今追思,不意的有不信事。自从遗想来,凡一切有为,通无尔恨耳。于周事实亦谦尚,亦不乖背,正自惬然。”

按:的,确实、的确,表示情况的真实性。《广韵》:“的,指的,又明也。”古文献中多见,《乐府诗集》卷四十四《子夜歌》:“我念欢的的,子行由豫情。”唐白居易《百日假满》诗:“但拂衣行莫回顾,的无官职趁人来。”唐徐凝《春陪相公看花宴会二首》诗之一:“百分春酒莫辞醉,明日的无今日红。”宋贺铸《点绛唇》词:“掩妆无语,的是销凝处。”《太平广记》卷五十一“侯道华”条:“吾师知此术,速炼莫为迟。三清专相待,大罗的有期。”宋释惠洪《林间录》卷下:“的的无兼带,独立何依赖。路逢达道人,莫将语默对。”明李贽《〈西征奏议〉后语》:“彼桀骜者遂欲以招抚狃我,谓我于招抚之外,的无别智略可为彼制,不亦谬乎!”清吴敬梓《儒林外史》第四十七回:“余大先生来说:‘节孝入祠,的于出月初三。’”

的,还可强调肯定,可译作“确定”“明确”“肯定”。《真诰》卷十一:“司命初过江,立宅于此,以自荡涤,质对神鬼。今按垂之为言,如是边际,此正应在长史宅后,大横之西;今父老相传言,如是边际,此正应在长史宅后,大横之西。今父老相传,乃言大茅之西,北平地棠梨树间名下薄处,言是司命君故宅,耕垦至肥良,多见砖瓦故物,似经住止处,亦验烈不可秽犯。君此审是,则宜言中茅之西,不应远举良常。大都真人语自不正的,遇所引处便言耳。昔时山下远近诸处,长林榛芳,遮天蔽日,无处不可隐秘。即今斫伐耕稼,四通九达,山中亦皆显露。时移事异,不复可准。”卷十三:“雷平山在小茅北,基址相连,田公泉今具存。左右甚多水柳树,故名柳汧。此泉即前所云浣衣不用灰者,长史宅自湮毁之后,无人的知处。至宋初,长沙景王檀太妃,供养道士姓陈,为立道士廨于雷平西北,即是今廨也。后又有句容山,其王文清后为此廨主,见传记。知许昔于此立宅,因博访耆宿。”《登真隐诀》卷中:“若体中不宁,此谓觉有不佳处,而无的所苦者。当反舌塞喉,漱津咽液无数,极力卷舌上向,屈以塞喉而漱咽也。须臾不宁之痾即自除也,当时亦当觉体中宽软也。”

“的”还有一个用法,在问句中表示追问,可释为究竟、到底。《周氏冥通记》卷一:“自题《五岳图》《三皇传》及诸经符,并云佩随身,但不知三师的是何者,即谓当作籍师、度师、经师义,为直是师师相承之三世邪?竟不问其寻觅,此又经记所论。”《真诰》卷二:“此亦是答右英诗。不审的是何诗,亦似不存。”卷十一:“句曲之山,诸记说今悉分明,唯天市坛石,未知的何所在,以论迹而言，隐量正应大茅左右，而践行不见其异处。或恐为土木芜没，所不论耳。”其他文献亦见，《陈书·傅縡传》：“彼呼此为彼，此呼彼为彼，彼此之名，的居谁处？”宋苏轼《光禄庵》诗之二：“城中太守的何人，林下先生非我身。”宋刘克庄《送孙季蕃》诗：“家在吴中处处移，的于何地结茅茨？”清刘献廷《广阳杂记》卷二：“余闻岳州更有公墓，但未知的在何许。”

【的的】【指的】

《真诰》卷十九：“又按并衿接景阳安，亦灼然显说，凡所兴有待无待诸诗，及辞喻讽旨，皆是云林应降嫔仙侯，事义并亦表着。而南真自是训授之师，紫微则下教之匠，并不关俦结之例，但中候、昭灵，亦似别有所在。既事未一时，故不正的的耳。其余男真或陪从所引，或职司所任；至如二君，最为领据之主。今人读此辞事，若不悟斯理者，永不领其旨，故略标大意，宜共密之。”

《真诰》卷十三：“越翳王是句践四世孙，初不肯立，逃入菁山穴，越人董出之，后于吴徙还会稽，以周宣王十一年为孙诸咎所杀。越人又杀诸咎，不知那得远来葬此。或当有神异处故也。今寻视，未见指的坟冢，而如有兆域处者。”

按：的的，准确、真实；确实。表示情况真实如此。向熹、雷汉卿两位先生都曾论及。① 道经用例较少。《洞真太上八道命籍经》卷下：“凡有数种灾罪，或备有二十四条，皆不得一时并解，当三年取，周三年，二十四节不可亏，一亏一更始。此甚未难，非精志者，莫能办之，办之不办，皆不得道。将来之缘，不副今日；今日之愿，当勤精密，营念不忘，无不果者。其中数灾数厄，数罪相关，共在六条者，一时并解，六条不必六时，时解一事也。三年之后，未得感通，乃可一时一事，的的解之，积年周竟，必获上升也。”宋翁葆光注、元戴起宗疏《紫阳真人悟真篇注疏》卷一：“入门无所见，冠屦如蜕蝉。皆云神仙事，的的信可传。”其他文献用例如唐赵氏《夫下第》诗：“良人的的有奇才，何事年年被放回？”宋陆友仁《研北杂志》卷一：“篆法自秦李斯，至宋吴兴道士张有而止。后世的的有所据依。”明杨慎《词品》卷四评谢勉仲云：“若‘余醒未解扶头懒，屏里潇湘梦远’，亦的的佳句。”清陈端生《再生缘》第九六回：“郦卿果是人中杰，才情的的胜奇男。”

① 参见向熹：《简明汉语史》(上)，第417页。雷汉卿：《禅籍方俗词研究》，巴蜀书社2010年版，第487页。

指的，谓确实、分明，确切，确定。董志翘对该词有深入研究，可参①。古文献多有所见，引申亦可作名词。南朝宋刘敬叔《异苑》卷七："夜梦见一神人以乌角如意与之，虽是寤中，殊自指的。既觉，便在其头侧，可长尺余，形制甚陋。"《全晋文》卷三十一荀勖《议定父子生离哀制表》："有六亲相失，及不知父母没地者，以未指得死亡之闻，没地处所，情虑无异。然以未审指的，希万一之存，未忍举哀，则有终身之戚，不涉吉事。"《全齐文》卷四武帝《敕晋安王子懋（永明十一年）》："吾今亦行密纂集，须有分明指的，便当有大处分。"《全后周文》卷二十甄鸾《佛生西阴八》："又《灵宝大诫》云：'道士不饮酒，不干贵。'如何故违犯大诫乎？后之纭纭，全无指的。"《南齐书·武十王传·晋安王子懋》："今秋犬羊辈越逸者，其亡灭之征。吾今亦行密纂集，须有分明指的，便当有大处分。"《南齐书·文学传·陆厥》："故愚谓前英已早识宫商，但未屈曲指的，若今所申论。"《敦煌变文集·大目干连冥间救母变文》："青提夫人欲似有，影响不能全指的。"

魏晋南北朝道经习见。《周氏冥通记》卷一："所封函中皆散纸杂揉，今依日月次第相连如法也。又从今年八月至十月都不复见一条。又寻所烧者，定当非此例，无容一封一焚故也。亦可是焚不可显出者也。又从来有令师及姨母知者止有数条，一者初夏至日昼眠，内外怪责，不得不说。二者断不食脯肉，亦被怪，不得不说。三者与师共辞请雨真旨，令改朱用墨，此不得不说。四者师得停召真旨，令告知，所可指的，唯此四事。自余或有访问，皆依违末略，初不显诏。"梁陶弘景《真诰》卷十一："按今呼为柳谷汧者，其源出小茅后田公泉，而西南流至述墟首，入大汧阳谷汧者，今无复其名。而长隐山冈后有小汧，西流南折，亦会述墟首。又父老云：阳谷汧源乃出中茅前大茅后，数川注合为一汧，出山直西行北转，亦会大汧，论两汧相交之内，即是此地。大略东西，不得极正，故兼以左右为言。但今之所云二谷，不知即是昔号不。虽有耆相承，传译渐失，兼汧源回异，不必可指的为据也。"陶弘景《上清握中诀》卷中："云又当急按所痛处三十一过，如此则向疾急按而祝，祝

① 董志翘研究指出，"指的"又作"指适"。的，古音"端"母"锡"韵；适，古音"书"母"锡"韵。"书"为"审"母三等，古音近"端"，故"适""的"亦音近相假。古文献中，"的的"有"分明""确实"义，字又作"适适"。如："吾昨夜亦梦与人争钱，"指适"亦为"分明""确实"义。如："某等以其梦指适异常，试往相问，而果各得此梦如卿所梦，何其太的的也！"（《搜神记》卷十"谢郭同梦"条）"天明，母重启侯：'虽云梦不足怪，此何太适适，亦何惜不一验之？'"（《三国志·魏志·蒋济传》注引《列异传》）。故，符协如一。"（《搜神记》卷五"蒋山祠"条）所谓"指适异常"即指梦境异常分明。"或文繁理富，而意不指适。"（晋陆机《文赋》）所谓"意不指适"即指文意不明确。《汉语大词典》收此两例，将"指适异常"之"指适"释为"犹指归"；将"意不指适"之"指适"释为"合乎主旨"，皆未明同音通假之理而望文生义，失之。（董志翘：《也论中古汉语词汇研究中的推源问题》，原载四川大学汉语史研究所编：《汉语史研究集刊》第1辑（上），收入氏著《中古文献语言论集》，巴蜀书社2000年版，第130～131页）

毕，又作数次乃止。此痛处亦当无指的所在也。”近代道书沿用，唐李光玄《金液还丹百问诀·正文》：“黄芽既云铅汞所造，金水相生，愚意尚迷未晓，伏愿先生再垂指的。”宋张君房《云笈七签》卷七十《黑铅水虎论》：或问曰：“其真铅如何？乞为指的，将示未明。”

敦煌出土文献中有“端的”一词，亦谓“真实”，可参证。ДХ.02822《蒙学字书》“论语部第十三”有“端的”一词，与“隐藏”并列。“论语部”的词主要是诉讼告状用词，“端的”出现的环境是：申陈、告状、干连、勾追、因依、罪衍、取问、分析、公松、受贿、受罚、受承、决断、徒役、投状、裁详、入案、文状、关定、端的、隐藏、根聒等。因此，“端的”与“隐藏”这两个词当与此意义相反，故而是真实之义。[①]

【老公】

《真诰》卷五：“又昔周君兄弟三人，并少而好道，在于常山中，积九十七年，精思无所不感。忽然见老公，头首皓白。三人知是大神，乃叩头流血，涕泪交连，悲喜自搏，就之请道。公乃出素书七卷，以与诵之。”

按：老公，老年人的通称。《真诰》卷十三：“至大明七年，有术虚老公徐偶，云其先祖伏事许长史，相传识此宅只在今廨前乌柏树处，应是似犹有斋堂前井存。”卷十四：“谢允，字道通，历阳人。小时为人所略卖，往东阳。后告官被诬，在乌伤狱，事将欲入死。夜有老公授其符，又有黄衣童子去来，于是得免。”其他中古用例如《三国志·魏书·邓艾传》：“七十老公，反欲何求！”《宋书·萧思话传》：“既久废射，又多病，略不能制之，便成老公，令人叹息。”《北齐书·彭城王浟传》：“征为侍中，人吏送别悲号，有老公数百人相率具馔。”

据方一新、王云路的研究，“老公”一词，中古典籍习见，多称老年男子，犹言“长者”“老人”。[②] 后来，该词发展出多重意蕴。“老公”由称一般老人，引申可表示对老人的蔑称，又可转为老人自称。又，宋元以来，“老公”多用来称丈夫。[③]

【阿母】

《真诰》卷一：“紫微左夫人王讳清娥，字愈意，阿母第二十女也，镇羽野玄垄山主教，当得成真人者。”

---

① 参见黑维强：《敦煌、吐鲁番社会经济文献词汇研究》，民族出版社 2010 年版，第 61 页。

② 参见方一新、王云路：《中古汉语语词例释》，第 251 页。

③ 参见方一新、王云路：《中古汉语语词例释》，第 251 页。

按：阿母，本为母亲。《玉台新咏·古诗为焦仲卿妻作》："府吏得闻之，堂上启阿母。"《晋书·潘岳传》："岳将诣市。与母别曰：'负阿母！'"

在道教文献中，常指神话人物西王母，《真诰》卷二："先昨神女来降，意本疑是王母女，昨又来，定是也。南真说云：'是阿母第十三女王媚兰，字申林，治沧浪山，受书为云林夫人。'"卷三："驾欻敖八虚，徊宴东华房。阿母延轩观，朗啸蹑灵风。我为有待来，故乃越沧浪。"《无上秘要》卷八十八《长生品》："紫微夫人说阿母言曰：'服日气以平旦，采月华以夜半，存之去面前九寸，令光景照泥丸，下及五藏，洞彻一形，引气入口，光色蔚明，良久乃毕。常行得长生。'"《洞真西王母宝神起居经》："又以两手摩拭面目，令小热以为常，每欲数之也。阿母云：'人之将老，面皱先从两目下始，又人之体衰炁少者，先从两鼻间也。'谓此二处是皱衰之户牖，炁力之关津，故起居常行此法，以辟皱衰，而炁力常保康和也。"《汉武帝内传》："今阿母迂天尊之重，下降于媳蛄之窟，屈虚之灵，而诣孤鸟之俎，且阿母至戒，妙唱玄发，验其敬勗，节度明脩，所奉比及百年，阿母必能致女于玄都之墟，迎女于昆阙之中，位以仙官，游迈十方。"

其他文献例如旧题汉郭宪《洞冥记》卷一："俄有黄翁指阿母以告朔曰：'昔为吾妻，托形为太白之精。'"唐刘禹锡《步虚词》之一："阿母种桃云海际，花落子成二千岁。"

【大老子】

《真诰》卷二："中君曰：'伯举在于下官耳，大老子将复可念。'江东未见有如此而勤道者，然勿恃伯而忘道也。"

按：大老子，老年男子的自称。[①] 晋干宝《搜神记》卷五："大老子业已许卿，当复相欺耶！"王羲之《增运帖》："致言诚不易，然大老子以在大臣之末。"又为谨厚老人。《宋书·沈昙庆传》："昙庆谨实清正，所莅有称绩。常谓子弟曰：'吾处世无才能，政图作大老子耳。'世以长者称之。"北魏贾思勰《齐民要术·养羊》："牧羊，必须大老子，心性宛顺者。"吴金华认为"老子"，犹今语"老头儿"。桓范用以自称，盖为谦卑之辞。若以称人，则为不敬之语。"老子"，亦作"大老子"。[②]

【小鬼头】

《真诰》卷七："娥与厚有水火之书，吾近承南真命，推缚尽执也。小鬼头

① 王小苹、郭小春：《王羲之父子书帖中的魏晋习俗语词》，《广西大学学报(哲学社会科学版)》2000年第2期。

② 参见吴金华：《〈三国志〉解诂》，《南京师范学院学报(哲学社会科学版)》1981年第3期。

不制服，岂足忧？亦许长史用心之所克也。”

按：小鬼头，对鬼的詈词。亦用以骂人。其他文献例如宋王明清《挥麈后录》卷六：“和父曰：‘小鬼头没三思至此，何必穷治？’杖而遣之。”元吴昌龄《张天师》第三折：“小鬼头，我有何公私过犯？真人在此，你说！”《元曲选·萨真人夜断碧桃花·第三折》：“兀那小鬼头，你是何方鬼怪，甚处妖精，怎生将张道南缠？”元杨瑀《山居新语》：“鲜于伯机（枢），一日宴客，呼名妓曹娥秀侑尊。伯机因入内典馔未出，适娥秀行酒，酒毕，伯机乃出。客曰：‘伯机未饮酒。’娥秀亦应声曰：‘伯机未饮。’座客从而和之曰：‘汝何故亦以伯机见称？可见亲爱如是。’遂佯怒曰：‘小鬼头焉敢如此无礼！’娥秀答之曰：‘我称伯机固不可，只许你叫王羲之乎！’一座为之称赏。”清王韬《淞滨琐话·梅鹤缘》：“青衣者以箸击雪衣者，曰：‘小鬼头，汝无小郎子，说心中语耶！’绿袖者曰：‘鹤仙妹今年十六，何尚不觅佳婿。“昨日一帘红雨，写相思”之句，得无春心暗动否？’雪衣者赪颜笑骂，曰：‘骚婢子，最喜附会。汝婚未一年，即得小官，尚谓不动春心耶！’”

验之方言，《嘉定县志》：“俗骂人曰小鬼头。”

【畜产】

《真诰》卷十二：“刘宽，字文饶，弘农华阴人。父名崎，顺帝时为司徒。宽为人谨厚。常行有人失牛，乃就宽车中认之。宽无言，解驾牛与之，步归。顷有志者，得牛而送还，惭惧，宽乃谢遣之。桓帝延熹八年为南阳太守，恒用蒲鞭。灵帝嘉平五年为太尉，尝于御坐被酒睡伏。帝问：‘太尉醉邪？’宽仰答：‘臣不敢醉，但任重责大，忧心如醉耳。’尝有客来诣宽，宽遣奴市酒，迂久，大醉而还。客骂为畜产。宽须臾遣人视奴，疑恐自杀。语左右曰：‘此是人，而骂为畜产，为辱孰甚，故吾惧其死耳。’”

按：畜产，詈词，犹畜牲。《大词典》失收该义项。再如《太平经》卷一百一十一《善仁人自贵年在寿曹诀》：“天知之教之，不用人言。反恶意相视，谏之不用，但欲自可。此人无知，甚于畜产。”《颜氏家训·风操》：“昔刘文饶不忍骂奴为畜产，今世愚人遂以相戏，或有指名为豚犊者：有识傍观，犹欲掩耳，况当之者乎？”

清钱大昕《恒言录》卷一《毁誉类》“畜生”条：“桓谭《新论》：‘夫畜生，贱也。然有尤善者，皆见记识。’《后汉书·刘宽传》：‘客不堪之，骂曰：“畜产。”’畜产即畜生也。《隋书·后妃传》：‘畜生何足付大事？’亦詈骂之辞。《后汉书·西南夷传》：‘俗好巫鬼禁忌，寡畜生。’《宋书·吐谷浑传》：‘马是畜生，食草饮水。’《北史·高车传》：‘此是畜生，毋乃辱父母。’皆指六畜而言。”

【死狗】

《真诰》卷十二:“旦使奴至市买菜,奴盗用钱饮酒,晏乃还。卧于阁内,又不得菜。既醒,乃骂之为死狗。”

按:死狗,詈词。其他中古例如《三国志·魏志·齐王芳传》:“诸葛恪围合肥新城。城中遣士刘整出围传消息,为贼所得,考问所传,语整曰:‘诸葛公欲活汝,汝可具服。’整骂曰:‘死狗,此何言也!’”近代沿用,宋梅尧臣《闵尚衣盗裤》诗:“三公出死狗,训导能有素。”

古籍亦见“老狗”之称,本为年老的狗,常用为对老人的詈词。《汉武故事》:“上尝与栗姬语,属诸姬子曰:‘吾百岁后善视之。’栗姬怒,弗肯应,又骂上老狗。”《南史·王僧达传》:“僧达曰:‘家养一老狗,放无去处,已复还。’尚之失色。”《水浒传》第二五回:“那王婆老狗,恁么利害怕人,你如何出得他手?”明陈士元《俚言解》:“骂人为老狗,亦古语。汉武帝尝与栗姬语,姬怒,弗应,又骂上曰老狗。其狎昵如此。”

吴福祥的最新研究指出:“指称家禽、家畜及其相关概念的词语,若内涵义发生改变且外延意义随之改变而用于人类,则变成贬义而非褒义。”[①]詈词是一个值得研究的课题,以“狗”为例,据刘福根研究,中古时期的詈词还有“庸狗”“狗辈”“狗子”“鸡狗”“奚狗”等。[②]

除上述口语词外,魏晋南北朝道教文献中还有温凉、异手、甲手、出继、当风、更番、交接、猪肝、石榴子、狗窦、不办、料理、摩拭、摩切、更互、葱白、甲乙、如干、可不、方来、行当、凡猥、几许、容或、不减、左右、拍腹、鸡子、若如、酬咨、抃舞、严装、弥沦、野家儿、乞食公、鸡头实等口语词,限于篇幅,兹不赘述。

二、书面语词

李如龙对汉语口语词汇与书面语词汇有深入的研究。他指出:“口语通行于口耳之间,口语造词首先着眼于音,古今的双声、叠韵等连绵词、切脚词、叠音词、合音词,应该都是口语造出来的,例如吩咐、担待、疙瘩、郎当、嘟噜、佝偻、轱辘、唠叨、葫芦、姑姑、爷爷、俩、仨、甭。”“书面造词则常常向古书讨生活,起用文言词、生僻字或典故,有时就和古语词、文言词划不清。例如:萦回、璧还、夷平、悔恨、杞忧、歆慕、旷世、绝代、憾事、轶事、首事、滋事等

① 吴福祥:《试谈语义演变的规律》,《古汉语研究》2017年第1期。

② 参见刘福根:《汉语詈词研究——汉语骂詈小史》,浙江人民出版社2008年版,第37页。

等。""浩如烟海且美不胜收的典籍('经史子集'),不但成为书面语词取之不尽的资源,而且成了作诗行文的最高典范。"①

道教文献的词汇艰深晦涩、典雅庄重、古奥华丽,文字风格有意拟古,具有强烈的复古主义倾向。道经语言颇具文学色彩,受当时骈俪文风影响较深,用词高雅奇异、绮艳繁富、神异夸张,富于表现力。魏晋南北朝道教文献中书面语词众多,具有浓郁的文言色彩。

【轗轲】

《真诰》卷六:"人为道亦苦,不为道亦苦。惟人自生至老,自老至病,护身至死,其苦无量。心恼积罪,生死不绝,其苦难说,况多不终其天年之老哉!为道亦苦者,清净存其真,守玄思其灵,寻师轗轲,履试数百,勤心不堕,用志坚审,亦苦之至也。视诸侯之位如过客,视金玉之宝如砖石,视纨绮如弊帛者,始可谓能问道耳。"

按:轗轲,亦作"辄轲"、"轗轲"、困顿、不得志。《楚辞·东方朔〈七谏·怨世〉》"年既已过太半兮,然埳轲而留滞。"汉王逸注:"轗轲,不遇也。言己年已过五十,而轗轲沈滞,卒无所逢遇也。埳,一作轗,一作轗。"洪兴祖补注:"轗,音坎。埳坷,不平也。轗轲,车行不平。一曰不得志。"《古诗十九首·今日良宴会》:"无为守穷贱,轗轲长苦辛。"引申为坎坷,路不平。《北史·文苑传序》:"道轗轲而未遇,志郁抑而不申。"宋曾巩《幽谷晚饮》诗:"当今甲兵后,天地合轗轲。"

魏晋南北朝道经习见。《太上慈悲道场消灾九幽忏》卷一:"见有人民丑宿缠年,凶星加运,天罗为害,地网为殃,家门轗轲,人口沦亡,五瘟七痒,作祟为患,土神墓鬼,依草附木,枉死精邪,妄作先亡,通神搅挠,水木作祟,男女终身,无子有子,不得长大。"《正一出官章仪》:"素以胎生肉人,百官子孙,千载有幸,得奉大道,从来蒙恩,忽值轗轲疾病,更互梦想不真,袄怪竞兴,公私口舌,横生无端。"《登真隐诀》卷下:"若家中轗轲不宁,恶梦错乱,魂魄不守者,当请收神上明君官将百二十人,主治之。人家每事有轗轲,动皆艰苦,梦想凶扰,交接非所,身心不定,日就顿踣者,将衰之渐也,特宜治之。"

早期天师道经典《赤松子章历》中尤为多见。卷二:"若欲学神仙,而轗轲疾病注连沈滞,请虚素天精君,赤衣兵士十万人,在天柱官,以制鬼灭祸,却赤天之气。"卷三:"比者居止轗轲,梦想纷纭,怪异妄生,袄祥屡起,四支沈重,颜色痿悴,精神浮散,不附身形。"又:"顷者已来,身中轗轲,今岁行年云云。"

① 李如龙:《关注汉语口语词汇与书面语词汇的研究》,《陕西师范大学学报(哲学社会科学版)》2007年第2期。

卷四:“顷者已来,居处轗轲,疾病相连。”卷六:“顷来轗轲,凡百无善,某身疾病,从来云云。”

【所生父】

《周氏冥通记》卷一:“祖文朗,举秀才,宋江夏王国左常侍。所生父耀宗,小名金刚,文朗第五子,郡五官掾,别住余姚,天监二年亡,年三十四,仍假葬焉。”

按:“所生”,生身父母。《诗经·小雅·小宛》:“夙兴夜寐,无忝尔所生。”[①]晋陶潜《庚子岁五月中从都还阻风于规林》诗之二:“久游恋所生,如何淹在兹?”逯钦立注:“所生,指亲母。”南朝宋刘义庆《世说新语·赏誉》:“王汝南既除所生服,遂停墓所。”道经例如《周氏冥通记》卷一:“子平不敢便进,俄顷所生母及姨母续至,见便悲叫,问:‘何意,何意?’”

江蓝生指出,“所+动+名”,“所+动”为“名”的修饰语,“名”为“动”之受事。如“所生女”,“女”为“生”之受事;“所作诗”,“诗”为“作”之受事,此乃通例。但是,在六朝小说中,动词为“生、养”,名词为“父、母”时,其语义与上面的通例正相反,“所生母”,“母”为施事,“所养母”亦然。……“所生母”即生母;“所养母”即养母,“母”字为施事而非受事。[②] 王云路认为,“所生”皆谓亲生父母,尤以亲生母亲为多。因而也有径作“所生母”者……除了“所生母”之外,“所生”一词又进一步发展,与其他词语相搭配,表示“亲生”“亲”义。《魏书·张普惠传》:“广陵王恭,北海王颢,疑为所生祖母服期与三年,博士执意不同,诏群僚会议。”“所生祖母”即亲祖母。又:“承妃纂重,远别先皇,更以先后之正统,厌其所生之祖嫡,方之皇姑,不以遥乎?”[③]道经例如元赵道一《历世真仙体道通鉴》卷四十三《采药民》:“姑翁皆已亡矣。时所生女已适人,身死,其孙已年五十余矣。”

中古道经喜用“所生父母”,如《洞玄灵宝道学科仪》:“解法衣时,不得与俗同处。若逢病患,孝友之心,自须辛苦,勤力医药,朝夕爱护,不得于所生父母有所吝惜。今之父母,是我寄附因缘,故以礼报之而称为父母,故当己父母生长之恩,勿忘之。”《太上洞玄灵宝出家因缘经》:“一当常发大心,立观度人,写经造像,绍隆圣教。二当常发大心,持斋礼拜,奉诫烧香,作过去未

① 杨伯峻、何乐士先生认为,此例之“所生”不是指“生”的受事,而指其施事,“尔所生”指你的生身父母。汉魏以降,“所生”大多专指“生”的施事者,即指生母。“所生”后还常有“母”“夫人”“氏”“嫔”“妃”等词,使它指生母的意思更加明显。(参见杨伯峻、何乐士:《古汉语语法及其发展》(修订本),语文出版社 2001 年版,第 487 页)

② 江蓝生:《魏晋南北朝小说词语汇释》,语文出版社 1988 年版,第 190 页。

③ 王云路:《汉魏六朝诗歌语言论稿》,陕西人民教育出版社 1997 年版,第 111 页。

来生死道果。四当常发大心，为九玄七祖、所生父母、眷属妻子、一切众生，作历劫福田。”《太上洞玄灵宝三元品戒功德轻重经》：“父母爱重，尊高无上，今所生父母是我寄附因缘，秉受育养之恩，故以礼报而称为父母焉。故我受形亦非我形也，寄之为屋宅，因之为营室，以舍我也。”

【兆域】

《真诰》卷十三：“越翳王是句践四世孙，初不肯立，逃入菁山穴，越人董出之，后于吴徙还会稽，以周宣王十一年为孙诸咎所杀。越人又杀诸咎，不知那得远来葬此。或当有神异处故也。今寻视，未见指的坟冢，而如有兆域处者。”

按：兆域，墓地四周的疆界，亦以称墓地。《周礼·春官·冢人》：“掌公墓之地，辨其兆域而为之图。”孙诒让正义：“辨其兆域者，谓墓地之四畔有营域堳埒也。”《资治通鉴·齐武帝永明八年》：“请时定兆域，及依汉魏故事，并太皇太后终制，既葬，公除。”胡三省注：“兆域，谓葬地。”

中古道经除《真诰》例外，仅余一例。《灵宝无量度人上品妙经》卷三《天地八维安镇国祚品》：“正月长斋，诵咏是经，安镇寅、卯、辰、巳、午、未、申、酉、戌、亥、子、丑之方，维正之位，兆域之中。为上世亡魂，断地逮役，度上南宫。七月长斋，诵咏是经，安镇天地，民物生灵，咸遂道性，克慕神仙，诸天书名，黄箓白简，削死上生。”

近代道经有10处用例，如南宋宁全真传授、宋末元初林灵真编《灵宝领教济度金书》卷一百一十八《早朝行道仪》：“山林荣卫，依五镇以飞玄。兆域周旋，期千龄而啸傲。”元李道谦《甘水仙源录》卷三《清和妙道广化真人尹宗师碑铭并序》：“时京兆行省田公驰疏来请，适与师意合，丙申春始达。于榛莽中规度兆域，及宫观基址。终南太华等处诸观宇，废不能复，咸请主于师。”明张钺《汉天师世家》卷四：“内子徐氏以讣闻，上殊痛悼之，锡伯爵例恤兴，遣行人姚光浮谕祭并营兆域于狮子巷，立祠南极观，诰封徐氏为静和元君，仍降劫谕严戒族属诸人，毋得凌侮。”

【摄养】

《洞真高上玉帝大洞雌一玉检五老宝经》：“所以导引神津，通彻灵源，保固紫房，洁明泥丸，摄养太一。”

按：摄养，养生；调养。南朝宋刘义庆《世说新语·夙惠》：“陛下昼过冷，夜过热，恐非摄养之术。”《旧唐书·方伎传·叶法善》：“自曾祖三代为道士，皆有摄养占卜之术。”

道教文献经见。如托名汉黄石公《黄石公素书》：“夫国之起祸，如身之有疾。善摄养者不使困弊，善理国者不致颠危。用忠信之言，其祸可救；从无益之计，其国必危。”晋《太清道林摄生论》：“故曰冬伤于寒，春必病温；春伤于风，夏必飧泄；夏伤于暑，秋必疗痁；秋伤于湿，冬必咳嗽。此四时摄养，故得免其夭枉也。”六朝《洞真高上玉帝大洞雌一玉检五老宝经》：“次又手摩洞房二七过，阴祝曰：上元三君，紫盖华晨，玉童护神，玉女安魂，五藏百灵，摄养我身，长生天地，上为高仙，日月伏息，七星保真，太上受书，三华据因。”南北朝《正一法文修真旨要》：“右诸所摄养，皆须调和气息。每以人定静时，宽衣大坐，背倚软物，缓衣解带，放纵身体，应念性情，平等死生，无二欲，使心平，心平则气调，无损。故曰能不以生为生者，是乃真于养生也。”

【承按】

《周氏冥通记》卷一：“人命终，复不问仙之与鬼，必皆由三官开过，皆须有所承按根本。”

按：承按，依据、根据。《大词典》失收。《抱朴子内篇・释滞》：“又五千文虽出老子，然皆泛论较略耳。其中了不肯首尾全举其事，有可承按者也。但暗诵此经，而不得要道，直为徒劳耳，又况不及者乎？”《老君音诵戒经》：“诸有修道之人，勿复承按前人伪书经律。今世人习读美经典，可益得身，朝但富贵，为子孙资荫耳。无有长生登仙之阶，欲求生道为可先读五千文，最是要者。明慎奉行如律令。”《太上洞玄灵宝二部传授仪》：“斋戒投心，所受灵妙经旨诀，约承按大法，奉尊俯仰，检口慎行，弃诸色累，断绝外想，静心夷默，专志在法，不得混浊，更相招引，以乱真炁。”

【精勤】

《周氏冥通记》卷二：“尔生周逵家时，已应得道，为贪浊弥多，遂不致获。次生刘伟家，乃得学道精勤，精勤之福，方流今身尔。”

按：精勤，专心勤勉。《后汉书・冯勤传》：“以图议军粮，在事精勤，遂见亲识。”南朝宋刘义庆《世说新语・术解》：“郗愔信道，甚精勤。”

中古道教文献有见。东晋南朝《洞真太上八素真经修习功业妙诀》：“夫学道宜精勤，立功补过，以赎先亡七祖罪请，并又为家门及一身进上仙名，去离十苦八难之中。”《老君音诵戒经》：“道民不练科法，不能精勤香火，消灾散祸及病痛，行来忧虑县官，光怪众诸，欲有保说者，尽不听。”南北朝《太上三皇宝斋神仙上录经》：“其文至妙，其位至尊，能令人出入水火，变化幽冥，司录三官，一时定生。精勤之哉，必书仙名，其术至真，非惟经篇。”

近代道书沿用。唐王悬河《三洞珠囊》卷二：“孟道养，字孝元，外名援，平昌人也。为性慈仁，布衣周身，蔬食充口，此外萧然，执行精勤，未尝殆倦，行道礼拜,不避寒暑也。"宋张君房《云笈七签》卷四十五:"夫得道者,常恨不早闻道;失道者,常恨不早精勤。何谓精耶?专笃其事。何谓勤耶?恭缮其业。"

【存】

《上清曲素诀辞箓》:"九开星图,及步时存思,并晨起夕卧,皆先叩齿九通,阴咒星名。"

按:存,思、想。汉王充《论衡·订鬼》:"凡天地之间有鬼,非人死精神为之也,皆人思念存想之所致也。"《后汉书·朱景王杜等传赞》:"帝绩思乂,庸功是存。"李贤注:"言将兴帝绩,则念勋功之臣也。"三国魏吴质《在元城与魏太子笺》:"南望邯郸,想廉蔺之风;东接巨鹿,存李齐之流。"

"存思,又叫存想,泛指道士在修炼时集中意念,观想身内景象(如脏腑、骨节、身神等)和身外景象(圣真、日月光华、云气、神兽、童男女、八卦等)以达到集中意念、沟通神明、治病驱邪等作用的行为。"①道经中用例甚多,《登真隐诀》卷上:"若所得之法,常能修存,则空宫中之中亦随事受神,非但丹田中一帝君也。"《上清太极真人神仙经》:"右三元四立守一,各八日夜,存思法皆效立春存思也。"《无上秘要》卷七十四《启志愿品》:"若见善人,当愿一切时刻存念,仰轨其道。"《太上玉珮金珰太极金书上经》:"有金名帝图,列字玉清,得授此诀,闭口修奉,日夕存念,不出三年,真形克降,自然飞腾也。"葛玄《太上慈悲道场消灾九幽忏》卷一:"念道思真,扣鸣法鼓,存想三宝,回忏有情,永求清净果。"《上清琼宫灵飞六甲左右上符》:"初存思之时,当平坐按手于膝上,勿令人见之。"《洞真太上八素真经精耀三景妙诀》:"存见九星宫府神君,威容端正,侍卫娶然。"

【休粮】

《太上洞玄灵宝业报因缘经》卷一:"见有女官供事明师,曾不退惰。见有女官诵习经典,讲说大乘。见有女官断谷休粮,清净身心。见有女官长斋奉戒,归诚于道。"

按:休粮,谓停食谷物。晋葛洪《抱朴子内篇·仙药》:"术饵,令人肥健,可以负重涉险,但不及黄精甘美易食,凶年可以与老小休粮,人不能别之,谓为米脯也。"唐贾岛《山中道士》诗:"头发梳千下,休粮带瘦容。"

---

① 万林一:《道教存思术研究》,见中国民族宗教网(http://www.mzb.com.cn/html/Home/report/293134-1.htm)。又可参见萧登福:《试论道教内神名讳源起——兼论东晋上清经派存思修炼法门》(《宗教学研究》2004年第3期),此文对上清派的存思法门有详细阐释。

魏晋南北朝道经多见。《太上玉晨郁仪结璘奔日月图》："若道士休粮山中，长斋五岳，绝尘人间，远思清真，可每日服日根之霞，吞太阳之精，则立觉体生玉泽，面有流光也。"《真诰》卷八："盖行真炁，当吐三纳四，乘七吞九。今吸之不足，蹑之失序，神漏泝源，精亡胎扰，虽休粮日挹，而莫知道与年丧矣。"《太上洞玄灵宝业报因缘经》卷八："苟求虚称而不丹诚，乃至行道诵经、烧香礼拜、居山入室、断谷休粮、度厄济贫、修真学道，少不诚至，即不感通。"《太上一乘海空智藏经》卷一："若人修行服食、休粮，研精道味，志慕山林，隐形栖遁，餐霞纳气，弃于甘腴，舍去肥腻，身轻体劲，免于老死，是谓地仙。"又："善男子，若复有人行十善业，守护戒行，未尝缺犯，端身正心，休粮绝谷，善持六根，不染垢污，行业模准，不起表里，游践名岳，餐饵云霞，修如此术，是谓飞仙。"《太上洞玄灵宝五符序》卷中："一名救穷乏粮，凶年可与老小休粮而食之，服其华，胜其实，实胜其根也。"又："诸修长生之道，当先去三虫，下伏尸，乃可将服食，休粮绝谷耳。不去三虫伏尸，而绝谷者，多所思念，于身不善，又复喜遇好食，令人意乱不觉，惑而犯之也。"《登真隐诀》卷下："若长斋休粮，勤心高业者，可不复身到，而心恭亦当无替，至于后用二朝之法，云当先朝静，乃行此。"

【翘想】

《太上洞玄灵宝业报因缘经》卷四："灭心者，随念随忘，神行不系、归心于寂，直至道场。济度者，谓回念至道，翘想玄真，愿福降临。"

按：翘想，犹悬想。南朝陈徐陵《与李那书》："脱惠笺缯，慰其翘想。"《旧唐书·隐逸传·卢鸿一》："每用翘想遗贤，冀闻上皇之训。"

《真诰》卷一："翘想笼樊外，俱为山岩士。无令腾虚翰，中随惊风起。迁化虽由人，蕃羊未易拟。所期岂朝华，岁暮于吾子。"《洞玄灵宝三洞奉道科戒营始》卷一《置观品四》："凡寻真炼气，祈真吸景，散华望仙，承露九清，游仙凝灵，乘云飞鸾，延灵迎风，九仙延真，舞凤逍遥，九真焚香静念，台阁楼等，并是道士、女冠，翘想云衢，腾诚星路，游心方外，送目寰中，冀八景俯临。"《太上大道玉清经》卷五："踌躇之间，已经亿劫。不期乘机遇运，肘步天庭，遭遇天尊，以申翘想。久欲谘启，未敢陈辞。"卷六："特为下界凡夫形骸膵臭，又为天路遥长，非凡所登，诚违起居。每以翘想青云之上，钦慈紫阙之下，徒以人微道浅，致乖心愿。"卷七："晨夕愿念，翘想丹尽，唯愿真师哀愍孤露，为作依怙。"

【游适】

《周氏冥通记》卷二："若披罩紫盖，游适偃房者，神仙之渐也。"

按:游适,犹游乐。《宋书·王敬弘传》:“山郡无事,恣其游适,累日不回,意甚好之。”《魏书·夏侯道迁传》:“于京城之西,水次之地,大起园池,殖列蔬果,延致秀彦,时往游适。”宋沈辽《杂诗》之四:“御寇好游适,初闻内观赏。”

《周氏冥通记》卷二:“下旬间更相遇,方事游适,两念相存。执手而去。”宋褚伯秀《南华真经义海纂微·庚桑楚第二》:“诚心元樱,利害两忘,任常不怪,空有元系,恣其游适,是卫生之经已。”宋张君房《云笈七签》卷七十九《请五岳储佐等君》:“某身生长浊世,动多违离。才非通真,识浅术薄。未得远避风尘,游适林岫。抱持灵图,污染秽气,文禁深重,惧以抵触。”

【玄同】

《真诰》卷六:“知以无涯伤性,心以欲恶荡真。岂若守根净冲,栖研三神。所以弥贯万物,而玄同镜寂,泯然与泥丸为一,而内外均福也。可示虎牙。”

按:玄同,谓冥默中与道混同为一。《老子》:“塞其兑,闭其门,挫其鋭,解其纷,和其光,同其尘,是谓玄同。”苏辙解:“默然不言,而与道同矣。”《庄子·胠箧》:“削曾子之行,钳杨墨之口,攘弃仁义,天下之德玄同矣。”成玄英疏:“与玄道混同也。”晋葛洪《抱朴子外篇·诘鲍》:“万物玄同,相忘于道。”唐张九龄《奉和圣制途经华山》:“灵居虽窅密,睿览忽玄同。”

除以上详细解说的书面语词外,魏晋南北朝道教文献中还有许多书面语词,诸如嚣翳、徽猷、骈罗、鼓枻、中馈、虚舟、弱丧、希夷、望舒、天阙、虞渊、象魏、蓊荟、湍濑、蹙頞、矧、契阔、蒙尘、伐德、息驾、首丘、翰音等等。

第四节　方言词和通语词

中国幅员辽阔,从古至今,汉语就有方言和通语的区别。汉语方言俗称“地方话”,只通行于一定的地域,它不是独立于民族语之外的另一种语言,而只是局部地区使用的语言。现代汉语各方言大都是经历了漫长的演变过程而逐渐形成的。形成汉语方言的要素很多,有属于社会、历史、地理方面的因素,如人口的迁移,山川地理的阻隔等;也有属于语言本身的要素,如语言发展的不平衡性,不同语言的相互接触、相互影响等。

语言学界在使用“通语”这一术语时,一般是相对于“方言”来说的,即把它作为共同语的等义词来使用。“通语”第一次出现是在汉代扬雄的《方言》

里，沈兼士等一批学者认为“通语”是指无地域限制的普通语词。[①]“通语”亦称为“雅言”，“雅言”最早见于《论语》，虽然后人对《论语》中“雅言”的理解存在分歧，但雅言作为一种古代“共同语”的代名词已得到人们的普遍认同。《辞海》中解释“雅言”：“古代的‘共同语’，与‘方言’相对。”吴进研究认为，在把雅言作为古代汉民族“共同语”代名词的背景下，雅言当形成于夏朝，发展于商朝，成熟于周朝。从语言发展史的角度看，雅言是我们汉民族共同语的发端，它不仅为汉语言的统一、规范树立了标尺，使汉语言的发展有了一个扎实的基础，而且对提高汉民族的凝聚力、推进汉民族文明的进程都有着深刻的影响。[②]

通语词汇是指民族共同语词汇，是全民用来交际的词汇，具有全民性。方言词汇是一定区域使用的词汇，是通语的地域变体，具有地域性。魏晋南北朝时道书的造作在南方和北方都有体现，“现在可知敦煌道经中写本数量最多的《太玄真一本际经》十卷本，是在唐初最后形成的。与之有紧密联系的《升玄内教经》十卷本则是在南北朝末年所作。《升玄经》《本际经》和《太上业报因缘经》大约都是出自南方道教的传统，《太上灵宝元阳经》《太上妙法本相经》则很可能是出自北朝末年的北方道教的作品”[③]。魏晋南北朝道教文献作为特定时代的产物，其用词习惯也打上了那个时代的烙印，它使用了很多中古时的通语词，也有部分方言词。

一、方言词

魏晋南北朝时期，社会动荡，南北对峙，中原一带的人口大批南迁，北方游牧民族大量内徙，这些现象从客观上促进了汉民族与外族、南方与北方之间文化的交融，这对语言发展产生了重要影响。颜之推《颜氏家训·音辞篇》说到：“自兹厥后，音韵锋出，各有土风，递相非笑，指马之谕，未知孰是。共以帝王都邑，参校方俗，考核古今，为之折衷。搉而量之，独金陵与洛下耳。南方水土和柔，其音清举而切诣，失在浮浅，其辞多鄙俗。北方山川深厚，其音沈浊而鈋钝，得其质直，其辞多古语。”

近年来，已有学者着手对南北朝时期南北语言的差异进行研究，这是非常有意义的，有利于发现语言内部的一些深层内容。鲁国尧《“颜之推谜题”及其半解（上、下）》（《中国语文》2002 年第 6 期、2003 年第 1 期）深入研究了南北朝时期的语言接触、语言入侵、南北方言等问题。华学诚师《周秦汉晋

① 柳玉宏：《说“通语”——扬雄〈方言〉术语商榷》，《兰州学刊》2007 年第 5 期。

② 参见吴进：《论雅言的形成》，《东南大学学报（哲学社会科学版）》2005 年第 6 期。

③ 刘屹：《敦煌道经断代：道教史研究的新契机》，2014 年 1 月 8 日《中国社会科学报》。

方言研究史》(复旦大学出版社 2003 年版、2007 年版)第九章《魏晋时期的方言研究》涉及了不少魏晋时代的方言词汇。汪维辉《六世纪汉语词汇的南北差异——以〈周氏冥通记〉与〈齐民要术〉为例》(《中国语文》2007 年第 2 期)以《齐民要术》和《周氏冥通记》为调查对象,结合同时期其他语料和现代方言,从"特用词语"和"同义异词"两个方面钩稽出一批具有方言色彩的词语,试图为全面揭示南北朝时期南北方言的词汇差异提供一些样本。总体而言,南方较多地使用新词,北方则相对保守。这与颜之推所说的南方"多鄙俗"、北方"多古语"大致相符。王东 2007 年主持国家社科基金青年项目"南北朝时期南北词语差异研究",相继发表《南北朝时期的南北方言词》(《中南大学学报(社会科学版》2006 年第 4 期)、《南北朝时期南北词语差异研究刍议》(《长江学术》2008 年第 3 期)。萧红 2010 年获得国家社科基金青年项目"北魏语法特点研究",陆续发表《试以〈洛阳伽蓝记〉〈齐民要术〉〈世说新语〉〈周氏冥通记〉等为例看南北朝语法差异》(第九届全国古代汉语学术研讨会提交论文,2008 年 10 月,湛江师范学院)、《六世纪第一、第二人称代词的南北差异——以〈齐民要术〉和〈周氏冥通记〉为例》(《长江学术》2010 年第 4 期)、《六世纪汉语疑问词语的时代特征和地域分布——以〈齐民要术〉和〈周氏冥通记〉为例》(《合肥师范学院学报》2012 年第 5 期)等。

比较是学术研究的一种基本方法,语言方面的比较可以发现语言现象的同中之异和异中之同。比较是语言研究的一种有效手段,但现阶段对不同词汇系统的比较研究成果尚不多见,如胡敕瑞《〈论衡〉与东汉佛典词语比较研究》(巴蜀书社 2002 年版)、陈秀兰《魏晋南北朝文与汉文佛典语言比较研究》(中华书局 2008 年版),这一领域亟待加强。中古时期南北方言的研究极具价值,下面胪列几则见于魏晋南北朝道教文献的方言词。

【伧】

东晋南朝《上清外国放品青童内文》卷上:"太和宝真无量之国,放六品之音,以置伧老之号,知者寿同天地,修行其道,致伧老仙官来朝己身。"

按:伧,粗俗,鄙陋。《初学记》卷十九引汉王褒《责须髯奴辞》:"汗垢流离,污秽泥土,伧嗫穰擩,与尘为侣。"《太平御览》卷八三二引南朝宋刘义庆《幽明录》:"有一伧小儿,放牛野中,伴辈数人。见一鬼,依诸丛草间,处处设网,欲以捕人。设网后未竟,伧小儿窃取前网,仍以罨之,即缚得鬼。"唐段成式《酉阳杂俎续集·贬误》:"因天宝中,进士有东西棚,各有声势,稍伧者多会于酒楼食饆饠。"

南北朝时江东人蔑称北方人或楚人为"伧"。《玉篇·人部》:"伧,《晋阳秋》云:'吴人谓中国人为伧。'"《集韵·庚韵》:"伧,吴人骂楚人曰伧。"唐慧琳《一切经音义》卷六五："伧吴，仕衡反。《晋阳秋》曰：'吴人谓中国人为伧人，俗又总谓江淮间杂楚为伧。'"《晋书·王献之传》："(献之)尝经吴郡，闻顾辟彊有名园，先不相识，乘平肩舆径入……辟彊勃然数之曰：'傲主人，非礼也。以贵骄士，非道也。失是二者，不足齿之伧耳。'"唐刘知几《史通·杂说中》："南呼北人曰伧，西谓东胡曰虏。"

中古道经亦有此用法。东晋南朝《上清外国放品青童内文》卷上："高上玉皇帝君，悉吟咏其音，以化中国伧老之人，令知其国有不死之教。"《真诰》卷十七："昔所不以道相受者，直以吴伧之交，而有限隔耳。周是汝阴人，汉太尉勃七世孙，故云伧人也。"东晋《太上洞玄灵宝赤书玉诀妙经》卷下："思中央玉宝元灵元老君，姓通斑，讳元氏，字含枢纽。形长一尺二寸，头冠黄精玉冠，衣五色黄羽飞衣，驾乘黄龙玉舆，建黄旗，从神戊己伧老之官十二万人，从十二炁黄天中下来降室内。"东晋《太上三天正法经》："黄帝结土为象，放于广野，三百年中，五色变化，能言能语，各在一方，故有伧秦氐夷蛮差之类也。"南朝宋陆修静《太上洞玄灵宝授度仪》："考召东九夷胡老君、南八蛮越老君、西六戎氐老君、北五狄羌老君、中央三秦伧老君、五岳四渎丘沼君，诸庙神所在高山卑谷山林孟长、十二溪女、根源本始土地之主，社稷将吏，一时严装，与臣身中功曹使者、飞龙骑吏，上启太上玄元太上大道君。"

后世道经仍有使用。前蜀杜光庭《太上洞渊三昧神咒斋忏谢仪》："勅遣十方天丁，三十六天力士，覆护某家六亲大小，男女良贱。随所救护之处，禁诸疫鬼，不得扰乱。收除客死云中李子敖大殃，走死六畜人形，五木百魅，蛮夷氐虾羌胡伧虏，山上山下，水中火中，门户井灶，宅舍墙篱。"杜光庭《太上正一阅箓仪》："谨出太上正一大斩河邪箓，箓中五十领将军，胡越氐羌伧等老君虎贲将士，施天发地，摇天动地将军，五色五盖兵马无上玄老将军吏兵使者，玉童玉女等，为臣飞戈轮刀，搜索精邪，营卫居止，皆令安稳。"

为何吴人用"伧"来称呼南楚(或中原)一带人，表示轻蔑、鄙视的意味？王云路的观点颇可参考，她认为因"仓"有仓促、仓猝、仓忙、仓慌、仓皇、仓遽等义，加上人旁作"伧"，也有忙乱之义。引申有粗俗、鄙陋义，或作名词。《汉书·贾谊传》："本末舛逆……非甚有纪。"晋灼曰："抢，音伧。吴人骂楚人曰伧。伧攘，乱貌也。""伧"本有贬义，吴人用来称呼楚人(或北人)，其贬义色彩就更浓了，运用也更广泛了，产生"伧父""伧夫""伧奴""伧俗""伧鄙"等词，现代汉语还有"寒伧"(或音变作"寒碜")等用法。①

① 参见王云路：《中古汉语词汇史》，第868页。

【侬】

《周氏冥通记》卷三："陶曰：'夜已深，宜去。'便欲去。诸女曰：'待侬。'因相随而灭。"

按：侬，第一人称代词，我、我们。"侬"是中古时期的南方方言词①。《玉篇·人部》云："吴人称我是也。"《正字通·人部》："俗谓我为侬。陈后主喜称侬，隋炀帝亦自称侬。韩愈《泷吏》诗：'鳄鱼大于船，牙眼怖杀侬。'"民国徐乃昌《续方言又补》卷上："吴人率自称曰侬。"黄侃《说文外编笺识·人部》："侬，奴冬切，吴人称我也。钱大昕说，侬即奴之声转，侬家即奴家。"据柳士镇的研究，"侬"字是此期新生于南方的第一人称代词，"侬"字在南朝民歌中运用比较集中，其他地区、其他作品中用例很少，可说是具有南方方言的特色。可以充任主语、宾语、定语与兼语。②

"侬"在中古道教文献中仅《周氏冥通记》一见，更可证此书语料价值之高。直到宋元时期"侬"字才逐渐行用开来，宋彭耜《海琼问道集·道闽元枢歌》："侬家本住螺江上，明月清风无尽藏。等闲作此《大道歌》，要与时人为榜样。"宋邵雍《伊川击壤集》卷六《恨月吟》："我侬非是惜黄金，自是常娥爱负心。"宋蒋融庵《道德真经颂》："一点圆明处处同，高低富贵不如侬。见成受用元亏缺，千圣从教立下风。"元王惟一《道法心传》："吾侬为学作心传，不顾天机太直言。"元刘大彬《茅山志》卷三十《卢挚〈游茅山五首并序〉》："辽天有客访髯龙，好事仙人画者侬。"元牧常晁《玄宗直指万法同归》卷五《寒山拾得齐笑》："相逢拍手笑呵呵，笑道伊侬没奈何。只有自家知此意，更无人会笑中多。"元姬志真《云山集》卷二《跋真理融会堂》："茅靡波流未出宗，箇中宁许辨渠侬。"元朱象《先古楼观紫云衍庆集》卷下《黄道朴〈和清和真人经台十诗〉》："我欲忘言底用吟，道无终始古犹今。欲知玄牝绵绵理，只向侬家静处寻。"

其他文献中则多有记载。如《晋书·会稽王道子传》："道子颔曰：'侬知侬知。'"唐韩偓《此翁》诗："高阁群公莫忌侬，侬心不在宦名中。"唐长孙无忌《新曲》之一："侬阿家住朝歌下，早传名。""侬阿"即我。五代王延彬《春日寓感》诗："也解为诗也为政，侬家何似谢宣城 。"此"侬家"犹言我。"侬家"亦为女子自称，犹言"奴家"。

---

① 萧红：《六世纪第一、第二人称代词的南北差异——以〈齐民要术〉和〈周氏冥通记〉为例》，《长江学术》2010 年第 4 期。

② 参见柳士镇：《魏晋南北朝历史语法》，南京大学出版社 1992 年版，第 149 页。吕叔湘著、江蓝生补：《近代汉语指代词》亦谓："盖口语为吴人自称，书面则播及其他地区也。侬多见于南朝民歌，以《乐府诗集》所收清商曲辞中为最多。"（学林出版社 1985 年版，第 12 页）

【伊】

《周氏冥通记》卷二:“伊于时意色极不好,今有此告,当由斯源也。”

按:伊,第三人称代词,他。《周氏冥通记》中共 7 见,再如卷三:“刘曰:‘高下未必可定,伊犹沉滞尘喧,共启悟之耳,何高之有?’此女笑曰:‘别当相造,今未容言。’”卷三:“右一条九日夜所受记,书五白官纸。此条中多说上落及宣漏诸事,全是欲严相诫防,恐脱言说,便致谴黜。既如此,伊何由敢显。”卷四:“至于周欲别立屋,使虚心相许。自为看地,给钱一万。伊本顾即作三间堂东西厢各二间,林竹至。而道士心未善者互兴言说,遂不成。复作厢,止三间堂屋而已。”卷四:“伊蒙神真扶奖如此,不免三官所奏。况庸庸之徒邪,唯各宜如履薄冰耳。”卷四:“伊云不取,神证云取,两不应妄。”卷四:“未知邹尧是何处人,显昭形服如此,便是可察。正恐伊知人识,更复改容耳。”然而,同为陶弘景作品且篇幅更大的《真诰》中却没有用例,此亦证明《周氏冥通记》的口语性及语料价值要远远高于《真诰》。①

“伊”字在上古时期本是指示代词,《诗经·小雅·小明》:“心之忧矣,自诒伊戚。”王引之《经传释词》卷三:“宣二年《左传》:‘自诒繄慼。’《小明》云:‘自诒伊慼。’为义既同,明‘伊’有义为‘繄’者。”《诗经·秦风·蒹葭》:“所谓伊人,在水一方。”高亨注:“伊人,是人,意中所指的人。”伊人即此人,这个人。到了中古时期,逐渐转用为第三人称代词,可以充任主语、宾语、定语、兼语。《世说新语》中此词使用频繁,共 15 见,如《世说新语·识鉴》:“小庾临终,自表以子园客为代,朝廷虑其不从命,未知所遣,乃共议用桓温,刘尹曰:‘使伊去必能克定西楚,然恐不可复制。’”《世说新语·方正》:“江家我顾伊,庾家伊顾我。”《世说新语·方正》:“伊讵可以形色加人不?”同为第三人称代词,“伊”与“其”的分工似有所区别,邓军研究指出,六朝时期“伊”用于对话中,在叙述语言中则用“其”。②

据汪维辉研究,唐刘知几《史通·外篇·杂说中·北齐诸史》云:“渠们底个,江左彼此之辞;乃若君卿,中朝汝我之义。”吕叔湘认为“渠们”可能是“渠伊”之误。可见,直至唐时,“渠”和“伊”仍是“江左”方言词。现代闽语第三人称代词仍用“伊”,应该就是南朝口语的流裔。③

---

① 汪维辉先生曾指出:“《周氏冥通记》的语言具有六朝南方口语的特色,跟同是陶弘景撰写的《真诰》等书相比,反映当时日常口语的程度要高得多,是研究南北朝时期汉语的宝贵资料,值得作深入的挖掘。”(汪维辉:《〈周氏冥通记〉词汇研究》,见其《汉语词汇史新探》,第 99 页。)

② 邓军:《魏晋南北朝代词研究》,上海人民出版社 2008 年版,第 143 页。

③ 汪维辉:《六世纪汉语词汇的南北差异——以〈周氏冥通记〉与〈齐民要术〉为例》,原载《中国语文》2007 年第 2 期,又收入其著《汉语词汇史新探》,上海人民出版社 2007 年版,第 66 页。

【繖】

《周氏冥通记》卷一："一人捉繖，繖状如毛羽，又似彩帛，斑驳可爱。繖形圆深，柄黑色，极长。"

按：繖，遮阳挡雨的用具。《说文新附》："繖，盖也。"《集韵·缓韵》："繖，亦作傘。"李学勤指出："至少在秦代已经存在'傘'这个写法，并不是晚出的。"[①]王东认为此词最初似为北方方言用语。[②] 中古道经有见。《周氏冥通记》卷一："因风起，吹繖欲倒，仍令左右看繖。赤豆在庭中戏，走来，垂至繖边，左右以手格去。"《洞玄灵宝三洞奉道科戒营始》："凡烧香，火炉并盖，合火七箸，枕火钵灰筛，盛炭器，笼炭丸，罩灰繖，拭炉巾，枕火七箸，架合炭丸器，调度各随宜作，安天尊殿，或左右小屋中。"《女青鬼律》卷二："伞盖鬼，名晏。麾幢鬼，名托。鼓音鬼，名乱。"《洞真太上紫书箓传》："尔时得道大神，号为白玉王母，乘九盖华舆，众真侍卫，云龙翼从，仙童罗前，玉女列后，繖花交左，幡香拥右，儛伎作乐，敬诣道君，稽首修讯。"南北朝《灵宝无量度人上品妙经》卷六："云如旗常者，太一在西也；云如繖盖者，太一在中也。"卷四十四："丹舆绿云，宝伞吹华，神风杳芬，紫宸周行。"卷五十："神香妙衣，无量法具，旌幢繖盖，珮玉缨珠，状如屯云密雨。"

其他中古文献亦有见，《南齐书·魏虏列传》："明日，复戎服登坛祠天，宏又绕三匝，公卿七匝，谓之'绕天'。以绳相交络，纽木枝枨，覆以青缯，形制平圆，下容百人坐，谓之为'繖'，一云'百子帐'也。"[③]《晋书·王雅传》："将拜，遇雨，请以繖入。"宋洪迈《夷坚丁志·许提刑》："吾梦父子持繖行雨中，已而大风起，吹三繖皆半裂飞去。"

【方畐】

《周氏冥通记》卷三："窃恐侧近真踪，或以致谴，故二三因闻耳，追恨不得作方畐通辞。方畐通辞，则亦应方畐酬答也。"

按：方畐，同"方幅"，六朝时南方方言，公然、正当、正式。南朝宋刘义庆《世说新语》中数见，《世说新语·巧艺》："支公以围棋为手谈"刘孝标注引晋裴启《语林》："王以围棋为手谈，故其在哀制中，祥后客来，方幅会戏。"《世说新语·贤媛》："李氏在世，得方幅齿遇。"余嘉锡笺疏："六朝人谓凡事之出于光明显著者为方幅。此言'方幅齿遇'，犹言正当礼遇之也。"《宋书·吴喜传》："且欲防微杜渐，忧在未萌，不欲方幅露其罪恶，明当严诏切之，令自为

---

① 李学勤：《缀古集》第三编《伞》，上海古籍出版社 1998 年版，第 198～200 页。

② 王东、罗明月：《南北朝时期的南北方言词》，《中南大学学报》2006 年第 4 期。

③ 周一良先生曾论及"百子帐"。（参见周一良：《魏晋南北朝史札记》，第 266 页）

其所。"《南史·梁豫章王综传》:"方幅出行,垂帷于舆。每云恶人识其面也。"

蔡镜浩将《冥通记》此例释为"公开,公然"。[①] 周一良曾论及该词意义的引申线索:"综合诸文细绎之,盖由规矩、齐整引申而为正规、正式之意,再转而为公然。"[②]古道经文献中用例极少,另有两例:宋张君房《云笈七签》卷一百七《华阳隐居先生本起录》:"先生四五岁便好书,今犹有六岁时书,已方幅成就。九岁十岁读《礼记》《尚书》《周易》《春秋》杂书等,颇以属文为意。"元赵道一《历世真仙体道通鉴》卷二十四《陶弘景》:"年四五岁便好书,今犹有六岁时书,已方幅成就。"

【差】

《赤松子章历》卷四:"具法位,上言:'谨按文书,今据乡贯某云,今月某日,染疾,进退不差,恐不存生。'"

按:差,病除。《方言》第三:"南楚病愈者谓之差。"戴震《疏证》:"差瘥古通用。"钱绎《笺疏》:"瘥与差通。"明张自烈《正字通·疒部》:"俗作瘥。亦借用差。"朱骏声《说文通训定声》:"瘥,叚借为差。"

魏晋六朝道经屡见。《真诰》卷七:"亦宜有辞诣南岳夫人,乞疾病得愈之意。又宜辞诣保命、定录二君,辞旨当令如南岳夫人。疾者自当告乞于玄师,不尔不差。"《太上洞玄灵宝素灵真符》卷中:"上四符,卒中恶忤,遇鬼刺复,急痛烦滞,但胀欲死。先吞第一符,须臾不差,次吞第二,次吞第三。如某人已死,心下尚温,符不即治,以墨书纸丸,吞之。病人口噤者,摧折齿纳符,亦可以葱叶强者截小头,从鼻孔中纳之至咽,以水送,摇头,令得下,便愈。若不愈,从第一符,更以第二符,服之,取愈乃止。如其不差,更取其次服之。"刘宋陆修静《洞玄灵宝五感文》:"九气入鼻,十气入口,一口吞之。后三日可吹万病,应口自消矣。年年为之,大验年年。初闻雷受之,若卧中闻亦受之。行闻坐闻,各依其法皆得。若急用,但闻雷便受之,亦得小小灵验。不如初雷,年年受之。三年之中,治人病痛便瘥,虫毒自除,大验不假文书。"《太上洞渊神呪经》共45见,如卷三:"鬼王自今以去,不得枉杀万民。若道士经行之处,救疗病人,当助治之,莫令不瘥。若不瘥者,不用吾言,枉杀善人,汝等头破作百二十分矣。"卷六:"世人为疫鬼所扰,危厄困笃,命在须臾。自今以去,若有道士救人之地,大鬼王等,急令病瘥。瘥之者,汝等上迁。不瘥者,汝等死矣。"卷七:"自今以去,各各执持汝等鬼兵,勿令暴虐,当令生人官

---

① 蔡镜浩:《魏晋南北朝词语例释》,江苏古籍出版社1990年版,第102页。

② 周一良:《魏晋南北朝史札记》,第300页。

事了散，疾病轻瘥。轻瘥之日，汝等上迁。若一旦不瘥，汝等万斩，头破作八十六分矣。”又：“若有奉持三洞，化人受之，有病转经，经神救人也，此病可瘥。”卷八：“今一人受道佩三洞者，有人疾病，法师为其疾病者，汝等魔王助道士令瘥矣，汝等上迁。若不瘥者，斩汝等小鬼不恕矣。”中古口语文献多见，晋王羲之《十七帖》：“冀病患差，末秋初冬，必思与诸君一佳集。”

【埭】

《周氏冥通记》卷四：“周暂出都，以此月九日晓出山，就埭宿，十日早发。”

按：埭，堵水的土坝。古时于水浅不利行船处，筑土遏水，两岸树立转轴，遇有船过，以缆系船，用人或畜力挽之而渡。此字《说文》不载，中古始见，《玉篇·土部》：“埭，以土堨水。”《集韵·代韵》：“埭，壅水。”《慧琳音义》卷九十“土埭”注引《考声》云：“埭，截沟为堰字也。”《资治通鉴·宋纪十三》“塘埭决坏”胡三省注：“以土遏水曰埭。”

中古道经此词用例较少。《真诰》卷十一：“大茅中茅间名长阿，东出通延陵句曲阿，西出通句容湖，就以为连石、积金山。马岭相带，状如埭形。其中茅、小茅间名小阿，东西出亦如此，有一小马岭相连。”又：“今此中以去，多荒芜，渐近村埭，并不足复居。昔时言去县小近，往来为易。”卷二十：“黄民长子荣第，一名预之，宋元嘉十二年亡。有女名道育，隆安元年丁酉生，宋孝建元年甲午岁，于剡任埭山亡。”检索发现，魏晋南北朝道经中“埭”字仅见于《周氏冥通记》与《真诰》，这正是陶弘景所操南方话在道书中的遗存。

其他传世文献多见，《宋书·沈攸之传》：“初，攸之贱时，与吴郡孙超之、全景文共乘小船出京都，三人共上引埭。”《晋书·谢安传》：“及至新城，筑埭于城北，后人追思之，名为召伯埭 。”唐宋之问《登北固山》诗：“埭横江曲路，戍入海中山。”唐许嵩《建康实录》卷二《太祖下》：“八月，大赦。使校尉陈勋作屯田，发屯兵三万凿句容中道，至云阳西城，以通吴、会船舰，号破岗渎，上下一十四埭，通会市，作邸阁。仍于方山南截淮立埭，号曰方山埭，今在县东南七十里。”北宋王溥《唐会要》卷八十七：“巽既为盐铁使，大正其事。其堰埭先隶浙西观察使者，悉归之。”宋委心子《新编分门古今类事·沈攸乘舟》：“（沈攸之）与吴郡孙超之、全景文共乘一小舡出都，三人共上埭岸，有一人止而相之。”

诗人陆游喜用“埭”字。如《西村晚归》：“子响闻棋院，舟横傍钓溪。归送不知处，依约埭东西。”《喜晴》：“南埭东陂从此好，剩将红蕊插乌巾。”《横塘》：“横塘南北埭西东，拄杖飘然乐未穷。”《肩舆至湖桑埭》：“小市丛祠湖上路，短垣高柳埭西村。”《江村》：“林深栖鸟逐更噪，埭近过舟终夜喧。”《露坐》:“过埭船争明旦市,蹋车人废彻宵眠。”

该词仍保存在南方方言中,“埭则是堵水的土坝。因为这些水利工程与当地经济生活关系极大,因此也就自然成了当地许多地名的通名。在比例尺为一百五十万分之一的太湖流域地图上可以找到四十几个这一类的地名,其中以埭为通名的地名有:黄埭、埭溪、钟埭、徐贤埭、胡埭、林埭、郑家埭、新埭”。[①]“今闽南方言谓围海之土堤为埭。闽南地名中有以埭为通名的,例如晋江县有陈埭,惠安县有埭村,龙海县有古埭头、埭隙。”[②]

二、通语词

俞理明认为:“道教在社会上广泛流传,形成了一个有特定文化背景的社会集团,并且进而形成了一个特殊的交际社团,有了自己的用语特色。道典中所保存的道教用语材料,作为一个特殊社会团体的用语,既与一般汉语有所区别,又与一般汉语有密切的联系。它以一般汉语为基础,在相当程度上反映了一般汉语的面貌;同时,又发展出了具有个性的部分,并且反过来影响全民用语,部分道教用语通过与其他语言社团的交际,渗入到全民用语中。”[③]这里所说的“全民用语”,即通语。一种文献的遣词造句纵使千变万化,它也不可能完全超脱于那个时代,中古道经作为一种宗教文献,虽然其语言明显有别于其他传世文献,但其中大多数还是全民用语的成分。道教文献语言的主体,与全民语言是一致的。

【赊促】

《真诰》卷十三:“依《剑经》,主者大有品秩迁转年限,赊促悬殊,此等数之目,异于品名,反以多为贵,如此阶秩矣。”

按:赊促,远近,缓急,长短。《宋书·礼志二》:“今临轩拜授,则人君之大典,今古既异,赊促不同。”《南齐书·乐志》:“近世王韶之、颜延之并四韵乃转,得赊促之中。”唐吴兢《贞观政要·封建》:“然命历有赊促之殊,邦家有治乱之异。”

赊,亦作“賖”,本指买物延期交款。《周礼·地官·泉府》:“凡赊者,祭祀无过旬日。”孙诒让《正义》:“赊者,先贯物而后偿直。”引申为距离远。晋葛洪《抱朴子内篇·至理》:“岂能弃交修赊,抑遗嗜好,割目下之近欲,修难

---

① 参见周振鹤、游汝杰:《方言与中国文化》,上海人民出版社 1986 年版,第 159 页。

② 王东:《南北朝时期南北词语差异研究刍议》,《长江学术》2008 年第 3 期。

③ 俞理明、周作明:《论道教典籍语料在汉语词汇历史研究中的价值》,《绵阳师范学院学报》2005 年第 4 期。

成之远功哉!”唐吕岩《七言》诗:“常忧白日光阴促,每恨青天道路赊。”亦有迟缓、缓慢义,南朝梁王僧孺《鼓瑟曲有所思》:“光阴复何极,望促反成赊。”唐元稹《遣春》诗之五:“梅芳勿自早,菊秀勿自赊。”

中古道经例如《周氏冥通记》卷三:“夫以涵有两仪,照临日月,山泽通气,除阳离会,莫不皆须匹偶,共相映协。自高真以下,咸同斯义。既已久表昔记,于今差非嫌惑。但长幼贵贱,年月赊促,各有终运,不必可均耳。”晋郭象《南华真经注疏》卷十九:“《疏》夫年之夭寿,时之赊促,出乎天理,盖不由人。”隋唐《洞玄灵宝八仙王教诫经》:“神力无比,回天转地,制御阴阳,赊促运度,驱役千灵,感动祥瑞。”初唐《元始洞真慈善孝子报恩成道经》:“孝心高远,神力无比,回天转地,制御阴阳。赊促运度,驱役千灵,感动祥瑞,无翼而飞。”唐孙思邈《孙真人备急千金要方》卷五十四:“看色深浅,斟酌赊促,远不出一年,促不延时月。”《云笈七签》卷一百四:“或上朝玉京,校一切行业善恶报应宿命之期;或论天地日月星辰运度赊促之分;或游宴诸天,参校神仙图箓,品位部御之方,或论童真始仙威仪俯仰之格。”

【除落】

《上清大洞真经》卷五:“太一上元,五神安城,七转洞经三徊真符,摄鬼命灵,五岳真人,奉符执经,除落死籍,刻金金阁书生,大帝有教,营卫紫房,九真备守。”

按:除落,除掉,取消。《续资治通鉴·宋哲宗元祐元年》:“庚戌,诏:‘英州编管人郑侠特放自便,仍除落罪名,尚书吏部先咨注旧官,与合入差遣。’”“除”“落”同义连文。

《赤松子章历》卷五:“又请太白中阵明星君,官将百二十人等,一合下,并解某家七世已下,前升后化亡人、星宿官将复连,收十二刑祸,迟留逆杀,除落死名,止杀灭殃。”《真诰》卷二:“昨与叔申诣清虚宫,校为仙真得失之事耳。近顿除落四十七人,都复上三人耳。并复视尔辈之名简,如今佳耳。许某乃得在伯札中。”又作“落除”。《真诰》卷二:“昨见清虚宫正落除此辈人名,而方又被考罚,以度付三官,推之可不慎乎。”《赤松子章历》卷三:“上请万福君、运气君、解厄君、南上司命君、太白明星君、拘魂制魄君、财库君、禄库君、定命玉历君各五人,官将百二十人,为弟子某落除死簿,注上生名。”《周氏冥通记》卷二:“寻此则仙简鬼簿各各有名,仙简虽有而鬼簿不除,犹为未定。是故得上仙名,[函](亟)有落除。或仙鬼两名俱正,便无复黜斥還民间;或充鬼役,若是则周生今日之化,永保品矣。”卷三:“昨东华集诸司命及土地神灵典司之徒,检课简录。见天下民人为善者,五十分无一;而况于神仙,万万之不过两三耳,其中功夫已成而复落除者亦不少,吾将忧仙籍无复人也。兼运度已逼，灾世益难。见东华上簿紫录，内格中有上上真录者五人，已落二人补地解，无复进补者。”

【嚣秽】

《高上太霄琅书琼文帝章经》：“结携九岭真，偶景以成双。何为坐嚣秽，婆娑待命穷。”

按：嚣秽，喧闹污秽。傅尃《钓诗》：“遁世屏嚣秽，抗怀慕《诗》《书》。”

《真诰》卷一：“尔乃见华季之世，生造乱真，共作巧末，趣径下书，皆流尸浊文、淫僻之字，舍本效假，是嚣秽死迹耳。”卷十：“道士结头理发，及饮食施，履屐枕褥，勿令非道士者见其理发，干其饮食，动其履屐，用其枕褥。彼俗尸魄形中之鬼来侵我神也。所以道士栖山林而幽身者，皆欲远兹嚣秽，绝放人间之业，是恐外物凡百犯其性命也，秘之。”《太上洞玄灵宝赤书玉诀妙经》：“自叨窃以来，尊仰上真，心希神仙，而精诚浅簿，未能感灵。常恐罪身沉顿嚣秽，沦没九泉。天慈广大，展某效心，守诚信向，长斋思神，念善修生，志度无穷，而精诚浅狭，未能自宣。”《上清三真旨要玉诀》：“楚市乞人，是南岳真人赤松子矣，分形布影，假适尘浊，游眺嚣秽，招延冥会也。”《上清诸真章奏》：“羽旗横灵津，紫軿飞华翘。控辔九天外，俯仰自寥寥。尘诛结嚣秽，神丧炁亦凋。奚不寻远御，八千乃一朝。”《洞真太上素灵洞元大有妙经》：“夫后生之徒，自非玉虚之胤，结自然而生者，皆孕于混炁，染系于嚣秽也。”

【别室】

《太上洞玄灵宝业报因缘经》卷五：“年甫六岁，便长斋奉戒，别室诵经，不交人事。”

按：别室，正室以外的房间。《后汉书·明帝纪》：“遗诏无起寝庙，藏主于光烈皇后更衣别室。”《新五代史·杂传·刘守光》：“跃马而擒之，又囚之于别室。”

中古道经常见。《真诰》卷一：“六月二十四日夜，南岳夫人见授令书此。先是二十二日夕，有在别室，共论讲道。紫微、南岳二夫人声气語音殊下，不解其趣。今故授书此，以答所共讲者之疑心也。”《太真玉帝四极明科经》卷一：“凡受上清、灵宝经，当写一通，以为凡下供养宝经，别室安床，床高五尺五寸，以法天地之数，广四尺，长四尺九寸，以应四时之号。”又：“凡受上清、灵宝经，皆当告斋，别室烧香，不交人事，净染纸笔，东向起经。”《高上太霄琅书琼文帝章经》：“若刻书琼文于枣心之上，不得悬印章向于四方，以玉函盛之于别室，正向于上，朝夕烧香礼拜九天之王也。”《太上洞玄灵宝赤书玉诀妙经》：“当以梧木函，绛纹作衣，衣函以请策文，着别室。烧香左右，精心供养,受以佩身。"《太上大道玉清经》卷一:"书写之法,应别室安经,常当烧香于案上,一日之中一过,盥五香水荡洗身手,大小便利,易衣出入,常当斋洁。"《洞真太上八素真经修习功业妙诀》:"初学之俦,奉经治写别室几案,晨夜香灯供养存神,朝夕礼拜所受。"《洞真太上太霄琅书》卷一:"若刻书琼文于枣心之上,不得悬印章向于四方,以玉函盛之于别室,正向于上,朝夕烧香礼拜九天之王也。"卷三:"凡受上清,当别室安高座,高四尺四寸,广五尺,请太上之经,明灯烧香,朝夕礼愿,常为供养。"卷六:"方中之要,唯在守静,屏废外事,清净易衣,闲居别室,勿入斋堂。"

【帽】

《冥通记》卷四:"其人形中人,面左边有紫志,著黄绢帽,多髯,而前齿缺是也。"

按:"帽"是中古时期的新生单音词。① "帽"的本义是婴儿或少数民族的头巾。《说文·冂部》:"冃,小儿、蛮夷头衣也。"清朱骏声《说文通训定声》:"今字作帽。"引申为帽子,古代特指布帛制的圆形软帽。《玉台新咏·古乐府〈日出东南隅行〉》:"少年见罗敷,脱帽着帩头。"《晋书·舆服志》:"帽名犹冠也,义取于蒙覆其首,其本纚也。古者冠无帻,冠下有纚,以缯为之。后世施帻于冠,因复裁纚为帽,自乘舆宴居下至庶人无爵者皆服之。"

中古道教文献中亦有记载。例如《传授经戒仪注诀》:"非唯衣服,爰及屋宇,床席帏帐、屐履被氈褥,食器书疏,触物堪施则施人,不堪则净。巾帽服饰,袴衫裙襦,行縢臂衣,事事各二。"《老君音诵戒经》:"老君曰:道官、箓生、男女民,烧香求愿法:入靖东向恳,三上香讫,八拜,便脱巾帽,九叩头,三搏颊。"《陆先生道门科略》:"顷来才受小治,或箓生之法窃滥帔褐,已自大谬,乃复帽褶对裙,帔褐着袴,此之乱杂,何可称论。"

【亟】

《登真隐诀》卷下:"人家中亟有游魂,客死强鬼为诸精祟,致不吉昌者。"

按:亟,总是、屡次、一再。《左传·成公十六年》:"吾先君之亟战也,有故。"杜预注:"亟,数也。"《汉书·刑法志》:"师旅亟动,百姓罢敝。"颜师古注:"亟,屡也。"唐韩愈《科斗书后记》:"愈亟不获让,嗣为铭文。"

中古道经其他用例,如《登真隐诀》卷中:"其说有人心不正者,亟为邪事所动,所以真人令向日观之,既见有偏,故授此法,大体与日光入心理同,今无论正与不正,常行此,自为佳术也。"卷下:"人家亟有父母兄弟夫妇亡后,

---

① 参见王云路:《中古汉语词汇史》,第 491、518 页。

还注复生人,值其身有刑害,便为祸病,乃致死者,当请治之。”又:“人有至心苦行者,崇学仙道,而六天灵鬼亟来犯人,或遇疾病,或致牢狱,或渐使贫顿,每令触恶者,故宜急遏制之。”《赤松子章历》卷五:“然情念异同,不必遵旧,所以多致尤恨,亟为祸责。今若不济彼苦津,离此怨路,则终成深害,咎祟方臻。”

【当风】

《真诰》卷七:“学道者常不能慎事,尚自致百痾,归咎于神灵。当风卧湿,反责他于失覆。皆痴人也,安可以告玄妙哉?”

按:当风,正对着风。晋葛洪《抱朴子内篇·道意》:“当风卧湿,而谢罪于灵祇;饮食失节,而委祸于鬼魅。”唐陆龟蒙《春思》诗之二:“江南酒熟清明天,高高绿旆当风悬。”

中古道经其他用例如《太上洞玄灵宝赤书玉诀妙经》:“安五门毕,当四面安障,勿令当风,使火光气乱,每令火气密,勿广照,使灵气散也。”《太上灵宝五符序》卷下:“香令有五种,杂和之。若于庭坛施祭,当四面安障,勿令当风,当风灵气乱。设微火,火以蜡密盖火气上,勿令广照,广照灵气散矣。”《赤松子章历》卷三:“比旬日已来,寒暑不节,胜理失所,或当风外冷,致招此疾,或五刑三灾谪罚。但以愚塞,不知将何省理。”

【仓卒】

《真诰》卷十七:“羲白:‘传未得书上王生,所以尔者,欲以见东卿。东卿近来仓卒不得启此,须后至乃呈,尊处已别有一本,不审可留此处本否?羲又欲更有所上,所上者毕,乃顿以奉还也。’”

按:仓卒,亦作“仓猝”,匆忙急迫。《汉书·王嘉传》:“今诸大夫有材能者甚少,宜豫畜养可成就者……临事仓卒迺求,非所以明朝廷也。”汉王充《论衡·逢遇》:“仓猝之业,须臾之名。”

中古道经例如华阳隐居《补阙肘后百一方·序》:“案病虽千种,大略只有三条而已,一则腑脏经络因邪生疾;二则四肢九窍内外交媾;三则假为他物横来伤害。此三条者,今各以类,而分别之,贵图仓卒之时,披寻简易故也。”又:“或宿直禁闱,晨宵隔绝。或羁束戎阵,城栅严阻,忽遇疾仓卒,唯拱手相看。曷若探之囊笥,则可庸竖成医,故备论证候,使晓然不滞,一披条领,无使过差也。”《葛仙翁肘后方备急方》卷三《治服散卒发动困笃方第二十二》:“凡服五石护命、更生及钟乳寒食之散,失将和节度,皆致发动其病,无所不为。若发起仓卒,不以渐而至者,皆是散势也,宜及时救解之。”梁陶弘景《华阳陶隐居集》卷上《梁武帝答隐居书》:“复当点画波撇论,极诸家之致,此亦非可仓卒运于毫纸,且保拙守中也。”

【进补】

《周氏冥通记》卷三:“见东华上簿紫录,内格中有上上真录者五人,已落二人补地解,无复进补者。”

按:进补,填补空缺。《大词典》失收此义项。南朝齐顾欢《道迹灵仙记》:“其二等地下主者,便径得行仙阶,给仙人,四十年进补管禁位。”《真诰》卷十六:“夫有至贞至廉之才者,既终,受书为三官清鬼,二百八十年乃得为地下主者,从此以渐,得进补仙官,以二百八十年为一阶耳。”南朝《正一法文法箓部仪》:“谨按文书,臣以人微,忝佩太一尊任搜授贤能,应补仙品者有牒,男女官某乙等,禀炁清淳,好道乐生,今奉受五炁,阴阳治身,炼炁积年,材堪进补,上三天真一太一极品。”《灵宝无量度人上品妙经》卷十七:“说经六遍,化周八极,普度十方。说经七遍,冥曹罢对,进补真仙。”《太上济度章赦》卷下《玉清大赦开度黄录用》:“应冥史阴曹有功高德重者,与陞仙职,以次进补阳官。”前蜀杜光庭《道门科范大全》卷八:“伏愿解除世网,进补仙阶。”

【师母】

《真诰》卷一:“君慎勿泄我,泄我则彼此获罪。访问此人,云是九嶷山中得道女罗郁也。宿命时曾为师母毒杀乳妇。玄州以先罪未灭,故令谪降于臭浊,以偿其过。”

按:师母,对女性教师或师傅妻子的敬称。《大词典》例证为明汤显祖《牡丹亭·闺塾》:“敢问师母尊年。”嫌晚。

中古道经多见。《周氏冥通记》卷二:“已蒙神降,岂敢自有疑,但欲时呈师母耳,不敢以告悠悠者。”《太上黄庭内景玉经》:“道父道母对相望,师父师母丹玄乡。”南朝《正一法文太上外箓仪·五种女人受要箓》:“凡女挺命,不愿适人,启告父母,出家学道,或别立靖舍,或投师门。男师独立,不得受女弟子;师若妇,即号师母。女弟子来,得依师母,无师母者,别凭女师,女师出家,志业和念,从师受箓,辞信依科,贫无信物,师代出之。”《洞真太上太霄琅书》卷六:“上学受科,必缘明师,视之如亲资,尊师如父。上圣真仙,皆号师为师父,女师称师母,师之师即祖师,师祖师师即曾师。”《正一法文十箓召仪》:“甲午卫上卿师母妞乃丑切,长九寸,赤色神明君,姓嬴名嵩字始丘,从官十八人,治在肾绛宫,太初乡,苞元里。”

第五节　道教语词和普通语词

道教文献作为一种宗教文献，其中必然包括所必需的行业用语（或曰专门用语、专用词语、社会方言），同时还有不少普通语词。任何行业用语都不可能离开其全民语言的根基，它总是在不断吸收着自己需要的语言成分，同时又不断将自己的语言成分渗透到全民共同语中。赵振铎有云："大多数专门用语来自当时的全民语言，有时赋予它们以新的涵义，有时利用全民语言的材料组成新词，它的语法规则仍与全民语言一致。"[①]具体到道教文献语言，"（道教）它的用语在反映当时用语面貌的同时，也有自己的创造，形成了一批道教特有的词汇。从词汇史的角度看，这些用语也是汉语历史词汇的组成部分，它反映了历史上的某个社会方言的词汇面貌"。[②] 魏晋南北朝道教文献的词汇，从性质上可分为道教语词和普通语词两类。

一、道教语词

道教创造了很多富有自身特色的语词。叶贵良以敦煌道经为对象进行了详细分析，"从敦煌道经来看，道教的特色语词可分为十五类：一、有关天堂仙境的语词；二、有关天神地祇的语词；三、有关宫观楼台的语词；四、有关符箓图谶的语词；五、有关法术咒祝的语词；六、有关斋戒仪式的语词；七、有关法器服饰的语词；八、有关长生仙化的语词；九、有关体位身神的语词；十、有关福佑祸害的语词；十一、有关服食炼养的语词；十二、有关受授告盟的语词；十三、有关经书简牍的语词；十四、有关道派法位的语词；十五、有关道教史地的语词"[③]。不仅如此，叶著还指出了道教特色语词的研究方法："语言是社会性的，因此，研究道教语言必须结合社会发展的历史来进行。只有把词汇与社会生活的各个方面联系起来加以考察，辩证地注意到词汇的继承和发展，考其源，溯其流，探索语词的得义缘由，对研究汉语词汇史是大有裨益的，也只有这样才能对道教词汇系统有比较清楚和全面的认识。道教还

① 赵振铎：《论先秦两汉汉语》，《古汉语研究》1994 年第 3 期。

② 周作明：《东晋南朝上清经中的几个道教用词》，载四川大学汉语史研究所编：《汉语史研究集刊》第 6 辑，巴蜀书社 2003 年版，第 419 页。

③ 叶贵良：《敦煌道经写本与词汇研究》，巴蜀书社 2007 年版，第 673 页。

与民俗关系密切，通过研究道教语言可以窥见我国各地民风民俗的历史渊源。”①

本书所谈的“道教语词”是指与道教教义或道教文化有直接或间接关系的词语，即使有的词语在全民语言中也有出现，只要它们被用来表示“道教意义”（可以是道教教义，也可以是关于道教文化），可以直接相关，少数也可间接相关，那么我们就称其为“道教语词”。道教语词的来源，主要有三个方面，一是吸收全民共同语成分，二是沿袭已有的道教语词，三是创造新词。

魏晋南北朝道教文献中的道教语词产生时间不同，其发展历程也不同，有的词语自古至今形式和意义没有发生变化，仍作为道教术语在使用；有的道教词语在发展过程中渐渐失去了作为道教词语的性质；有的在发展过程中虽仍作为道教词语在使用，但有或多或少的变化；有的道教词语在发展过程中渐渐被后代新产生的道教词语替代而消失了，这些都是道教词语自身的发展变化。道教词语在全民共同语的基础上产生，反过来又对全民共同语产生影响，有些词语进入全民共同语范围，对全民共同语起到丰富和发展的作用。

下面来看几个例子：

【三魂】【七魄】【三魂七魄】

《太上三洞神咒》卷八《醒魂呪》：“清清灵灵，壬癸朝真。三魂归体，七魄安宁。台光灵幽，精速附童体。急急如律令。”

《真诰》卷十：“凡存神光行真仙之事者，又不得以衣服借人，亦不服非己之物。诸是巾褐履屐之具，皆使鲜盛。三魂七魄或棲其中，亦为五神之炁，忌湾沾故也。”

按：三魂，道教谓人有三魂。《无上秘要》卷五《身神品》：“三魂：第一胎光，第二爽灵，第三幽精。”卷八十八《易形品》：“太一神仙生五藏，填六胃，养九窍，和九关，炼三魂，曜二童，保一身，长生万岁，四填丸方。”《上清握中诀》卷下《苏君传行事诀》：“天尊三帝，守其命门，出游云中，六气玄分，养我五神，正我三魂，五藏自生，长生飞仙。”《太上洞玄灵宝真文要解上经》：“失道从死津，三魂迷生道。生生日已远，死死日已早。悲哉苦痛容，根华已颠倒。起就零落座，焉知返枯老。”南北朝末《上清道宝经》卷一：“五神开心，三魂摄精。”《洞真太一帝君丹隐书洞真玄经》：“天玄地黄，三魂在堂，天黄地玄，三魂在人，不黄不玄，帝君记年，不玄不黄，太一不忘，使我安形，万寿无疆。”南北朝或隋唐《上清修身要事经》：“存心有赤气如鸡子从内仰上，出于目中，从

① 叶贵良：《敦煌道经写本与词汇研究》，第785页。

目中出外，赤气转大覆身，下流身体，上至头项，变而成火，因以烧身，使匝一身，令内外洞彻，有如燃炭之状，都毕，其时当觉体中小热，乃大叩齿三通毕，存呼三魂名：爽灵、胎光、幽精，三魂急住。因微祝曰：'太微玄宫，中黄始青，内炼三魂，胎光安宁，神宝玉室，与我俱生，不得妄动，监者太灵，若欲飞行，唯得诣太极上清，若欲饥渴，唯得饮回泉玉精。'”

七魄，道教谓人有七魄，各有名目。《无上秘要》卷五《身神品》：“七魄：第一尸狗，第二伏矢，第三雀阴，第四吞贼，第五蜚毒，第六除秽，第七臭肺。”《上清太上元始耀光金虎凤文章宝经》：“人有三魂，利人之存，人有七魄，害人之命，七魄朝在人左目下，暮在鼻人中下。学道者欲卧，先以右手爪按左目下及人中，各三七过，甚佳，此制七魄之道也。”《上清太上帝君九真中经》卷下《太一胎精菖蒲圆散方》：“菊华三两，捣为散，留魂神，制七魄，益眼光，养脑气，是曰肠家之治。”《上清三真旨要玉诀》：“七魄澡炼，不动不倾，长与三魂，隐伏帝庭，保和三元，通真达灵，万凶消灭，我得长生，遂为真人，上升天庭。右太一制七魄法，常行之，三魂保守，七魄长安，无复死时，常行之，勿使人见。”《上清道宝经》卷一：“道不贵，当贵有能。龙变七魄之阴，名身中之渴鬼。”

三魂七魄，道教对魂魄的总称，谓人的魂有三，魄有七。晋葛洪《抱朴子内篇·地真》：“欲得通神，当金水分形，形分则自见其身中之三魂七魄。”《正一法文经章官品》卷一《录魂长生》：“玉女素历千二百人，衣赤衣，主致长生承差，具录某身三魂七魄，不得远离某，主长生疾病差除。”《赤松子章历》卷二：“五帝校定生人处所、受禄分野、降注三万六千神气。其日可谢罪、求延年益寿、安定百神、移易名位、回改贫乏、沐浴、祭杞先亡、大醮天官，令人所求从愿，求道必获。此日不得聚会饮乐。可清净经行山林有坛庭之处，行道有念，三魂七魄，不得经营俗事，逢腊日即是。”卷三：“或犯五盟七咒之罪，伏请太元兵士百万众，又请黿倒君兵士十万人，一合下，为某放遣三魂七魄，不得留执，还魂制魄，平和神气，分解身中千邪万鬼，永不干乱，一切邪神咒诅，悉乞消荡。”《无上秘要》卷二十七《上清神符品》：“太一制三魂七魄宝命符，常以本命之月、本命之日、本命之时朱书白纸，北向服之。若不知生月日时者，唯取知一耳，亦可以戊午日日中时服之。”

亦可省称“三七”，但用例很少。晋葛洪《抱朴子内篇·地真》：“故审威德所以保社稷，割嗜欲所以固血气，然后真一存焉，三七守焉，百害却焉，年命延矣。”

【种民】

《元始五老赤书玉篇真文天书经》卷中：“小阳九已，小百六午，其年大灾驱除，以此文固天气，安国存种民，度阳九百六之会。青书白缯。”

按：“种民”是道教的一个重要概念。陈寅恪在《崔浩与寇谦之》一文中有详细的讨论。他说：“其以种民为言者，盖含有种姓之义”。其结论又说：“然则种民之义，实可兼赅道德之善恶及阶级之高下而言……不过，粗浅言之，种民应该是可以长生不死，可以长传人种，或长作人种的代表，所以称为‘种民’”[①]。小林正美认为：“在道教的终末论中，把从此世终末劫灾逃脱，生存到太平之世，成为金阙后圣帝君人民者称为种民、种人或种生，把成为圣君臣下者称为种臣。”[②]葛兆光指出：“道教认为，有一些道教信仰者，经过大劫难之后，仍然生存下来，这些人叫做‘种民’，在《老君变化经》、《正一天师告赵升口诀》、《大道家戒令》中都有。”[③]

魏晋南北朝道经中多见。《真诰》卷十二：“定录官寮有左右理中监，准今长史司马职。又有北河司命，主水官考，此职常领九宫禁保侯，禁保侯职主领应为种民者。今洞官自二君以下，便次此三职为大矣。”梁陶弘景《登真隐诀》卷下：“先东向云：‘甲贪生乐活，愿从诸君丈人，乞丐长存久视，延年益寿，得为种民，与天地相守。当使甲家灾祸消灭，百病自愈，神明附身，心开意悟。’”《女青鬼律》卷六：“中央黄炁鬼主姓史，名文业。领万鬼，行恶疮痈肿之病。右五方鬼主，诸欲著名生录为种民者，按此文书，随病呼之，知领鬼姓名，病即差矣。人人各写一通，系身读之，令罹灾害皆消。”《上清黄书过度仪》：“右解中元二十四气，皆言今有甲乙乞丐过度，共奉行道德乞丐阴阳生气共生臣妾身，愿为臣妾解除三官考逮，解脱罗网，彻除死籍，著名长生玉历，过度九厄，得为后世种民都毕。”《洞真太上八素真经修习功业妙诀》：“九者愿除众痛，十苦八难，免度厄世，为太平种民。”《元始五老赤书玉篇真文天文书》卷下：“太玄上宫北帝常以庚申日制天民三尸魂神条人罪状，上奏帝君。当此日能修斋奉戒，昼夜思神，则三尸不得上天言人之罪，地司奏人善功，列言帝君，太一欢喜，即记名左契，长为种民。”《灵宝自然九天生神三宝大有金书》：“洪泉鼓波，万灾厉天。四宫选举，以充种民。”《无上秘要》卷二十六《灵宝符效品》：“朱书白素上以佩身，履太阳九大百六大劫之交，洪灾四会，佩之千毒不加身，过水火之难，得见太平，为圣君种民。”又卷四十九《三皇斋品》：“使某疾患除愈，灾厄度脱，长生度世，得为种民。”《洞玄灵宝丹水飞术运度小劫妙经》：“景光真人论数天地大小劫毕，恐其后无复种民，因造作小劫运度，谓契已可过为真

① 杨联陞：《老君音诵诫经校释》，载氏著《中国语文札记》，中国人民大学出版社 2006 年版，第 49 页。

② [日]小林正美著，李庆译：《六朝道教史研究》，四川人民出版社 2001 年版，第 441 页。

③ 葛兆光：《屈服史及其他：六朝隋唐道教的思想史研究》，三联书店 2003 年版，第 84 页。

者,修学秘之。"《正一法文太上外箓仪·过度散化章》:"泰清仙都玉历,著某生录,削某死籍,当令某长生久视,永为种民。"

唐末道士闾丘方远节录的《太平经钞》[①]中有不少用例,其解说甚详,值得参考。《太平经钞》甲部:"初善后恶,中间兴衰,一成一败。阳九百六,六九乃周,周则大坏。天地混齑,人物糜溃。唯积善者免之,长为种民。种民智识,尚有差降,未同浃一,犹须师君。君圣师明,教化不死,积炼成圣,故号种民。种民,圣贤长生之类也。"又:"以壬辰之年三月六日,显然出世,乘三素景舆,从飞軿万龙。举善者为种民,学者为仙官。设科立典,奖善杜恶,防遏罪根,督进福业之人,不怠而精进,得成神真,与帝合德。懈退陷恶,恶相日籍,充后齑混也。至士高士,智慧明达,了然无疑,勤加精进,存习帝训,忆识大神君之辅相,皆无敢忘。圣君明辅灵官,祐人自得不死,永为种民,升为仙真之官,遂登后圣之位矣。"又:"为恶则促,为善则延,未能精进,不能得道,正可申期,随功多少。是以百六阳九,或先或后,常数大历,准拟浅深。计唐时丁亥后,又四十有六,前后中间甲申之岁,是小甲申,兵病及火,更互为灾,未大水也。小水遍冲,年地稍甚。又五十五丁亥,前后中间,有甲申之年,是大甲申,三灾俱行,又大水荡之也。凡大小甲申之至也,除凶民,度善人,善人为种民,凶民为混齑。"

【刀圭】

《抱朴子内篇·仙药》:"若服玉屑者,宜十日辄一服,雄黄丹砂各一刀圭,散发洗沐,寒水迎风而行,则不发热也。"

按:刀圭,中药的量器名,用来量取药末。一端尖形,中部略凹陷。一刀圭约等于一方寸匕的十分之一。《道藏》中多见,葛洪《抱朴子内篇·金丹》:"服之三刀圭,三尸九虫皆即消坏,百病皆愈也。"王明校释:"刀圭,量药具。武威汉墓出土医药木简中有刀圭之称。"《真诰》卷十:"太极真人遗带散白粉。服一刀圭,当暴心痛如刺。三日欲饮,饮既足一斛,气乃绝。绝即是死也。既敛,失尸所在,但余衣在耳。是为白日解带之仙。"葛洪《葛仙翁肘后方备急方》卷三:"若有肿痺,虚者取白敛二分,附子一分,捣,服半刀圭,每日可三服。"《太上三五正一盟威箓》卷三:"白石英、茯苓、知母,三物分等,治下筛,服刀圭,即见鬼。"《无上秘要》卷八十七《尸解品》:"抱九转而尸臭,吞刀

① 王明(1947)从《钞》甲部经文的文字来源入手细致分析了《太平经钞》甲部窃取《灵书紫文》及《后圣道君列纪》之情形,随后又从金丹、符书、文体、所用名辞四点,证说《钞》甲部不可信为《太平经》之节文;今本《太平经钞》甲部,乃后人伪补,事实上抄自《灵书紫文》等南朝上清经。(王明《论〈太平经钞〉甲部之伪》,原载《国立中央研究院历史语言研究所集刊》1947 年第 18 本。又载氏著《道家和道教思想研究》,中国社会科学出版社 1984 年版,第 201～214 页)

圭而虫流者,司马季主、宁仲君、燕昭王、王子晋是也。"据容志毅研究,中国古代炼丹术中,"刀圭"除特指服食丹药剂量外,也泛指服食的丹药。但一般情况下,刀圭多指丹药剂量。[①]

古字书亦有记载。《说文解字注·手部》:"撮,四圭也。《汉律历志》曰:'量多少者不失圭撮。'孟康曰:'六十四黍为圭。'按,《广韵》圭下云:'孟子曰:"六十四黍为一圭,十圭为一合。"'孟子即孟康。《经典释文序》有孟子注《老子》二卷,或曰孟康也。康字公休。《孙子算经》:'六粟为一圭,十圭为一撮,十撮为一抄,十抄为一勺,十勺为一合。'说与孟异。《本草序例》曰:'凡散药有云刀圭者,十分方寸匕之一,准如梧桐子大也。一撮者,四刀圭也。十撮为一勺,十勺为一合。'此盖医家用四圭为撮之说,可相发明。"《康熙字典·土部》:"又丸散之刀圭,准如梧桐子大,十分方寸匕之一,方寸匕者作匕正方一寸,抄散不落为度。见《本草纲目·序例》。"

关于"刀圭"一词的得名之由,明董谷《碧里杂存》上卷"刀圭"条有云:"按晦翁《感兴诗》:'刀圭一入口,白日生羽翰。'然学者皆不知刀圭之义,但知其为妙药之名耳。嘉靖十四年八月晦日,忽悟'刀圭'二字甚通快,不知古人亦尝评及此否?前在京师,买得古错刀三枚,京师人谓之长钱,云是部中失火,煨烬中所得者。其钱形正似今之剃刀,其上一圈正似圭璧之形中一孔,即贯索之处。盖服食家举刀取药,仅满其上之圭,故谓之刀圭。言其少耳。刀即钱之别名。"明周祈《名义考》"刀圭"条解说尤详:"《本草》云:'刀圭,十分方寸匕之一,药准如梧桐子大。'《释名》:'妇人上服曰袿,其下垂者上广下狭,如刀圭。'夫'刀圭',《本草》以状药之大小;《释名》以见燕尾之广狭。未有明言其义者,盖刀锐处如圭首,故曰'刀圭',犹刀尖也。匕,匙也,方一寸得十分一分,如梧桐子大。衣下垂者,割正幅使一头狭如燕尾。然梧桐子燕尾其大小、广狭才刀尖若耳,故或言梧桐子,或言燕尾,或言刀圭也。"

"刀圭"本义为量取药物的小器具。甘肃武威汉墓出土的汉代医药木简中,已见"刀圭"之名,《武威汉代医简》第 45 号简片:"凡三物,皆并冶,合和,使病者宿毋食,旦饮药一刀圭。"炼丹服食的道士用刀圭量取丹药,从而这个表示器具的名词浸染上浓浓的道教文化色彩,成为道教的习用语。刀圭的语义从此而得以拓展,乃至发生转化。道家用"刀圭"量取丹药已相当普遍,"刀圭"已是道家的常用器具。由于刀圭成为道士量取丹药的专用器具,以"一刀圭"表示单位药量,而有丹药药量义,进而指代丹药本身,具有丹药义。

---

① 参见容志毅:《道藏炼丹要辑研究》(南北朝卷),齐鲁书社 2006 年版,第 215 页。

唐代诗人作品中就多有以“刀圭”指丹药。如元稹《春月》诗：“口中秘丹诀，肘后悬青囊。锡杖虽独振，刀圭期共偿。未知仙近远，已觉神轻翔。”又如李群玉《送房处士闲游》：“采药陶贞白，寻山许远游。刀圭藏妙用，岩洞契冥搜。花月三江水，琴尊一叶舟。羡君随野鹤，专揖稻梁愁。”这些诗中的“刀圭”都不是器具义，也不是指药量，所指的就是道教的丹药。魏晋以降，及至唐代，盛行炼丹服食的风习，士大夫文人多与道士交往，炼丹服食在诗文中多有反映，“刀圭”也就成了这类诗文作品中最常见的文化符号。①

【火枣】【交梨】

《真诰》卷二：“性甚宽仁，而所闻急而应物速者，更违旨耳。火枣事未宜问也。”

《真诰》卷二：“玉醴金浆，交梨火枣，此则腾飞之药，不比于金丹也。”

按：火枣，《汉语大词典》释为：“传说中的仙果，食之能羽化飞行。”

笔者穷尽性地统计了二词在《道藏》《续道藏》中的用法，“交梨”共 72 见，“火枣”共 86 见。“交梨”“火枣”在魏晋六朝道经中使用并不多，《周氏冥通记》卷四：“火枣交梨出《真诰》中，亦竟不知此果是何神奇。”“此果是何神奇”说明“交梨火枣”是“果实、水果”。《无上秘要》卷四《仙果品》：“安期生谓太真夫人曰：‘昔与女郎游于息安西海际，食枣异美，此间枣永不及。’忆此未久，说已三千年矣。神女云：‘吾昔与君共食一枚乃不尽，此小枣那得相比。’右出《仙果道迹经》。右英夫人曰：‘交梨火枣，此即腾飞之药，不比于金丹。’右出《真迹经》。”此处与世间普通的枣进行对比，并说明出自《仙果道迹经》，亦可证明其确为水果。

近代道经继续行用。唐《上清仙府琼林经》：“《真诰》曰：火枣交梨之树在君心中也，今心中犹有荆棘相杂，是以二树不见，不审可剪荆棘出树否，此树单生，其几好也。”此例说明“火枣交梨”生在树上。宋代开始，使用渐多，北宋宁全真《上清灵宝大法》卷五十九《呪食》：“变化法食，皆是云厨甘灵，异品珍肴。果是交梨火枣、丹奈蟠桃之类，品味香美，遍满无边，馁腹皆充，食之无尽。”北宋末南宋初石泰《还源篇》：“火枣元无核，交梨岂有查，终朝元火候，神水灌金花。”南宋初薛道光《还丹复命篇》：“真交梨，真火枣，交梨喫后四肢雅，火枣吞时万劫饱。”可以“喫”“吞”“饱”的当然是水果。南宋金允中《上清灵宝大法》卷三十七《慈悲接引天尊》：“空洞灵瓜，万岁仙桃，金紫交梨，元光素柰，赤灵火枣，飞丹紫榴。食之无尽，周流十方，以用供养。”与“仙桃”“素柰”“紫榴”对文，亦可知其为水果。又同卷：“伏以灵章演奥，品物化

① 参见郭明志：《刀圭与〈西游记〉人物的别名代称》，《求是学刊》1997 年第 2 期。

形。香有返魂之功，花见山林之蕊。果成火枣，饮变太和。”元卫琪《玉清无极总真文昌大洞仙经注》卷九：“酉时，真气传送至肺脏，宴者饮金浆玉液，餐交梨火枣。”元姬志真《云山集》卷七《洛阳栖云观碑》：“琳宇一区，芝田六顷。火枣千株，具瞻万境。”“火枣”可以种植，其量词为“株”。元赵道一《历世真仙体道通鉴》卷八《尹喜》：“次登长离山，越赤津，入太丹宫，南极夫人设琼花玉酒、赤灵火枣。”此处“玉酒”“火枣”对文。元萧廷芝《修真十书金丹大成集》卷十二：“渴饮金浆与玉浆，饥飧交梨并火枣。”交梨并火枣可以充饥。明朱权《天皇至道太清玉册》卷下《供果》：“当用木雕寿桃、交梨、火枣、玄圃梅、昆仑瓜。”“交梨、火枣”与桃、梅、瓜平列。《黄箓斋十天尊仪》：“蟠桃烂熳应千载，火枣芬芳定劫年。”《太上元始天尊说宝月光皇后圣母天尊孔雀明王经》卷下：“果：火枣及交梨，仙果希奇。石榴红杏共鹅栗，王母蟠桃千岁果。奉献真仪。”此例可谓确证，明确指出仙果包括火枣及交梨。以上诸例足以证明，火枣、交梨是可以吃的仙果。

那么为何这种仙果叫作“交梨”“火枣”呢，其得名之由为何？《中华道教大辞典》认为：“梨，外苍内白，春华秋熟，有金木交互相合之义，故称‘交梨’；枣，味甘色赤，为阳，有阳土生物之义，故称‘火枣’。”[①]

“交梨”“火枣”不仅可以表示仙果，还可作为丹道用语。《道教大辞典》认为“交梨火枣”乃“内炼术语。指体内精气神的凝结物，即内丹”[②]。李小荣指出“交梨”一词，在道经中，它一般和“火枣”同时出现，皆是内丹学术语。[③]笔者调查发现，这一用法并不多见，南宋曾慥《道枢》卷六《虚白问篇》：“雄雌者，父母也；夫妇者，男女也；铅汞者，金木也；甲己者，乙庚也；乙庚者，丙辛也；丙辛者，丁壬也；丁壬者，戊癸也；金华秋石者，婴儿姹女也；黄芽白雪者，丹砂也；交梨火枣者，玉醴金浆也。”元陈致虚《太上洞玄灵宝无量度人上品妙经注》卷上：“日魂月魄，庚虎甲龙，水银朱砂，红铅黑锡，黄芽白雪，姹女婴儿，金液流珠，华池神水，交梨火枣，凤髓龟精，此皆药之内名。”南宋《紫团丹经·偃月玄金篇序》：“《太上隐语》始青之下月与日。始青二字，人莫能晓。始者，女胎也；青者，丹主也。金液还丹，姹女真铅。又曰火铅，乃南方正色，真阳之所也。又曰九转丹砂，又曰朱衣仙子，又曰赫赫金丹，又曰交梨火枣。”《中华道教大辞典》对于此词的解说更为具体：“《金丹大要》下列铅汞之异名诸种，其中交梨为汞之异名，火枣为铅之异名。”[④]近年，容志毅又提出了

① 胡孚琛主编：《中华道教大辞典》，中国社会科学出版社1995年版，第1213页。

② 中国道教协会、苏州道教协会：《道教大辞典》，华夏出版社1994年版，第490页。

③ 参见李小荣：《敦煌道教文学研究》，巴蜀书社2009年版，第469页。

④ 胡孚琛主编：《中华道教大辞典》，第1213页。

新解："交梨、火枣，此乃房中术之隐语也。'火枣'指男根龟头，'交梨'指女性乳房，亦指女器。"[①]笔者认为此说缺乏足够证据，还可进一步商榷。

两部道教辞典对于"交梨、火枣"的解说都欠全面。《中华道教大辞典》缺乏其作为仙果义的合适用例，所用书证无法准确传达其具体所指。众所周知，书证的多少及精确度，是衡量一部辞书质量如何的一个重要指标。[②]《道教大辞典》则失收"仙果"义项，当补。

【坛靖】

《无上秘要》卷三十九《授洞玄真文仪品》："香官使者、左右龙虎君、侍香诸灵官，当令坛靖之中，自然生金液、丹碧芝英，众真百灵，交会在此香火案前，愿某受道已后，众神拥卫，早得仙真。"

按：坛靖，道家诵经修道之处。靖，通"静"，指静室。清黄生《义府》卷下："'勿令小儿辈逼坛靖。'注：门是前中隔阁，静屋及坛在阁外。按靖即静，坛与靖，皆道家奉经修事之处。"

《周氏冥通记》卷一："勿令小儿辈逼坛靖，靖中有真经。"《太上洞玄灵宝四方大愿经》："学道之士深处山林，或宫观坛靖，积行修功，辅元赞化，以冀仙道。当发四方大愿，朝夕行之，自然与道合真，万神协助。一饮一食，皆有祝愿。"《太上大道玉清经》卷三："洒扫坛静，出入侍从，执盖御车，晨夕受事。"前蜀杜光庭《墉城集仙录》卷六："君乃许之，即赐灵药服之，躬禀真诀，于是午时从许君升天，今坛井存焉。乡人不敢华缮盖表，吁君母子俭约故也。世号为盱母坛靖焉。"

作为道门中人修道之所的"静室"有多种称呼[③]，诸如"净室""寝静""静寝""静治""靖治""靖庐""静舍"等等。《真诰》卷十八有关于"静室"之形制的详细记载："所谓静室者，一曰茅屋，二曰方溜室，三曰环堵。制屋之法：用四柱三桁二梁，取同种材。屋东西首长一丈九尺，成中一丈二尺，二头各余三尺，后溜余三尺五寸，前南溜余三尺。栋去地九尺六寸，二边桁去地七尺二寸。东南开户，高六尺五寸，广二尺四寸。用材为户扇，务令茂密，无使有隙。南面开牖，名曰通光，长一尺七寸，高一尺五寸，在室中坐令平。眉中有

① 容志毅：《道藏炼丹要辑研究》(南北朝卷)，第 203 页。

② 徐时仪认为："引证的重要性在于它可以让释义具体化，让读者一目了然见到该词在语言应用中的具体意义和用法。"(参见徐时仪：《汉语语文辞书发展史》，上海辞书出版社 2016 年版，第 135 页)《中华道教大辞典》的个别词条在这方面还可加强。

③ 王承文(2016)对此有深入研究，参见《汉晋道经所见"静室"各种名称及其与斋戒制度的关系》，武汉大学中国三至九世纪研究所编：《魏晋南北朝隋唐史资料》第 34 辑，上海古籍出版社 2016 年版，第 1～43 页。

板床，高一尺二寸，长九尺六寸，广六尺五寸，荐席随时寒暑；又随月建，周旋转首。壁墙泥令一尺厚，好摩治之。”

【餛(飢)】

《真诰》卷二：“隐嘿沉闲，正气不亏。术散除疾，是尔所宜。次服餛饭，兼谷勿违，益髓除患，肌肤充肥。然后登山，咏洞讲微。”

按：餛饭即青餛饭或青精饭，又名“乌饭”，本是道家服食之食物，后佛教也用其供佛。[①] 魏晋南北朝道经多见，《真诰》卷十四：“青精亦出彭传及王君传餛饭方中。”《上清道宝经》卷四：“其次玄水云华之浆，五黄郁灵，中精千石餛饭，众青朱英，白车飞节之宝，流马紫木之黄，一服使人长算千纪。”

《无上秘要》多用“餛”字，共5见。卷七十八《地仙药品》：“其次又有玄水云华之浆、五黄郁灵、中精干石、餛[②]饭众青。”卷八十四《得太极道人名品》：“第三西梁子文，授玉清虚青精餛饭云牙者。”中晚唐道士范修然所撰《至言总》卷三：“稻米味甘，令人多热，宜久食。作青精餛饭饱食之，延年长生而不死。”唐诗中亦见。皮日休《江南道中怀茅山广文南阳博士三首》：“半日始斋青餛饭，移时空印白檀香。”皮日休《润卿遗青餛饭，兼之一绝，聊用答谢》：“传得三元餛饭名，大宛闻说有仙卿。”张贲《以青餛饭分送袭美鲁望因成一绝》：“谁屑琼瑶事青餛，旧传名品出华阳。应宜仙子胡麻拌，因送刘郎与阮郎。”[③]唐王悬河《三洞珠囊》卷三：“太极真人青精干石飢饭，上仙灵方也。注云：‘此草有青精之神，而又杂朱青，以为干饭，故谓青干石飢饭也（“飢”音“迅”）。’此则诸宫上仙之灵方，非下法也。豫章西山青米，吴越青龙稻米是也。”

餛，亦作“飢”。《真诰》卷十四：“伯高后从仙人刁道林受服胎炁之法，又常服青飢方。托形醉亡，隐处方台，师定录君也。”又：“青精亦出《彭传》及《王君传》。飢饭方中凤纲，并诸仙人，各有别显。”卷十八：“故服飢不？春草生，此物易寻，想数诣玄水之处逍遥也。”陶弘景《登真隐诀》卷下：“谓此始行二朝以后，便能辟诸灾祸，而人或有用之而不免者，正由推讨之谬，不如此之前所取也，青精飢饭，服之亦使人不病不灾，与此相符类也。”《上清太极真人神仙经》：“服飢饭者，百害不能伤，疾病不能干，去诸思念，绝灭三尸，耳目聪明，行步轻腾，十年之后，青精之神给以使令，坐在立亡，能隐化遁变，招致风

① 参见容志毅：《道藏炼丹要辑研究》（南北朝卷），第200～201页。又，阎艳：《释“青精饭”》（《广播电视大学学报（哲学社会科学版）》2003年第2期）对青精饭的原料、命名、功能进行了全面研究，但对《道藏》中“餛飢”的用法较少涉及。

② 《道藏》本25/231c此字似误，部件“卂”误作“孑”。

③ 唐诗例转引自闫艳：《唐诗食品词语语言与文化之研究》，巴蜀书社2004年版，第65、60、55页。

云。凶年无谷，穷不能得者，单服南烛，和茯苓，或和蜜，南烛杂松柏叶。会日相参，非但须谷也，但当不得名作飢饭。皆宜参以吐纳咽液，以和荣卫，常当如此。飢饭须云芽之用，云芽不须飢饭。"《上清高圣太上大道君洞真金元八景玉箓》："南烛翠飢，沉沙空青，朝探五晨玉渊素浆，亦能反故还新，变老得婴也。"《洞玄灵宝自然九天生神章经解义》卷四《太极真人颂二首》："西梁子乃受飢饭方者，及王总真与安度明，又镐京杜冲，并太极真人。"《上清众真教戒德行经》卷下："次服飢饭，兼谷勿违，益髓除患，肥肤充肌，然后登山，咏洞讲微，寅兽白齿，尔乃见机，遂得不死。"《桓真人升仙记》："陶曰：掌书状，修问答，合汤药，衣绢帛，服青飢饭，饮松醇酒。"

唐王悬河《三洞珠囊》喜用"飢"，共 9 见。如卷三《服食品》："干石飢饭，东青朱英，一服立使人长算千祀，日服日延。"又："太极真人青精干石飢饭，上仙灵方也。注云：此草有青精之神，而又杂朱青，以为干饭，故谓青干石飢饭也。飢音迅。此则诸宫上仙之灵方，非下法也。豫章西山青米、吴越青龙稻米是也。青米理虚而受药气。南烛草木捣取汁，以淹青龙之米，作药服之。其树是木，而似草，故号曰南烛草木也。一名猴药，一名男续，一名后卓，一名惟那木，一名草木之王。生嵩高少室、抱犊鸡头山，名山皆有，非但数处而已。"

《字汇·食部》："饳，餐也。"《永乐大典》卷八五二七："陶隐居《登真诀》有乾石青精饳饭法。饳，音迅，谓食也。"明朱谋炜《骈雅训籑·释草》："《图经》曰：陶隐居《登真隐诀》载太极真人青精干石飢饭法，飢音迅，亦作䬣，凡内外诸书并无此字，惟施于今饭之名耳。其种是木而似草，故号南烛草，木一名男续。按，此作男缕未详。又按，飢当作籸，疏臻切。"明方以智《通雅·食部》："青饳饭，乌饭也。今释家四月八作，或以乌桕，或以枫，一曰青精饭。《纲目》作䭀飯，乃饳讹也。《登真隐诀》䬣饭方始创饳字。"明张自烈《正字通·食部》："饳，思晋切，音迅。乌饭也。一曰青精饭。苏颂曰：'陶隐居《登真隐诀》"青精饳法"，谓以药草蜜溲曝之也。'陈藏器曰：'乌饭法，取南天烛茎叶捣汁，浸粳米，九烝九曝，米粒紧小如珠，囊之可适远方。'李时珍曰：'此道家服食法，今释氏四月八日造以供佛。入柿叶杨桐叶助色。'详《本草纲目》。《通雅》曰：沈存中云：本草南烛草乃木也，名南天烛，今人植庭侧，叶似楝，秋实，赤如丹。智按，此俗所谓天竹也，即乌饭树。今更有乌饭草，又作青精者，或以枫叶乌桕染之，岭南或以榕枝。南烛一名维那木，一名猴菽。诸说旧注'餐也'，泛引《登真诀》'饳饭'，非。"《字汇补·食部》："䭀，心晋切，音信。本青精乾石䭀饭法，即今乌草。真人有饭也，亦作迅。今或作饳，非。"

除以上详细解说的道教语词之外，魏晋南北朝道教文献中还有租米、天租米、故炁、分挺、骨挺、赆(诡)、赆信[①]、赆请、诡谢、诡誓、酬诡、伏连、上章、光怪、耗害、效信、黑籍、死籍、生籍、命籍、录籍、簿录、凶吹、宅杀、丘丞、男官、女官、神父、天马、灵池、地户、城郭、鬼井、基谪、臣妾、紫微、小有天、小天、洞天、冢讼、墓注、蹑空、金汋、金母、木公、式规、拂童、丹白、男生、尸浊、六丁、考注、注鬼、三尸、福地、托形、托死、三元八会等专业词语，限于篇幅，兹不赘述。

二、普通语词

道教文化是中国传统文化的重要支柱之一，道教文献卷帙浩繁，内容驳杂。道教文献的内容除了传经布道、摄生保养、修道成仙等，更有不少有关日常生活的记述，诸如衣食住行、生老病死、疾病治疗、婚丧嫁娶、消灾祈福、日常饮食、服饰文化等等。道教文献用语除了部分道教专用术语外，更多的则是普通词语。下面拟从姓名称谓、衣着服饰两个大的方面举例说明。

姓名是民族文化的重要组成部分，作为一个社会性的人，姓名无疑具有重要的交际作用。姓名是研究一个民族的社会意识、宗教信仰、文化习俗、心理状态等的重要资料。方一新指出："称谓是社会生活、文化习俗的一个缩影。每一个时代，都有一批相对固定的称谓词，这些称谓词既有承接前代而来的，又有新产生的，往往映射出社会文化的特点和影响，值得注意。"[②]姓名称谓的研究，近年来成果喜人，诸如吉常宏主编《汉语称谓大词典》(河北教育出版社 2001 年版)、王琪《上古汉语称谓研究》(中华书局 2008 年版)、马丽《三国志称谓词研究》(中国社会科学出版社 2010 年版)等。魏晋南北朝道教文献中也有不少值得注意的姓名称谓资料。

【小名】

《周氏冥通记》卷二："其群从兄弟，皆以子字为名。子良是其本父乍生便名此，无别小名也。字元和者，是癸巳年十七，于华阳东岭冠，师为作此字，烧香启告以受之。"

按：小名，即乳名，幼时起的非正式的名字。晋干宝《搜神记》卷十五："唐叔偕女，小名父喻，容色俱美。"《魏书·崔浩传》："浩小名桃简，颐小名周儿。"

---

① 赆(诡)是道教文化中的一个重要概念，学道者在祈请或接受道法或经文时，须向神仙或经视奉送信物，以表诚心，这些信物即称"赆"，这个词还组成了一系列复音词。(参见叶贵良：《敦煌道经写本与词汇研究》，第 752～753 页；周作明：《东晋南朝道典中的"赆"》，《怀化学院学报》2009 年第 3 期)

② 方一新：《中古近代汉语词汇学》，第 588 页。

《真诰》一书中关于小名的记载尤多。如卷二："凤巢高木，素衣衫然；此八字是作长史小名'穆'字也。"又："琼刃应数，此'琼刃'字即是掾小名玉斧也，与外传青录义同，故云'应数'。精心高栖，隐嘿沉闲，正气不亏。"又："裴亦何人哉！郗即愔也，小名方回。《裴真人本末》即是《清灵传》也。有谢过及七经之士，故令视之。"卷八："陆纳兄名始，并有德行。祖名英，仕昊，丹阳郡太守。苟子当是人小名，不详是谁。纳为尚书令，太元二十年亡。"卷十三："赍是权同堂兄，有子四人，各名邻、安、熙、疏，而无奚。或是小名。又无奚或为王者也。"卷十四："王附子是王厶之小名。……鼠子恐是鲍靓小名。"卷十八："功曹，掾庶长兄小名撰者也。"卷二十："有云'许犹子'，似是撰小名也。"

小名常包含"小""阿""儿""娘""郎""子"等字。明王楙《野客丛书》卷一八："《世说》云：'谢太傅语真长，阿龄于此事故欲太厉。'注：阿龄，王胡之小字。仆谓胡之本字修龄，呼阿龄者，即其字耳，非小字也。犹桓公呼殷源为阿源，王处仲呼王平子为阿平之类也。'阿'之一字，顾所施用：有缀以姓者，有缀以名者，有缀以字者，有缀以第行者。缀以姓如阿阮，缀以名如阿戎，缀以字如阿平，缀以第行如阿大。讵可因其称阿，遂以为小字乎？"道经例如《真诰》卷七："许贱者，戴石子之女也，为仇家薛世等所杀，又世杀贱抱小儿阿宁。"

小名亦可称"少名"。《真诰》卷二十："中男名联，字符晖，少名虎牙，正生，敦厚信向。"少名即小名，《大词典》失收该词。

还可称"私名"。《真诰》卷十九："福和应是李夫人私名也，于时犹在卑贱。"此例有异文可互证，《真诰》卷八："福和似是李夫人贱时小名也。今《晋书》名俊容。"两相对比可知"私名"即小名。再如《太上洞玄灵宝智慧定志通微经》："法解夫妻，与二男为居，大者胤祖，年十一，小者次胤，私名阿奴，始涉八岁。"《大词典》失收此义。

小名，亦称"小字"，是儿时所起的非正式的名字，俗称"乳名""奶名"。古代婴儿出生三月后由父亲取名。近代道经中多见，唐末五代《太上说玄天大圣真武本传神咒妙经》卷三："当生之时，瑞云覆国，异香芬然，土地皆变金玉，瑞应之祥，兹不尽载。立小字曰安于，生而神灵，举措隐显，年及七岁，经典一览，悉皆默会。"无名氏《太上老君说常清静经注》："寡人爱女，小字淫芳，愿丝萝于卿，纳聘在于今日。"宋张君房《云笈七签》卷一百三《翊圣保德真君传》："吏部尚书宋白，乾德中家于盩厔。有弟显，小字曰岐哥。年十余岁，为狐魅所惑，号呼无度。"卷一百一十九《尹言念阴符经验》："家有巨业，儿女皆存，记其小字年几，一一明了。"宋陈葆光《三洞群仙录》卷十四："贵妃小字玉环，马嵬时高力士以罗巾缢之。"元赵道一《历世真仙体道通鉴》卷三十一《徐厂玄》："大夫曰：某有一女，小字金英，每怜惜之，颇自羞赧。"元刘大彬《茅山志》卷十《上清品》："字道翔，小字玉斧，清颖莹洁，特绝世伦。生晋成康七年辛丑岁正月。"元末明初《玄天上帝启圣箓》卷四《舍身求雨》："寿州安丰县王文庆，有一女子，小字招弟，从十三岁不喫腥鱼活物，好亲道德。"卷五《王氏怀鬼》："至四更尽，就彼呼女子小字，年月日时，连替代金纸，烧与前生冤魂，其胎不过月日，自然消散。"

"汉以后，人尤其是名人小名渐渐见于文献。到魏晋南北朝一时大量增多，这引起了文化人的注意，于是唐宋就有学者从事搜集，并辑成专书。唐陆龟蒙辑有《小名录》，宋成中郎辑熙殿国史实录院秘书省搜访陈思纂次有《小字录》。陈书《小字录》收入《四部丛刊・三编・子部》，内转载陆辑《小名录》若干则。"[①]从晋朝以来，小名非常盛行。关于古人的小名小字，学界研究并不多，周一良《魏晋南北朝史札记》曾论及"萧衍以及东晋南北朝人小字"[②]。

综合诸家之研究，魏晋六朝时的小字有以下几种情况：(1)与道教、释家有关的意义。如吴坦之，小字道助；王桢之，小字思道；王祎之，小字僧恩；王珣，小字法护；王忱，小字佛大；王珉，小字僧弥，等等。(2)与少数民族有关。谢朗，小字胡儿；谢胡，小字胡儿。陶范，小字胡奴。(3)与美好品性或事物有关。趋利避害，祛恶扬善，是人们起名时的共同心理，故以"小字"的形式寄托美好愿望。如：王爽，小字睹(睹，观察、了解)；王蔡，小字阿宁；许询，小字讷("讷于言而敏于行")；王处之，小字阿智；谢混，小字益寿；谢玄，小字遏(《诗经・大雅・民老》有"式遏寇虐")等。(4)与具有某种特点的动物有关。袁宏，小字虎，虎为百兽之王；王导，小字阿龙，龙有神灵之性；谢据，小字虎子；王恬，小字螭虎；袁乔，小字羊。螭是传说中的一种龙，或说是似虎而有麟的猛兽。在民间，羊象征着吉祥如意。(5)一般意义甚至贬义的词。如：谢琰，小字末婢；郗恢，小字阿乞；桓玄，小字石头。

魏晋南北朝儒、释、道三教鼎立，这一社会现象，在小名中有鲜明的反映。具体到道教文化，用道教字词取小名的有：梁武帝萧衍小名练儿、晋李嵩小字长生、宋刘凝之小字长生、王胡之小字修龄、庾羲小字道思、庾和小字道季、王桢之小字思道、宋徐湛之小字仙童、谢灵运小名客儿等等。[③]

小字也是一个时代社会心理的折射，上述资料客观地反映出魏晋时期的社会意识和心理状态。古人的小字反映了一些最基本的心理：贱名好养

① 石云孙：《魏晋南北朝人小名》，《淮南师范学院学报》2003 年第 1 期。

② 周一良：《魏晋南北朝史札记》，第 267～268 页。

③ 石云孙：《魏晋南北朝人小名》，《淮南师范学院学报》2003 年第 1 期。

心理、趋吉辟邪心理、对子女的怜爱心理、浓厚的重男轻女心理等。[①] 具体地说，以贬义和意义极为普通的词命小字，同样表现了家长的良苦用心，意为此子命贱，不值得鬼神夺其寿数，希望他平安长大成人，今人尚有此风俗。以“胡”为小字意义大约与此相似，胡人乱华，因此非常憎恨胡人；以动物名为小名，则希望具有此种动物的优点；以表示某种品质、性情的词来命小名，表现了家长的殷殷期盼；以与释、道两家意义有关的词命小名，更是当时儒学式微、玄风炽盛、老庄哲学受到推崇和喜爱这一社会现实的直接反映。[②]

【大名】

《真诰》卷二：“企望人飞，若感若成。威不内接，娇女远屏。三四纵横，以入帝庭。历纪建号，得为太龄。亦必秀映，四司元卿。翻然纵羽，遂登上清。此离合掾大名，名翻字也。”

按：大名，人的正名，与字、小名相对。《真诰》卷二：“长史大名谧，字思玄，今此直云玄，其意未允。”《洞真太上八素真经精耀三景妙诀》：“凡尊三景，称三景弟子。已度三人，委付师友，已后传授，得称三景法师、先生、真人。随师所命，朋友所荐，乃得称之。未经表奏，不得妄称。妄称大名，苟贪尊号，考重罚深，三宥不赦。”此例似乎指“尊崇的名号”，再如《逸周书·谥法》：“是以大行受大名，细行受细名。行出于己，名生于人。”朱右曾校释：“名谓号谥。”《史记·陈涉世家》：“且壮士不死则已，死即举大名耳，王侯将相宁有种乎！”司马贞索隐：“大名谓大名称也。”

【前妻】

《真诰》卷二十：“阙第三子名休，字文烈，优游道素，高尚其气，州辟别驾，不就。前妻晋陵华氏，后妻同县葛氏，侍中葛相女，同葬墓次。”

按：前妻，再婚男子的以前的妻子。汉刘向《列女传·齐义继母传》：“长者，前妻之子也。”《晋书·贾充传》：“初，充前妻李氏淑美有才行，生二女褒裕。”

道教文献中有见，《真诰》卷十四：“霍显者，光禄小妻。[胡](明)友妻，是光禄前妻[女]，如依此(妻)，便非虚矣。”《太上感应篇》卷二十二：“度支员外郎王渎再娶高氏，前妻子经大不孝，奉养殊阙。渎死数年，经有二子，皆已成立，相继暴卒。”卷二十六：“昔杨大同随其兄之官。在官舍，遇一妇人，抱一女孩，遂与之合，自此即枯瘠如豺。一夕，复遇其妇人，告以实曰：‘我乃尔

① 焦杰：《论唐人小字与姓名文化》，《中国典籍与文化》2004 年第 2 期。

② 刘汉生：《谈魏晋时期的避讳、称呼和小字》，《天中学刊》2005 年第 1 期。

三生前妻也，此女即尔女也。尔为商于池州，顾恋不归，我贫困无以自给，遂投井死。'"宋张君房《云笈七签》卷一百二十一《马敬宣为妻修黄箓道场验》："子霞曰：'解冤释结，除宿报之灾，唯黄箓道场，可以忏拔冤魂生天，疾病自损，过此不知也。'遂于景龙观，修黄箓斋七日七夜。谢梦前妻及亡女曰：'以功德故，舍汝大冤，天符下临，不得久住，今则受福，于天堂去矣。'足疾遂愈。"又："敬宣问其所见之事，曰：'汝前妻诉我，为火箸之事，冥司罚我生受烂足之报，今乃双足痛苦，不可堪忍。'敬宣遂看之，足已烂矣，脓血横流，痛楚极甚。"

【后妻】

《真诰》卷二十："前妻晋陵华氏，名转，御[吏](史)中丞华琦妹也。后妻应氏名来子，竟陵太守应彦徽女，同葬县北大墓也。"

按：后妻，继娶的妻子。《史记·五帝本纪》："瞽叟爱后妻子，常欲杀舜，舜避逃。"三国魏曹植《令禽恶鸟论》："昔尹甫用后妻之谗，而杀孝子百奇。"

道经用例如唐李淳风《金锁流珠引》卷十三《五行六纪所生引》："角先有二妻。前妻九子，各自取姓。具前注。后妻亦九子，而不别分，总姓角。"唐末五代《太上说玄天大圣真武本传神咒妙经》卷四："一夕梦后妻前夫尚书员外郎李庶，到起家再拜求谒。"《太上感应篇》卷二十六："建安有张兴者，妻死再娶。前妻之子为后妻所虐，兴不能制。一日，忽见前妻入门，责后妻曰：'人谁不死，谁无子母之情，尔奚为虐我所生？我已诉于阴府，与我十日限，使自告汝。汝若不改，定当杀汝夫妇。'后妻大惧，自此不复敢虐。"又："张开娶孔氏，生五子，无何遽卒，再娶李氏。李氏悍妬，虐遇五子。五子哭于孔氏冢前，孔氏忽自冢出，哭抚其子。既而，取其子帛巾，题诗其上，以赠张曰：'不忿成故人，泣涕每盈巾。死生今已隔，相见永无因。合裹残妆粉，留将与后人。黄泉无用处，浪作冢中尘。有意怜男女，无情亦任君。欲知肠断处，明月照孤坟。'五子得诗，以呈其父。父以诉于连帅，连帅缴奏于朝，李氏特配岭南。然则为后妻者，当知是乎？偏憎偏爱，是可用乎？"宋张君房《云笈七签》卷一百二十一《马敬宣为妻修黄箓道场验》："马敬宣者，怀州武陟人也。开元六年春，授司农寺丞，移家入京。妻亡，有二男一女，亦皆幼小。后妻姓谢，前室儿女多被抑挫，衣食不足，鞭楚异常，敬宣皆不得知。"

道教是一个对衣着服饰有严格要求的宗教，在道教戒律中，对各种服饰的穿着乃至放置都有详细而明确的规定。比如，唐张万福编录的《三洞法服科戒文》有法服科戒四十六条规定："第一，不冠法服，不得登坛入静，礼愿启请，悔过求恩。第二，不冠法服，不得逼近经戒，讲说念诵，看读敷扬。第三，不冠法服，不得持奉斋戒，受人礼拜，饮食供养。……第三十三，法服不得假借他人。第三十四，法服不得随宜抛掷。第三十五，法服不得安卧床上。第三十六，法服不得坐卧其上。第三十七，法服不得以脚踏洗及槌拍。第三十八，法服破坏，当须火净。”

孙齐博士研究发现，汉魏时代的五斗米道服饰模仿汉代官服，没有体现出与世俗相区别的特质。5 世纪初，在南方地区新兴的古灵宝经中，最先出现了与世俗服饰有别的“法服”理念，并创制出黄色的巾褐式法服。灵宝法服不仅启发了上清法服的产生，也很快为南方的天师道教团所采纳，并在北朝后期传入北方。南北朝末期，随着道教法次制度的出现，来自旧天师道、灵宝经、上清经等不同经教传统中的诸种法服，被整合为一个统一的体系，出现了等级化的法服系统，奠定了唐代道教法服制度的基础。中古道教法服制度的成立过程，不仅是服饰史上的问题，更是中古道教转型的一个侧面。[①] 魏晋南北朝道教文献中有不少服饰类词语，构成了一个成员众多的词群，试看以下数例。

【帔】

《周氏冥通记》卷二：“六月六日夜，见一人来，仪服甚整，著丹衣青帔芙蓉冠，冠上又有小平盖，盖青色，紫缘边，背上佩三青色铃，年可二十余。”

按：帔，古代妇女披在肩上的衣饰。《释名·释衣服》：“帔，披也，披之肩背，不及下也。”南朝梁简文帝《倡妇怨情十二韵》：“散诞披红帔，生情新约黄。”《周书·异域传·波斯国》：“妇女服大衫，披大帔。”

魏晋南北朝道教文献多见。如《上清明堂元真经诀》：“头著紫华芙蓉，巾绛地锦帔、朱丹飞裙、绿素带。”《上清琼宫灵飞六甲箓》：“玉女白帔红销服，红裙，执浅红符。”《上清大洞真经》卷一：“身著九色羽衣，披龙文之帔，头建玉晨之冠。”《上清河图内玄经》卷下：“右帝君九星宫中隐妃九阴名字，若咒说之时，但祝位号名字耳，勿道著衣帔及头以下也。”

根据道教服饰的制作及用途，可以分为两大类。一类是法服，用于坛场醮仪；一类是常服，是道士日常穿戴的。[②] 道士法服的基本形制为：上著褐，下著裙（裳），外罩帔。这实际上是沿袭古代上衣下裳之制。平时戴巾、帻，作法事时戴冠，而巾冠之名称、式样则有多种。南朝梁《洞玄灵宝三洞奉道科戒营始》卷五《法服图仪》还将各阶道士之不同着装绘制成图，并逐一作了解释：“正一法师，玄冠、黄裙、绛褐、绛帔二十四条；高玄法师，玄冠、黄裙、黄褐、黄帔二十八条；洞神法师，玄冠、黄裙、青褐、黄帔三十二条；洞玄法师，芙

① 参见孙齐：《中古道教法服制度的成立》，《文史》2016 年第 4 期。

② 王卡主编：《道教三百题》，上海古籍出版社 2000 年版，第 401 页。

蓉冠、黄褐、黄裙、紫帔三十二条；洞真法师，元始冠、青裙、紫褐、紫帔青裹，表二十四条，里十五条；大洞法师，元始冠、黄裙、紫褐，如上清法，五色云霞帔；三洞讲法师，元始冠、黄褐、绛裙、九色离罗帔。"《洞玄灵宝三洞奉道科戒营始》卷三又云："道士、女冠，皆有冠、帻，名有多种，形制各殊，…… 并用谷皮笋箨或乌纱纯漆，依其本制，皆不得鹿皮及珠玉采饰。"《无上秘要》卷四十三《上清道士法服品》："凡修上清道经大洞真经三十九章，入室之日，当身冠法服，作鹿皮之巾，葛巾亦可；当披鹿皮之帔，无有紫青可用，当以紫为衣，青为裹。帔令广四尺九寸，以应四时之数；长五尺五寸，以法天地之炁。表裹一法，表当令二十四缝，裹令一十五条，内外三十九条，以应三十九帝真之位，便应冠带帝皇之服故也。无有此服，不得妄动宝经。"

"冠""帔"作为道教服饰中的两大重要组成部分，后来，"冠帔"连言可泛指道士的服装。唐谷神子《博异志·张竭忠》："（竭忠）于太子陵东石穴中格杀数虎。或金简玉箓泊冠帔，或人之发骨甚多，斯皆所谓每年得仙道士也。"进一步发展凝合，又可用来借指道士。五代王定保《唐摭言·四凶》："磻叟衣冠子弟，不愿在冠帔，颇思理一邑以自效耳。"

【单衣】

《真诰》卷十七："丁玮宁年可三十四五许。并著好单衣，垂帻履版，惟庆安著空顶帻。"

《周氏冥通记》卷一："科戒云：'上床脱履，令正背床。'盖为如此。凡道士应恒著眠衣服，状如小单衣，法亦不得露髻寝也。"

按：单衣，本为单层无里子的衣服。《管子·山国轨》："春缣衣，夏单衣。"引申又指古代官吏的服装。或为朝服。《晋书·简文帝纪》："奉迎帝于会稽邸，于朝堂变服，著平巾帻、单衣。"《资治通鉴·晋简文帝咸安元年》引此文，胡三省注："单衣，江左诸人所以见尊者之服，所谓巾褠也。"周一良《魏晋南北朝史札记》中讲了四种单衣，"古代单衣似有四种：一为单夹衣之单衣，二为士大夫之便服，三为吊服，四为官吏服装之一种"[1]。惜未言及作为道教早期法服的"单衣"。

道士的服饰，古无定制。"按照通常的说法，道教服饰由陆修静开始定为准式。"[2]后来逐渐增修，至南北朝末，基本形成了一套完整的服饰制度。单衣是道士们较早的法服，后来法服改为巾褐裙帔。据南朝宋陆修静《陆先生道门科略》记载："道家法服，犹世朝服，公侯士庶，各有品秩，五等之制，以

① 周一良：《魏晋南北朝史札记》，第236页。

② 王卡主编：《道教三百题》，第402页。

别贵贱。故《孝经》云：非先王之法服不敢服。旧法服单衣袷帻，箓生袴褶，所以受治之信。男赍单衣墨帻，女则绀衣。此之明文，足以定疑。巾褐及帔，出自上道。礼拜著褐，诵经著帔。三洞之轨范，岂小道之所预？顷来才受小治，或箓生之法窃滥帔褐，已自大谬，乃复帽褶对裙，帔褐著袴，此之乱杂，何可称论。夫巾褐裙帔，制作长短，条缝多少，各有准式，故谓之法服，皆有威神侍卫。"《洞真太上太霄琅书》卷四《法服诀第八》："帽者焘也，覆焘身首，如云雾也。或象山林，或法日月，方圆大小，随位著形。龙衣华服，明德所堪，单衣通著，本是深衣，衣此深衣，学以正心，心得深理，终入宗源。后世易从，除其下斋，单亦可行，故予单衣，公服之裹，仍名中单。褐者遏也，遏恶扬善。帔者披也，披道化物。裙者归也，万福所归。一名曰裳，裳者常也，虑迷失道，常存得常。"

【金环】

《真诰》卷一："紫微王夫人见降，又与一神女俱来。神女着云锦裫，上丹下青，文彩光鲜。腰中有绿绣带，带系十余小铃。铃青色、黄色，更相参差。左带玉佩，佩亦如世间佩，但几小耳。衣服儵儵有光，照朗室内，如日中映视云母形也。云发鬒此应是'鬒'字。鬒，黑发貌也。鬒，整顿绝伦。作髻乃在顶中，又垂余发至腰许。指着金环，白珠约臂。视之，年可十三四许。"

按：金环，亦作"金镮"，戒指，指环。道教文献中还有"指环"，宋张君房《云笈七签》卷九十七《萼绿华赠羊权诗三首（并序）》："赠权诗一篇，并火浣布手巾一条，金玉条脱各一枚。条脱似指环而大，异常精好。"

指环，亦作"指镮"。以金属或宝石制成的小环，约于指上，作为饰物或信物。今称"戒指"。《隋诗》卷七丁六娘《十索四首》："从郎索指环。"《梁诗》卷二十九《幽州马客吟歌辞》"还我十指环。"[①]唐王氏妇《与李章武赠答诗》："捻指环，相思见环重相忆。"宋朱彧《萍洲可谈》卷二："其人手指皆带宝石，嵌以金锡，视其贫富，谓之指环子。"宋高承《事物纪原·衣裘带服·指环》："《春秋繁露》曰：纣刑鬼侯之女，取其指环。《五经要义》曰：古者后妃群妾，御于君所，当御者以银环进之，娠则以金环退之。进者著右手，退者著左手。今有指环，此之遗事也。本三代之制。"

戒指古已有之，据现存文献记载，它有"手记""约指""驱环""代指""指环"等诸多异名。其中"指环"使用频率最高，使用时间最长。后汉繁钦《定情诗》："若臂环致拳拳，指环致殷勤，耳珠致区区，香囊致扣扣，跳脱致契阔，

① 王绍峰《初唐佛典词汇研究》（安徽教育出版社2004年版）第212～216页对"指环"有详细考证，这两处诗歌中的用例即转引自该书。

佩玉结恩情。”《乐府诗集·横吹曲辞五·幽州马客吟歌辞》:“辞谢床上女,还我十指环。”《宋书·夷蛮传》:“奉献金刚指环、摩勒金环诸宝物、赤白鹦鹉各一头。”《南齐书·蛮东南夷传》:“无牢狱,有讼者,则以金指环若鸡子投沸汤中,令探之。又烧锁令赤,著手上捧行七步,有罪者手皆燋烂,无罪者不伤。”《晋书·大宛国传》:“其俗娶妇先以金同心指环为娉。”《南史·阿罗单国传》:“元嘉七年,遣使献金刚指环、赤鹦鹉鸟。”《北史·献文六王列传》:“初发梁,睹其爱姝玉儿,以金指环与别,树常著之。寄以还梁,表必还之意。”

【条脱】

《真诰》卷一:“赠㊕‘此’一字本是‘权’字,后人黵作‘此’字诗一篇,并致火浣布手巾一枚,金玉条脱各一枚。条脱乃太而异,精好。”

按:条脱,古代臂饰。呈螺旋形,上下两头左右可活动,以便紧松。一副两个。唐李商隐《李夫人歌》:“蛮丝系条脱,妍眼和香屑。”宋吴曾《能改斋漫录·辨误》:“文宗问宰臣:‘条脱是何物?’宰臣未对,上曰:‘《真诰》言,安妃有金条脱为臂饰,即金钏也。’”明陈继儒《枕谭·条脱》:“条脱,臂饰也。”

《正字通·金部》:“钏,穿绢切,音串。《说文》:‘臂镮也。’古谓之挑脱,金条旋转数帀,浮贯臂间,古男女同用,今惟女饰用之。别作玔。”明方以智《通雅》卷三十四《器用(杂用诸器)》:“条脱或作跳脱、条达。”明朱谋《骈雅训纂》卷三下《释服食》:“跳脱,今之腕钏,盖臂饰也,一作条脱,亦作挑脱。”《中国衣冠服饰大辞典》:“‘条脱’为外来语,汉名称‘钏’。”①

古道经例如宋张君房《云笈七签》卷一百五《清灵真人裴君传》:“丹书其文曰:‘某郡县乡里某,欲得长生,登仙度世,飞行上清。真人至神,五岳群灵,三官九府,乞除罪名。’书奏毕,以青丝系金环一双,合以缠奏,再拜北向,置奏石上,因以火烧成灰,乃藏环于密石间而去,勿反顾。无环可用,条脱一双以代环,古人名为纵容珠子也。”元刘大彬《茅山志》卷二十八引陆龟蒙《和袭美江南道中怀茅山广文南阳博士三首次韵》:“春临柳谷鸳先觉,暖动芜香鹤共闻。珍重双双玉条脱,尽凭三岛寄羊君。”

又作“跳脱”。汉繁钦《定情诗》:“何以致契阔,绕腕双跳脱。”南朝梁简文帝《和湘东王名士悦倾城》:“衫轻见跳脱,珠概杂青虫。”明顾起元《客座赘语·女饰》:“饰于臂曰手镯。镯,钲也。《周礼·鼓人》:“以金镯节鼓,形如小钟,而今相沿用于此,即古之所谓钏,又曰臂钗,曰臂环,曰条脱,曰条达,曰跳脱者是也。”周锡保研究认为:“手腕上带以金、玉的手镯,梁代皇太子

① 参见周汛、高春明编著:《中国衣冠服饰大辞典》,上海辞书出版社 1996 年版,第 424 页。

《和湘东王名士悦倾城》:'衫轻见跳脱'。跳脱即是臂钏。"[①]《中国衣冠服饰大辞典》云:"臂钏,亦作'钏臂'。条脱别名。"[②]丁福保《佛学大辞典》:"镮者指之饰,钏者臂之饰,是西国之俗风,菩萨之像有之。《涅槃经》四十曰:'在额上者名之为鬘,在颈下者名之为缨,在臂上者名之为钏,在指上者名之为镮。'"[③]臂钏似乎是从西域传来的,具有浓郁的少数民族风情,大约在汉代,受西域文化的影响,佩戴臂钏之风开始出现。

【约臂】

《真诰》卷一:"紫微王夫人见降,又与一神女俱来。神女着云锦褐,上丹下青,文彩光鲜。腰中有绿绣带,带系十余小铃。铃青色、黄色,更相参差。左带玉佩,佩亦如世间佩,但几小耳。衣服儵儵有光,照朗室内,如日中映视云母形也。云发鬃此应是'鬒'字。鬒,黑发貌也。鬓,整顿绝伦。作髻乃在顶中,又垂余发至腰许。指着金环,白珠约臂。视之,年可十三四许。"

按:约臂,戴在手臂上的环形装饰品。清郑珍《说文新附考》卷六:"《玉篇》:'钏,充绢切。钗,钏也。'《广韵·线韵》:'钏,镮钏。'引《续汉书》曰:'孙程十九人立顺帝,各赐金钏指镮。'尺绢切。《太平御览》七百十八卷及高氏《事物纪原》引《通俗文》曰:'环臂谓之钏。'按古约臂亦名环。《文选·曹子建诗》:'皓腕约金环'李注:'环,钏也。'《玉台新咏·繁钦诗》:'绾臂双金环',是也。"

文献用例如宋范成大《戏题赵从善两画轴三首》:"搔头珠重步微摇,约臂金寒束未牢。"宋陈允平《浣溪沙》:"约臂金圆隐绛缯,枕痕斜印曲花藤。"宋张炎《蝶恋花·赋艾花》:"约臂犹余朱索在,梢头添挂朱符袋。"清吴炽昌《客窗闲话初集·冯皮匠》:"予虽在窘乡,此尚易办,脱腕上金约臂与之。"《汉语大词典》始见例举宋张枢《风入松》词:"记伴仙曾倚娇柔,重叠黄金约臂,玲珑碧玉搔头。"书证过晚。

"约臂",亦称"臂镮"[④],这是根据饰物的形状命名的。从传世的各种图像上,还可以看到圆环约臂的人物形象。如敦煌莫高窟壁画所绘乐伎盘腿而坐,作吹奏状,在其臂上也戴有环形饰物。从图像上看,臂环的环身还饰有并列的圆珠,或即为"金粟装臂环"之类的饰物。与此相似的装饰情况,还反映在佛像上,考古发掘也有发现。臂环与手镯形制相类,惟口径大小不

---

① 周锡保:《中国古代服饰史》,中国戏剧出版社1984年版,第157页。

② 周汛、高春明编著:《中国衣冠服饰大辞典》,上海辞书出版社1996年版,第423页。

③ 丁福保编:《佛学大辞典》,上海书店出版社2015年版,第2934页。

④ 周汛、高春明编著:《中国衣冠服饰大辞典》第425页"臂环"条曰:"臂环,亦作'环臂'。又称'臂镯'。妇女约臂之镯。以金玉为之,做成环状,戴时套于上臂,左右各一。多用于嫔妃、舞女。"

一，戴在上臂的臂环略大，戴在腕部的手镯略小，因两者造型基本一致，故常见有被混称的现象。宋明时还将臂环称之为“臂镯”，即出于这一原因。

除了臂环之外，古代妇女的臂饰还有臂钏。臂钏的来历，也和手镯有关。古代手镯既可戴在一个手上，也可两手皆戴；一个手上既可佩戴一只，也可佩戴数只；从手腕一直戴到上臂。云南江川李家山古墓中，墓主的两臂各套着五六只手镯，手镯的样式完全一致，惟口径有所差异，由小至大，并列成圆筒状。吉林榆树大坡老河深古墓出土了9个手镯合为一体的臂饰。受这种装饰风气的影响，一种新型的臂饰应运而生，那就是将几个手镯合并制作在一起，形成一件饰物，这种饰物就叫“臂钏”。

其实，“条脱”“条达”“跳脱”“臂钏”“绕臂”“缠臂金”为同物异名，是一种我国古代女性的缠绕于臂的装饰。大约在魏晋时期，出现了臂钏之名。到了唐代，一般人已弄不清跳脱为何物，但其名与臂钏并存很久。唐以后的诗文就常见有“跳脱”之名。唐代以后，还有将臂钏称之为“金缠臂”或“缠臂金”者。臂钏的佩戴部位，最初多在手臂，即手腕以上部位，与专门佩戴在腕部的手镯是有所区别的。早期文献在叙及这种饰物时，往往强调一个“臂”字，即出于这个原因。大约在隋唐年间，跳脱的佩带位置逐渐下降，最后落实到手腕部位，遂变成一件腕饰。唐文宗向臣僚解释：昔日跳脱，“即今之腕钏”。白居易《盐商妇》：“皓腕肥来银钏窄”。可见，唐时钏已戴在腕部，宋、元、明诸代的跳脱，也以戴在腕部为主。

“条脱”的具体形制，两千年间变化不大。多用金银带条盘绕成螺旋圈状，所盘圈数多少不等，一般三至八圈，也有多到十二三圈的。缠臂金的奥妙在于戴上之后无论从什么角度看，所见都为数道圆环，而相互不关联，宛如佩戴着几个手镯般美丽。制作臂钏的材料，以金银为主，也有铜铁制作的。考究者两端另用金银丝编制成环套，以便调节松紧，安徽安庆棋盘山元墓出土的银质跳脱，即属于这种类型。金银条的断面，有扁平形和半圆形之别。跳脱的表面，还有花、素之分。现存的臂钏实物，以河北怀来北辛堡战国墓所出年代为早，整件器物以0.15厘米粗的金丝盘绕成三圈，形如弹簧。[①]

【火浣布】

《真诰》卷一：“赠㊉‘此’一字本是‘权’字，后人黵作‘此’字诗一篇，并致火澣布手巾一枚，金玉条脱各一枚。条脱乃太而异，精好。”

按：火浣布，亦作“火澣布”，即石棉布。《五岳真形图序论·笙八》：“又

① 以上资料参考《传统饰品通览——臂钏》，详见 http://blog.sina.com.cn/s/blog_4dfc4f690100pqgy.html。

有炎林山，山中有夜光兽，大如鼠，毛长三四寸，或赤或白。山可二百里许。晦夜望见山林及此兽，光照如燃火状。取其兽毛，续以为布，名曰火澣布。衣服此布，垢污以灰水浣之，终不除，唯以火烧之两食许，出振其垢，更白洁如雪。”

中古文献多有记载。如：《三国志・魏书・三少帝纪》：“二月，西域重译献火浣布，诏大将军、太尉临试以示百寮。”《后汉书・西域传・大秦国》：“作黄金涂、火浣布……凡外国诸珍异皆出焉。”《后汉书・西南夷传》：“又其賨幏火毳、驯禽封兽之赋，軨积于内府。”李贤注：“火毳即火浣布也。”晋干宝《搜神记》卷十三：“山上有鸟兽草木，皆生育滋长于炎火之中，故有火澣布。非此山草木之皮枲，则其鸟兽之毛也。”《列子・汤问》：“火浣之布，浣之必投于火。”张华《博物志》卷二：“西域献火浣布，昆吾氏献切玉刀。火浣布污则烧之则洁，刀切玉如脂。布，汉世有献者，刀则未闻。”晋王嘉《拾遗记》卷十：“（燕昭）王坐通云之台，亦曰通霞台，以龙膏为灯，光耀百里，烟色丹紫，国人望之，咸言瑞光，世人遥拜之。灯以火浣布为缠。”托名东方朔《十洲记》：“（炎洲）又有火林山，山中有火光兽，大如鼠，毛长三四寸，或赤或白。山可三百许里，晦夜即见此山林，乃是此兽光火照人，状如火光相似。取其兽毛，以缉为布，名曰火浣布，此是也。国人衣服垢污，以灰汁浣之，终无洁净。唯火烧此衣服，布盘饭间，振摆，其垢自落，洁白如雪。”陶潜《搜神后记》卷三：“其母取巾烧之，乃是火浣布。”

道教学者容志毅研究指出，“火浣布”所用材料虽各说不同，但基本肯定是一种耐火布，一般情况下遇火不燃，颇类今之消防员所着消防服之布料。[①]黄景春作了进一步阐释：“从汉魏文献载录来看，进献火浣布的主要地区是西域（经陆路或海上），地处南方的西南夷也偶尔有之。正史对火浣布的描述都比较客观，不带神秘色彩。但是后来一些学者在为史书做注释时，却多有对火浣布的神秘化解释。如李贤注《后汉书》时引用《神异经》中的说法，说火浣布是由火鼠毛织成；裴松之在为《三国志》作注时，引用了《异物志》中的说法，说火浣布乃是用生于火中奇树的树皮绩织而成。这些富有想象力的说法，体现文人方士试图把火浣布纳入到我国神秘文化观念中加以解释和接受的倾向。”“道士们在叙说火浣布相关传说的时候，努力阐释火浣布所包含的神仙信息，认为它不仅是来自仙家的神奇事物，也是神仙实有和神仙降临的直接证据。附加在火浣布之上的神秘观念得到更多的丰富和

① 参见容志毅：《道藏炼丹要辑研究》（南北朝卷），第196页。

充实。”[①]

除这些较为集中的词群，魏晋南北朝道教文献中的普通词语还有很多，限于篇幅，不再赘举。

通过以上分析，我们尝试描写了魏晋南北朝道教文献词汇系统的概貌，从中可以归纳出魏晋南北朝道教文献词汇的几个特点：

1. 风格典雅，语言华美，注重藻饰

葛兆光对道教文献的语言曾有如此论述：“十年来，读《道藏》，有两个印象很突出，一个印象是觉得道教语言很古奥，一个印象是觉得道教语言很华丽。‘古奥’是指道教经典的语言有很浓厚的复古意味，从《太平经》时代起，道教就一直有意在创造一种古拙的语言形式和神秘的词汇系统。……从语言形式上，是越来越古奥深涩，他们很爱模仿先秦典诰和汉代辞赋的句式，让人看上去似乎来历很早……从辞汇上来说，道教很多术语都有‘隐语’……这些隐语常常很华丽也很难猜。……‘华丽’是说道教经典的语言一方面追求古奥艰涩之外，一方面又追求流彩溢金，有如金碧辉煌的道观建筑和五彩缤纷的道教仪式。……常常用‘金’‘玉’‘紫’‘绛’‘烟’‘霞’一类辞汇意象来渲染与烘托意境，使道教经典的语言风格十分华丽铺张，在这一点上它又显然借用了汉代辞赋的技巧。”[②]应该说，葛先生这两点概括非常准确，指出了道教文献语言的两个突出特点。

魏晋南北朝道教文献总体语言风格尚属典雅庄重的文言作品，文言词、书面语仍占据主导地位，不少道经的语言古奥繁复，有拟古倾向，喜欢选用古代经典中的词语，以此来提高其经书的地位，更显神圣庄严，权威不可冒犯。

魏晋南北朝道教文献的语言华美绮丽，深受当时骈俪文风之影响，讲究雕辞琢句，讲求对偶，喜用典故，堆砌词藻。[③] 喜欢用美称，许多词具有美化色彩。魏晋南北朝道教文献用词色彩浓艳，富丽典雅，具有较强的文学色彩。

2. 方俗语词成分在逐渐增多

魏晋南北朝道教文献总体语言风格虽属比较典雅的文言作品，但仍然有相当数量的方俗语词充斥其中，口语词的数量明显呈现出逐渐增多的趋势。

当前的中古近代汉语研究，大家基本上都把主要精力放在口语性较强

---

① 黄景春、樊文星：《中国古代对火浣布之理解与认知考略》，见《生命、知识与文明：上海市社会科学界第七届学术年会文集(2009 年度)》，上海人民出版社 2009 年版，第 325～329 页。

② 葛兆光：《道教与唐代诗歌语言》，《清华大学学报(哲学社会科学版)》1995 年第 4 期。

③ 朱越利指出：“全用骈体写成的经较少见，经文中杂用骈体的稍多一些。如《抱朴子内篇》杂用了不少骈文，很优美。”(朱越利：《道经总论》，辽宁教育出版社 1991 年版，第 47 页)

的其他作品上，而对于口语性不强却饱含相当价值的语言现象的道教典籍多视而不见。其实，有一些道经的语言是相当口语化的，如《洞真太上太霄琅书》《太上业报因缘经》《太上大道玉清经》《太上妙法本相经》《三洞奉道科戒仪范》《太上洞渊神咒经》等，由于传播教义思想的需要，不少道经采用普通老百姓所熟知的口语来传教，因而道经文献保留了很多当时的口语材料。徐时仪指出："道教典籍中也有不少语录体著述。这类著述记载高道仙人平时训释教导生徒的言行，语言通俗，多用口语俗语。较重要的有《海白真人语录》《北游语录》《长春祖师语录》《丹阳真人语录》《虚静天师语录》和《吕祖东园语录》等。"①

道教产生于东汉，正是汉语从上古向中古转变的重要时期，保留了当时为数不少的口语词汇，为我们研究汉语词汇史提供了宝贵的语料。此外，道教经历了漫长的历史阶段，各个时代的道教典籍也就必然具有各个时期的语言特色，能够反映各历史阶段的真实语言面貌，对汉语史的研究具有重要的学术价值，值得深入发掘。

3. 词汇系统表现出极为复杂的共融状态

魏晋南北朝道教文献词汇呈现极为复杂的杂糅共融状态，即古语词与新生词的共融，文言词与口语词的共融、通语词与方言词的共融、一般词语与专业词语的共融、道教词语与佛教词语②的共融。

本章从多个角度对魏晋南北朝道教文献的词汇系统进行了初步分析，有的分类未必科学，中间或有交叉重叠，因为角度不同，或有不同理解，有时难以区分。这是无法避免的，只是目前阶段一种不得已的权宜之计。但由此我们可以发现，魏晋南北朝道教文献词汇构成成分驳杂，交织融合，呈现出多元化的特征。

本书首次对魏晋南北朝道教文献的词汇系统作了尝试性的分析，这种解剖尚显粗浅，在以后的研究中，我们将进一步深入到微观层面，进行更为细致的考察。

---

① 徐时仪：《汉语白话发展史》，第 41 页。

② 佛道二教的交融渗透使不少佛教用语进入同时代的道经，魏晋南北朝道教文献中有不少佛教词语，参见 Erik Zürcher, "Buddhist Influences on Early Taoism: A Survey of Scriptural Evidence," T'oung Pao, Vol. 66, 1980. pp. 84-147. 又，周作明、俞理明：《东晋南北朝道经名物词新质研究》（中国社会科学出版社 2015 年版，第 249～259 页）认为道经正文中有不少佛教词语的身影，大致可归纳为以下几个方面：1. 吸收表示佛教理论概念的词语，如"业报""五浊""度""法音""宿命""智慧"等；2. 吸收、改造佛教人物鬼神称谓，如"导师""法师""天/天人""魔王/魔女"；3. 吸收了佛教的世界观，如"三十二天""十方""三界""三途""三恶"等；4. 吸收表佛教徒的宗教活动的词语，如"经行""忏谢""分卫"等；5. 吸收佛经中的数量值，如"劫""恒沙"；6. 吸收源于佛经故事的词语，如"卖身供法""割肉饴禽"" 身投饿虎""以头施人"等。

4. 出现了大量中古新兴语言成分

魏晋南北朝道教文献中出现了很多中古新兴语言成分，如表示约数的“许”，表示序数的“第”“初”，量词“竿”“剂”“丸”“首”“纸”等，疑问词“何似”“何当”“何意”“何缘”“缘何”“那得”等，副词“了”“登”“经”“寻”“顿”“转”“略”“见”“相”等等。

在文言色彩较为浓郁的魏晋南北朝道教文献中，这些中古新兴语言成分犹如雨后春笋般纷纷冒出新芽，对于中古汉语研究来说倍显珍贵。道经语言研究一直进展缓慢，较之佛经词汇研究，还存在诸多空白。道教文献语言是汉语史研究的薄弱环节，少有学者把道教文献作为断代语言研究的对象，这与其在中国传统文化中的地位极不相称。这些中古新兴语言成分有力证明了其语料价值，希望能扭转汉语史界对道教文献语料的偏见，加强对道经语料的应用与研究。

5. 有一些罕见于同时代其他文献的个人言语创造

道教文献语言属于一种社会方言，它来自于全民语言，但又不同于全民语言。魏晋南北朝道经语言中必然有一些特殊的创造，比如有的是借用全民语言的词，引申出特定的宗教意义，这种带有宗教色彩的义位在其他文献中很难见到类似用法。中古道教文献中有些成分属于个人言语创造，它们的意义和用法，为同期或后代文献所罕见，还只是一种言语现象，尚未进入全民语言。

例如，陶弘景《真诰》卷九：“数澡洗，每至甲子当沐。不尔，当以几月旦，使人通灵。浴不患数，患人不能耳。荡炼尸臭，而真炁来入。”其中“几月”一词文献少见，同为陶弘景作品的《登真隐诀》卷中：“当几月旦使人通灵”注曰：“几月，即奇月也，谓正月、三月、五月、七月、九月、十一月也。”“几月”另见于《上清太极真人神仙经》《上清太极真人撰所施行秘要经》《紫庭内秘诀修行法》《洞真西王母宝神起居经》，但这些道经中的用例均抄自《真诰》。

再如，东晋《上清丹景道精隐地八术经》卷上：“灵飞九天，紫暎霞霄，服咽八炁，吐纳六翘，神真充内，外欲豁消，纵形任己，适意皇朝。”《真诰》卷十：“东海东华玉妃淳文期，授含真台女真张微子服雾之法。常以平旦，于寝静之中，坐卧任己，先闭目内视，彷佛使如见五藏。”“任己”[①]一词另见于《真诰》卷十三、《登真隐诀》卷中、《云笈七签》卷四十八《服雾法》，这三处用例皆引

① “任己”，愚以为其义同下一段中的“任意”。《真诰》卷十：“守玄白之道，常旦旦坐卧任意，存泥丸中有黑气，存心中有白气，存脐中有黄气。三气俱生，如云气覆身，因变成火，火又绕身，身通洞彻，内外如一。”任意，谓任随其意，不受约束。汉刘向《九叹・思古》：“播规榘以背度兮，错权衡而任意。”《北史・叔孙建传》：“初，俊卒，明元命其妻桓氏曰：‘夫生既共荣，没宜同穴。能殉葬者，可任意。’”

自《真诰》卷十，笔者怀疑其为个人言语成分。

又如，“建”（表“佩戴、穿戴”义）这种用法并不见于六朝其他文献，包括江东地区的文献，说明道经中的这种用法的范围及影响是相当有限的。这种落差可能与道经造作者追求用语新奇的心理有关。[①]

之所以专门指出这个问题，是因为个人言语成分也有重要研究价值。洪诚有言：“从魏晋到中唐，骈俪文盛行，口语入文最少；晚唐以后，情况一变，变文话本小说兴起，接近口语的作品多。……在这种排斥俗语的文风中写出并得以流传下来的作品，从它里面发现有新兴的语言资料，尽管在纸上是单词孤例，应该看出是大量语言事实的反映。如果按照纸上出现的数量作标准，将会有很多的珍贵资料因当作孤例而被舍弃、被糟蹋。”[②]王东也认为：“语言变化总是从个人言语行为开始。所以个人的言语行为在语言发展中起着重要作用，值得去研究和调查。不过，过去活生生的言语已经销声匿迹了，调查某个时代发生的个人言语行为活动的轨迹，最好的方式就是从那个时代的文献中寻找作者的言语创造。如果能把某一时期主要文献中的个人言语行为调查清楚了，那么对揭示这个时代语言面貌的特点及其形成将起着重要作用，自然对揭示这个时代语言的词汇特点也大有裨益。”[③]

其实早在东汉时的第一部道经《太平经》中就有一些词语，如“平言”“平行”表示径直说，“负”表示角、方面，这些词语用例极为罕见，很难在其他传世文献中找到旁证。对于这些词语，方一新曾指出：“这类新词新义究竟是当时口语的反映还是译著者个人的临时创造，值得探究。不排除其中的一些词或义始终只是言语的现象而没有变成语言的事实，但这不应妨碍对它们进行发掘和研究。”[④]因而，在考察魏晋南北朝道教文献时，对于那些用例极少甚至为孤证的语言成分，我们也要注意收集记录，其中有些可能随着新材料的不断发现，会得到进一步的研究。

总的来说，魏晋南北朝道教文献的语言，口语与文言并存，追求华美，注重藻饰，风格庄重典雅，因其口语性不是太强，故学界对其研究非常薄弱。其实，无论是遣词造句，还是语言风格，道教文献都有其独特之处，有其独到的价值，今后应大力加强道教文献语言的研究。

---

① 此例参见雷汉卿、周作明：《〈真诰〉词语补释》，《宗教学研究》2010 年第 3 期。

② 洪诚：《关于汉语史材料运用的问题》，《洪诚文集·雒诵庐论文集》，江苏古籍出版社 2000 年版，第 101 页。

③ 王东：《〈水经注〉词汇性质浅论》，《唐都学刊》2006 年第 5 期。

④ 方一新：《东汉语料与词汇史研究刍议》，《中国语文》1996 年第 2 期。

第二章　魏晋南北朝道教文献词汇的衍生

词汇是语言中最活跃的因素，词汇能够敏感地反映社会的变化。汉语的词汇从古至今不断衍生、替换，从而发展丰富起来。词汇的衍生是词汇学的重要研究课题。汉语的复音化倾向早在先秦时期已经开始，周代的双音化现象就已十分明显，进入战国之后，随着社会的发展，复音化的速度更为加快，复音词的数量大为增加，成为汉语复音化迅速发展的第一个时期，汉代则开始了大规模的复音化进程。从造词法角度来看，中古时期，语音造词已趋于衰弱，语法造词则发展迅猛。

"新词大量出现，特别是复音词大量产生，成为中古词汇发展的重要特点；许多词的意义发生了变化；同义词进一步丰富；成语和谚语大量增加。"[①]复音词是以什么样的方式大批量产生的呢？谭书旺认为："在单音词的双音化中，又可以分为三种类型：(1)由原来的单音词加上一个与它同义或近义的单音词合成一个双音词(包括同一单音词的重叠)，构成联合式复音词。(2)给原来的单音词加上一个修饰限制或补充成分，构成偏正式、动宾式、补充式等非联合式复音词，使它所表示的意义进一步精确化。(3)把原来的单音词换成一个由另外两个单音词组成的双音词。"[②]李如龙进一步研究指出："词汇衍生方式指的是创造新词的方式。从古至今，汉语词汇衍生的方式大体上可以归为四大类，即：音义相生、语素合成、语法类推、修辞转化。"[③]陈秀兰以敦煌变文为研究对象，将敦煌变文新词的产生方式归纳为：同义连文、词语重叠、词化、缩略、其他(化用古语、增加词缀)。[④] 雷汉卿以禅宗文献为对象，将禅籍方俗词的衍生方式概括为：语法类推、实语素构词、重叠构词、修辞

---

① 向熹：《简明汉语史》(上)，第458页。

② 谭书旺：《从孟子章句看战国至东汉的语言发展》，《古汉语研究》2001年第2期。

③ 李如龙：《汉语词汇衍生的方式及其流变》，《河北师范大学学报(哲学社会科学版)》2002年第5期。

④ 陈秀兰：《敦煌变文词汇研究》，四川民族出版社2002年版。

转化、缩略、化用典故。[1] 本章将对魏晋南北朝道教文献新词的衍生作一考察。

在研究魏晋南北朝道教文献新词的衍生时，要特别注意新词的鉴别，不能为字形所迷惑，还要注意字与词的问题，处理好同形异词、同词异形及多义词等问题。宋闻兵作了很好的示范，既然我们的研究是以"词"为基本单位，实际操作过程中我们就要突破字形的束缚，在对语料的切分结果进行统计时尤其要注意两个现象："数形一词"和"一形数词"。"数形一词"是指两个或两个以上字形不同的双音组合表示相同的一个词。主要有两种表现形式：(1)联绵词；(2)因为双音结构中一个或两个字存在古今字、异体字、假借字或其他音形相近的替代字，导致合成词的词形有异。中古汉语中，一个双音合成词因为其结构中一个或两个字存在异体字或假借字而导致词形多变，这一现象则鲜见论述。"一形数词"是指一个双音结构代表两个或两个以上的词。[2] 本书参考宋著的做法，对于有异体字词条的处理，将一个(AB)列为主词目，异形书写(CB)以另见的形式标出，如：一二(乙二)。

第一节　词根复合

现代汉语中的很多合成词是运用复合法组合词根语素构成的，其实，词根复合法在古代汉语中也很常用。对此，学界多有论及，董秀芳研究指出："汉语最主要的构词法就是词根融合，这一点决定了复合词是汉语词汇的主体部分，因而汉语词汇学有必要加强对复合词的研究。"[3]李如龙认为："上古后期兴起的语素合成，到了中古汉语成为主要的词汇衍生方式。"[4]周俊勋更是明确指出："复合法指运用两个以上的词根语素形成新词的方法，是汉语中最能产的一种方法。"[5]

刘晓然曾以东汉《太平经》为例，考察过双音短语的词汇化，其结论是："汉语双音词的来源，多数都是由两个词根语素直接黏合而成的，中间并没

① 雷汉卿：《禅籍方俗词研究》，巴蜀书社2010年版。

② 参见宋闻兵：《〈宋书〉词语研究》，第86～90页。

③ 董秀芳：《动词性并列式复合词的历时发展特点与词化程度的等级》，《河北师范大学学报(哲学社会科学版)》2000年第1期。

④ 李如龙：《汉语词汇衍生的方式及其流变》，《河北师范大学学报(哲学社会科学版)》2002年第5期。

⑤ 周俊勋：《中古汉语词汇研究纲要》，巴蜀书社2009年版，第101页。

有经过短语的过渡阶段。”[①]中古时期有一些非常能产的构词成分，和其他语素结合后，产生了大批新词，有力地推动了汉语词汇的复音化。魏晋南北朝道教文献中也有不少词是通过词根复合而来的。

【去月】【今月】

晋葛洪[②]《元始上真众仙记》："洪历观天地之宝藏，上圣之宫第，至上之尊神仙图记，犹未知极妙之根。以去月乙丑夜半，静斋于罗浮山，忽惊风骇起，香馥乱芳，龙鸣虎啸，踯躅空中。"

《真诰》卷七："今月六日是赤孙绝日，先处事耳。今虽停放，无所复畏。然四帅逆已关之于都禁，至日为能遣尸杀使者看望之，虽弗复虑矣。"

按：去月，上个月。它是晋朝产生的一个词语，《大词典》未收。魏晋六朝道经中亦有用例，《真诰》卷三："以去月秋分日，于瑶台大会，四君各吟此言，以和玄钧广韶之弦声也。十月告云去月，如似是九月，南秋分必在八月，则去月自为通乎耳。"《道迹灵仙记》："昨来多论神化之事，聊及季主耳。去月又见授《神虎经解注》，非世所闻，亦自不赏其旨也，若更闻如季主之比者，自当密白。"刘百顺研究发现，"去月"在晋朝一产生就使用得很广泛，仅王羲之杂帖中就有15例。从晋朝到唐代这段时间一直广泛使用，宋代以后却很少见，直至清末才偶有用例。[③]

"去"又可以加在具体的月份前，如"去三月"，指上个月，也可指已过去稍远的某个月份，甚至还可指去年的某个月份。[④]《真诰》卷七："茅小君去五月中失日有言云：'华侨漏泄天文，妄说虚无，乃今华家父子被考于水官。'"南唐沈汾[⑤]《续仙传》："俄顷，采樵者并僧十余人到，问可交何人。可交具以前事对。又问：'何日离家？'可交曰：'今日早离家。'又问：'今日是何日？''是三月三日。'樵者与僧惊曰：'今日是九月九日，去三月三日已半年余。'"元《玄天上帝启圣录》卷八："忽有一髦头道人，用手指定宫门，默然而立。继令人召到，却言：今岁飞禽不集社会，永为罢去。仍告与前项因依，教本宫向去五月五日午时，就洞前焚香，求祷真武真君，解禳累年虚名，率财冒达天曹罪。若不信，三年内，看有报。"

表示当月的"今月"在魏晋南北朝道经中亦见，《上清黄书过度仪》："上

---

① 刘晓然：《双音短语的词汇化：以〈太平经〉为例》，四川大学2007年博士学位论文，第8页。

② 朱越利认为："《四库全书总目》和余嘉锡《四库提要辨证》均认为本书非葛洪撰，为陶弘景时人伪托。"(《道藏分类解题》，第212页)

③ 刘百顺：《古汉语年月日表达法考察》，《语言科学》2004年第5期。

④ 刘百顺：《古汉语年月日表达法考察》，《语言科学》2004年第5期。

⑤ 此据丁培仁：《增注新修道藏目录》，第593页。

言谨按文书，臣妾以顽愚六蔽，好乐长生之卫，真言要语，奉承黄书契令大度之法，要当奉行。辄有某郡县乡里，男女甲乙年如干岁，好道乐仙，今月日时，诣臣妾求乞过度，奉行道德。”

【来月】【后月】【次月】

陶弘景《华阳陶隐居集》卷上《梁武帝答书》："钟书乃有一卷，传以为真。意谓悉是摹学，多不足论，有两三行许似摹，微得钟体。逸少学钟的可知近有二十许首，此外字细画短，多是钟法。今欲令人帖采，未便得付，来月有竟者，当遣送也。”

东汉《太平经》卷八十六《来善集三道文书诀》："然当见之时，支日晏蚤户记之，月尽者共集议之，可上而上之；未足上者，复待后月灾异，如此县邑长吏，且取晏蚤之时于民间也，则可谓为不失天之灾丝发之间也。”

《集注太玄经》："数之踦赢，虽天地不能齐也。夫惟不齐，乃能变化，生生无穷。是故曰二十九日有踦，而迁次月；二十七日有踦，而周天。然后有晦朔、十干、十二支，然后有六甲，此其所以为长久也。”

按：来月，即下月。《周氏冥通记》中数见，如卷二："来月三日，当往东华，呈学簿，当[学](与)陶夫人相过。”卷二："昨雨恨不多，来月中当更作。”卷四："司命来月中旬当来，西宫、东宫人亦并来，故逆示。”

其他魏晋六朝道经未见，近代道教文献中有 2 例，宋谢守灏《混元圣记》卷八："爰及百神孚祐效灵，协于睿祖。幽赞惟新之历，克彰永成之祥。宜遵祀典，式陈昭报。可于来月十五日附玄元皇帝庙，于是置玄元圣帝庙于大宁坊。”宋宋绶《宋西太乙宫碑铭》："是夕，顿于新店，夜漏既尽，阳菁肇升，馆御即安，嗣以斋献。来月生明之旦，帝又辇如。七年二月丁亥，皇太后车驾继，往莫不省农扈，觞从臣，发禁则敷丽泽，屈己而不辞其损，涉远而无惮于劳。”

据刘百顺研究，汉代以后月的表达中表将来又有“来月”(《大词典》首引南朝梁武帝《答陶弘景论书书》)、“后月”(《大词典》首引《宋书・礼志二》)、“次月”(《大词典》未收)，都指下个月。这三个词语后代都一直沿用，“来月”使用较普遍，“次月”在特定内容的篇目中比较多见，如史书中的律历志，其他内容的文献不多见。“后月”例子较少。三个词意义都没有什么变化。[①]

“后月”一词，魏晋南北朝道教文献稀见，但近代道经中不乏其例。无名氏《周易参同契注》[②]卷上："终则还复始。言既、未二卦，一月讫至后月，亦从屯起，次蒙，终既、未二卦。十二月皆然。是十一月坤、复卦起，至月末，后月

① 刘百顺：《古汉语年月日表达法考察》，《语言科学》2004 年第 5 期。

② 朱越利认为："避宋太祖、宋真宗名讳，是知本注不迟于宋。”(《道藏分类解题》，第 313 页)

朔，亦从复卦终。”又：“斗者，言炉上著秤衡，如象天北斗。斗柄逐月建而转，一日亦柄指，一时一月亦然。假如上月末间开，即斗柄指子，后月指丑，起次顺之。”宋朱熹《周易参同契注》卷上：“三十日，第六节之终，全变三阳而光尽体伏于东北，借《易》朋字作明字也。一月六节既尽，而禅于后月。长子继父，复生震卦。”宋曾慥《道枢》卷二十七《太白还丹篇》：“至十三日，于月出之时，背日对月而坐，想如前焉。八十一咽，至二十三日乃止。后月八日，想月抱之，是为戴日挟月者也。”元赵道一《历世真仙体道通鉴》卷四十六“沈麟”条：“宋太宗雍熙二年上元日禺中，整冠褐，闭户，焚香燕坐，握固而化。同志为藏蜕于群玉峰之西铁柱冈之东。后月二十日，有阁山道士曾昭莹来访玉笋，途中遇之。”

“次月”一词，魏晋南北朝道教文献中亦乏用例，但近代道经中多见。无名氏《周易参同契注》卷上：“自二十三至于月末，则阳意消尽，复为坤卦。当日之升始至于东方乙位之上，故坤管乙。惟其阴气既极，而阳意已于晦夜子、癸之时孕之矣，是为坎卦。故坎管癸。至于次月，复受震庚之符，故曰：继体复生龙。盖震为龙故也。”又：“易卦终于既济、未济，自初一以屯、蒙而推之，以至于晦日之旦暮，则终于既、未可知矣。然终则必有始，故次月之初复自屯、蒙而始也。”宋金允中《上清灵宝大法》卷十四《召役法》：“右神王下各有使者史兵，自初一日至初十日，每方直一日，周而复始。唯小尽月则二十九日，并用上下方次月一日。”宋宁全真《上清灵宝大法》卷十九《直日天吏》：“每天三十二人。自初一至初十，每方各直一日。至十一，又如前轮。以初一日起东方，周而复始。如小尽则以二十九日，并用上下二方。次月又如前起。”宋《庚道集》卷三《黄芽金鼎九转法》：“第一次二两，第二次浇三两，第三次浇五两，并须三两火，养之七日，共成三十四两。其色紫金光明，灿烂清香满室。当以沐浴香汤泡出，再养七日，出复沐浴。如此经甲子致次月，成小丹也。”

另外，魏晋南北朝道经中尚有“入月”一词，如《周氏冥通记》卷二：“二月日多一呈，呈束华大司命，入月三是此二月之最，至九月复呈，如此周而复始。”其他道教文献难见用例，仅检得一例，唐《红铅入黑铅诀》：“每遇换鼎，入月诸候比之前月诸候，加火一两，至九箇月，初候用九两，至三十时，进十两，至六十时。”愚臆测“入月”也是下月，刘百顺未曾提及。

【经月】【经日】【经年】

《真诰》卷十四：“吴睦者，长安人也。少为县吏，掌局枉克民人。民人讼之，法应入死。睦登委叛，远遁山林。饿经日，行至石室，遇见孙先生在室中隐学，左右种黍及胡麻，室中恒盈食。睦至乞食，经月不去。”

晋葛洪《抱朴子内篇·金丹》："又陈生丹法，用白蜜和丹，内铜器中封之，沉之井中，一期，服之经年，不饥，尽一斤，寿百岁。"

按：经月，整月。葛洪《抱朴子内篇·仙药》："余又闻上党有赵瞿者，病癞历年，众治之不愈，垂死。或云不如及活流弃之，后子孙转相注易，其家乃赍粮将之，送置山穴中。瞿在穴中，自怨不幸，昼夜悲叹，涕泣经月。有仙人行经过穴，见而哀之，具问讯之。"《赤松子章历》卷二《书章法》："若书章已成，而有小事，经年不可上。若未下细字，经月可上。"《上清外国放品青童内文》卷下《高上外国六品正音》："又有炎洲，在南海中央，地方二千里，去岸九万里。上有风生兽，似豹，青色，大如狸。积火连天，烧之经月不死，毛亦不燃，斫刺不入，以铁椎交锻其头，数千下乃死。"唐王悬河《三洞珠囊》卷六《立功禁忌品》："受黄书契令在身者，遭父母丧一年也，期丧百日，大功丧四十日，小功丧满月，缌麻经月。月限未满，不得奉行道法，章书启告也。"其他文献亦有见，"《后汉书·献帝纪》："是岁，长沙有人死，经月复活。"

经日，整天。《大词典》失收。《真诰》卷九："市长宋来子，恒洒扫一市。久时有一乞食公入市，经日乞。"《太上灵宝五符序》卷中《地黄神酒方》："用秫稻米五斗作粥，绞去滓，令得二斗。纳好麦曲三斤，令浮起酒香。取生地黄十斤，小曝干之，熟捣之，细炊一斗米饭，合纳汁中，搅令相得，封泥经日，视地黄熟，但有筋脉，再绞其滓。又炊二斗米饭，纳中酒熟。饮一升，日三，治百病，五劳七伤，续骨连筋，填骨髓，久服延年。"宋张君房《云笈七签》卷一百一十六《黄观福》："黄观福者，雅州百丈县民之女也。自幼不食荤血，好清净。家贫，无香，取柏叶柏子焚之，每凝然静坐，无所营为，经日不以为倦。或食柏叶，饮水自给，不嗜五谷。"

经年，长期、数年或多时。[①]《大词典》亦失收。魏晋南北朝道经中多见，《洞真西王母宝神起居经》[②]："昔楚庄公时，市长宋原甫者，有善心，常自扫除一市中。久时乃有一乞食人，入市经年，旦乞高歌。"东晋《紫阳真人内传》："常以平旦之后，日出之初，正东向立，漱口咽液，服气百数，向日再拜。旦旦如此，为之经年。"《洞真太上太霄琅书》卷六《为同义救厄疾谢罪请福寮出官诀第十六》："或自某年月日，不雨至今，百川干竭，万物燋枯；或某时雨起，霖澍未晴，积旬累月，逾稔经年，日月相犯，星宿相侵，山崩地陷。"《太上元始天

① 王云路曾论及该词的演变情况："经年，本义是经历有年或经历很长时间。从动词性词组到名词，经历了处于中间状态的过渡时期，此时期既可以看作词，也可以看作词组，词化程度不高。通常作谓语，表示经历多年。后来则径直表示长期、数年或多时，完全成词，通常作定语或状语。"（王云路：《中古汉语词汇史》，第402～403页）

② 丁培仁认为其为东晋中叶上清经。（《增注新修道藏目录》，第531页）

尊说北帝伏魔神咒妙经》卷一："妄将生人行年本命、三魂七魄，上送六宫，落生名，上死籍。病困床枕，积岁经年。改易形骸，以求血食。"卷九："下元男子女人，若治生不益，贫穷困厄，鬼魅相侵，时多疾病，经年累月。"《真诰》卷十一："江东有此神山，故度江寻之。遂斋戒三月，乃登山，乃得其门，入洞虚，造阴宫，三君亦授以神芝三种。元放周旋洞宫之内经年，宫室结构，方圆整肃，甚惋惧也。"卷十四："范伯慈者，桂阳人也。家本事俗，而忽得狂邪，因成邪劳病，顿卧床席经年，迎师解事，费用家资渐尽，病故不愈。"刘百顺研究指出："'故年'是南朝宋时出现的，在史书中只有极个别用例(二十四史中只检得一例)，指前一年。""'故年'主要出现在诗歌中，其他各类典籍几乎都没有。"①我们在魏晋南北朝道教文献中检得一例，梁陶弘景《登真隐诀》："若立春在故年十二月者，仍以其日书佩，至正月朔乃更服之。"可作为刘先生文章的补充。

【以去(已去)】

《赤松子章历》卷六："还升福堂，衣食自然，利祐后人，不得更相恋慕，复连殃注，于今断绝，地官卫尸，神还更生。并赐某家从今已去，大小某等疾病阴私除差，门户安稳，生死受恩。"

按："'X 以去'表示从某时之后的时间，相当于'……以后'，'以去'是表示时间方向的时间方位词。"②魏晋南北朝道教文献多有使用，梁陶弘景《登真隐诀》卷下："行之以去，使人不复病，辟水火五兵。"《太上洞渊神咒经》③卷一："自今以去，转此经处，若有疾病，官事口舌，宅中虚耗，闻此经诫，敕魔神咒。"卷六："道言：恶人不信道法，是以世间多有愚人。时有信经受三洞者，天上来也。自今以去，若有病人不瘥者，大魔王等先坐。自今以去，急摄汝下鬼。急急如太上口敕律令。"葛玄《太上慈悲道场消灾九幽忏》④卷五："同加善力，令忏主某九祖七玄，存亡二世，一切眷属，乞解如上业衅。自今已去，不复更造。惟愿一切沈沦，皆乘忏力，登于道岸。"北朝或隋唐《七元真人说神真灵符经》："自今已去，不得枉杀天下万民，万民悉我身中肢脉，我有神

---

① 刘百顺：《古汉语年月日表达法考察》，《语言科学》2004 年第 5 期。

② 何亮：《中古汉语时点时段表达研究》，巴蜀书社 2007 年版，第 241 页。

③ 《道藏》今存此经 20 卷，吉冈义丰《道教经典史论》认为该经前 10 卷撰于东晋孙恩、卢循时至刘宋末(400～478)；其《六朝道教的种民思想》补充认为该经出于梁末之前，东晋末至刘宋末的前说也可保留。宫川尚志《晋代道教的一点考察——以〈太上洞渊神咒经〉为中心》(《中国学志》第 5 册)支持吉冈之说；大渊忍尔《道教史研究》认为第一卷撰于刘宋初；卿希泰《试论〈太上洞渊神咒经〉的乌托邦思想及其年代问题》认为该经年代上限为西晋末，下限为东晋末。(转引自朱越利：《道藏分类解题》，第 94 页)该经特别喜欢用"自今以去"，20 卷经文中竟多达 174 处。

④ 朱越利认为："葛玄之名当为后人依托，本忏不迟于唐。"(《道藏分类解题》，第 86 页)

章，勅禁外魔，内著六腑。自今已去，若有上清道士，至限岳邃谷，专至一法，退身让义，勿与财货为贵，专心救人。行吾此道，归向紫微上帝、五老天真。”

“从今已去”可省称为“从今去”，即从今以后。《周氏冥通记》卷二：“前故相告食肉事，遂不能断耶。今旦何意往他人处食脯？从今去勿复尔。”葛玄《太上慈悲道场消灾九幽忏》卷一：“次当忏耳根罪者，耳则生来闻于五音，清浊智辩。忏主某誓从今去，不恣两耳闻声，役乱身心，萦缠烦恼。愿证寂静果。”又：“次当忏心业罪者，心则生来，贪瞋痴爱，驰骋杂想。忏主某誓从今去，不起贪瞋，不生痴爱，不思邪僻，常慕正真。”又：“先当忏身业罪者，身则生来，杀盗淫纵，贪求细滑。忏主某誓从今去，不行杀盗，及贪细滑，不起淫纵，求离爱缠。”《北极真武普慈度世法忏》[①]卷一《太极分高厚》：“求忏弟子某同法众等，遵奉玄科，入道登真戒，当行无为，精进修行。誓从今去，端怀忠节，退守恭谦，爱物怜生，视人犹己。”卷四《步虚》：“求忏弟子某同法众等，遵奉玄科，入道登真戒，当行无妄，勿为谄诈。誓从今去，言无口过，行务已修，视人犹己之非殊，推功让能而不伐。”卷十《步虚》：“求忏弟子某遵奉玄科，入道登真戒，当行诸善，常务保持。誓从今去，修己以敬，出入起居之益钦。”

还可进一步省称为“今去”，但使用甚少，《周氏冥通记》卷三：“赵曰：‘近何意恒劳苦，损人精神，僭人耳眼，今去勿复遇辛苦。’”

董志翘对古代文献中“今后”义的表达及其演变进行了全面深入的考察，研究发现，总体而言，在表达“今后”义的诸种形式中，“自（从）今以后（已后、后）”是自古至今一直通用的、出现频率最高的一种。“自（从）今以来（已来、来）”这种形式，产生于先秦，两汉后基本退出历史舞台。“自（从）今以往（已往、往）”出现于先秦，直至现代书面化的语言中还在运用，而且在历代文献中，出现频率仅次于“自（从）今以后（已后、后）”，但是由于“以往（已往）”也可以表示过去的时间，在现代汉语中仍如此（这与“以来”有些类似），所以现代口语中已经基本不用。“自（从）今以去（已去、去）”这种形式，产生于晋代前后，而且佛教文献中出现频率甚高，后来也逐渐出现于中土文献，但出现频率明显低于佛典。“……以还”这类形式，是中古出现的新语法形式，在古代文献中主要表示从某一起点到说话时（或某一特定时点）这样一个时间段，或者表示“低于某一点”，相当于“……以下”的意思。表示“今后”义的“自今以还”，也许是“自今以来（以来、来）”的一种类推，出现时代甚晚（宋代），且用例甚少，不过是昙花一现而已。[②]

① 朱越利认为：“称真武为玄天上帝，本忏盖出自元明。”（《道藏分类解题》，第 87 页）

② 参见董志翘：《古代文献中“今后”义的表达及其演变》，载《中国语言学》工作委员会编：《中国语言学》第 1 辑，山东教育出版社 2008 年版，第 180～181 页。

【故炁(故气)】

《真诰》卷十五:“人卧室宇,当令洁盛,盛则受灵气,不盛则受故气,故气之乱人室宇者,所为不成,所作不立。一身亦耳,当洗沐澡洁,不尔无冀矣。故炁皆谓鬼神尘浊不正之炁,此等皆承人为恶,既灵助无主,道岂可议也。”

按:故炁,亦作“故气”,谓不祥之气[①]。魏晋南北朝道经多见,《赤松子章历》卷二:“若欲斥逐故炁,断绝鬼疰,却死来生,却祸来福,请益天将军十万人,令捕治之。”《周氏冥通记》卷四:“尔即欲所居西北面有故气,吾今共汝看之。”又:“朱阳馆及彼廨以后,乃有两三埒,状似古冢。既林草榛芜,亦可经人埋尘,不见有巫场处。所云故气,正当魂爽辈耳。”《女青鬼律》卷五:“不得祠祭故炁,不得指鬼呼神,不得淫色违慢,不得言炁不明,不得两心不正,不得妄传鬼教。”《洞真太上素灵洞元大有妙经》:“夫失正炁者,则故炁前,故炁前则死日近也。”《洞真太一帝君丹隐书洞真玄经》:“夫太一之道,尤忌见血腥臭臊殗秽之炁。若泣涕堕落,则帝君悲扰,哭声发口,则太一凝结。太一凝结者,九炁止而不变,三一悲而不摄。九炁不变,则三一亦结。结滞日积,则生炁泄出,而故炁运入。故炁运入,将病将死之始也。”

《玉篇·火部》:“炁,古氣字。”《广韵·未韵》:“炁,出道书。”朱越利认为:“炁字是道教所创造的字,基本上是道书的专用字。它的本义指服气中的纯阳真气,与道或神仙相结合的气或符咒中的气,带有宗教色彩。”[②]魏晋南北朝道教文献中“气/炁”是一个有着特殊意义的高频语素,田启涛博士将“气/炁”释为“可致吉祥或灾殃的神灵精怪”,并解释了系列相关词语“土炁”(土中精怪)、“鬼炁”(鬼怪)、“伏炁”(一种害人的气)、“杀炁/煞炁”(凶邪灾殃之气)、“六炁”(六天妖气鬼怪)、“炁杀”(凶邪鬼怪)等。[③]

【气结】【结气】【结病】

《周氏冥通记》卷一:“腹左边有气结如杯大,从来医药所不能愈也。”

按:“气结”为中医学名词,谓气留滞不行;脾气郁结。中医认为脾主运化,忧思过度,则脾气郁结,运化失常,出现胸脘痞满,食欲不振,腹胀便溏等症状。此病最早见于《素问·举痛论》:“怒则气上,喜则气缓,悲则气消,恐则气下,寒则气收,炅则气泄,惊则气乱,思则气结,……思则心有所存,神有所归,正气留而不行,故气结矣。”

---

① 田启涛释“故炁(故气)”为“鬼神浑浊不正之气”。(田启涛:《早期天师道文献词汇描写研究》,四川大学2012年博士学位论文,第178页)

② 朱越利:《炁气二字异同辨》,《世界宗教研究》1982年第1期。

③ 田启涛:《早期天师道文献词汇描写研究》,第173~175、322~323页。

历代医籍多有记载。如汉张仲景《金匮要略》卷上《胸痹心痛短气病脉证治第九》"胸痹，心中痞，留气结在胸。胸满，胁下逆抢心者，枳实薤白桂枝厚朴括蒌汤主之。"唐孙思邈《备急千金要方》卷十三《心腹痛第六》："心痛暴恶风，灸巨阙百壮。心痛坚烦气结，灸太仓百壮。"金李东垣《医学发明》卷一《中风同从高坠下》："范天騋夫人，先因劳役饮食失节，加之忧思气结，病心腹胀满。"明楼英《医学纲目》卷二十一《脾胃门》："又一女子，二十余，许婚后夫远出，二年不归。女子病重不食，困卧如痴，他无所苦，诸医不效。予往治之，见女向里床而睡，形体羸瘦。予思之，此气结病也，药不能治，得怒可解。"清沈金鳌《杂病源流犀烛》卷二《诸气源流》："有气结，痰在喉间吞吐不得，膈痞呕恶者，宜四七汤。"《大词典》"气结"条该义项无书证，当补。

又有"结气""结气病"，义同。其例如《周氏冥通记》卷三："其姨母本钱塘人，姓张，三岁失父，随母重适永嘉徐家，仍冒徐姓。十岁便出家，随师学道，在余姚立精舍。性至真正，唯摄妹兄子良一人。至年三十五，公制所逼，诸道义劝令其作方便，出适上虞朱家，而遂陷世法。以此耻慨，致结气病。"隋巢元方《诸病源候论》卷十三《气病诸候》："结气病者，忧思所生也。心有所存，神有所止，气留而不行，故结受于内。"宋张君房《云笈七签》卷三十四《王子乔导引法》："十五、端坐，生腰，举左手，仰掌，以右手承右胁，以鼻内气，自极，七息。除瘀血、结气等。"宋寇宗爽《图经衍义本草》卷十六"虎掌"条："味苦，温、微寒，有大毒。主心痛，寒热结气，积聚伏梁，伤筋痿拘缓，利水道，除阴下湿，风眩。"符度仁《修真秘录》："薤，味苦辛。宜心，归骨。除寒热，去水气，温中，散结气，轻身耐老。"《大词典》失收"结气"。

"结气病"亦可省称"结病"，例如《周氏冥通记》卷一："'卿姨病源乃重，虽不能致毙，亦难除。'子良因问：'不审若为治疗，腹中又有结病，何当得除？'"元王好古《医垒元戎》卷六《病源小品萎蕤汤》："疗冬温及春月中风，伤寒则发热头眩疼，咽喉干，舌强，胸内疼，心胸痞满，腰背强痞者，结病也。"

【温病】

《周氏冥通记》卷四："周暂出都，以此月九日晓出山，就埭宿。十日早发，尔夕应在湖熟方山间。此月中，远近多温病。"

按：温病，中医学病名，感受风寒而引起的热病的总称。古医书多有记载,《素问·生气通天论》[①]:"冬伤于寒,春必温病。"汉张仲景《伤寒论·伤寒例》:"中而即病者名曰伤寒,不即病者,寒毒藏于肌肤,至春变为温病,至夏变为暑病。"晋王叔和《脉经》卷四《诊百病死生决第七》:"温病下利腹中痛甚者,死不治。温病,汗不出,出不至足者死,厥逆汗出,脉坚强急者生,虚缓者死。"隋巢元方《诸病源候论》卷十《温病诸候》:"凡病伤寒而成温者,先夏至日者为病温,后夏至日者为病暑。"

魏晋南北朝道经多见。晋葛洪《抱朴子内篇·道意》:"吴曾有大疫,死者过半。宽所奉道室,名之为庐,宽亦得温病,托言入庐斋戒,遂死于庐中。而事宽者犹复谓之化形尸解之仙,非为真死也。"陶弘景《真诰》卷十一:"且此一山通无虺蝮毒螫,时有青蛇,都不犯物,虎亦甚少,自古来未闻害人。山居不问道俗,皆少温病,山德宽容,不到险阻,但恨无青林冬夏常郁。"《无上秘要》卷四十九《三皇斋品》:"某身于夏三月之中丙丁己午未日时,有行年本命冲破厌杀元辰刑害、灾祸疾病、瘫疽疮痟、温病疫疠、诸暑蒸毒螫之厄者,皆令消释。"《洞真西王母宝神起居经·西王母反胎按摩玉经》:"服日月精法:月朔旦,日出高二丈许,遥望见日,便握固,禹步东向三步,以口逆到取日精二七合,食咽十四日,可将二人入温病家,他病终不能著,所将从人轻,常卧之,令老寿。"[②]

东晋高道葛洪同时也是一位医学家,其医书中此词多有使用。《葛仙翁肘后方备急方》卷二《治伤寒时气瘟病方第十三》:"伤寒、时行、温疫,三名同一种耳,而源本小异。其冬月伤于寒,或疾行力作,汗出得风冷,至夏发,名为伤寒;其冬月不甚寒,多暖气及西风,使人骨节缓惰受病,至春发,名为时行。其年岁中有疠气兼挟鬼毒相注,名为温病。如此诊候并相似。又贵胜雅言,总名伤寒,世俗因号为时行,道术符刻言五温,亦复殊,大归终止是共途也。"卷二《治瘴气疫疠温毒诸方第十五》:"断温病令不相染著,断发仍使长七寸,盗著病人卧席下。"卷八《治百病备急丸散膏诸要方第七十二》:"断温病令不相染方。熬豉,新米酒渍,常服之。"

---

① 艾贵金:《从汉语史的角度论证〈素问〉成书年代的下限》(武汉大学 2004 年硕士学位论文)指出:"关于它的成书年代上限,意见比较一致:是汉代或汉代以后。至于它的下限,还没有人进行过专门的考证工作。本文从汉语史的角度,即从词汇、语法两个方面论证《素问》成书年代的下限是汉末。"蒋重母、邓海霞《从人体词语的使用看〈素问〉的成书年代》(《苏州科技学院学报(社会科学版)》2008 年第 1 期)认为:"《素问》用词相当统一,有它自己用词的习惯和特色。《素问》的词语意义和用词习惯都跟战国时代的作品有很大差别,而更为接近汉代人的作品。因此我们得出结论,《素问》集结成书当在汉代甚至更晚一些。"

② 此例中"温病家"即"温病","家"为词缀。详见王云路(2010):"医书中词缀'家'还可以附在病症、病因后,如疮家、喘家、痉家、风家、亡血家、中寒家、呕家、汗家、湿家病等。"(王云路:《中古汉语词汇史》,第 287~288 页)

亦可称为“温疾”，例如汉王充《论衡·寒温》：“人中于寒，饮药行解，所苦稍衰，转为温疾，吞发汗之丸而应愈。”葛洪《肘后备急方》卷七《治卒中溪毒方第六十一》：“今东间诸山县无不病溪毒，春月皆得，亦如伤寒，呼为溪温。未必是射工辈，亦尽患疮痢，但寒热烦疼不解，便致死耳。方家用药与伤寒温疾相似，今施其单方。”唐孙思邈《千金翼方》卷三《木部下品（四十五味）》：“（楝实）味苦寒，有小毒，主温疾，伤寒大热烦狂，杀三虫疥疡，利小便水道。”唐马总《意林》卷四：“司徒中山祝恬，字伯休，公交车征在，道得温疾，过友人谢著，著拒不受。”宋李昉等编《太平御览》卷二三引汉应劭《风俗通》：“夏至著五彩，辟兵，题曰‘游光’，厉鬼，知其名者无温疾。”宋唐慎微《重修政和证类本草》卷十一《一十一种陈藏器余》：“盍合子，温。治一切风，补五劳七伤，其功不可备述。并治痃癖气块，天行温疾，消宿食，止烦闷，利小便。”

据现代医学研究，温病又称温热病，属广义伤寒范畴。以发热、头痛、呕吐为临床主要表现，同时伴有心烦、口渴、尿黄赤、舌红等。温病包括范围很广，一般外感疾病中除风寒性质以外的急性热病，都属于温病的范围，例如风温、春温、暑温、湿温、伏暑、秋燥、温毒等。温病属常见病，其发生具有明显的季节性。温病按照传染性和流行性区分：具有强烈传染性和大流行特征的一类温病称温疫；流行性小或不引起流行的称温病。

【宿契】【宿业】【宿命】【宿世】

《高上神霄玉清真王紫书大法》卷十一：“此功曹，掌真仙、士民、百姓功过善恶，正定业缘、宿契、冤债、生死，欲问召摄，皆得知之。”

《太上洞玄济众经》：“太上道君告普光真人曰：五种烟熅，聚而成体，会其宿业，因而受识，轮转其神，有其生也。”

《周氏冥通记》卷二：“刘右嫔之言，备说幽显宿命，尔可心自知之，勿示凡俗悠悠之人。”

《太上说轮转五道宿命因缘经》：“吾见宿世以来，罪福如此，明可慎之。”

按：宿契，犹宿缘，前生的因缘。魏晋南北朝道经多见，《上清太上帝君九真中经》卷上《太上帝君九真中经内诀》：“此道幽秘，上灵所宝。非有仙籍者，不得闻也；非有宿契者，不得见也。”《玉景九天金霄威神王祝太元上经》：“凡授此神文，必当审择其人，宿契冥会，果分神仙者，然后请太师口命，法师保举，经师告盟，求神灵之符应，招感气之妙悟，详察微兆以决会。”《太上说玄天大圣真武本传神咒妙经》卷二：“时会中诸来者，俱恪守班次，惟东极妙行，出算越班，伏奏练求于紫微帝前，而自颂宿契，得闻玄武有妙理之因，故发愿唯问赞大造之副，少悟小聪之恳为请耶。”

近代道经中引申又有“久已投合，投缘”义，宋张君房《云笈七签》卷七十二:“君无友丧国,臣无友失忠,庶人无友丧家,道无友失真,所以玄元与尹喜宿契,孔子与渔父合机。”卷七十三:“然神丹至宝,万人之中,得者皆宿契道合,久留心志,非一朝一旦可致耳!”

宿业,前世的善恶因缘。佛教相信众生有三世因果,认为过去世所作的善恶业因,可以产生今生的苦乐果报。萧登福认为:“初期道教的善恶报应说,即是承继先秦至汉所发展来的三命说,三命说对善恶报应的探讨,也远比单一的因果说来得周密;可惜到了东晋末叶佛教大盛后,三命说便被佛教因果说所取代,因而六朝及其后所出现的道经,在善恶报应上,便沿用了佛教的因果说。”[①]如《周氏冥通记》卷一:“吾今去,勿轻示人。世上亦有经,子有宿业,故口相授耳。”《太上慈悲九幽拔罪忏》卷七:“坚固修持,善缘增进,傍罗八表,遍及遐方,宿业余殃,咸成解脱,谛听谛受,无使懈违。”《太上洞玄灵宝诫业本行上品妙经》:“从是法轮转升上天,悉得妙通,广明本行,宿业因缘,吾观天地,希有其人,自非上德,何能奉焉。”《太上洞玄灵宝三元玉京玄都大献经》:“囚徒谪役,饿鬼死魂,裸身无衣,颈脚锁械,此明众生宿业。不修善根,诸恶备造,死入地狱饿鬼道中,裸形饥羸,头颈锁械。”近代道经袭用。如宋张君房《云笈七签》卷三十一《济众经》:“五种烟絜,聚而成体,会其宿业,因而受识,轮转其神,有其生也。”

宿命,前世的生命。佛教认为世人过去之世皆有生命,辗转轮回,故称“宿命”。王承文指出:“早期灵宝派受大乘佛教的深刻影响已大量吸收了佛教的‘三世’、‘轮回’、因果报应等教义。”[②]中古道经中可以发现一些用例,《周氏冥通记》卷二:“我本姓王,字子迁,太原人。宿命时,父为陈留太守,仍移居丹阳。我年十五化,前身有福,得生为人,复修功德,死为神,补紫阳内宫玉童,赐姓凤,字云芝。”《真诰》卷一:“访问此人,云:‘是九嶷山中得道女罗郁也。宿命时,曾为师母毒杀乳妇。’”《玉景九天金霄威神王祝太元上经》:“有宿命应得此文者,皆当盟授,割血为约,信誓九天,然后传之。”《上清金书玉字上经·夙八》:“二君皆逆已察眄万兆宿命善恶,飞揽虚玄。”《洞真太一帝君丹隐书洞真玄经》:“于是三宫镇真,百节受灵,帝君宝籍,宿命无倾,周旋虚烟,启通玄精。二十四真,忽然而生,上开上元,下开八冥。”

宿世,指前世、前生。《法华经·授记品》:“宿世因缘,吾今当说。”中古道教文献从佛教借用了此概念,《周氏冥通记》卷二:“尔宿世已生周家,君之余嗣也。今生又在周家,虽出庸俗,先功未弭,故得受学仙宫。”南北朝《上清仙府琼林经》:“韩太华者,安国妹,汉二师将军李广利之妇。利宿世有功德,

① 萧登福:《道家道教与中土佛教初期经义发展》,上海古籍出版社2003年版,第544～545页。

② 王承文:《敦煌古灵宝经与晋唐道教》,中华书局2002年版,第377页。

利今亦在宫受化。刘春龙者，汉宗正刘奉先之女。”刘宋陆修静《洞玄灵宝五感文》：“其五法，八节斋。学士一年八过，谢七玄及己身宿世今生之罪。法以八节日于斋堂内六时行道，礼谢十方也。”《上清天枢院回车毕道正法》卷下《验状法》：“先祖有愿，朋友鬼客死伤亡，星辰正照，宿世冤家债主取命。死不在治，必死三人。”《无上秘要》卷四十二《修学品》：“命禄之所闻，同道道得之，同德有德根。宿世不学问，今复与失邻。是以故得失，不乐于道文。”

【前因】【前缘】

《太上一乘海空智藏经》卷一《序品》：“一切众生皆因前业，获得报身，身行善恶及与业缘，悉由前因之所建立。譬之形声，感果影响。若无形声，亦无影响。”

《太上洞玄灵宝三元玉京玄都大献经》：“斯罪人也，皆由前缘不见明教，不闻法音，悭贪无度，杀害无辜，口是心非，禁系贤人，饮酒食肉，祸乱五神。”

按：前因，佛教语。谓事皆种因于前世，故称。“佛教报应思想在传播过程中，对中土本土思想也有影响，如它的三世六（五）道轮回说对道教的影响尤深。”[①]南朝梁沈约《形神论》：“若修此力致，复有前因，因熟果成，自相感召。”历代道教文献亦能看到这种影响，《太上妙法本相经》[②]卷下《普说》：“虞复言曰：‘十方众生，各有类气，不依先业之所造也。譬如禽还生禽，兽还生兽，人民草木，蠢动众生，种种相生，类类相似，岂有前因果报乎？譬如销金，随类色见；譬如种植，随种而果；岂可非类而变应也？如君所说，皆不合至真，其言未解。’”《周氏冥通记》卷二：“不以猥俗，少便依道，籍以缘幸能栖林谷，岂期一旦真仙启降，喜惧交心，无以自安。若前因可采，愿赐神仙要诀，以见成就。”前蜀杜光庭《太上黄箓斋仪》卷九《第三日落景行道》：“弟子某仰虑前因，逮于累劫。九玄七祖，一切种亲。三业内资，六情旁构。五声伐耳，万类荡心。”

前缘，谓前定的缘分。梁陶弘景《洞玄灵宝真灵位业图》：“领九宫上相长里先生薛君周时得道，许长史前缘兄也。”《周氏冥通记》卷二：“凡庸下贱，少乐正法，幸藉缘会，得在山宅应作‘泽’字。何期真圣曲垂启降，自顾腐楞，无地自安。若前缘可采，愿赐开度。”隋唐《太上老君说报父母恩重经》：“前缘至孝慈，供养礼无违。敬信于三宝，无期福会归。”前蜀杜光庭《道门科范大全》卷七十

---

① 李小荣：《〈弘明集〉〈广弘明集〉述论稿》，巴蜀书社 2005 年版，第 400 页。

② 刘屹、刘菊林：《论太上妙法本相经的北朝特征——以对佛教因素的吸收为核心》（《首都师范大学学报（社会科学版）》2007 年第 3 期）以成书于南北朝末年的道教经籍《太上妙法本相经》为对象，主要从这部道经中出现的大量佛教概念和词汇入手，揭示其佛教因素的来源；指出此经的造作者主要受到北朝佛教的影响，故此经应属北朝道教的产物。

七《晚朝行道》:"仰虑前缘往劫,此世以来,行教立功,宣科济俗,违越禁戒,负犯幽明,传法修身。"其他文献亦见,唐李商隐《杂纂·隔壁闻语》:"新娶妇,却道是前缘,必是丑。"宋严蕊《卜算子》词:"不是爱风尘,似被前缘误。"

【缘会】【缘业】【缘运】【仙缘】

《太上消灭地狱升陟天堂忏》:"闻经得道,随念往生。无尽玄功,无边睿爱。复愿解分宿对,缘会当来。所堕三涂,悉蠲八难。"

《周氏冥通记》卷四:"五月九日,梦见司命、定录、保命及众真,并见试以缘业事,云云。"

《真诰》卷十二:"缘运事乃如此相关,今人之善恶,岂曰徒然。"

《周氏冥通记》卷二:"邓笑曰:'周生缘业,果[始](如)韩侯所说,当可言乎?'徐曰:'周子虽禀仙缘,未得便知前身之事。'"

按:缘会,相会的缘分。《周氏冥通记》卷二:"幸藉缘会,得在山宅。"《洞真太上太霄琅书》卷六《为同义救厄疾谢罪请福寮出官诀第十六》:"臣妾既缘会先获宝文,乃惭精勤,谅不敢懈,某今厉操,不怠不休,冀果灵降,感通必明。"《太上洞玄灵宝二部传授仪》:"臣以下愚,行尸臭肉,宿命缘会,谬荷非分,进受大法三宝尊经。"《无上秘要》卷五十《次鸣天鼓二十四通》:"臣等宿世缘会,生遭道教,谬蒙师真所见启拔,开道腐骸,参以经法。"

缘业,也称"业缘"。谓善业为招乐果的因缘,恶业为招苦果的因缘,一切众生皆由业缘而生。《周氏冥通记》卷二:"又问曰:'陶氏才识何如?'答曰:'德操渊深,世无其比。'又曰:'然恐缘业不及,如何?'"《太上大道玉清经》卷七《道化四夷品第十七》:"尔时,大悲天尊通流法雨,随其缘业,润有浅深,平等见形。众生睹相,容貌各异,一音说法。众生领受,悟解不同,信用相反,而不相似。"《无上内秘真藏经》卷五《普明品》:"其山之内,复有隐居贤士精思修道,学大乘行,决定无疑,护守心城,摧灭魔贼。复有三万六千众生习其缘业,各有所趣,种种不同。"卷十《究竟品》:"汝善观察,惑贫惑贱,惑疾惑病,惑苦惑恼,惑聋惑盲,惑瘖惑痖,皆由缘业,报应不差。惑前惑后,宜各慎之。修身立行,有五福德。"

缘运,缘分运气。《大词典》失收。《周氏冥通记》卷二:"诸人所述,足以相劝戒,可自思缘运,克列单心。'"《洞真太上八素真经三五行化妙诀》:"故得道仙真,未极大圣者,后皆发心立愿,缘运垂感,更生人中,赞扬妙法,积德累功,乃登大圣。"《太上洞玄灵宝诫业本行上品妙经》:"四品转通,能以心往见众生心,逆照未然,祸福阴中事,位次通觉圣;五品转通,普知十方无极世界,一切缘运由趣休否事,位次大觉圣。"《太上洞渊神呪经》卷十二《众圣护身消灾品》:"尔我等自惟,亿劫缘运,得奉尊颜,预在庆会,见诸大王。各说法要，愿救群生，拔其苦难，令入道门，不胜欣跃。”

仙缘，谓修道成仙的缘分。中古道经中用例较少，《上元始天尊说宝月光皇后圣母天尊孔雀明王经》卷中：“万劫难逢，仙缘可崇。”近代道教文献中用例渐多，唐王悬河《三洞珠囊》卷十《叩齿咽液品》：“玉阁无有仙缘，不得披绎也。”元华阳复注《洞玄灵宝自然九天生神章经注》卷上：“此言夙有仙缘之士，名纪仙籍者，方得受持玉章，斋金宝奉师效心，不轻传也。”元秦志安《金莲正宗记》卷四《长真谭真人》：“闻重阳先生来自终南，方在宜甫马君宅中闲居，扶杖往谒，将求治疗之法。先生扃户不纳，公乃坚守，终夕剥啄不已，门忽自开。重阳大悦，以为仙缘所契，乃召之同衾而寝。”

上文所列不少道经用语源出佛教，中古时期，佛教、道教的交融与抗衡使不少佛经用语也进入同时代的道教文献。对这一问题，学界多有阐释。周作明、夏先忠指出：“从源头看，这些道教用语可分为三类：一是直接借用佛教译经中的用语；二是改造的佛教用语为已所用；三是佛道二教共享，但关系不明。”[①]关于“道经如何吸收改造佛经”，李小荣(2005)将其概括为四点：(1)直接借用相关词汇；(2)改造佛教语，抹去佛教色彩；(3)吸收佛教的观念、思想；(4)敦煌本道经更能保持原貌，道藏本改造较彻底。[②]

【源由】【根由】

《周氏冥通记》卷二：“吾经以此事咨[受](定)录君，君见告如此，故为宣说，令知源由耳。”[③]

晋许逊《灵剑子》：“夫子称予不知道本根由，乃问老子，方知道之是气，形神不足，虚受辛勤。”

按：源由，根由，原因。原题刘宋陆修静撰《太上洞玄灵宝素灵真符》卷下：“吾是太上之使，知汝名字源由，何不疾走？今行水火追杀汝。急急如律令。”《洞真太上太霄琅书》卷八：“轻薄回或，浮学不专，共宜抑杜，不可开萌。若不与此人本师相识，当书信交通，详其意故。审定源由，彼此无嫌，乃得传授。有疑勿结，结致深殃。”《上洞玄灵宝三涂五苦拔度生死妙经》[④]：“罪恶源由，名曰三涂五苦八难。此等恶趣，出离最难。非我法门，无由超度。”《上清太一金阙玉玺金真纪》[⑤]：“夫俗人好道，晚学初浅，未识道源由，且未离人间。”中古其他文献亦见，晋干宝《搜神记》卷二：“顷所见，小鬼耳，必不能辨

① 周作明、夏先忠：《从六朝上清经看佛教对道教用语的影响》，《宗教学研究》2008年第3期。

② 李小荣：《〈弘明集〉〈广弘明集〉述论稿》，巴蜀书社2005年版，第134～141页。

③ 《大词典》第6卷第11页引此例，“令”误引作“命”，当正之。

④ 丁培仁认为该经年代为南北朝至唐之间。（丁培仁：《增注新修道藏目录》，第101页）

⑤ 朱越利认为该经当出唐前。（朱越利：《道藏分类解题》，第107页）

此源由。"北齐颜之推《颜氏家训·勉学》:"传相祖述,寻问莫知源由。"

中古道经还有"根由"一词,谓缘故、来历。《周氏冥通记》卷三:"卿知其根由不?乃吾之弟孙也。"晋郭象《南华真经注疏》卷二十九:"夫天地昼夜,人物死生,寻其根由,莫知终始。时来运去,非命如何。其无命者,言有命也。"葛玄《太上慈悲道场消灾九幽忏》卷一:"师宝者,未明法则,那别根由,欲度爱河,达于道岸,若无阶梯,及以舟楫,不得师资,如何证果,成就戒品。"

【整心】

东晋《元始五老赤书玉篇真文天书经》卷下:"三念悔谢众罪,无所隐匿,整心修敬,每以尽节。四念愿求神仙,得见真君,免度厄世,身睹太平。"

按:整心,正心,端正思想。《周氏冥通记》卷一:"此是也,当烧香整心伺之,见则祈乞随心所愿,亦别有呪,后当相告。"卷三:"或为虎狼,或为殊声异形,以怖于人。尔见此时,但整心建意,勿慞惶也。"[①]南北朝《洞真太上太霄琅书》卷八:"看经审议,正危整心,不得骄慢,傲怠茫溏,狡狯戏笑,引譬失伦,协谈营私计则利。"《无上秘要》卷六十六:"神来道亦畅,欢适香烟中。整心注太玄,精感洞虚空。室招神霄降,目瞻仙都公。"《上清天关三图经》:"侍香履年命,稽首玉帝房。神泰道亦畅,惧适香烟中。整心注太玄,精感洞虚无。室招神霄降,瞑目瞩仙公。拔过七祖难,度形还南宫。"

【上玄】

《上清道宝经》卷一:"未至前一日,五香沐浴,上玄九人下极三人。建斋之日,当书金真玉光九天之信,置于五帝,招神致灵。"

按:上玄,上天。《文选·扬雄〈甘泉赋〉》:"惟汉十世,将郊上玄。"李善注:"上玄,天也。"前蜀杜光庭《莫庭乂为川主修周天醮词》:"上愿国祚遐长,圣朝宁泰……三光顺度于上玄,万类繁昌于下土。"《云笈七签》卷四十三《存思部二》:"上玄少女,演元始之气同。学者入黄宫之中,中极正宗,高尊所处。"

其他文献亦见行用,《周书·王悦传》:"梁主内亏刑政,外阙藩篱,匹夫攘袂,举国倾覆。非直下民离心,抑亦上玄所弃。"《陈书·世祖本纪》:"昊天不吊,上玄降祸。大行皇帝奄捐万国,率土哀号,普天如丧,穷酷烦冤,无所追及。"《旧唐书·玄宗本纪》:"上玄降鉴,应以祥和,思协平邦之典,致之仁寿之域。"唐刘肃《大唐新语》卷十三:"宫闱接神,有乖旧典,上玄不祐,遂有天授易姓之事。"

---

① 《大词典》第5卷第514页"整心"条仅举《周氏冥通记》卷三此例作为孤证,当补。

道教典籍中,“上玄”还可指称人的心脏。《黄庭内景经》:“中有童子冥上玄。”梁丘子注:“心为上玄,上玄幽远,气与神连,故言冥上玄。”

第二节 同义连文

古文中常见若干意义相同或相近的字并列连用,这是古代汉语中一种普遍而重要的语言现象,古人对此早已有所认识,称之为“重言”“连语”“复语”“复词”“连文”“语词复用”“两字一义”等。对“古人自有复语”研究最深入的当数王念孙、王引之父子,他们在《读书杂志》《经义述闻》《经传释词》中都曾多次申述。当代学者将这种现象称为“同义连文”“同近义连文”“同义连用”“同义词连用”“同义字复用”“同义字连用”“复语单义”“同义并行复合词”“同义复合词”“同义复词”“同义联用”等。黄金贵指出:“所谓同义连用,是指两个或两个以上意义相同、相近甚至相类的词并列连用的语言现象。”[①]

同义连文具有极强的能产性,是汉语词汇复音化的重要途径。“并列双音词最主要的历史来源有两个:一个是句法来源,即由短语逐渐演变为词。发生这种过程的一般是类义并列和反义并列双音词,成词途径主要是语义融合和语义脱落。另一个是词法来源,成词的主要途径是在汉语词汇双音化的驱动作用和同义并列构词法的类推作用下,运用同义联想把两个意义相近或相同的单音词并连在一起形成的。”[②]向熹进一步指出:“同一个单音词可以和多个同义或同类的单音词组合成若干意义相同或相近的复合词,形成一个同义词群。”[③]魏晋南北朝道教文献中,同义连文也是最能产的造词方式。

【魂爽】

《灵宝无量度人上品妙经》卷五十六:“拔除罪苦,敷落灵篇,赤书玉字,无上真文,超度魂爽,使入生门。梵气弥罗,万形开张。”

按:魂爽,犹魂魄、精神。《周氏冥通记》卷四:“朱阳馆及彼廨以后,乃有两三埒,状似古冢。既林草榛芜,亦可经人埋尘,不见有巫场处。所云故气,正当魂爽辈耳。既曰无苦,便不为害也。”《灵宝无量度人上品妙经》卷六十

---

① 黄金贵:《古汉语同义词辨释论》,上海古籍出版社 2002 年版,第 60 页。

② 丁喜霞:《中古常用并列双音词的成词和演变研究》,语文出版社 2006 年版,第 145～146 页。

③ 向熹:《简明汉语史(修订本)》(上),第 575 页。

一:"下世末学,住生死流,居小乘位,不诵其文,则地官录其形质,天司禁其魂爽,取道暗杳,不知至玄。"《北帝说豁落七元经》:"摄伏魔精,保安魂爽。"《太上洞渊神呪经》①卷十一:"一切人鬼禽兽之类,临命终时,恋其室宅,爱惜本身,心迫情切。或起恶心,或发恶愿,因寻本誓,随其所在,尸血所染,骨肉所附。炁嘘目视,皆生恶业因缘,魂爽相习,报对无穷,既不善入灵宝智慧自然法诫,何可济免?"前蜀杜光庭《太上黄箓斋仪》卷四:"忏谢玄真,拔赎罪咎。伏冀天尊慈祐,大圣垂光。敕勒地司,开度魂爽。出长夜之府,离九幽之中。"《云笈七签》卷四十一:"奉经威仪,登斋诵经,当沐浴以精进。若神气不清,则魂爽奔落。"

中古近代其他文献亦见,北齐颜之推《颜氏家训·名实》:"世之汲汲者,不达此意,若其与魂爽俱升,松柏偕茂者,惑矣哉!"王利器集解:"谓魂魄精爽也。"唐韩愈《为裴相公让官表》:"承命惊惶,魂爽飞越,俯仰天地,若无所容。"宋曾巩《与北京韩侍中启》之二:"故魂爽虽骛于门闳,而候问不通于幕府。"金王若虚《故朝列大夫刘君墓碣铭》:"惧夫魂爽之无依也,于是招之以葬于先茔。"

《左传·昭公七年》:"用物精多,则魂魄强,是以有精爽至于神明。"孔颖达疏:"精,亦神也;爽,亦明也。精是神之未著,爽是明之未昭。""爽"后用以指心神、神志。三国魏曹植《释愁文》:"寂寂长夜,或群或党,去来无方,乱我精爽。"引申又指依附于形体的精神,即所谓"魄"。唐韩愈《文选·刘琨〈劝进表〉》:"精爽飞越"刘良注"爽,亡也。"叶贵良研究认为,"精爽"即灵魂,析言之,神存称"魂",神去称"爽",敦煌道经中还有"鬼爽""苦爽""善爽""旧爽""灭爽"等词。②

【周回(周迴、週迴)】【周帀】【方圆】

《真诰》卷九:"方诸正四方,故谓之方诸。一面长一千三百里,四面合五千二百里。上高九千丈。有长明太山、夜月高丘,各周迴四百里,小小山川如此间耳。"

《上清黄书过度仪》:"三绕周帀阳还阴,左卧阳因起,乘魁上行三气,取上元三咽毕。"

《无上秘要》卷四《神水品》:"太元之庭有玉简山,山有清渊之池,方圆千

① 吉冈义丰《道教经典史论》认为该经前10卷、第19卷后半和第20卷撰于东晋孙恩、卢循时至刘宋末(400～478年),其余部分也许是杜光庭时所增。其《六朝道教的种民思想》补充说,该经出于梁末之前,东晋末至刘宋末的前说也可保留。卿希泰《试论〈太上洞渊神咒经〉的乌托邦思想及其年代问题》认为该经年代上限为西晋末,下限为东晋末。(参见朱越利:《道藏分类解题》,第94页)

② 叶贵良:《敦煌道经写本与词汇研究》,第498～500页。

里。又有帝川池,在玄洲北,玉灵仙母、金华仙女,常所经游。"

按:周回,亦作"周迴""週迴",谓周围。[①] 是一个同义复合词。《洞玄灵宝五岳古本真形图》:"青城山真形在蜀郡界,一名天国山,周回二千七百里。"《元始上真众仙记》:"玄都玉京七宝山,週迴九万里,在大罗之上城七宝宫,宫内七宝台,上中下三宫,如一宫城,一面二百四十门。"《真诰》卷十四:"桐柏山高万八千丈,其山八重,周迴八百余里。"卷十五:"山高二千六百里,周迴三万里。其山下有洞天,在山之周迴一万五千里。"其他用例如《汉书·刘向传》:"秦始皇帝葬于骊山之阿,下锢三泉,上崇山坟,其高五十余丈,周回五里有余。"唐李咸用《春日题陈正字林亭》诗:"周迴胜异似仙乡,稍减愁人日月长。"

魏晋南北朝道经中尚有"周帀",亦作"周匝",谓周围。《真诰》卷十五:"八渟山高五千里,周帀七千里,与沧浪、方山相连比。"《上清黄书过度仪》:"复还左,正偃卧思神,左无上气,正青右玄老气,正黄太上气,正白贯臣妾身,六甲五藏,支干间,左上右下,周帀一身,还治臣妾下丹田中,上升昆仑山。"《太上大道玉清经》卷三《通济幽冥品第八》:"神剑金钺,雷震霹雳,光明熠爚,周帀腾沸,从西北方乘玄云之车下天尊前,稽首天尊,致敬无量。前后导从,万种鼓吹。"《无上秘要》卷十五《赤明天帝》:"女乏无根食,常仰日咽气,引月服精,自然充饱,体不损,常行山周帀,忽与神人会于丹陵之舍,柏林之下,执桂音右手。"《太上慈悲九幽拔罪忏》卷六:"若有众生,得吾此经,香汤扫洒,沐浴身心,著鲜洁净衣,烧香燃灯,旛华宝盖,周帀围绕,礼拜供养。"卷九:"尔时,元始天尊为普救真人演说,东北方梵炁天君,长乐境界,无极之国,周帀庄严。"

道经中另有"方圆",也作"方圜""方员",亦谓范围、周围。《元始天尊说玄微妙经》:"守一之法,以甲午、甲辰、甲寅日夜半,扫除静寝之庭,方圆一丈布席,烧香北向再拜,亦可心拜而已。"《上清六甲祈祷秘法》:"此印,用雷劈枣木心,方员一尺,于三元日,或五月五日,净室中焚香雕刻,念溪女呪五遍,呼汉女名、天女名。"

【愆累】

《周氏冥通记》卷二:"尔既无才学可称,又乏至德之美,特是采缘访命,加以迹少愆累,心无沉滞,故得耳。"

---

① 刘坚(1982)则论及"周回、周迴",认为此词见于六朝以下,书证举晋王嘉《拾遗记》稗海本《搜神记》、《洛阳伽蓝记》,并指出此词在宋人话本里写作"周围",更多的是"四下"或"四下里",意思相同。(参见刘坚:《〈大唐三藏取经诗话〉写作年代蠡测》,《中国语文》1982年第5期)

按:“愆累”同义连文,谓罪过,过失。“迹少愆累”恰好与“心无沉滞”相对。

愆,罪过,过失。《尚书·伊训》:“惟兹三风十愆,卿士有一于身,家必丧。”东晋葛洪《抱朴子外篇·名实》:“是故抱枉而死,无愆而黜者,有自来矣。”

累,本指“连累,使受害”。《尚书·旅獒》:“不矜细行,终累大德。”孔颖达疏:“若不矜惜细行,作随宜小过,终必损累大德矣。”慧琳《一切经音义》卷二十九“累染”注引《考声》:“累,连及罪也。”引申而为名词“过失”义,春秋邓析《邓析子·无厚》:“君有三累,臣有四责,何谓三累? 惟亲所信,一累;以名取士,二累;近故亲疏,三累。”唐韩愈《袁州刺史谢上表》:“又蒙赦其罪累,授以方州,德重恩弘,身微命贱,无阶答谢,惟积惭惶。”《资治通鉴·唐纪二十三》:“多是贬累之人”胡三省注:“累,罪累也。”

中古道经中有“愆累”连文例。《真诰》卷二:“至于内冥偶景,并首玄好,轻轮尘蔼,参形世室,妾岂以愆累浮卑少时之滞,而亏辱于当真之定质耶?”卷四:“夕冥郁绝宇,朝采圆景华。弹璈北寒台,七灵晖紫霞。济济高仙举,纷纷尘中罗。盘桓嚣蔼内,愆累不当多。”《太上灵宝十方应号天尊忏》卷十《师尊父母品》:“一切众生,受大道天地而化,育而托质于父母。其父母提携乳哺,寒暑晦明,备极养育。及乎成长,即染习恶趣,淫荒嗜好,喜怒悲恼。三业十恶,六情六尘,六入六识,六根六贼,内外渐染,积成愆累。沉堕于弃贤杂恶世界,沦没于生死爱河幽牢。”

【慞惶】

《周氏冥通记》卷四:“其此数旬中,为起屋事恒慞惶不作。恐身既废,心亦是急,定录讶之耳。”

按:慞惶,忙乱,慌张。唐窥基《妙法莲华经音义·譬喻品第三》:“慞惶,同偉遑,亦通张皇,惊遽慌张也。”晋潘岳《哀永逝文》:“嫂侄兮慞惶,慈姑兮垂矜。”《周氏冥通记》卷三另见:“或为虎狼,或为殊声异形,以怖于人。尔见此时,但整心建意,勿慞惶也。”

其他文献亦有使用。三国吴葛玄《太上慈悲道场消灾九幽忏》卷八:“汝等众生,宜当谨慎,忽尔一朝,亲萦斯苦,悔何及哉。且如阳间,人有小故,因诣公门,罪须不重,情且慞惶。眷属忧怖,求救百端。地狱众生,比喻于此。”唐释道世《法苑珠林》卷十:“头发悉蓬乱,形体皆毁破。昼夜念饮食,慞惶走十方。饥渴所逼切,张口驰求索。”又同卷:“我昔曾闻有大商主子名曰亿耳,入海采宝,既得回还,与伴别宿,失伴慞惶。”唐赵蕤《儒门经济长短经》卷一:“神色凄怆,常如有失;举止慞惶,恒如趋急;言语涩缩,若有隐藏;体貌低摧,如遭凌辱。"宋张君房《云笈七签》卷八十二《除去三尸九虫法(并药术)》:"或于眠中,唤人名字。或假吏卒,收录执缚。或托人父母兄弟,责詈于己。或梦妻子,困病死丧,使人憧惶,悲哀哭泣。或梦冢墓,狼籍尸骸。"卷一零三《翊圣保德真君传》:"守真受教而往,方至其家,坐于客馆,而岐哥已觉,憧惶失次。家人遽出迎拜,守真具问之,因厉声呼其名。须臾,岐哥捽其首,从中唯唯而出,至守真前,战汗悚息。"敦煌文献亦见,P.3706《大佛名忏悔文》:"如不谨慎,忽尔一朝亲婴斯事,将不悔及。如今被罪行诸谷门,已是小苦情地憧惶。"

【宣漏】【宣泄】

东晋《上清高上灭魔玉帝神慧玉清隐书》:"此法至不可轻泄。传授之者,皆立盟为誓,约不宣漏。若违盟负誓,不崇科禁者,身为下鬼长闭地狱,七玄之祖受风刀考罚矣。"

《上清太上帝君九真中经》卷下《太上玉晨郁仪奔日赤景玉文》:"授非其人,不遵法度,为宣泄天文也。漏慢违誓,死为下鬼,乃七祖考受风火之罪。自非同气,宁当闭口。"

按:宣漏,泄露。此为同义复音词,魏晋六朝道经多见,东晋南朝《上清太上帝君九真中经》卷上:"九真道毕,泄则祸遘,三官泄毒,考罚宣漏,当传仙才,审可成就。"《周氏冥通记》卷三:"此条中多说上落及宣漏诸事,全是欲严相诫防,恐脱言说,便致谴黜。"北周《无上秘要》卷三十三《轻传受罚品》:"夫有宿命,应得见此文者,皆玄挺开会,必有神仙定分。此之神经不传于世。又妄说之者,则三天刺奸,上闻帝君,告子之罪,以为宣漏之愆。"《上清洞真天宝大洞三景宝箓》卷上:"太上真符,玉精神虎,受者刻名仙簿,消减刑考,必令成真,散除忧苦。勿得宣漏,万龄一瞬,谨盟水官,速誓后土。祝毕径还,慎勿反顾,此名为毕盟。"后世道经沿用,宋张君房《云笈七签》卷七十四:"一日有其人,听顿授之十人,过限不得复授。受之者,皆立盟约,誓启不宣漏。贶有方之师,青帛三十尺,金镮两双,代歃血之信。"中古其他文献亦见,《宋书·何承天传》:"二十四年,承天迁廷尉,未拜,上欲以为吏部,已受密旨,承天宣漏之,坐免官。"《南史·宋竟陵王诞传》:"咏之与建康右尉黄达往来,诞疑其宣漏,诬以罪被杀。"

又有"宣泄",亦谓泄露、泄漏。魏晋南北朝道经中出现频率较高,《真诰》卷十一:"恐俗人贪狡之徒,知此金宝处,堪能凿掘,则事由宣泄,此罪真为不轻。非但尔时教戒,亦传贻无穷,将来诸子,咸共秘之。"《上清太上黄素四十四方经》:"凡道士受学洞经,修行太一之事,不得宣泄太一帝君之名字,以语不同志之人。泄则犯太玄阴考,兆三犯之者,则五神废宅,不得复为仙矣。"《太上玉珮金珰太极金书上经》:"口度诀音,祝如太真科文。慎勿妄宣泄,泄则被左官风刀之考,失仙丧身也。"《上清太上元始耀光金虎凤文章宝经》:"太一宝玄玉经,太上真人藏于五岳华房之内,非有仙籍者,不得闻见此也。见之者生,行之者仙。是故重为盟誓,束其天真,以防宣泄流布离行耳。"《洞真上清青要紫书金根众经》卷下《真人披天关飞仙上法》:"师东向,受者北向,告北帝为盟,告七祖为誓。约不宣泄之信,当依玄科。七百年内三传,传非其人,七玄之祖长充鬼役,身没九泉。"《上清太上元始耀光金虎凤文章宝经》:"不盟受而窃行之者,按女青诏书,失两明也。受而不行者,有天灾考也。行而宣泄者,有风刀灾考也。"《太上大道玉清经》卷一《说戒科品第五》:"写经之人不得窃用秘言,宣泄唱令。犯此戒者,考病立至,死受风刀之考,长不闻法。慎之!"《洞真上清神州七转七变舞天经》:"妙化之道,秘而奉行,不得宣泄。祸延七玄,身没幽泉,万不得仙。"

【品秩】【位任】

《太上三洞神咒》卷三《誓将吼》:"汝若负我,风刀考身。我若负汝,品秩不陛。使者张某,谛听谛听,毋忘此盟。急急如律令。"

《周氏冥通记》卷二:"姓黄,字元平,东海人,犹散在保命赵丞间,无位任。"

按:品秩,官品与俸秩。晋许逊《太上灵宝净明飞仙度人经法》卷五《字诀章第七》:"太眇之堂,出南宫福堂,主品秩。"《洞真太上太霄琅书》卷四《法服诀第八》:"世异法殊,因革日滋,尊卑品秩,其冠不同。"南朝宋陆修静《陆先生道门科略》:"道家法服,犹世朝服。公侯士庶,各有品秩。五等之制,以别贵贱。"《太上灵宝朝天谢罪大忏》卷五:"品秩穹崇,寿龄延永,获福无量。"晋郭象《南华真经注疏》卷二十五《杂篇·庚桑楚第二十三》:"王孙公子,长大加冠,故著衣而戴冠也。各有品秩,咸往职官,因官赐姓,故甲第氏族也。"其他文献亦见,《后汉书·皇后纪赞》:"其(公主)职僚品秩,事在《百官志》。"唐张乔《送庞百篇之任青阳县尉》诗:"品秩台庭与,篇章圣主闻。"

位任,官位,职务。《真诰》卷十五:"刘备,字玄德,涿郡人。初起义兵,后遂据蜀,称尊号。三年病亡,年六十三,谥昭烈皇帝。寻于时同为三国之主,魏武、孙策今位任皆高,刘此职虽小,而隶仙官,其优劣或可得相匹也。"南北朝《太上灵宝天地运度自然妙经》:"若能常讽诵冥韵,则得度洪灾于阳九,受位任于丁亥。"还可作动词,即担任,任职。《太上洞玄灵宝三元品戒功德轻重经》:"天尊既开大宥之化,生死皆明,宜使幽显尽然有判,不令愚闇惑于二论。既蒙饰擢,位任总司,当宣正法,开示来生。"前蜀杜光庭《太上老君说常清静经注》:"正一真人者,汉天师也,姓张,讳道陵也。今为三天大法师，位任正一真人。”

“阶秩”，亦指官吏的职位和品级。道经中仅检得二例，《真诰》卷十三：“依《剑经》，主者大有品秩，迁转年限，赊促悬殊。此等数之目，异于品名，反以多为贵，如此阶秩矣。”隋至唐初《正一修真略仪》[①]：“必使依科次第，明晓阶秩，详审义目，解其要旨。”其他文献亦见，唐元稹《邵常政内侍省内谒者监制》：“或扈从于艰难之际，或服勤著廉善之名，宜序班资，用优阶秩。”《旧唐书·魏玄同传》：“复患阶秩虽同，人才异等，身且滥进，鉴岂知人？”

中古道经又见“任数”，谓职务等级。《周氏冥通记》卷一：“闻二君及府中诸监僚选卿为保籍丞，此位乃始立，以助领诸簿录。其任数小而高清为美，兼得宗庇真仙，二三为宜。”任，官职、职务。《晋书·刘颂传》：“随才授任，文武并叙。”唐韩愈《奉和虢州刘给事使君三堂新题二十一咏序》：“刘兄自给事中出刺此州，在任逾岁。”数，等级；次序。《逸周书·大聚》：“复亡解辱，削赦轻重，皆有数。”朱右曾校释：“数，等差也。”《荀子·劝学》：“其数则始乎诵经，终乎读《礼》。”宋王安石《洪范传》：“自天一至于天五，五行之生数也。”由“顺序、次序”引申而有“等级”义，宋王安石《上宋相公书》：“自去吏属之籍，以至今日，虽尝获侍燕语，然不能自同众人之数也。”

【躁竞】【扰竞】【争竞】【竞乱】

《真诰》卷六：“昔玄风泯绝，埃气弥氛；弘犹沦丧，浇伪滋起。驰骤之徒，替真于崖分之外；躁竞之群，饕利于形名之肆。擅智生流荡之患，希求致矜伐之累，乖常适于所适，离至当于非当矣。”

《太上大道玉清经》卷九《明威真人威邪品第十九》：“中古以下，淳浇狼狈，勃然兴伪，飒焉以废。众于邪道，求其至当，奔驰扰竞，不免涂炭。甘心惬分，良可哀哉。”

晋葛洪《抱朴子内篇·释滞》：“然其事在于少思寡欲，其业在于全身久寿，非争竞之丑，无伤俗之负，亦何罪乎？”

《上清修身要事经》：“第二败勿为阴贼凶恶，凶恶则黄庭竞乱，三尸好杀，魂神窥奸，魄鬼干室，日光亡败，口生伤气。”

按：躁竞，急于进取而争竞[②]。中古道经屡见，刘宋陆修静《洞玄灵宝斋说光烛戒罚灯祝愿仪》：“能使内外夷然，敬受经一句，则司命延加十算，后皆聪明智慧。若内外躁竞，毁忤经文一句，则司命夺十算，后随痴愚盲道。”《太

① 朱越利：《道藏分类解题》，第162页。

② 冯利华认为“躁竞”表示“扰乱、不安定”之义，但其未举道经用例。（冯利华：《中古道书词语辑释》，《宗教学研究》2010年第2期）

上诸天灵书度命妙经·昃四》:“吾过去后,真文隐藏,运度当促,五浊躁竞,万恶并至。”《太上老君戒经》:“人之所以躁竞者,由是六情之所使也。若持戒念道,则六情澄静,神安气正,邪惑所不能扰。”《太上灵宝朝天谢罪大忏》卷四:“若躁竞不安者,即以静定门摄之。若烦恼不释者,即以解脱门摄之。若忧悲不乐者,即以逍遥门摄之。”《上清修身要事经》:“三魂不定,爽灵浮游,胎光放形,幽精扰唤,其爽灵、胎光、幽精三君,是三魂之神名也。其夕皆弃身游遨,飚逝本室,或为他魂外鬼所见留制;或为鬼物所得收录;或不得还反,离形放质;或犯于外魂,二气共战,皆躁竞赤子,使为他念,去来无形,心悲意闷也。”

扰竞,扰乱[①]。《真诰》卷六:“又顷者末学,互相扰竞,多用混成及黄书赤界之法,此诚有生和合,二象匹对之真要也。”《真诰》卷八:“游精罔象,诚不可信。然多劳多事,多念多端,所以损神丧真,扰竞三关,遂当以此害明德也。”《灵宝无量度人上品妙经》卷四《永延劫运保世升平品》:“离合之日,诵咏是经,普济生灵,咸获福寿,扰竞永消,普世率宁,万神镇卫,五帝司存。”

争竞,谓为名利而争逐奔走,亦泛指互相争胜。魏晋六朝道经中多有所见,《真诰》卷二:“如其心并愆浪,目击色袄,动与网罟共启,静与争竞之分者,此乃适仙路邈,求生日阔也,子其慎之。”又:“盖富贵淫丽是破骨之斧锯,有似载罪之舟车耳。荣华矜世,争竞徼时,适足以诲愆要辱,为伐命之兵,非佳事也。”卷六:“在官无事,夷真内炼。纷错不秽其聪明,争竞不交于胸心者,此道士之在官也。”《无上秘要》卷三十五《授度斋辞宿致仪品》:“第七戒者,不嫉人胜己,争竞功名,每事逊让,退身度人。”《太上一乘海空智藏经》卷七《平等品》:“真人童子行上道时,常观众生,莫生怨想,推直于人,引曲向己,无所争竞,得寿命长。”《太上洞玄灵宝三元品戒功德轻重经》:“学上道诵经越略之罪,学上道旋行越次争竞之罪。”《太上诸天灵书度命妙经》:“心当破坏,转相疑贰,不信经教,生诸嫉害,争竞胜己,更相攻伐。”

竞乱,扰乱。《真诰》卷十:“凡甲寅庚申之日,是尸鬼竞乱,精神躁秽之日也,不可与夫妻同席及言语面会。当清斋不寝,警备其日,遣诸可欲。”《上清太上黄素四十四方经》:“凡庚申甲寅之日,是血鬼游尸直合之日。此之日也,天炁交合,七魄竞乱,淫秽混真,邪精流焕,明法勤津,七神飚散。每至其日,当清斋别处,不杂他席,慎不可与夫妻相见,及同床而寝。又不可争竞财色,所行非道之方也。”

---

① 冯利华认为“扰竞”属同义连用,为并列复合词。“竞”本是“竞争、角逐”义,在此基础上又引申为“乱”义,故又可“竞乱”并称。“竞乱”条冯氏仅举《真诰》一例,可补。(冯利华:《中古道书词语辑释》,《宗教学研究》2010 年第 2 期)

【扶奖】

《周氏冥通记》卷四："伊蒙神真扶奖如此，不免三官所奏。"

按：扶奖，犹奖掖，推许扶持。《大词典》失收该词。扶，扶持，护持。《荀子·劝学》："蓬生麻中，不扶而直。"唐韩愈《题张十一旅舍三咏·蒲萄》："新茎未编半犹枯，高架支离倒复扶。"奖，称许，赞美。唐刘得仁《上姚谏议》诗："曾暗投新轴，频闻奖滞身。"

中古文献习见。《魏书·辛雄传》："齐献武王赴洛，兵集城下，纂出城谒王曰：'纂受诏于此，本有御防。大王忠贞王室，扶奖颠危，纂敢不匍匐。'"《南齐书·陆绛传》："浇风一起，人伦毁薄，抑引之教徒闻，圭璋之璞罕就。若令事长移忠，傥非行举，姜桂辛酸，容迁本质。而旌闾变里，问饩存牢，不过鳏寡齐矜，力田等劝。其于扶奖名教，未为多也。"《南齐书·志十·祥瑞》："天符瑞令，遐哉邈矣。灵篇秘图，固以蕴金匮而充石室，炳《契决》，陈《纬候》者，方策未书。启觉天人之期，扶奖帝王之运。三五圣业，神明大宝，二谋协赞，罔不由兹。"唐释道宣《广弘明集》卷十九："寻源讨流，未知攸适。虽精理莹心，止乎句偈。而初悟始学，致惑者多。且中外群圣，咸载训典，虽教有殊门，而理无异趣。故真俗两书递相扶奖。"

【思详】

《周氏冥通记》卷四："此药名，既又云唯可心知，便是难可思详。"

按：思详，谓思考、思索。

此处"详"并非常见的"详细"义，"详"乃"思"义，如东汉《太平经》卷一百一十一《善仁人自贵年在寿曹诀》："人有生自行善，不犯所禁，是人行之所致也。大神且复详，须施行有缺上名。"《宋书·武帝纪》："常日事无大小，必赐与谋之。此宜善详之，云何卒尔便答。"《旧唐书·礼仪志》："若以所服不得过本，而须为外曾祖父母及外伯叔祖父母制服，亦何伤乎？是皆亲亲敦本之意，卿等更熟详之。"

"思详"之文献用例如《宋书·礼志三》："规存永驭，思详树远。"《晋书·荀崧传》："豺狼当路，梓宫未反，祖宗之号，宜别思详。"《晋书·穆帝纪》："今百姓劳弊，其共思详所以振恤之宜。及岁常调非军国要急者，并宜停之。"道经用例如元明之际陆道和《全真清规》："切恐十方施主饮食难消，不念寸阴可惜，不得虚度。谨慎修持，庶得道心坚固。不戒恐失前程，请细思详。"《灵宝无量度人上品妙经》卷二《元始无量度人上品妙经》："道言：'此玉宸洞章，皆诸天上帝，及三元仙王隐秘之音，皆是大梵之言，非世之常辞。其言混洞，其文天成，故于秘妙不可思详。'"

亦作“详思”。如东汉《太平经》卷四十《努力为善法》:“得书详思上下,学而不精,名为惚恍,求事不得无形象,思念不致,精神无从得往。”《汉书·段会宗传》:“方今汉德隆盛,远人宾服,傅、郑、甘、陈之功没齿不可复见。愿吾子因循旧贯,毋求奇功,终更亟还,亦足以复雁门之跨,万里之外以身为本。愿详思愚言。”《后汉书·宦者列传·吕强》:“愿陛下详思臣言,不以记过见玼为责。”《三国志·魏书·董二袁刘传》裴松之注引《吴书》曰:“东立圣君,太平可冀,如何有疑!又室家见戮,不念子胥,可复北面乎?违天不祥,愿详思之。”《宋书·文帝纪》:“自顷军役殷兴,国用增广,资储不给,百度尚繁。宜存简约,以应事实。内外可通共详思,务令节俭。”《晋书·苻登传》:“姚苌多计略,善御人,必为奸变,愿深宜详思。”“思详”“详思”这对同素异序词,在文献中以“详思”较为常见,故而“思详”易被误解。

“详”作“思”义,在中古构成了不少词语,另外还有“复详”“寻详”“考详”“详谛”“详省”“精详”“详念”“详量”,更有三字乃至四字连文的如“详惟念”“详思念”“详念思惟”等,东汉道经《太平经》中用例颇多,值得注意。王云路对此多有论及[①],可参。

【冲白】【冲玄】

《真诰》卷七:“夫学道者当得专道注真,情无散念。拔奢侈,保冲白,寂然如密有所睹,熙然如潜有所得。专专似临深谷,战战如履于冰炭。始得道之门耳,犹未得道之室也。”

《太上灵宝元阳妙经》卷九《德行高贵品》:“真道体灵妙,至法甚冲玄。秘迹紫微宫,曜景大罗天。玄都至学士,清虚常自然。”

按:冲白,虚静淡泊。

冲,淡泊;谦和。《真诰》卷六:“知以无涯伤性,心以欲恶荡真。岂若守根净冲,栖研三神。所以弥贯万物,而玄同镜寂,泯然与泥丸为一,而内外均福也。”卷十七:“季主学业幽玄,且道迹至胜,乃当在卷之上首耶?东卿君大叹季主之为人,又羡委羽之高冲矣。”晋陶潜《五月旦作和戴主簿》:“居常待其尽,曲肱岂伤冲。”逯钦立校注:“冲,淡泊。”《梁书·王僧辩传》:“居高能降,处贵思冲。”

“白”通“泊”。《文选·嵇康〈养生论〉》:“神气以醇白独著”旧校:“五臣本白作泊字。”“冲白”即“冲泊”。《大词典》收录“冲泊”,但失收“冲白”。“冲白”一词文献稀见,《道藏》中的其他三例均转引自《真诰》。“冲泊”例如晋慧远《〈大智论钞〉序》:“非夫洞幽入冥,孰能与之冲泊哉!”宋张君房《云笈七

---

① 王云路:《〈太平经〉语词诠释》,《语言研究》1995年第1期。

签》卷五十六《元气论并序》:“夫至人含怀道德,冲泊情性,抱一守虚,澹寂无事,体合虚空,意栖胎息,故曰合德之厚,比于赤子。”明焦竑《庄子翼》卷八《天下第三十三》:“取实者,唯知有之以为利,未知无之以为用。取虚者,守冲泊以待群实也。无藏有余者,付万物使各自守,故不息其少也。”

冲玄,淡泊沉静。《灵宝无量度人上品妙经》卷五十四《斩馘不祥品》:“说经四遍,天籁成音,琼金流响,自然法唱,赞咏冲玄。说经五遍,水光湛莹,海岳呈祥。”前蜀杜光庭《道门科范大全》卷七十二《晚朝行道》:“佩受灵文,禀修玄教,未造冲玄之妙,有亏习炼之功,罪目易彰,福田难搆。”宋《无上玄元三天玉堂大法》卷二《升堂科禁》:“仙真相接,当常研味冲玄,诵念教法,令其真灵降身,则天魔供奉,呼为真官。”其他文献亦见,《北史·隐逸传·徐则》:“悦性冲玄,恬神虚白,飡松饵术,栖息烟霞。”唐吴筠《游仙》诗之一:“凝神契冲玄,化服凌太清。”

中古文献中还有“冲和”一词,谓淡泊平和。如晋袁宏《后汉纪·灵帝纪》:“此子神气冲和,言合规矩,高才妙识,罕见其伦。”南朝梁沈约《雍雅》之二:“属厌无爽,冲和在御。”但魏晋南北朝道经中未发现用例,近代道经中却有数例,如唐末五代《太上说玄天大圣真武本传神咒妙经》①卷六:“人伦抱一,禀协冲和,少私寡欲,年劫乃多。”宋薛道光《还丹复命篇》:“偃月炉,朱砂鼎,须知抱一守冲和,不必透关投玉井。”宋陈楠《翠虚篇》:“全养天然禀至神,冲和之气结成身。富贵只缘怀五彩,心知铅汞共成亲。”金刘处玄《仙乐集》卷二《五吉闷绝句颂一百六十一首》:“上士悟无争,冲和道眼明。真通全万行,觉了自然升。”又:“应变道枢机,冲和觉妙微。真了光无缺,碧空万道辉。”

【研莹】【研咏(研詠)】

《周氏冥通记》卷四:“二十四夕,见定录君,云:‘念真不密,秽气无辨。’自云:‘研莹之。’”

《真诰》卷十九:“王兴先为孔写,辄复私缮一通。后将还东修学,始济浙江,便遇风沦漂,唯有《黄庭》一篇得存。兴乃自加切责,仍住剡山,稍就读诵,山灵即火烧其屋。又于露坛研詠,俄顷骤雨,纸墨沾坏,遍数遂不得毕。”

按:研,研究。《真诰》卷六:“何事体造灵神之冥乡,心研殊方之假外哉。”卷六:“弟子虽去吾㊫谓应作“校”字,皆犹差悬也。千万里,心存吾戒,必得道矣。研玉经宝书,必得仙也。”卷七:“有道者皆当深研灵奥,栖心事外,但思

① 朱越利:《道藏分类解题》,第198页。

味勤笃，糟粕余物亦足自了耳。”卷十：“凡研味至道及读诵神经者，十言二十言中，辄当一二过舐脣咽液；百言五十言中，辄两三过叩齿，以会神灵，充和血气，使灵液凝满，帝一欣宅。”再如南朝梁刘勰《文心雕龙·情采》：“研味《孝》《老》，则知文质附乎性情；详览《庄》《韩》，则见华实过乎淫侈。”

莹，治，研究。《希麟音义》卷三“莹彻”注引《苍颉》：“莹，治也。”《慧琳音义》卷八“莹治”注引《考声》：“莹，理也，修故也。”《真诰》卷七：“所谓为难者学道也，所谓为易者学道也。寂玄沉味，保和天真，注神栖灵，耽研六府，惜精闭牝，无视无听，此道之易也。即是不能行此者，所以为难。许侯研之哉！斧子莹之哉！”此处“莹”与“研”对文，亦有“研莹”连言例，《周氏冥通记》卷四：“二十日，梦见司命君。君见令取青□此一字章漫，永不可识也。以呈司命。司命云：‘此可耳，心未真也，当更研莹。’”清胡天游《三洞璇华序》：“莫不研莹至教，凝抱元模，幽通天地之情，偏得神元之道。”“研莹”一词，其他文献罕见。又，《真诰》卷一：“紫微王夫人云：‘世人之思虑，何得事事真审耶？可不事有答其心也。’南岳夫人言：‘戏之耳。欲建竖之也，莹实之也。’”例中“莹实”窃以为即“研究核实”。

古道经中多见“研咏”一词，谓研读吟诵，二字类义连言。道教对诵读经典比较重视，南宋王契真编《上清灵宝大法》卷二十四云：“诵经之法，各有所主，有心祝、微祝、密祝。故心祝，则心中神存意而祝也；微祝，则自己可闻其声也；密祝，口言而已，使外人莫晓其声也。又有神诵、心诵、炁诵，所谓上中下三田也。此外，有意诵，各随事之轻重，分所诵之内外耳。诵则下声而诵之，咏则朗吟以咏声。十言一咽津，则养炁而润泽内官也；一百言一啄齿，则集真和神。外保不空尸竭神也。如错一字，则上前三十字以诵之；如越一字，更覆五十字以诵之。”

“研咏”，亦作“研詠”，陶弘景《登真隐诀》卷下：“正一真人三天法师张讳告南岳夫人口诀，天师于阳洛教授此诀也。按夫人于时已就研咏洞经，备行众妙，而方便宜告太清之小术。”《真诰》卷一：“外观流俗之对，内有迟疑之悟乎。不运事宜，亦已迈也。望所营者道，研詠者妙耳。道妙既得，高下之音，必坦然矣。此非所谋，吾子加之至虑，散荡斯念，宜慎之耳。”《太上大道玉清经》卷九：“尔时王及外道听得正音，便即精研正音。经一七日，心忽开悟。行尸之身变为芳骸，听察真正，洞睹上方，虽有神水，不能障蔽。研咏至音，寂坐虚室，心无邪想，专志大道。”《洞玄灵宝自然九天生神章经解义》卷二：“空者，如太虚也。碧者，玄之义也。则是游心于虚，合炁于玄，以练其真也。耽咀洞慧，则哜味道真也。俯研生神，则研咏生神之章也。”宋王道《古文龙虎经注疏·序》：“古今学道之士，皆以铅汞为大药，曾不知真铅真汞，果是何物。臣自志学之年,则喜闻其事,裒集丹书,研咏义味,夜以继日,至忘寝食。”

其他文献亦见,《全晋文》卷一百五十三姚嵩《重上表》:“夫理玄者不可以言称,事妙者固非常词之所赞。虽欲心口仰咏,亦罔知所尽,由臣愚钝,而猥蒙陛下褒饰之美,诚复欣戴殊眷,实增愧赧。比仰味微言,研詠弥至,其为蒙悟,岂唯过半之益?”唐皮日休《二游诗·序》:“次有前泾县尉任晦者,其居有深林曲沼,危亭幽砌,余并次以见之。或退公之暇,必造以息焉。林泉隐事,恣用研咏。”宋刘克庄《后村先生大全集》卷一百八十:“予得以游其墙藩,而咨其模楷,因以历览遗编,研咏前作,更迭唱和,互相切劘。”

【焕丽】

《周氏冥通记》卷四:“珠宝焕丽,宫室行列殊多,亦有青黄尽相似。”

按:焕丽,光鲜美丽;华丽。焕,光亮、鲜明。《论语·泰伯》:“焕乎!其有文章。”丽,美好;光采焕发。《尚书·毕命》:“敝化奢丽,万世同流。”孔颖达疏:“敝俗相化,奢侈华丽。”《楚辞·招魂》:“被衣服纤,丽而不奇些。”王逸注:“丽,美好也。”

魏晋南北朝时期的重要灵宝经《灵宝无量度人上品妙经》[①]共6见,卷三:“飞神万变,法道真常。赤文焕丽,制魔召祥。”卷十一:“紫霞扬晖,绛华舒彩。凤舆龙驾,云盖霓轮。荫景含晶,五色洞暎,焕丽太空。”卷二十九:“忽睹空玄之中,光辉遍溢。碧玉游宫,郁蔼台殿。万圣千真,栖息其间。往来云霞,骖驾龙虎。遥瞩须眉,仰观如画。明逾日轮,熠燿上下。金刚之气,围绕维正,作二十四种殊绝异色,出没显晦,金青焕丽,莹等月珠。”卷三十:“灵标焕丽,荡蔚荟陵。纳污成洒,庆集霄零。”卷三十:“纲演覆壁,阐发辉停,执符焕丽,赂神保宁。”卷四十三:“飞云流軿,泛霄紫舆。翠辇金车,彩盖罙覆。洞清凝光,三色焕丽。”

前蜀著名道士杜光庭喜用该词,其作品中多有使用,《历代崇道记》:“潘稠能施善政,久染真风,广出俸钱,备修宫观。垣墉栋桷,无不精新,像设丹青,弥加焕丽。观图考事,深可慰嘉。”《广成集》卷三:“兴弘玄释,劝奖崇修。梵刹精严,道宫焕丽。一心齐致,二教俱荣。”卷十五:“由是仙观灵墟,骈罗海岳。风檐霞栋,焕丽烟林。为真圣之所栖,亦福祥之所萃。”近代汉语其他文献亦见,五代王定保《唐摭言·设奇沽誉》:“复易之红锦,尤加焕丽,众莫测矣。”宋胡仔《苕溪渔隐丛话后集·本朝杂记上》:“王初寮作《宣德门成赏

① 朱越利指出:“今存《度人经》最早注者为南齐严东。是故学者多以《度人经》当出自南朝宋齐之际。”(参见《道藏分类解题》,第69页。)

功制》云：‘阁道穹隆，两观搴翔于霄汉；阙庭焕丽，十户开阖于阴阳。’”

【频烦】

《洞真太上太霄琅书》卷六：“揖让者云某皇帝某，审历爰归，推祚禅位，高让天下，允执委臣，臣德輶惊惕屏营，频烦辞避，遂不见从。”

按：频烦，频繁。《周氏冥通记》卷三：“比劳用心，吾天事频烦，以疲我神。”《真诰》卷二：“穆奉被音告，频烦备至。仰衔恩润，光华弥焕。披览欣庆，感荷罔极。”卷十七：“君前临发，频烦想梦，所见赠惠，手迹为信。既感冥通，铭得之后，倏忽未顷，如觉千载，适能得之，奇而难解。所谓微乎妙哉，微乎妙哉！”其他文献亦见，《三国志·蜀书·费祎传》：“以奉使称旨，频烦至吴。”晋郭象《南华真经注疏》卷六：“形虽亏损，其德犹存，是故频烦追讨，务全道德。以德比形，故言尊足者存。”唐韩愈《袁州刺史谢上表》：“累蒙朝廷奖用，掌诰西掖，司刑南宫，显荣频烦，称效寂蔑。”

“频烦”乃同义连用。频，屡次；接连。《列子·黄帝》：“数月，意不已，又往从之。列子曰：‘汝何去来之频？’”南朝梁刘勰《文心雕龙·正纬》：“商周以前，图箓频见。”烦，繁多；繁杂。《尚书·说命中》：“礼烦则乱，事神则难。”唐刘知几《史通·载言》：“言事相兼，烦省合理。”

【悒望】

《周氏冥通记》卷二：“昨所与陶隐居共有辞欲须雨事，国主忧民乃至，但时运应尔。比诸处屡有章辞，皆不与报。陶既有功行，周方来于此，当为验二人之德，不烦谦谦，恐悒望，故遣报。”

按：悒望，忧郁怨恨。此段意谓周子良与陶隐居一起上章作辞求雨，但时运不济，都没成功，怕他们心情不好抱怨责怪，所以来报告此事。《大词典》失收“悒望”，当补。

悒，忧郁不安。《楚辞·天问》：“武发杀殷何所悒？载尸集战何所急？”洪兴祖补注：“悒，忧也，不安也。”东汉《太平经》卷四十《乐生得天心法》：“然，今既为天语，不与子让也。但些子悒悒常不言，故问之耳。”《太平经》卷六十七《六罪十治诀》：“天大疾之，地大苦之，以为大病，诚冤忿恚，因使万物不兴昌，多灾夭死，不得竟其天年。帝王悁悒，吏民云乱，不复相理，大咎在此。”晋葛洪《抱朴子外篇·博喻》：“达乎通塞之至理者，不悁悒于穷否；审乎自然之有命者，不逸豫于道行。”《周氏冥通记》卷三：“中旬间当与思和此保命字也往诸司命间论之，意此必无苦，勿卒忧悒。”

望，怨恨，责怪。《字汇·月部》：“望，怨责、责望。”《国语·越语下》：“又使之望而不得食，乃可以致天地之殛。”韦昭注：“怨望于上而天又夺之食。”

《史记·袁盎传》:“已而绛侯望袁盎曰:‘吾与而兄善,今儿廷毁我!’”《正义》:“望,怨也。”《论衡·知实》:“道极命绝,兆象著明,心怀望沮,退而幽思。”《汉书·灌夫传》:“后蚡使藉福请婴城南田,婴大望曰:‘老仆虽弃,将军虽贵,宁可以势相夺乎!’”颜师古注:“望,怨也。”《后汉书·杜林传》:“嚣虽相望,且欲优容之”李贤注:“望,怨恨也。”

【筠箨】

《周氏冥通记》卷一:“乙未年五月十八日,共其舅徐普明在中堂为谢家大斋三日,竟,散斋。日中后,其舅暂还廨,忽见步廊竹根生一笋,三寸已上分为二条,并抽筠箨,齐长九寸。”

按:筠箨,竹笋皮。《大词典》失收该词。

筠,竹的青皮;竹皮。《正字通·竹部》:“筠,于汾切,音云,竹青皮也。”《礼记·礼器》:“其在人也,如竹箭之有筠也,如松柏之有心也。”郑玄注:“筠,竹之青皮也。”孔颖达疏:“筠是竹外青皮。”《文选·江淹〈杂体诗·效谢惠连“赠别”〉》:“灵芝望三秀,孤筠情所托。”李善注引韦昭《汉书》注:“竹皮,筠也。”唐刘禹锡《许给事见示哭工部刘尚书诗因命同作》诗:“特达圭无玷,坚贞竹有筠。”敦煌文献 S. 617《俗务要名林·竹部》:“箨,笋皮也,易(汤)洛反。”

箨,亦谓竹笋皮,指包在新竹外面的皮叶,竹长成逐渐脱落,俗称“笋壳”。《文选·谢灵运〈于南山往北山经湖中瞻眺诗〉》:“初篁苞绿箨,新蒲含紫茸。”李善汴引服虔《汉书》注:“箨,竹皮也。”《正字通·竹部》:“箨,徒各切,音托,笋皮。《说文》艹部有蘀,竹部无箨,蘀箨通。本作箨。”段玉裁《说文解字注》:“楚谓竹皮曰箬。今俗云‘笋箨箬’是也。筳而陊地,故竹篆下垂者像之。”

除以上所论,魏晋南北朝道经中的同义连文还有很多,如赫烈、熇竭、沾润、功行、猥俗、精勤、虚微、怜悯、庸陋、始终、交赊、枯悴、幻化、脱漏、原赦、仁宥、违戾、郁塞、郁勃、宜当、瘳除、眇邈、允帖、讯诮、干忤、灵奥、勤笃、糟粕、悦怿、愧悚、凭赖、每辄、耽味、趣向、惧悸、检校、熏染、质性、愆失、寻思、顽下、顽闇、陈启、烦多、愧怖、几微、哀愍、罪考、倏欻、干略、荡濯、衰厄、光怪、灭耗、禳厌、泯静、寻索、贵势、慕尚、贾贩、谘请、指斥、节度、朗彻、鲜彻、照彻、洞彻、侵毁、迂久、劝激、凡劣、眷盼、朋好、秽浊、货易、免脱、抑断、谭说、轻冒、轻慢、慢轻等。

第三节 词语重叠

重言词，明代学者杨慎称之为“古音复字”，方以智在《通雅》里称之为“重言”，近现代学者则常称其为“叠音词”或“重言词”。关于重言词的分类，有的学者侧重于词语的用法方面，如吕叔湘《中国文法要略》把重言词分为“不叠不能用”和“不叠也能用”两类；有的学者侧重于词语的内部结构，如赵克勤《古代汉语词汇学》分为“叠字”和“叠词”两类；还有的学者从意义关系着眼，分为“语音重叠复合词”和“词义重叠复合词”两类，等等。汪维懋《汉语重言词词典》在书前的《重言词略说》中对重言词的概念、结构形式、词类、词义特点等作了较为详细的论述。[①] 伍宗文认为：“组成一个重言词的两个单字，如果单独无义可释，纯粹记录两个音节，或即使单独有义与整个重言词的意义无关，那么这个重言词是叠音词；如果单独有义，无论是本义、引申义还是假借义，只要其意义跟所组成的重言词的意义相关，那么这个重言词就是重叠式。”[②]也就是说，叠音词是音节的重叠，而重叠词是语素的重叠。下面看一些魏晋南北朝道教文献中的重言词例：

【翘翘】

《周氏冥通记》卷二：“放彼朱霞馆，造此尘中僚。有缘自然会，不待心翘翘。”

按：翘翘，企盼貌。道教典籍用例如刘宋陆修静《太上洞玄灵宝授度仪》：“虽今人情浮伪，虚实难明，然至心翘翘，微在可识，勤求款到，不得闭绝。”《赤松子章历》卷六《灭度三涂五苦炼尸受度适意更生章》：“伏愿太上门下典者，申臣翘翘之心。所奏蒙御，开度幽冥。”宋张君房《云笈七签》卷四《灵宝经目序》：“翘翘渴仰者，岂予小子乎？既太虚眇邈，玄师难希，宜求之于心，即理而断也。敢竭暗浅，先言所怀。”其他文献例如《旧唐书·薛登传》：“希润身之小计，忘臣子之大猷，非所以报国求贤，副陛下翘翘之望者也。”宋苏舜钦《上杜侍郎启》：“日希明府一言一顾，以为光价，有未获者，盖翘翘焉。”

中古文献中，“翘”作为构词语素，组合能力很强，构成了不少词语，如：

---

① 参见汪维懋编：《汉语重言词词典》，军事谊文出版社 1998 年版。

② 伍宗文：《先秦汉语复音词研究》，巴蜀书社 2001 年版，第 148 页。

“翘企”(翘首企足,形容盼望殷切),《后汉书·袁谭传》:“翘企延颈,待望雠敌,委慈亲于虎狼之牙,以逞一朝之志,岂不痛哉!”又“翘足”(形容盼望仰慕之切),汉陈琳《檄吴将校部曲文》:“是以立功之士,莫不翘足引领,望风响应。”又“翘首”(抬头而望,多以喻盼望或思念之殷切),三国魏阮籍《奏记诣蒋公》:“群英翘首,俊贤抗足。”又“翘勤”(殷切盼望),晋潘岳《西征赋》:“徘徊酆镐,如渴如饥,心翘勤以仰止,不加敬而自祗。”这一组词基本上都表示“企盼、盼望”义,词义是具有时代性的,解释词语时把它放在那个特定时代背景下去综合考察,可使结论更有说服力。

道教文献中,“翘翘”亦有“出群貌”义。《太上一乘海空智藏经》卷三《法相品》:“尔时海空智藏即起于席,严整衣帔,手执香炉,正对天尊,恭敬而立。念想瞻视,目无他顾,心无他想。尔时天尊和声问言:大德仁者,何为翘翘,恳倒若此,欲有所决,将不及耶?我为天人大道之主,辩才无阂,洞达玄微,善能解说无量义藏,晓知十转一切法门,又能分别他心所愿,莫不通照。宜有所问,勿致疑难。”金邱处机《磻溪集·序》:“因知从重阳之役者,无虑千百辈,唯丘、刘、谭、马四公,时为秀出,然翘翘之誉,独有归焉。”其他文献例如唐刘禹锡《吕君集纪》:“然煌煌翘翘,出乎其类,终为伟人者,几希矣。”

【怱怱(悤悤、恖恖)】

《洞真高上玉帝大洞雌一玉检五老宝经》:“随其所安,任其所便也。大都向本命为佳,要不得怱怱,而为静思也。”

按:怱怱,仓卒,匆忙。《抱朴子外篇·守塉》:“蜉蝣怱怱于寸阴,野马六月而后息。”《洞真太上太霄琅书》卷六:“存师谛心,精思慊到,久久见之,了然相对。虽是凡师,神人代降,必授口诀,速得成真。慎勿谩昧,忽略怱怱,不能感通,更致魔试也。”前蜀杜光庭《神仙感遇传》卷二《金庭客》:“金庭客,咸通中,自剡溪金庭,路由林岭间,将抵明州。行二三十里,忽迷失旧路。怱怱而行,日已将暮,莫知栖息之所。”其他文献亦见,《三国志·魏书·华佗传》:“适值佗见收,怱怱不忍从求。”[①]宋司马光《太子太保庞公墓志铭》:“上怅然久之,曰:‘前者出庞某太怱怱!’盖以公习知夷狄情,能断大事故也。”

“悤”同“怱”,《正字通·心部》:“悤,隶作怱。”《史记·龟策列传》:“天下祸乱,阴阳相错,悤悤疾疾,通而不相择。”北齐颜之推《颜氏家训·勉学》:

① 吴金华曾论及此例,《魏书·方技传·华佗》:“(李成)已故到谯,适值佗见收怱怱,不忍从求。”“怱怱”,愁乱不安貌。“怱怱”,字又作“悤悤”(见《正字通》),俗作“恖恖”(见《广韵·上平声·一东》)。此亦魏晋常语。(参见吴金华:《〈三国志〉解诂》,《南京师大学报(社会科学版)》1981 年第 3 期)

“故悤遽者称为匆匆。”《真诰》卷七：“右四条诡，以六月十三日小茅君假作玉斧之形，以梦告于虎牙，使令夫妇明输此四种诡，以酬四帅之禽鬼者。何以不复忆此，可余问。‘余问’，谓令与同勿悤悤耳①，非使此四鬼帅。”“悤悤”为《大词典》所失收。

“忩”同“怱”，《道藏》中有“忩忩”，《真诰》卷七：“牙亦尔耶，勿忩忩②，演小子耳。许牙何豫乎，焉敢复相追尔。”唐李淳风《金锁流珠引》卷二十四：“请罢，常诀以赦之，后符吏转加敬畏。举心便行，起念便至。勿妄忩忩。”其他文献亦见，《三国志·吴书·孙和传》：“权登白爵观见，甚恶之，敕据晃等无事忩忩。”《敦煌变文集·维摩诘经讲经文》：“忩忩独自入城门，行止因由请宣唱。”元萨都剌《送外舅慎翁之燕京》诗：“扬子江头柳色浓，小窗春雨去忩忩。”

【久久】

《洞真太上飞行羽经九真升玄上记》：“存斗星来下，令极思不觉，忽然已在我形中也。初存或未应仿佛，但极思念之，如已在形中，亦足致感，久久自渐入妙。”

按：“久”在上古汉语中已有用例，但仅见单音节形式。其中《周易》20见，《诗经》6见，《周礼》4见，《仪礼》3见，《礼记》33见，《左传》65见，《公羊传》10见，《谷梁传》4见，《论语》10见，《孟子》14见，《史记》301见，《孔子家语》27见，《春秋繁露》21见，《盐铁论》25见。《墨子·经上》：“久，弥异时也。”张纯一《墨子集解》云：“久，义与宙同。”《淮南子·齐俗训》云：‘往古来今谓之宙。’”《庄子·秋水》：“夫不为顷久推移”成玄英疏：“久，多时也。”

东汉时期，开始出现重言叠用的“久久”，在第一部道经《太平经》中“久久”已是个使用频率相当高的副词，共39见，用在谓语前面，表示时间长久。例如卷三十五《兴善止恶法》：“言而相应者，久久乃赐之，进其人，毋即时也何乎？”卷三十九《解师册书诀》：“然吾始学之时，同问于师，非一人也，久久道成德就，乃得上与天合意。”卷四十八《三合相通诀》：“夫志常欲下者，久久最下，无复下也。”卷七十二《五神所持诀》：“应他神妄来对，悉为乱政，久久其治乱难平安，故皆求信符节也。”其他中古用例如《全后汉文》卷四十五《座右铭》：“行之苟有恒，久久自芬芳。”荀悦《汉纪·武帝纪三》：“愿陛下令诸侯

① 此处有异文，《道藏》20/528c、《道藏辑要·觜集一》(巴蜀书社影印)87页皆作“忩忩”，《学津讨原》85页作“怱怱”，《真诰校注》231页作“悤悤”。

② 此处有异文，《道藏》20/530a、《道藏辑要·觜集一》(巴蜀书社影印)90页、《真诰校注》237页皆作“忩忩”、《学津讨原》本88页作“怱怱”。

得推恩分子弟，彼人人喜得所愿，实不分其国，而久久稍弱。”

【恓恓】

《抱朴子内篇·塞难》：“夫恓恓遑遑，务在匡时，仰悲凤鸣，俯叹匏瓜，沽之恐不售，慷慨思执鞭，亦何肯舍经世之功业，而修养生之迂阔哉？”

按：恓恓，惶惶不安；凄凉。《抱朴子内篇·辨问》：“又周流七十余国，而不能逆知人之必不用之也，而恓恓遑遑，席不暇温。”前蜀强思齐《道德真经玄德纂疏》卷十：“启琼蕴之奥，天书则上清太清，演玉柜之科，罪福则三涂九夜。孤魂叫叫于泉路，滞魄恓恓于苦庭，非大道而济之。”其他传世文献亦见，东汉王充《论衡·指瑞》：“圣人恓恓忧世，凤皇、骐驎亦宜率教。”唐白居易《伤友》诗：“陋巷孤寒士，出门苦恓恓。”宋梅尧臣《勉致仕李秘监》诗：“禄仕四十年，内乏釜钟粟；归来托四隣，恓恓无片屋。”

【遑遑】

《太上大道玉清经》卷二：“修道须积功，入试由天魔。莫令身缺犯，劳我空中歌。倏欻收汝形，谁能奈我何？先当遣所欲，盥漱名山阿。勿作尘中人，遑遑逐世波。”

按：遑遑，惊恐匆忙，心神不定。此词最早可追溯至西汉严遵《道德真经指归》卷十二：“违天之像，专任人心，以所见为明，以所论为当。废名实，背事情，道理塞而非誉兴。天下大扰，百姓遑遑，劳若痕极，困穷生奸。”但此时用例甚少，直到东汉才日渐习用。《洞真太上上皇民籍定真玉箓》：“心中有神，不知惭愧，则驰竞遑遑，无时得定。”《周氏冥通记》卷四：“尔何遑遑于人间？名已定，勿亏顿于世路。”中古其他文献亦见，《列子·杨朱》：“遑遑尔竞一时之虚誉，规死后之余荣；偊偊尔慎耳目之观听，惜身意之是非。”晋陶潜《归去来兮辞》：“曷不委心任去留，胡为乎遑遑欲何之？”

近代道经袭用，《灵宝领教济度金书》卷九十二：“尘拥三宫，业迷六府，遑遑鹿逐，似狂澜操一叶之舟。”元明玄元真人《太上玄灵北斗本命延生真经注解》卷中：“浩浩四生，遑遑六道，难升九清天，易沉五夜地，皆为众生贪爱愚痴，故然如是也。”

【悠悠】

《无上秘要》卷十五《众圣本迹品》：“杳杳灵凤，绵绵长归；悠悠我思，永与愿违。”

按：悠悠，思念貌；忧思貌。语本《诗·邶风·终风》：“莫往莫来，悠悠我思。”郑玄笺：“言我思其如是，心悠悠然。”《后汉书·章帝纪》：“中心悠悠，将何以寄?”唐乔知之《定情篇》:“去时恩灼灼,去罢心悠悠。”在魏晋南北朝道经中,“悠悠”是个意义非常丰富的词语。除“思念貌;忧思貌”义外,还有以下几种意义:

(1)世俗;一般。《周氏冥通记》卷二:“刘右嫔之言,备说幽显宿命,尔可心自知之,勿示凡俗悠悠之人。”《登真隐诀》卷下:“其入静、章奏治病诸法,实亦明威之上典,非悠悠祭酒可使窃闻也。”《真诰》卷十一:“自隐居来此山七八年,尚未得穷历践行,而况悠悠之徒,令其究竟之耶?”

(2)指世俗之人,众人①。《真诰》卷十一:“若为仙真度世及种民者,无患不自然得至。苟其非分,徒携手筑室,必当诸方不立,趣使移去耳。悠悠凡猥,勿承此强欲居之。”《灵宝无量度人上品妙经》卷十九 :“说经七遍,悠悠群类,克保完坚。说经八遍,鬼官罢对,幽魂上升。”《上清元始变化宝真上经九灵太妙龟山玄箓》卷上:“凡修上仙之道,思神念真,服气咽液,而不知元始之号四时变化,改易光象气之根源,徒闭眼于莽莽,空咽而无想,神真何由得降,气液何由得充也。对颜瞻目,由有晻暧,而况悠悠之中,不别其形气者哉。谓此徒劳于寝息,无益于空唱也。”

(3)动荡。《太上洞渊神咒经》卷八:“自今以去,至庚辰之岁,有三万六千恶鬼。鬼名天池,从者三万,常行世间,枉杀良善。至壬午年,复有三千九百赤头鬼,鬼名大头,来下杀人。……至壬午年,天下悠悠。百姓苦恼,六夷交侵。人民不安,士女奔波。蜀汉浩浩,人民顿死。”卷十:“壬午年,大灾起动,人民悠悠,六夷不安,疫鬼杀人。”卷二十:“甲申有灾,灾水四十丈。若无水者,多是大兵,虏当南下而无害,九州悠悠。”

(4)闲适貌。《太上洞渊神咒经》卷九:“世人只知贪惜财物,爱乐妻子。宁作罪事,不肯受经,不求仙道。私营自累,终日悠悠。不如学仙,万劫不死,及共天人神仙同游矣。”又卷十:“大灾垂至,水来不久。愚人不知,悠悠过日。天帝彩女十二万人,仍来化之,人不知之矣。”又卷二十:“圣人见愚人悠悠生活,亦如世人观厕中之虫耳,亦不知出时也。”

【可可】

《周氏冥通记》卷四:“若是前所云忧盗相救助者,则不应言亦得可可也,于时实都得寂然也。”

《真诰》卷四:“鲂诰谓应作‘诰’字之亦有实,映答对亦可可。”

---

① 《史记·孔子世家》:“悠悠者天下皆是也,而谁与易之?”《集解》引孔安国曰:“悠悠者,周流之貌也。”后来以“悠悠者”代指众人、常人、普通人,有时含贬义。……又省作“悠悠”,含义与“悠悠者”同。(参见王云路:《中古汉语词汇史》,第397~398页)

按：可可，尚可，尚好。江蓝生研究指出，“可”表示程度轻，犹今语“还好，不要紧”。[①] 该词在中古文献中常指身体尚好，如《全晋文》卷二十四王羲之《杂帖》：“大都夏冬自可可，春秋辄有患。此亦人之常。”又卷二十五：“云肌色可可，所堪转胜，复以此慰驰竦耳。”又：“太常故患胛，灸俞。体中可可耳。仆射事已行，以表谏，未知恕不？”《全晋文》卷二十七王献之《杂帖》：“脚重痛不得转动，左脚又肿，疾侯极是不佳，幸食眠意事为复可可，冀非臧病耳。”[②]

“可可”亦有其他意蕴，《周氏冥通记》卷四：“二十九日，梦司命三君，云：‘前事遣赤城外卫军十人相助，遂不能都□此字草漫，不可识也，亦得可可耳。’”此处“可可”似可解释为少许貌；模糊貌，“亦得可可耳”意思是“也能模模糊糊得知少许”。文献用例如唐元稹《春六十韵》：“九霄浑可可，万姓尚忡忡。”宋无名氏《渔家傲》词：“雪点江梅才可可，梅心暗弄纤纤朵。”宋周密《南楼令·次陈君衡韵》词：“暗想芙蓉城下路，花可可，雾冥冥。”张相曾论及该词意义的引申过程：“可，轻易之辞。引伸之则犹云小事也；容易也；寻常也；在其次也；不在意也。再引申之，则犹云含糊也；隐约也。……可字叠用之，则曰可可。”[③]

【频频】

《冥通记》卷四：“此频频告云：‘陶或信不信，欲相试。’今追思不意的有不信事。自从遗想来，凡一切有为，通无尔恨耳。于周事实亦谦尚，亦不乖背，正自惬然。”

按：频频，屡次，连续不断。晋葛洪《葛仙翁肘后方备急方》卷二：“崔氏云理中丸方：甘草三两，干姜、人参、白术各一两。捣下筛，蜜丸如弹丸。觉不住，更服一枚，须臾不差，仍温汤一斗，以麋肉中服之，频频三五度，令差。亦可用酒服。”卷七：“治小儿中蛊，下血欲死。捣青蓝汁，频频服半合。”隋《玄门十事威仪》[④]：“第四，若非急难事，有所需求，不须频频出入，数令人见，自致轻薄。第五，出入若逢官长，预须隐避，勿令露现。苟无隐处，宜向僻处，或人影树影中立，仍须敛容恭敬。”

近代道教典籍用例较多，前蜀杜光庭《太上宣慈助化章》卷四：“在此之年，穷绝之凶，正当今岁，前衰未定，后厄复兴，且会凶殃，屡逢轗轲，往往相

① 江蓝生：《魏晋南北朝小说词语汇释》，第 112 页。

② 参见方一新、王云路：《中古汉语语词例释》，第 244 页。王云路：《中古汉语词汇史》，第 476 页。

③ 张相：《诗词曲语辞汇释》，中华书局 1955 年第 3 版，第 60 页。

④ 朱越利：《道藏分类解题》，第 186 页。

克，频频涉害，弟子某即目情下不安，大小周慞，实为惊骇。”南宋《高上神霄玉清真王紫书大法》卷十二：“应有人投状，称有非祀典神庙，或山林木祟频频兴妖，惑人家妇人，侵害田宅，妄求祭祀。”《太上元始天尊说北帝伏魔神咒妙经》卷一：“第五宫，害人妻妾，能令人频频丧死，或一至七。第六宫，害人男女，能令不成，病死绝灭。”《太上洞真凝神修行经诀》：“驱回斗柄玄关理，斡转天关万象通。片饷龙虎频频斗，二物相交顷刻中。”《大词典》始见例举唐刘知几《史通·书志》：“前志已录，而后志仍书，篇目如旧，频频互出。”书证时代过晚，当提前。

除以上所列外，魏晋南北朝道教文献中的重言词还有亹亹、喁喁、促促、愦愦、温温、勤勤、恋恋、了了、踽踽、闷闷、察察、唈唈、徐徐、屑屑、晻晻、微微、儵儵、悢悢、劣劣、卓卓、班班、玲玲、飆飆、谦谦、寂寂、泊泊等。

第四节　增加词缀

古人对词缀的研究发端较早，《诗经·大雅·文王》中即有：“有周不显，帝命不时。”毛传：“有周，周也。”孔颖达正义：“以‘周’文单，故言‘有’以助之。《烝民》曰‘天监有周’，《时迈》曰‘明昭有周’，皆同也。犹《左传》谓‘济’为‘有济’，传叠而解之。有周，正周也。”古代研究词缀最有成就的当属刘淇《助字辨略》以及王引之《经传释词》。民国以降，杨树达①、王力②、吕叔湘③等先生的著作都有关于汉语词缀的研究。20 世纪 90 年代前后，语言学界掀起了对词缀“复”和“自”的大讨论，其中最活跃的当属蒋宗许④、刘瑞明⑤两位先生。近年来，王云路在中古汉语词缀方面用力甚勤，发表了多篇颇具影响

① 杨树达：《高等国文法》，商务印书馆 1984 年版。

② 王力：《汉语史稿》，中华书局 1980 年版。

③ 吕叔湘：《说“们”》（《国文月刊》1949 年第 79～80 期）、《说代词词尾“家”》（《国文月刊》1949 年第 82 期）。

④ 《也谈词尾“复”》（《中国语文》1990 年第 4 期）、《词尾“自”再说》（《古汉语研究》1992 年第 3 期）《再说词尾“自”和“复”》（《中国语文》1994 年第 6 期）、《关于词尾“复”的一些问题》（《中国语文》1998 年第 4 期）。

⑤ 《词尾“复”续说》（《语言研究》1987 年第 2 期）、《词尾“自”类说》（《语文研究》1989 年第 4 期）、《世说新语中的词尾“自”和“复”》（《中国语文》1989 年第 3 期）、《关于“自”的再讨论》（《中国语文》1994 年第 6 期）、《词尾“自”和“复”的再讨论》（《绵阳师范高等专科学校学报》1997 年第 1 期）、《“自”非词尾说驳议》（《中国语文》1998 年第 4 期）。

的文章[①]。蒋宗许《汉语词缀研究》(巴蜀书社 2009 年版)、杨贺《中古汉语词缀研究》(山东大学出版社 2016 年版)是目前所见两部颇具总结之功的著作。

既然要谈附加式构词，首先就要明确什么是“词缀”。关于词缀，名称不一，有“虚语素”“构形成分”“附加成分”“派生”等。王云路认为，作为附加成分的语素必须具备以下特点：第一，具有较强的黏附力，能与词根紧密结合，二者形成一词而不能分开；第二，具有很大的活跃性，能与某一类或几类词语广泛结合，而不是偶然的临时组合；第三，词缀的本来意义较有概括性。[②]这里有一点需要注意，一般认为词缀是不表义的，只能显示词性。但事实上，词缀并非含义完全虚化，也可以具体表示某一类别的含义，如“阿”“儿”“老”等较为公认的词缀大多含有亲昵、随便或小的意味。方一新指出：“汉代特别是东汉以来，附加构词法渐趋成熟，词头、词尾数量增多，前附加、后附加式复音词大量出现。”[③]作为中古汉语重要语料的魏晋南北朝道经中，也有很多附加式复音词。例如：

一、～来

“来”是时间词的后附加成分。由“来”辅助构成的双音词可以作名词，也可作副词。“来”后缀在中古汉语中相当活跃。[④] 魏晋南北朝道教文献中亦多有体现。

【少来】小时候；从小。《周氏冥通记》卷三：“周少来神[瞻](胆)强正，小儿时独宿空屋，夜行林草，了无忌惮，未尝魇惊。及来茅山，至移朱阳，晨夜阍路去来，恒独行耳。始近闻人说，从今八九月以来，馆廨往反，必须一两人相伴，小侵阍则便执刀杖。人问何忽尔，亦为作咿呜相答，此当是去期近，密防诸试。”陶弘景《华阳陶隐居集》卷上《梁武帝答陶隐居谕书》：“张芝所以能善书，工学之积也。既旧既积，方可以肆其谈。吾少来乃至不尝尽甲子，无论

① 《中古诗歌附加式双音词举例》(《中国语文》1999 年第 5 期)、《从〈唐五代语言词典〉看附加式构词法在中近古汉语中的地位》(《古汉语研究》2001 年第 2 期)、《谈“搧挡”及其相关词语的附加式构词特点》(《语言研究》2002 年第 1 期)，王云路、郭颖：《试说古汉语中的词缀“家”》(《古汉语研究》2005 年第 1 期)。

② 参见王云路：《中古汉语词汇史》，第 365 页。

③ 方一新：《中古近代汉语词汇学》，第 37 页。

④ 王云路：《中古汉语词汇史》，第 290 页。第 290～295 页分别列举了年来、今来、古来、昔来、日来、秋来、昨来、朝来、夜来、晚来、小来、旧来、间来、本来、比来、适来、顷来、向来、由来、将来、当来、方来、聿来、以来、已来、亡来、学来等词。

于篇纸，老而言之，亦复何谓？”①

【小来】小时候；从小。《周氏冥通记》卷三：“小来手未尝杀虫蚁，妄折花草，唯日中一食，而恨性过严治，于目下刻急，如今所言，乃得无大过，独是不无小失，当以不能遂固节取命，兼挫辱于神鬼。”《赤松子章历》卷二：“人生或年二十、三十，刻满凶夭。或五十、六十，而刻满凶夭；或小来无过，而今夭者，此受先世余过。”南北朝《太上洞玄灵宝宣戒首悔众罪保护经》卷下：“年小来有过而残命者，受其先世余过也；或接行恶逆，竟年寿而不遇患者，受其先世余庆也。”近代道经继续使用，宋张君房《云笈七签》卷一百七《华阳隐居先生本起录》：“小来与人有隔，数岁便不与人共瓯箸饮食。及长游处宿息，常自然安置。”又：“闻人说，小来本神仪端洁，十五已上，弥为美茂。每出，路人多叹羡。”

【当来】将来。《真诰》卷九：“欲闻起居，金为盟书，谓非其人而不传授也。此道出《太上宝神经》中，此经初不下传于世也。当来为真人者，时有得者，反白之要，事尽于此。”《太上洞玄灵宝业报因缘经》卷七《功德品第十六》：“道君曰：‘吾说以此者，正欲为当来众生启福基也。’”《洞玄灵宝太上真人问疾经·序》：“我又有十名，一为当来，二为过去，三为见在，四为常住，……九为有无，十为天地。”

【方来】将来。《真诰》卷十一：“金陵，古名之为伏龙之地。河图逆察，故书记运会之时，方来之定名耳。至于金陵之号，已二百余年矣。”

【比来】近来；近时。《周氏冥通记》卷四：“十月五日，梦见定录君，云：‘比来多诸进御，善自禁节，勿纵志也。’”《真诰》卷七：“六月二十三日夜，南岳夫人告。长史素患淡饮，比来疾动，故有此告。五饮丸，即是世中者耳。”

【近来】指过去不久到现在的一段时间。《周氏冥通记》卷二：“近来乾坤澄净，七景齐明，仰降高灵，稍蒙已数，但滓秽无以克承耳。”

【昨来】近来。《真诰》卷十四：“昨来多论神化之事，聊及季主耳。去月又见授《神虎经注解》，注解非世间所闻，亦自不掌其旨也。”

---

① （南朝梁）陶弘景著，王京州校注：《陶弘景集校注》（上海古籍出版社2009年版，第77页）将这段文字录作“吾少来乃至不尝畫，甲子无论于篇纸”，愚以为似有误：首先，《道藏》本原作“盡”，《校注》改作“畫”，未出校记；第二，《校注》以“甲子”属下读，未洽。“吾少来乃至不尝尽甲子”是说我从小到如今还不到六十岁，“无论于篇纸”谓更不必说对书法没有研究，恰好与上文“张芝所以能善书，工学之积也。既旧既积，方可以肆其谈”形成鲜明对比。另外，根据古文辞例，“无论”常位于句首，引出一个分句，如晋陶潜《桃花源记》：“问今是何世，乃不知有汉，无论魏晋。”唐杜甫《入衡州》诗：“无论再缱绻，已是安苍黄。”

二、～头

“头”字本指头部，后引申出“顶端”的意义。后缀“头”字正是从“顶端”义进一步虚化而来的。[①] 作为方位成分后缀的用法始于东汉，东汉魏晋南北朝佛经里常见“前头、后头、上头、下头、初头”。[②] 魏兆惠指出，在东汉时期，严格意义上的附加语素“头”已经出现了，并详细分析了附加语素“头”的语义演变过程，阶段1：人体的最上部分或动物的最前部分，长着口、鼻、眼等器官；阶段2：指物体最前面的部分；阶段3：端，顶端；阶段4：用于名词或方位词之后，成为名词或方位词的标记，无意义。[③] “头”从汉代开始虚化为一个构词成分，魏晋南北朝时“头”作后缀已经发展成熟，但用例尚不多见。道教文献中的用法值得注意。

【东头】《上清太上帝君九真中经》卷下《太上八景四蕊紫浆五珠绛生神丹方经》：“作灶法：当在无人处，先作灶屋，长四丈，南向开屋，东头为户，屋南向为纱窗，屋中央作灶。”

【南头】《周氏冥通记》卷一：“卿父昔不无小过，释来已三年，今处无事地。自云坟冢在越，虽自羁回，亦不愿移之。南头有一坎，宜塞去。其今欲同来，有文书事未了，不果。”托名东方朔《十洲记》[④]：“昆仑，号曰昆陵，在西海戌地、北海之亥地。去岸十三万里，又有弱水，周回绕匝山，东南接积石圃，西北接北户之室，东北临大活之井，西南至承渊之谷，此四角大山，寔昆仑之支辅也。积石圃南头是王母告周穆王云：‘咸阳去此四十六万里，山高平地三万六千里，上有三角，方广万里，形似偃盆，下狭上广，故名曰昆仑山。’”

【西头】《真诰》卷一：“南岳夫人其夕语弟子言：‘我明日当诣王屋山清虚宫，令汝知之所至也。’其夕又言：‘海东桐柏山西头，适崩二百许丈。’”

【北头】《周氏冥通记》卷一：“砚本在桉北头，笔格在南头，故移就砚而隐桉也。”又：“于时笔及约尺悉在桉上，便自捉内格中，移格置北头。”

【上头】梁陶弘景《养性延命录》卷上《食诫篇第二》：“久饥不得饱食，饱食成癖病。饱食夜卧失覆，多霍乱死。时病新差，勿食生鱼，成痢不止。食生鱼，勿食乳酪，变成虫。食兔肉，勿食干姜，成霍乱。人食肉，不用取上头最肥者，必众人先目之，食者变成结气及疰疠，食皆然。”《老君音诵戒经》：

---

① 参见柳士镇：《魏晋南北朝历史语法》，南京大学出版社1992年版，第103页。

② 参见方经民：《论汉语空间区域范畴的语法化》，载浙江大学汉语史研究中心编：《汉语史学报》第7辑，上海教育出版社2008年版，第162页。

③ 魏兆惠：《两汉语法比较研究》，高等教育出版社2011年版，第38～39页。

④ 托名“东方朔集”，《四库全书总目》认为“盖六朝间人所依托”。（转引自朱越利：《道藏分类解题》，第192页）

“厨会之上斋七日，中斋三日，下斋先宿一日。斋法：素饭菜，一日食米三升，断房室、五辛、生菜，诸肉尽断。勤修善行，不出由行。不经丧秽新产。欲就会时，向香火八拜。使大德精进之人在坐首。作好饭槃，在坐上头，人别作槃。”其实，“上头”在第一部道经——东汉《太平经》中已出现，卷六十九《天谶支干相配法》：“夫五行者，上头皆帝王，其次相，其次微气。王者，帝王之位也；相者，大臣之位；微气者，小吏之位也；王者之后老气者，王侯之位也；老气之后衰气者，宗室之位也。”卷七十二《斋戒思神救死诀》：“思之，当先睹是内神已，当睹是外神也；或先见阳神而后见内神，睹之为右。此者，无形象之法也，亦须得师口诀示教之，上头[①]壹有关知之者，遂相易，曰[②]为其易致易成。宜远于人，便间处为之，易集；近人，必难成也。”

魏晋南北朝道教文献中“头”作后缀主要是放在方位词后，放在表示事物的名词后的情况较少。

三、～边

“边”本指物体的四侧，边缘，引申为旁边，后进一步虚化为方位词后缀。作为方位词后缀的“边”是中古时期新兴的语法成分。据董琨研究，“边”字单独用作方位词，只有“旁边”的意思，具体位置不是很确定的。至于如“右边”“左边”“后边”“外边”等等，相对位置就确定得多。但这种确定性，主要取决于本身已经是方位词的“右”“左”“后”“外”等。它们后接的“边”字，已经丧失了作为“疆界”或“旁边”的词汇意义，而仅仅作为附加成分，虚化成为方位词的后缀了。这种用法在上古典籍文献中亦未出现。[③] 梁家璇认为，方位词“边”虚化成不表示什么实际意义的方位标，如东边、上边、里边、这边、前边、左边等，最初可能正是从上述用法开始的。这样的用法在中土文献中的出现要晚得多，而在东汉佛经中已经常可见到，且东汉佛经里实际上已经有了“右边”“最后边”这样的虚化用法。[④] 通过对魏晋南北朝道经的考察，我们发现其中已有虚化为词缀的用法，这是其口语性的一个表现。

【左边】《周氏冥通记》卷一：“腹左边有气结，如杯大，从来医药所不能愈也。”卷四：“其人形中人，面左边有紫志，著黄绢帽，多鬚，而前齿缺是也。”

---

① 俞理明将“上头”释为“位次在先的。”(俞理明：《太平经正读》，巴蜀书社 2001 年版，第 239 页)

② 曰，当作日。(《太平经正读》，第 239 页)

③ 董琨：《汉魏六朝佛经所见若干新兴语法成分》，原载《研究生论文选集·语言文字分册(一)》，江苏古籍出版社 1985 年版。转引自王云路、方一新主编：《中古汉语研究》，商务印书馆 2000 年版，第 339 页。

④ 梁家璇：《方位词“边”的演变》，《信阳农业高等专科学校学报》2009 年第 3 期。

【右边】《真诰》卷十七:"某因仰天,天中见一白龙,身长数十丈,东向飞行,空中光彩耀天。因又见东面有白衣好女子,亦于空中行,西向就白龙,径入龙口中,须臾复出,三入三出乃止。又还某右边,向某。而又觉某左边有一老翁,著绣衣裳,芙蓉冠,柱赤九节杖而立,俱视其白龙。"

【东边】《周氏冥通记》卷二:"仍指东边一人曰:'此华阳之玉童,定录、保命二君令来相谕。'"又:"旦天清赤热,了无雨意。至禺中,周来入岭至上,便见东边风云卒起,未达隐居间,于路便雨,地得好溜,唯在一山周回左右耳。"

【西边】《周氏冥通记》卷二:"又指西边人曰:'此紫阳之侍童,二君昨诣紫阳,陈卿事原应作此源。'"卷四:"葛衍之东,水已加八十一丈,南衡山西边,顿崩为渊。"

【北边】《真诰》卷十一:"始皇三十七年正月,出游云梦、丹阳、浙江,上会稽,祭夏禹,望南海,刻石纪功,还过吴,渡江[来](乘),并北海,至琅琊,至平原得病。七月丙寅,崩于沙丘,九月葬骊山。如此之时,皆未有渎。即是从延陵步道,上取句容江[来](乘)路仍过停飧设耳,非必故诣句曲。所以止住山北边下处,遂不进前岭。"

四、～面

"面"的本义是"脸",但从西汉开始,"面"可以用于数字后,引申出"方面"的意思。例如"夜闻汉军四面皆楚歌,项王乃大惊"(《史记·项羽本纪》)而在东汉、魏晋南北朝佛经里,则出现了"面"虚化为方位成分后缀的用法。如"侍者名阿难,右面弟子,名舍利弗。左面弟子,名摩诃日揵连。"(《修行本起经》462)"其一儿言:'愿如佛右面尊比丘。'其一儿言:'愿如左面神足比丘。'"(《阿阇世王经》395)"诸比丘在左面坐。诸清信士在后面坐。"(《长阿含经》12)[①]魏晋南北朝道经中亦有作词缀的用法,如:

【东面】《真诰》卷四:"今已移在竹叶山中,或名此山为盖竹山。山之东面,两陇西上,其中有石井桥。"卷十七:"山四面皆有大水,而不知是何处。某因仰天,大中见一白龙,身长数十丈,东向飞行空中,光彩耀天。因又见东面有白衣好女子,亦于空中行,西向就白龙,径入龙口中。"

【南面】《真诰》卷十一:"大茅山亦有小穴在南面,相似如一,谓之南便门。"卷十八:"南面开牖,名曰通光。长一尺七寸,高一尺五寸。"

【西北面】《冥通记》卷四:"尔即欲所居西北面有故气,吾今共汝看之。"

林晓恒对方位词后缀"边""面""头"进行了深入研究,其结论颇具参考

① 参见方经民:《论汉语空间区域范畴的语法化》,载浙江大学汉语史研究中心编:《汉语史学报》第7辑,第162页。

价值,兹转引如下。先秦文献中,只有单音节方位词以及单音节方位词相互间的组合,并没有"～边、～面、～头"的形式。汉魏以后"～边、～面、～头"类方位组合才出现,并且逐渐类推到各类单音节方位词。汉语中后加"边""面""头"的语义虚化并不是在和方位词的组合过程中出现的,这些变化在历史文献中可以找到证据,例如,汉代左右的文献(尤其是汉译佛经)中大量出现了"岸边""池边""树边""门边""河边"等,《三国志》中的"丘头""桥头""梁头",《搜神记》中的"曲道头""床头""席头"等,《史记》中的"夜闻汉军四面皆楚歌"、《汉书》中的"夫辟者一面病,痱者一方痛"等。可见,此时的"边"已经由完全实义的"边境、国境"引申发展到一般物体的"边缘、旁、侧","面"已由本义的"脸"引申发展到一般名词性的"朝向面","头"已由本义的身体部位引申发展到一般物体的"一端"。这些词义上的变化,为单音方位词后加"边""面""头"提供了语义组合的可能性。然而此时的"边""面""头"还鲜有与单音方位词组合的例子,是因为方位词系统还没有发展到可以提供这种组合的语义现实性,真正造成单音方位词与"边""面""头"组合并形成单双互补格局的内在原因是方位词语义自足性的降低。[①]

魏晋南北朝道教文献中"边""面""头"作词缀的用法值得关注,以往研究没有注意到这些材料。从以上分析可见,"头"作词缀用例最多,"边"次之,"面"最少,可见,三者的发展也是不平衡的。

五、～子

"子"用作后缀是从小称虚化而来的。它起源很早,秦汉时期已有虚化的趋势。此期完成了虚化过程,运用十分普遍,用法也有所扩展。由"子"字构成的名词大体可以分为如下五类:(1)表示人物;(2)表示动物;(3)表示器具;(4)表示植物;(5)表示其他物体。[②] 魏晋南北朝道教文献中也有一些用例,大致如下:

【石榴子】即石榴。《真诰》卷十:"黄仙君口诀:'服食药物,不欲食蒜及石榴子,猪肝、犬头肉至忌,都绝为上。'"卷十五:"酆都稻名重思,其米如石榴子,粒异大,色味如菱,亦以上献仙官。后又有叙重思事,既是异日所说,两出自非嫌。石榴子,即世之安石榴。"《上清握中诀》卷中《酆都颂》:"服食药物,尤不欲食蒜及石榴子、猪犬肉。"《大词典》"石榴子"条下列两个义项:(1)石榴的子粒。(2)宝石名。失收"石榴"义项,《真诰》卷十五:"石榴子,即世之安石榴。"可为确证。"安石榴"即石榴。因产自古安息国,故称。晋张

---

① 林晓恒:《"～边、～面、～头"类方位词产生原因探析》,《语言研究》2010 年第 4 期。

② 参见柳士镇:《魏晋南北朝历史语法》,第 101～103 页。

华《博物志》卷六："张骞使西域还，得大蒜、安石榴、胡桃、蒲桃。"向熹认为，"石榴"是"安石榴"的简称。也作"石留"。伊兰语 arsak 或波斯语 anār 的音译。汉武帝时由西域传入中国。[①] 楚艳芳博士对"安石榴"一词作了总结性的研究，其结论多可信从。[②]

【架子】【小儿子】《周氏冥通记》卷一："郎善又来，架子上取堰，触此左右，善便倒地，此左右以手接之。此人问：'那得此小儿子？'"

【书床子】《周氏冥通记》卷二："右五人，前三人列坐南床，丞及童坐书床子。""书床"犹书架，《周氏冥通记》卷一："其二人并持囊，囊大如小柱，似有文书。挟席人舒置书床上。"

【小铃子】《周氏冥通记》卷三："乙未年七月三日夜，有九女人来，齐著青衣、绛绿衣，下紫为腰带。佩金铃，铃下有大符，黑为文，书青上。手并执板，板白色，似玉。见衣缝，缝皆有如织文缀之，每缝际并有小铃子著之，行辄有声。"

【船子】《周氏冥通记》卷四："去冬，有人姓顾，名道度，从外江还。云：于大雷忽逢一人，乘小小鹿颈船子，劣容一人，从浪中来，直呼顾姓名。"

【山子】《真诰》卷十一："按大茅后长阿，积金东凹地，有一山子独秀，如博山炉，且又近积金山，恐此或当是。即今多石及树木。但金之所在，指一两处，亦难可寻索。唯启乞垂赐，所不论耳。意欲营转炼之事，亦指此山。前临长涧，东流水，至幽隐，有形势，若基构，有期当更宣述耳。""山子"一词，《大词典》释作假山，如《宋史·礼志十六》："大中祥符六年七月二十九日，诏辅臣观粟于后苑御山子。"明袁宏道《饮徐参议园亭》诗："药栏斜布置，山子幻生成。"窃以为，《真诰》此例"山子"恐即山，"子"为词缀。

【厨子】《真诰》卷十九："元嘉六年，许丞欲移归钱塘，乃封其先真经一厨子，且付马朗净室之中。""厨"，谓橱，柜子。《晋书·顾恺之传》："恺之尝以一厨画糊题其前，寄桓玄。"《南史·陆澄传》："王俭戏之曰：'陆公，书厨也。'"宋王谠《唐语林·补遗一》："上大喜，赐金器一厨，因曰：'花奴资质明媚，肌发光细，非人间人。'"

【奴子】《真诰》卷十九："马朗、马罕敬事经宝，有过君父。恒使有心奴子

---

① 向熹：《简明汉语史》(上)，第 529 页。

② 楚艳芳：《"安石榴"正名——兼谈外来词的相关问题》(《西域研究》2010 年第 4 期)认为："安石榴"这种作物至晚在东汉已经出现，最初叫"榴""若榴"。"安石榴""石榴"等词也在此时出现。"石榴"的产生应早于"安石榴"，文献记载二者的早期用例几乎同时，这些都不能说明"石榴"是"安石榴"之省。"榴"不见于《说文》，《玉篇·木部》始收，曰："榴，石榴。"汉以前无"榴"字，仅用"刘""留"。"安石榴"中"安"相当于姓，"石榴"相当于名，姓表明它是来自安息国之物，名表明它所指称对象的名称。"石榴"为偏正式，"石"表明其种植的地域特征，它生长在多石的地区。

二人一名白首，一名平头，常侍直香火，洒扫拂拭。”“奴子”，即僮仆，奴仆。《宋书·王华传》：“永呵骂云：‘奴子怠懈，行不及我。’”《魏书·文苑传·温子升》：“为广阳王渊贱客，在马坊教诸奴子书。”唐李咸用《远公亭牡丹》诗：“潺潺绿醴当风倾，平头奴子啾银笙。”

六、～复

清代刘淇《助字辨略》最早发现了“复”可作语助词，后来蒋绍愚、江蓝生、刘瑞明、朱庆之、蒋宗许、姚振武、王云路、杨荣祥等都曾讨论过这一现象，并进行了较为深入的研究。“复”本是副词，后来其词义逐渐虚化。后缀“复”产生于汉代，广泛应用于魏晋六朝，可附于副词、连词、助动词等的后面。蒋宗许归纳了后缀“复”使用上的语体特点：第一，具有鲜明的口语特点；第二，与行文的文体有关；第三，主要作副词后缀。[①] 魏晋南北朝道教文献中后缀“复”多有表现。

【亦复】也；又。《周氏冥通记》卷三：“尔申年当得上拜太极，不者则酉年也。此期非远，而亦复为遥，子勤此中间也。”又：“其长少男女南北亦复数人，或有德行，或有信识，但于学功未深耳。”《真诰》卷十六：“比干剖心，可为至忠。至于孝子感灵者，亦复不少，而今止举李善，如似不类。”《太上灵宝元阳妙经》：“地中诸真人道士终不畏堕如是恶处，亦复不畏天魔恶鬼、魑魅魍魉。”《太上大道玉清经》卷三：“道虽殷勤，无知不从，灵人当知，譬如春雨，是物皆润，独有枯木，而不受洽。纵不润者，益其朽烂，终不能生枝叶花果。十恶之人，亦复如是，虽闻大道，终不能发无上道心。”

【兼复】而且；加之。《大词典》失收。《周氏冥通记》卷一：“向所言事不得尔，自已有定，兼复此职不可久空，所以勤勤重来者，正此耳。”又：“本基既尘秽，兼复芜满，若葬之，必不为卿益。”陶弘景《登真隐诀》卷下《请官》：“仪中无此三君名号职主，今既并在后，或当是天师新出也，亦并为要用，但依此所主请之。又上章时亦宜兼复取官仪中相配用，不必专止此二十五。”陶弘景《华阳陶隐居集》卷上《上梁武帝启》：“许静素段，遂蒙永给，仰铭矜奖，益无喻心。此书虽不在法例，而致用理均，背间细楷，兼复两玩。先于都下偶得飞白一卷，云是逸少好迹。”近代道经沿用，《黄帝九鼎神丹经诀》[②]卷十三《服丹砂法》：“诸石之中，唯有丹砂、雄黄为上。调炼之法，兼复不难。先并营之，以护身命，此亦度世要药之基址也。”宋张君房《云笈七签》卷一百一十

① 蒋宗许：《也谈后缀“复”》，《中国语文》1990年第4期。

② 韩吉绍认为《黄帝九鼎神丹经诀》成书于初唐贞观八年(634)至显庆四年(659)间。(韩吉绍：《论〈黄帝九鼎神丹经诀〉》，《宗教学研究》2009年第3期)

三《续仙传序》:“及长,游历宦途,周游寰宇。凡接高尚所说,或览传记,兼复闻见,皆铭于心而书于牍。”

【或复】该词在道经中的用例最早可追溯至东汉《太平经》卷五十《去浮华诀》:“比若甲子者何等也,投于前,使一人主言其本,众贤共违而说之。且有专长于天文意者,说而上行,究竟于天道;或有长于地理者,说而下行,洽究于地道;或复有长于外傍行,究竟四方;或有坐说,究于中央;或有原事,长于万物之精,究于万物;或有究于内,或有究于外,本末根基华叶皆已见,悉以类象名之。”《周氏冥通记》卷三:“吾等今去,或复寻更来,其间有信,书疏亦可相通。”《无上秘要》卷三《日品》:“东华真人呼日为紫曜明,或复呼为圆珠皇。初紫元之天中,常有晖晖之光,郁如薄雾,乃九日之所出,有如一日之照。”近代道经沿用,唐《道典论》卷三:“《太上处胎业报经》云:或复有人浮好三宝,信心不专,恣情放荡,流滞爱欲,假托经文,以要名利,因以聚众,混杂为非。”唐《太上大道玉清经》卷七:“是诸戎夷闻说长生,心则迷闷,神精狂乱,身毛皆竖。或复五体缓纵,不能自持,昏愦睡熟,呼吼无知。大道愍之,勤勤不舍。”

【无复】《周氏冥通记》卷三:“昨东华集诸司命及土地神灵典司之徒,检课简录。见天下民人为善者,五十分无一;而况于神仙,万万之不过两三耳,其中功夫已成而复落除者亦不少,吾将忧仙籍无复人也。”卷四:“闰月三日,梦见韩夫人,云:‘世上方无复踪,如可?’”《真诰》卷六:“既及太平,则四炁含融,天纬荐生,灾烟消灭,五毒匿形,二辰恒察,万物自成。于是时任子所运而御,亦无复夭倾也。”卷十一:“每吉日,远近道士咸登上,烧香礼拜,无复草木,累石为小坛。”《洞真太上太霄琅书》卷四《法服诀第八》:“检心以经,不起邪想,检口以议,无复恶声。”《上清高上灭魔玉帝神慧玉清隐书》:“今鬼之为物,贪浊无廉,因威生凶,干试后学,无复有真,皆九九天逆明其象,故置五帝杀鬼玉文,以检截其凶横也。”

【非复】《周氏冥通记》卷三:“知天下神仙功夫之事,教学之方,非复人间保籍丞也,故指来相报,未可示人身之遗迹,乃后人之所效耳。”《真诰》卷四:“拨于昔累,非复故形。变扇澡炼,得道之情。和挹神心,仰秀云灵。”卷十九:“三君多书荆州白笺,岁月积久,或首尾零落,或鱼烂缺失。前人糊揄,不能悉相连补,并先抄取书字,因毁除碎败。所缺之处,非复真手。”

【不复】《周氏冥通记》卷四:“周君云:‘尔不复玩真道耶,吾将去尔。’”《真诰》卷十一:“即今斫伐耕稼,四通九达,山中亦皆显露,时移事异,不复可准。”卷十九:“今既非摹书,恐渐致乱惑,并随字注铭。若是真手自治,不复显别。”陶弘景《登真隐诀》卷中:“诸修行之中,唯法为久存思气火,便宜安详，渐渐变化及炼身之后，弥使良久，状如眠寐，不复觉有四体，乃佳。"《上清太上帝君九真中经》卷上："帝君太一五神，自然混化，立为一大神，不复待兆先思存，而后为结变也。"

【了无复】[①]《真诰》卷二十："楼从弟道济及法真、钟兴女傅光，并得写楼、钟间经，亦互相通涉，虽各摹符，而殊多麤略。唯加意润色，滑泽取好，了无复规矩锋势，写经又多浮谬。"

【岂复】《周氏冥通记》卷三："陶今夕心意，岂复忆此？"《冥通记》卷四："二十三日，见洪先生云：'此所问泛舟者，乃中岳仙人于朴也。其前生经识陶某耳，非今生相识也，岂复来于此邪？'"

【皆复】《周氏冥通记》卷四："此前及后屡道名简事，此则不可为定，进退皆复由功过故也。"

【别复】《真诰》卷十三："依纸墨亦言前篇，而中间有此失缺，此行后又割，恐别复有事，并遗落，深可恨惜耳。"《周氏冥通记》卷四："东方大君来时，别复有宫，虽云有而自不见。"

【尚复】《周氏冥通记》卷四："大象尚复无常，人生有何定邪？只此亦好。"又："兆劫尚复倏尔，此何足为远？"

【已复】《周氏冥通记》卷四："北斗已复不见，而祝于二星。"又："韩众已复有事，今与邓生往看之。"

【当复】《真诰》卷一："此一条即是二十二日夜，与紫阳所喻同夕，当复大应有事，后云'声气下'，亦是此夕。杨后又追忆此一事，更赡在二十[二](三)日例中，故云'先此一夕'也。"

【少复】《真诰》卷十六："光武拜善为太子舍人，后迁日南九江太守。其事迹正是如此，而《钟离传》所说少复有异耳。"

【徒复】徒然，《大词典》失收。《真诰》卷八："志道之人，虽有一生之心，钻求匪懈，徒复遭遇真文，耽玄精微，慕尚者众，得升腾者稀。"

【虽复】《真诰》卷十："子所以不得升度者，以子身有大病。脑宫亏减，筋液不注，灵津未溢，虽复接景飡霞，故未为身益。"又同卷："若数行交接，漏泄施写者，则气秽神亡，精灵枯竭。虽复玄挺玉箓、金书太极者，将亦不可解于非生乎。"

【弥复】《真诰》卷十三："展先生今为九宫内右司保，其常向人说：'昔在

① 周俊勋：《中古汉语词汇研究纲要》，第 164～165 页谈关于词缀粘附的成分的音节数的问题，认为大家只注意了"复""自"附着在一个单音词的后边组成一个双音节的形式，而忽略了后缀"复"可出现在双音节副词后，如"了无复""都不复"；另外，"复"可插到一个双音词的内部，只起调整语气音节的作用，如"凋复零""思复念"。

华阳下食白李，味异美。忆之未久，而忽已三千年矣。'诸历检课谓尧元年戊戌至齐之己卯岁，二千八百三年。高辛即尧父。说此语时，又应在晋世。而已云三千年，即是尧至今不啻二千八百年。外历容或不定，如此丁亥之数，不将已过乎！《汲[家](冢)纪年》正二千六百四十三年，弥复大悬也。"

七、～自

"自"和"复"都是产生于汉代且在用法上有许多近似处的后缀。最早发现"自""复"虚义用法的是清人刘淇（见其《助字辨略》），尔后吕叔湘、王锳、蒋绍愚、江蓝生、刘瑞明、朱庆之、蒋宗许等在有关的著作或论文中续有探索。[①] "自"字本是代词，大约在西汉时，开始后附于副词，意义虚化，演变为后缀。《史记》中已有一些用例。汉末魏晋，后缀"自"发展得很快，这在构形和频率上都有所体现。在构形上，它显得较以前更为自由，其附着具有较强的随意性，不仅大量附缀于各类单音副词之后，而且也附于其他词类后……在使用频率上，也出现了两汉不曾有过的现象。[②] 王云路在《中古汉语词汇史》一书中分别列举了中古时期常见的本自、便自、别自、尝自、常自、长自、诚自、大自、当自、定自、独自、都自、各自、更自、故自、固自、还自、恒自、会自、既自、空自、良自、聊自、了自、偶自、且自、善自、稍自、深自、盛自、实自、适自、殊自、唐自、徒自、妄自、信自、行自、续自、已自、亦自、元自、犹自、真自、正自、终自、坐自、口自、躬自、亲自、身自、手自等词。[③] 魏晋南北朝道经中也有一些"自"构成的附加式合成词。

【亦自】亦，也。《大词典》失收。《周氏冥通记》卷一："幽冥面告尚不得停，而况秽身投片辞，亦自不达，达亦不许，徒劳纸墨耳。"《上清三真旨要玉诀》[④]："常欲目闭而卧，安身微气，使如卧状，令我并人不觉也。乃内视远听四方，令我耳目注万里之外。久行之，亦自见万里之外事。精心为之，乃见百万里卧事也。"南北朝末或隋唐之际《无上内秘真藏经》卷七《妙德品》："复有异类国土祆鬼甚多，人民欣乐，行小乘法，专思断恶，志行善果，贪善无已，不作诸恶，亦自为是。"近代道教文献亦见，唐宋《洞玄灵宝真人修行延年益算法》："祝毕，咽液七过，叩齿七通，而更卧。如此四五，亦自都绝消息也。此祝亦反恶梦，更为吉祥矣。"

【要自】应自；须自。《周氏冥通记》卷一："追恨不得以诸真经及杨、许真

---

① 蒋宗许：《汉语词缀研究》，巴蜀书社 2009 年版，第 182 页。

② 蒋宗许：《汉语词缀研究》，第 184 页。

③ 参见王云路：《中古汉语词汇史》，第 351～360 页。

④ 撰人不详，约出于南北朝。刘师培以为此书即陶弘景《登真隐诀》之缺卷。

令一见之已，虽不复任此，要自于师心有亏。"《抱朴子内篇·勤求》："夫晓至要得真道者，诚自甚稀，非仓卒可值也。然知之者，但当少耳，亦未尝绝于世也。由求之者不广不笃，有仙命者，要自当与之相值也。然求而不得者有矣，未有不求而得者也。"《太清金液神丹经》卷中："若修式淮泗，先登胜地，据魏阳北海西，上应于斗度，下合乎地气。从今以去，江南为始，可得六十六岁，甲戌之间，祚之终矣。要自綖连争斗，至于甲申。若凶修则促，福禳则延，至于斯息之竭，俱臻此年矣。"

【本自】本来就，一向是。《真诰》卷十二："鲍靓，靓及妹，并是其七世祖。李湛、张虑，本杜陵北乡人也。在渭桥为客舍，积行阴德，好道希生，故令福逮于靓等。使易世变练，改氏更生，合为兄弟耳。根冑虽异，德荫者同，故当同生氏族也。今并作地下主者，在洞宫中。靓所受学，本自薄浅，质又挠滞，故不得多也。"

【善自】好好。《周氏冥通记》卷四："十月五日，梦见定录君，云：'比来多诸进御，善自禁节，勿纵志也。'"南朝《洞真太上八素真经三五行化妙诀》："方演化利益群生，群生有心，急宜奖就。辄说要诀，善自详量。以时消息，勿背宗源耳。"近代道教文献亦习见，唐朱法满《要修科仪戒律钞》卷十五《通启仪第一》："分张未已久，思忆每深，犹寒比何如。某诸疹弊，言集未由，但增慨满，善自敬爱。"前蜀杜光庭《天坛王屋山圣迹记》："音尘一间，俄归葛氏之天台；道卫斯成，项缩长房之地脉。善自攻爱，以司保童颜，志之所之。"

八、～当

"当"含义极其丰富，因而可以作名词后缀，可以作副词和形容词后缀，也可以作动词后缀。[①] 从魏晋南北朝时期以来，与"当"结合最频繁的是单音节副词和少数连词。[②] "当"是中古汉语中构词能力很强的一个词缀，魏晋南北朝道教文献中也有不少词例。

【方当】犹将要；会当。《周氏冥通记》卷二："赵曰：'星已疏矣，行当应曙，相与去。'和诸人同应去。赵又曰：'方当去来，不为久别。'"《真诰》卷二："方当凭庇灵宗，咨禀神规，若此之心，撰亦鉴之。"又："忘怀兰素，晖心齐契，方当数亲虔清宇。"卷三："我方当复来，尔勤之而已。"《太上飞行九晨玉经·逊十》："子方当匡御劫运，封掌十天，科简玄录，理判神仙。"《洞真太上说智

① 王云路：《中古汉语词汇史》，第 319 页。

② 王云路：《中古汉语词汇史》，第 335 页。第 335～342 页分别列举了必当、但当、定当、法当、方当、甫当、故当、还当、会当、将当、理当、不当、宁当、殊当、听当、唯当、行当、须当、要当、宜当、应当、犹当、正当、政当、终当、的当、至当、深当、实当、真当、白当、该当、便当、适当、自当、为当、若当、设当。

慧消魔真经》卷二《入定品》："李山渊德合七圣，为金阙之主。方当参谒十天，理命亿兆，定中元于玄机，制阴阳以齐首。"《太上洞玄灵宝智慧定志通微经》："天尊又曰：'此诸船伴，可得宝乎？'二真曰：'其无导师，尽无先知处，又不识宝光，为尔周章，此行甚难。方当处处悉到，到悉发掘，或于水中用力亿倍，或可果耳。'"

【要当】自当；应当。《真诰》卷二："勤而不专，亦不能有成也。要当令吝心消豁，䄂此后人黵为'秽'字，不可复识。疾开散。"《无上秘要》卷五十《次鸣天鼓二十四通》："受法之日与三官有誓，要当竭尽躯命，输效筋骨，奉宣大化，质对幽冥，辅助师老，救济一切。"

【行当】即将；将要。《真诰》卷十一："都不学道，居其土，饮其水，亦令人寿考也，是金津润液之所溉耶。子其秘之。吾有传纪，具载其事，行当相示。"《周氏冥通记》卷二："赵曰：'星已疏矣，行当应曙，相与去。'和诸人同应去。赵又曰：'方当去来，不为久别。'"

【益当】《真诰》卷九："三八景二十四神，以次念之，亦可一时顿存三八，亦可平旦存上景，日中存中景，夜半存下景，在人意为之也。若外身幽岩，屏绝人事，内念神关，摄真纳气，将可平旦顿存三八景，二时又各重存一景，益当佳也。但人间多事，此烦难常行耳。事不得常，为益自薄。"①

【难当】难以。《大词典》失收。《冥通记》卷四："十七日，见保命赵丞，多论天地灾横之事，亦甚多，不可记。此事理难当说。"

【真当】《真诰》卷十七："羲白：承撰集得五十许人，又作叙，真当可视。乃益味玄之徒，有以奖劝，伏以慨然。"

【极当】《真诰》卷十七："承撰集粗毕，极当可视，未睹华翰，预已欣叹。"

【聊当】《真诰》卷十八："将琴弦之阴德乎？聊当一笑。琴弦事出《彭素经》，房中之术也。"

第五节　修辞造词

中古时期，随着语言表达的日渐精密，修辞造词发展非常快，利用修辞

① 《真诰》卷九："太上真人步五星之道，以致五星降室，闭气上纲，当先呼五星、星夫人名字。毕，乃越纲蹈星。谓始上纲，便顿住呼名字。呼名字毕，乃越纲蹈星耳。若每致星上，得复重心呼所至星处之名字，益其佳也。""益其佳也"与"益当佳也"意义近同，"益其"似也可作为附加式合成词。现代汉语中还有"尤其""极其"等词。

手段产生了许多新词语。方一新将修辞造词大致分为截取、用典、比喻、借代、委婉、避讳、其他、熟语八种情况。[①] 利用修辞手段造成新词，这种方式上古就有了。魏晋南北朝道教文献中亦不乏通过修辞手段形成的新词。今举数例如下。

一、用典

用典是古人行文时常用的一种修辞手段，通过引用前代的词语或故事，可使文章更为典雅。用典既是古代文学领域的重要研究课题，也是语言学研究应当关注的一个内容。“为了一定的修辞目的，在自己的言语作品中明引或暗引古代故事或有来历的现成话，这种修辞手法就是用典。”[②]季忠平博士对典故词从语言角度进行了深入研究，指出：“雅言词，是指东汉以来的汉语书面语中为了追求典雅而使用的，利用先秦经典，特别是儒家经典的语句、文词改造使用的词语。它的实质是典故词，是典故构词法的产物。”[③]“绝大部分雅言词的来源：《诗经》《周易》《尚书》及其他儒家经典。雅言词的成词方式主要有七种：节缩（如：卑牧、纳麓、负承、致寇）；约举（如：如丧、在田、托六）；截割（如：居诸、则哲、星言、愿言、乘六、何怙）；组合（如：顾复、覆折、丝纶、启沃）；顺承（如：枢机、元良、家肥、大武、遁肥）；附益（如：所天）；重用（如：九有）。”[④]魏晋南北朝道教文献中的典故词例如：

【悬车】

1. 致仕，辞官。古人一般至七十岁辞官家居，废车不用，故云。语出班固《白虎通・致仕》：“臣年七十悬车致仕者，臣以执事趋走为职，七十阳道极，耳目不聪明，跂踦之属，是以退老去避贤者……悬车，示不用也。”

魏晋六朝道教文献中有见，《真诰》卷二：“顿足悬车，无早晚也。但心坚注真，微密灵机则可矣。至于高逸长岭，寝冥林泽，纵时事之难鄙，遗九亲而味神，实美举也。心苟不专，慾念填胸，虽蹑阆山以游步，造圆垄以朝冥，然亦必败也。”卷七：“礼，年七十悬车。悬车者，以年薄虞渊，如日之仄，体气就损，神候方落，不可复劳形躯于风尘，役方寸于外物矣。许长史既至此时，始

① 方一新：《中古近代汉语词汇学》，第713～731页。其中，“截取”，董秀芳：《词汇化：汉语双音词的衍生和发展》（四川民族出版社2002年版）则归之为跨层结构造词。“其他”是指有一些场合，临时活用，造成的新词。“熟语”包括了成语和谚语。

② 罗积勇：《用典研究》，武汉大学出版社2005年版，第2页。

③ 季忠平：《中古汉语雅言词研究》，复旦大学2007年博士学位论文，第1页。后据此修改出版的《中古汉语语典词研究》说法略有不同，此仍据其博士论文。

④ 季忠平：《中古汉语雅言词研究》，复旦大学2007年博士学位论文，第83～109页。

可隐逸耶?”再如汉焦赣《易林》:“赤帝悬车,废职不朝。叔带之灾,居于泛庐。”汉黄石公《黄石公素书》卷二:“测曰:‘夷耇之贞,悬车乡也。’陆曰:‘致仕而归于乡党也。’王曰:‘敬其衰病与高年,贞之道也。’光谓:‘九为九十又为极,君子老而辞位,自处平易者也。贤者以老病而归,人君所当钦奉也。’”其他文献用例如汉蔡邕《陈寔碑》:“时年已七十,遂隐丘山,悬车告老,四门备礼,闲心静居。”《旧唐书·李百药传》:“及悬车告老,怡然自得。”清方文《萧先生六十》诗:“华簪曾佐大长秋,六十悬车未白头。”

2.借指七十岁。梁陶弘景《华阳陶隐居集》卷下《许长史旧馆坛碑》:“永和四年,嘉遁不反,君尚想幽奇,岁月弥斡,恒与杨君深结神明之契。兴宁中,众真降杨备令,宣喻龙书云篆,会然遍该灵谟奥旨,于兹必究,年涉悬车,遵行愈笃。太元元年,解驾违世,春秋七十有二。”其他用例如《周书·韦孝宽传》:“孝宽每以年迫悬车,屡请致仕。”《晋书·刘毅传》:“昔郑武公年过八十,入为周司徒,虽过悬车之年,必有可用。”唐许浑《贺少师相公致政》诗序:“少师相公未及悬车之年,三表乞罢将相。”

【倚伏】

语本《老子》:“祸兮福之所倚,福兮祸之所伏。”倚,依托;伏,隐藏。意谓祸福相因,互相依存,互相转化。“后人组合成‘倚伏’,作为‘祸福’的雅称。”[①]汉班固《幽通赋》:“叛回冗其若兹兮,北叟颇识其倚伏。”唐李颀《别梁锽》诗:“不见古时塞上翁,倚伏由来任天作。”

魏晋南北朝道教文献习见,《太极真人敷灵宝紫戒威仪诸经要诀》:“大福度人为先,所以先人后己,倚伏兼忘,忘其所忘,志与玄同。”《太上洞玄灵宝授度仪》:“三才及万物,倚伏各有龄。终始待劫数,福尽天地倾。往返于五道,苦哉更死生。辗转三徒中,去来与祸并。”《太上洞玄灵宝智慧本愿大戒上品经》:“夫为父母、兄弟、姊妹、夫妻、君臣、师保、朋友,皆前世所念,愿为因缘,辗转相生也,莫不有对者哉,故曰倚伏难穷矣。唯学仙道士,当兼忘因缘,绝灭生死,同归乎玄,以入妙门。”又:“念寻善友,为因缘知识,自当冥会,皆来为兄弟子孙,所以世世贤孝,辗转相生,乃无绝矣。故曰倚伏因缘,孰知其极也。”《上清众真教戒德行经》:“倚伏异因,云梯未抗。虽有怀于进趣,犹未渊于至理矣。”《太上玄一真人说劝诫法轮妙经》:“三官九府记人功过,毫末必载,万无差失,其愿既定,志亦难夺,故倚伏难穷,所谓法轮之门。”《太上洞玄灵宝上品戒经》:“福尽神识散,宜朦地狱坐。上圣畏沉沦,寻道度斯祸。大地及万物,倚伏各有灵。终使待劫数,福尽天地倾。”

① 季忠平:《中古汉语语典词研究》,学林出版社2013年版,第112页。

【屯否】【屯泰】【屯蒙】

“屯否”，典出《周易》，本为屯卦和否卦的并称，后谓艰难困顿。如汉王粲《初征赋》：“逢屯否而底滞兮，忽长幼以羁旅。”《梁书·元帝纪》：“顷岁屯否，多难荐臻。”

道教文献方面，如：《太上洞玄灵宝宿命因缘明经》：“尹生稽首曰：‘善哉善哉。今受戒文，宣流无亲。尧存有舜禹，何等宿命，何等因缘，生而圣知，享祚永延，治水之劳，功见世间。余有何故，屯否悴然。复何苦恼，楚痛不欢。复何厚德，乃为天人。有何阴德，克定飞仙。不遭八难，保度子孙。今以叩头流涕，请知因缘。’”五代杜光庭《道门科范大全》卷五十一：“天灾物累，鬼责人非，运元推屯否之临身，斡厄消暑寒之相寇。”宋陈景元《西升经集注》卷四：“阴阳之所不能变，盛衰之所不能移，玄德常静，故曰常安。共天地均其覆载，鬼神齐其正真，包大纳细，通幽洞微，无屯否之期，绝困穷之日，故曰与天地合其德，鬼神将来舍也。”《太上济度章赦》卷上：“臣切念斋主某人运逢屯否，身际妖邪，致寝食之仓皇，觉精神之颠倒，致生疾患，药饵罔功。”又：“臣切惟人情欲寿，大德好生，傥运限有犯于威躔，致身命或临于屯否，易逢厄疾，曷保年龄？”

“屯泰”，语出《周易》，季忠平认为：“《周易》中的‘屯’卦具有艰难之义，而‘泰’卦则相反，具有安定、平顺之义。后人组合两卦名，构成语典词，以表示安危、险夷。”[①]如《梁书·吕僧珍传》：“与朕契阔，情兼屯泰。”魏晋南北朝道经有见，《太上洞玄灵宝八威召龙妙经》：“太上大道君说运屯泰，因枯而得荣唱。”

“屯蒙”，亦出《周易》，季忠平指出，由于“屯”“蒙”“否”“剥”“坎”“蹇”“困”等卦，其中都含有艰难、困滞、不顺利等内容，因此后人往往将这些卦名组合成词，表示困顿、艰险、凶恶等意思。[②] 道书有见，如杜光庭《广成集》：“二十八宿行藏，皆资祥庆；一十二宫分度，永息屯蒙。”

二、比喻

比喻造词，在词汇发展历史上是较为常见的一种手段，这种造词方式是以本体和喻体之间的相似性为基础的。李运熹认为这种造词法是“诸种修辞手段造词中最为活跃、形式最为复杂，数量也最多的一种方法”。[③] 方一新指出：“从认知角度看，喻体和本体间的联系体现了不同领域内一个范畴向

① 季忠平：《中古汉语语典词研究》，第 138 页。

② 季忠平：《中古汉语语典词研究》，第 139～140 页。

③ 李运熹：《试论比喻造词法》，《宁波师范高等专科学校学报(社会科学版)》1982 年第 3 期。

另一个范畴的语义延伸，也就是不同认知域之间的投射。”[①]魏晋南北朝道经中有许多用比喻形成的新词，例如：

【雀息】

犹屏息，形容恐惧，不敢作声。《周氏冥通记》卷二：“窃寻下[氏]（民）之命，粒食为本，农功所资，在于润泽，顷亢旱积旬，苗稼焦涸，远近嗷嗷，瞻天雀息。百姓祈请，永无感降。”这里是说老百姓对于滴雨未下，植物即将枯死这种灾情，感到很恐惧，害怕即将颗粒无收，无法维生。

文献用例如《三国志·吴书·韦曜传》：“抱怖雀息，乞垂哀省。”《北史·高丽传》：“柳张目叱之，拳击成坠于床下，成左右雀息不敢动。”南唐刘崇远《金华子杂编·自序》：“时有以春闱策问举子对义见示者，睹强国富民之论，古今得失之理，则愧惕雀息，往往汗流，何者？以坐遇明盛时，而抱名称不闻于世，何疚复甚于斯矣！”元释念常《佛祖历代通载》卷五：“舣舟祠下庙神灵甚，能分风送往来之舟。有乞神竹者，未许而斫，神怒覆其舟，致竹斫处，过者雀息汗下，高舟人奉牲请福。”

文献记载亦有“雀目鼠步”一语，亦喻惶恐之极，如《东观汉记·阳球传》：“乃磔甫尸，署曰‘贼臣王甫’。于是权门惶怖股慄，莫不雀目鼠步，京师肃然。”窃以为“雀息”形容恐惧的这种用法盖因麻雀体小，在大自然中属于弱势群体，生性胆小怕人，引申而有此义，这可以说是一种比喻造词。

【千椿】【万椿】【亿椿】【积椿】【椿柯】

《庄子·逍遥游》：“上古有大椿者，以八千岁为春，八千岁为秋。”“椿”因其高龄，后用以喻长寿。道教注重服食养生，追求长生不老。此喻意在魏晋南北朝道教文献中屡见，用法也富于变化。可单用，如《上清诸真章颂》：“顾眄须臾顷，忽然椿已过。哀哉朝生者，安知龄纪多？”《上清太上玉清隐书灭魔神慧高玄真经》：“含精炼丹房，长保无终椿。”

更多的则是与数字修饰语组合，有作“千椿”者。如《上清仙府琼林经》：“保元持法纲，游玄适逍遥。万劫犹昨夜，千椿如晨朝。灵幡顺风散，繁想应时消。”《洞真太上太霄琅书》卷六：“臣妾等以小丑贱生虫芥之余，谬生天地，得见光明。为天所覆，为地所载，四时所养，五行所长，星辰所卫，日月所照。至于今日，千椿一会，得禀无气，参预仙流，衔真握契，睹见上玄。”又有“万椿”，《洞真太上说智慧消魔真经》：“佩符带真，口诵九素，庶足测众魔之情乎。体元承气，朝研玉玄，当守之以万椿之外耳。”《洞玄灵宝玉京山步虚经》：“积学为真人，恬然荣卫和。永享无期寿，万椿奚足多。”还有“亿椿”，

① 方一新：《中古近代汉语词汇学》，第718页。

《上清高上玉晨凤台曲素上经》:“极朝复待旦,偕乐无终休。流眄任运迁,亿椿始一周。”

“椿”亦可与“大”“灵”“积”[1]等形容词性语素搭配。如《七域修真证品图》:“三圣轮化,拯擢昏迷,皆欲使全血肉之形。比金石之永,延朝兰之命,齐大椿之年。”《上清洞真天宝大洞三景宝箓》:“九晨流落,享福万千。形齐天地,寿比灵椿。”《上清回耀飞光日月精华上经》:“息加绿盖房,岂知年岁多。口漱金液精,积椿始婴华。”《上清高圣太上大道君洞真金元八景玉箓》:“飘飘高肆,顺风随新,昙昙德模,潜英启全,所以积椿久眄,常保利津也。”

受道教长生求仙文化的影响,“柯”在魏晋南北朝道教文献中出现了一些微妙而又特殊的变化。

《广雅·释木》:“柯,茎也。”《文选·张衡〈西京赋〉》:“浸石菌于重涯,濯灵芝以朱柯。”薛综注:“朱柯,芝草茎赤色也。”表示草木的枝茎,中古道经有见,如《洞真太上太霄琅书》卷十:“自非七世大庆,重华敷条,累叶重柯,秀挺后苗,善逸万劫,世世有道,名刊金简。”《上清外国放品青童内文》:“维结洞览,荣秀垂柯;庆霄重飞,朱兰吐葩。”又:“绿柯含条,彩华曜琼。”

魏晋南北朝道教文献中,“柯”常出现于枝繁叶茂、枝茎壮大等语境。如《无上秘要》卷三十一《经德品》:“凡后学之士,或名不书玄简,而备得宝经者,皆以己身有宿世重德,丰柯垂荫,度逮其身。”《太上洞玄灵宝八威召龙妙经》:“祭醮河神龙君求遣群龙飞入四海江河之中,飞降升上负水,游演弥布天中,洪注滂沱三日,雨洒三夕。先罗香灯绩夜昼,则雨施吹呼立至,正真所加,无量枝条,累柯堂堂。”

因为枝繁叶茂、枝茎壮大代表了旺盛的生命力,“柯”渐被加以夸饰,乃至神化。如《上清高圣太上大道君洞真金元八景玉箓》:“若登峻岭,洪秀天和,育明弱罗,焕扇神柯,晨荣缥蕊,落林丹兰,敷灵崿崿,岩虚飞烟,奏香合谷,献葩芳液,凝形紫碧,绛云金条,艳精总根,太华吐纳。”再进一步发展,“柯”就有了“寿命;长寿”义,如《太一帝君太丹隐书》:“日月上精,黄水月华。太一来饮,神光高罗。使我长生,天地同柯。”《上清高上金元羽章玉清隐书经》:“真人互翻葩,五灵度符籍。延昌固命柯,保我万劫功。谁测天纪多,七祖上生天,解脱度幽罗。”

“椿”喻指长寿是道经中常见的语言表达习惯,“柯”有时与“椿”以对文或连文的形式出现。如《洞玄灵宝自然九天生神章经》:“代谢若旋环,椿木不改柯。静心念至真,随运顺离罗。”《上清高上金元羽章玉清隐书经》:“泛

---

① 《汉书·严助传》:“且越人愚戆轻薄,负约反覆,其不可用天子之法度,非一日之积也。”颜师古注:“积,久也。”经检索,《道藏》中“积椿”一词共10见。

真玄霄上,晃晃曜景华。三清保劫用,同此亿椿柯。”

受“灵椿”一词的影响,中古道教文献中逐渐产生了“灵柯”。如《上清大洞真经》:“朱书黄缯佩之,存呼丈人内讳名字,镇我绛宫心中。五色结络,紫气生华,保神固命,长生灵柯。七祖解脱,去离九河。”《上清黄气阳精三道顺行经》:“八景翼霄,紫琼丹霞。气同玉真,命齐灵柯。长宴九玄,路无倾嵯。”《洞真太上八素真经》:“饮我皇泉,哺我飞华。掇根咽食,寿同灵柯。形附太晖,身腾飞霞。千龄万劫,使不倾差。”

“柯”在魏晋南北朝道教文献中的词义变化,一定程度上有道教文化以及道经语言表达习惯的影响。

【华庭】【华盖】两眉之下。《真诰》卷九:“披华盖之侧,延和天真,入山洞之谷,填天山之源,则虚灵可见,万鬼灭身。所谓仰和天真,俯按山源也。华盖,一名华庭也。”又:“华庭在两眉之下,是彻视之津梁。天真是引灵之上房。旦、中、暮恒咽液三九过,急以手三九阴按之以为常。令致灵彻视,杜遏万邪之道也,一日三过行耳。”《大词典》“华盖”条失收此义项。“华庭”一词失收。

【天真】谓两眉之角。《真诰》卷九:“天真是两眉之间,眉之角也。”《汉语大词典》始见例举明陈继儒《太平清话》卷一:“紫薇夫人诰:仰和天真,俯按山源。天真是两眉之角。山源是鼻下人中也。”书证过晚且为孤证。

【山源】指人中,唇上鼻下之间中央的凹陷处。《真诰》卷九:“山源是鼻下人中之本侧,在鼻下小入谷中也。”又:“人有卒病垂死者,世中凡医唯知针人中,不知针山源谷中。”卷十:“鼻中隔之际,名曰山源。山源者,一名鬼井,一名神池,一名邪根,一名魂台也。”又:“手按山源则鬼神闭门,手薄神池则邪根散分,手临魂台则玉真守关。于是感激灵根,天兽来卫,千精震伏,莫干我炁,此自然之理,使忽尔而然也。”又:“鼻下山源,是一身之武津,真邪之通府。”《上玄高真延寿赤书》:“山源,鼻孔中初入高者也。”《洞真西王母宝神起居经》:“山源在鼻下人中之上本侧,在鼻下小入孔谷中也,是塞灭万魔之门户也。”

【天马】指手。《真诰》卷九:“市长宋来子恒洒扫一市。久时,有一乞食公入市,经日乞,恒歌曰:‘天庭发双华,山源彰阴邪。清晨按天马,来诣太真家。真人无那隐,又以灭百魔。’恒歌此乞食,一市人无解歌者。独来子忽悟,疑是仙人,然故未解其歌耳。乃遂师此乞食公,弃官追逐,积十三年,此公遂授以中仙之道。来子今在中岳。乞食公者,西岳真人冯延寿也,周宣王时史官也。手为天马,鼻下为山源。”《大词典》失收此义。

以上五例均为魏晋南北朝道经中的隐语,采用了比喻修辞创造新词。

冯利华博士认为："比喻式隐语是指用形象的事物（喻体）来喻指所指成分（本体）的隐语。它是道教隐语产生的主要形式。它的源头可追溯到远古时期的歌谣民谚中常用的比喻修辞手法，如上举《尚书·汤誓》中的咒语以及《诗经》中的比喻。隐语本质上要求在本团体中无交际障碍而对外又具有隐秘性。为了便于记忆和掌握，人们自然会采用身边熟悉的的事物来比喻所指事物。在道书中，比喻式隐语绝大多数是名词。"①

三、借代

通过借代的手法创造新词，也是魏晋南北朝道教文献新词产生的重要途径。例如：

【带索】

以绳索为衣带，形容贫寒清苦。这是利用借代手法构成的新词，以具体代抽象。中古道经多见，《真诰》卷六："穆内虽修道，外故俗徒，未能披褐山栖，带索独住，不得不叙顺情礼，允帖内外。一旦违之，既恩情未忍，亦惧伤之者至矣。"《洞真太上太霄琅书》卷四《法服诀第八》："凡登天入洞，受位三清，游三界之外，化三界之中，宜须挫锐显异之时，则锦帔飞青，云光绮绣，珍宝缨络，种种庄严；宜须和光示同之日，则被褐怀玉，带索鼓琴。"晋葛洪《抱朴子内篇·畅玄》："褴缕带索，不以贸龙章之晻晔也。负步杖筴，不以易结驷之骆驿也。藏夜光于嵩岫，不受他山之攻。"《抱朴子内篇·释滞》："古人多得道而匡世，修之于朝隐，盖有余力故。何必修于山林，尽废生民之事，然后乃成乎？亦有心安静默，性恶喧哗，以纵逸为欢，以荣任为戚者，带索蓝缕，茹草操耜，玩其三乐，守常待终，不营苟生，不惮速死。辞千金之聘，忽卿相之贵者。"《紫阳真人内传》："仙人目瞳子正方，而黄泰虽复外形带索，目方面光，密而奇之，中心犹喜。"

其他文献亦有见，葛洪《抱朴子外篇·刺骄》："冠摧履决，蓝缕带索，何肯与俗人竞干佐之便辟，修佞幸之媚容，效上林喋喋之啬夫，为春蜩夏蝇之聒耳。"《列子·天瑞》："孔子游于太山，见荣启期行乎郕之野，鹿裘带索，鼓琴而歌。"晋陶潜《饮酒》诗之二："九十行带索，饥寒况当年。"唐白居易《北窗三友》诗："或乏担石储，或穿带索衣。"清黄宗羲《子刘子行状》："试将茹荼带索，以毕余生。"

【卢医】

春秋时名医扁鹊的别称，后来意义泛化，代称良医。道经用例如《真诰》

① 冯利华：《中古道书语言研究》，第190～191页。

卷三："自奉教以来，洗心自励，沐浴思新，其奖劝也。摽明得道之妙，致其检戒也。陈宿命之本迹，淫吝所以丧基，鄙滞所以伐德，虽卢医之贡针艾，扁鹊之献药石，无以喻也。子张存圣教于绅带，西董配韦弦以自矫，盖以外戒内，以义规心，仰衔清训。"《太上洞神洞渊神呪治病口章》："令下检校，随病状治之，了了得差，差各有功赏。万等不合，有恚恨治病之官吏兵，各赍针药之具，与卢医扁鹊，领天下医王与治病功曹三百六十人，主生小吏二十四万人，祈请玉童七十万人。一一来下，应章罗载。"《玄天上帝百字圣号》："占病：谁觉灾来疾似风，卢医扁鹊枉施功。何如一愿酹天地，再与添筹作老翁。"

其词渊源有自，《史记·扁鹊仓公列传》："扁鹊者，勃海郡郑人也，姓秦氏，名越人。少时为人舍长。"唐张守节《正义》："《黄帝八十一难序》云：秦越人与轩辕时扁鹊相类，仍号之为扁鹊。又家于卢国，因命之曰卢医也。"西汉扬雄《法言·重黎》："昔者姒氏治水土，而巫步多禹；扁鹊，卢人也，而医多卢。"东汉徐干《中论·考伪》："斯术之于斯民也，犹内关之疾也，非有痛痒烦苛于身，情志慧然，不觉疾之已深也，然而期日既至，则血气暴竭。故内关之疾，疾之中夭，而扁鹊之所甚恶也。以卢医不能别，而遘之者不能攻也。"唐杨玄操《〈难经〉序》："《黄帝八十一难经》者，斯乃勃海秦越人之所作也……以其与轩辕时扁鹊相类，乃号之为扁鹊，又家于卢国，因命之曰卢医。"元末明初陶宗仪《说郛》卷七四引南朝齐褚澄《褚氏遗书》："尼父删经，三坟犹废，扁鹊卢出，卢医遂多。"明卢象升《与少司成吴葵庵书》之八："使庸医妄投药剂，嗜欲朘其元神，卢医望而却走，然后再从而往治，其能几幸万一乎！"

【云轮】

云轮，云车，飞行在空中的仙人之车，传说中仙人以云为车。轮，本为车轮，后来可代指车子。

魏晋六朝道教文献多见，《上清修身要事经》："兆遇二十四过，行此炼呪，功满得加，名标上清，二十四年，勑乘云轮，飞行九玄也。"《洞真太上八素真经》："玉皇回辔，匡络紫琼。徘徊丹房，八气洞明。回度天元，流眄我形。运我云轮，降我飞軿。得与八素，齐景真灵。"《太上九赤班符五帝内真经》："行其道，常以其日，清斋入室烧香，南向叩齿十二通，思南海水帝神王，姓开讳纳灵，头建太晨宝明之冠，衣赤锦文裙，带交灵紫绶九色鞶囊，乘蛟龙，飞行云轮，从南海色水帝十二仙掾，乘十二飞龙，上谒高皇玉帝。"《洞真上清神州七转七变舞天经》："童子携素明，带日御云轮。乘飚映空盖，仰手掇华骞。"《上清丹景道精隐地八术经》："长为之者，出入帝晨，宴驾云轮，遨腾上清。"

"轮"代指车子，在魏晋六朝道教文献中还形成了"游轮""琼轮""飙轮"

“轮毂”等词。[①]

四、委婉

汉民族向以含蓄婉约著称，在语言表达上，不喜过于直白，一些概念（如“死”“生殖器”等）在特定场合不便于明说，只好以更为委婉的表达形式来代替，这就导致了一些婉称词的产生。伍永杰将委婉造词的情境归纳为避讳、礼貌、掩饰、求雅和诙谐等。[②] 魏晋六朝道经中也有不少通过委婉手段创造的新词。

【地户】

婉称“肛门”。如《上清元始变化宝真上经》：“修行道中君之道，常以冬至日，沐浴入室，东南向四拜，朝道中君毕，还北向平坐，叩齿十二通，思道中君随四时形影，在上清流精宫会明府太仙乡三清里中，回真下映，入兆背穷骨地户中。”《太上九赤班符五帝内真经》：“止，存使黄精和气，填满太仓黄庭中下丹田，下至阴室地户，周行匝体，悉令毕至。”《太一帝君太丹隐书》：“阴房者，是鼻之两孔中也。司命出入，当由鼻孔，不两眉间也。夕在玄室，为玉茎之中，地户亦为阴囊中也。若女子存之，令在阴门之内北极中，夕夕存思焉。”

周作明指出，“男女合气”的房中术在早期道教中为道徒重要的修行方法，故也能解脱天罗地网而成仙，在个别经文中“天/地”“天罗/天纲”或“地网/地纪”还可隐喻性生殖器。……以上用例均见于《上清黄书过度仪》，该经的主要内容即为道教房中术，上述语词的意义变化或源于其对性生殖器的讳称。[③]

【曲垂】

曲垂，犹言俯赐、俯降。《周氏冥通记》卷一：“子良答曰：‘俗人童蒙，不辩真正，曲垂贷宥，实敢回异。’”这是在现代语用学的“礼貌原则”[④]之下产生的一个新词，叶贵良曾论及该词：“道教文献的言语非常符合礼貌原则及其准则，尤其是其中的赞扬准则和谦虚准则。”“敦煌道经的敬辞与谦辞体现了礼貌原则及其准则：在动词、名词、形容词上相对集中。这些语词体现了现

---

① 这四个词的释义参见周作明、俞理明：《东晋南北朝道经名物词新质研究》，第 111～112 页。

② 伍永杰：《汉语委婉造词研究》，广西师范大学 2010 年硕士学位论文。

③ 周作明、俞理明：《东晋南北朝道经名物词新质研究》，第 264～265 页。

④ 方一新先生将利用“礼貌原则”造的新词归入“修辞造词”中的通过委婉表达产生的新词这一小类。（参见方一新：《中古近代汉语词汇学》，第 724～725 页）

代语用学上的谦虚、赞扬这两个准则。""(曲垂)表敬复合词,下对上而言,有请求施与之义。"①

《道藏》中多有使用,如《太上洞玄灵宝净供妙经》:"不审今日,是何因缘,以何义故,曲垂恩逮,乃至如是。特愿大真示我,令悟决了因缘。"《无上九霄玉清大梵紫微玄都雷霆玉经》:"太上无极大道,无上至真三宝,慈父圣母,十方诸天丈人,九霄雷霆帝真,金后玉妃,卿师使相,法界真灵,溥运慈悲,曲垂原赦,赐臣太上十方五雷金光火云。"宋金允中《上清灵宝大法》卷三十:"真慈,曲垂矜允,特迂仙仗,俯降斋坛,成就善功,保全末学。"《九天应元雷声普化天尊玉枢宝忏》:"从今忏谢,永誓归依。恭愿普运慈悲,曲垂原赦,绥之庇覆,锡以生全。"宋末元初林灵真编《灵宝领教济度金书》卷一百三十:"某重诚上启无色界大魔王,惟愿不舍慈悲,曲垂拯济。"《道法会元》卷五十四:"真慈,曲垂拯济。一如元降律令。"其他文献亦见,北周庾信《谢赵王赉丝布启》:"远降圣慈,曲垂矜赈。"唐张九龄《贺御注〈金刚经〉状》:"陛下曲垂圣意,敷演微言,幽关妙键,豁然洞达。"

【仰候】

《周氏冥通记》卷二:"邓仙人备述神灵应垂降意,比恒洗心洁念,仰候真仙。"《〈周氏冥通记〉研究》(译注篇)第122页译文将"仰候"释作"仰首恭候",似未中的。仰,并非仰首的动作,而是道经中常用的敬词,多用于下对上。《周氏冥通记》即有不少用例,如卷三:"尔诸真亦粗说其事,但子良庸陋,岂敢仰希,恃蒙神真提拂不论耳。"卷三:"子良言:'劫盗事,深以仰凭。'"卷四:"子良问:'所通辞仰呈君未?'君云:'适得。'"

据叶贵良研究:"'仰'本义是脸向上抬起头。敦煌道经'仰'常作下对上的敬辞。"他列举了"仰谢""仰希""仰受""仰垂""仰降""仰荷""仰赖""仰彻""仰恋""仰瞻""仰睹"。②《道藏》中多有所见,如南北朝《上清五常变通万化郁冥经》:"普御群仙,自天以下,莫不范德于太真,仰宗于羽经也。"东晋南朝《洞真太上素灵洞元大有妙经》:"清斋三月,仰禀太冥,玄思感于太寂,积念启于上清。"东晋南朝《上清河图内玄经》卷下:"伏愿某皇君夫人,咸共哀某丹心,飨某今设此微礼,共垂证盟。仰希众灵,嘱劝所属某皇君夫人,特赐以慈恩,降以应感。"又:"今夜所请,必遂如心,则仰荷神明更造之恩,今乞洪泽浃润某身,请以余杯,赐某饮进,今神气降洽,善愿克谐。"

① 叶贵良:《敦煌道经写本与词汇研究》,第350、355、362页。

② 叶贵良:《敦煌道经写本与词汇研究》,第356～358页。

五、熟语

“熟语”是什么，包括哪些成员？首先需要对“熟语”的概念进行界定。张永言认为：“语言里的这一类现成的固定词组或句子（主要是固定词组）就叫做熟语。”“熟语包括语言里的成语、谚语、格言、习用语等。”[①]王云路也认为：“成语与谚语、俚语、俗语、格言、民谣、习语等都属于熟语。”[②]魏晋南北朝道教文献中有不少熟语资料，“道家的文献、道家的思想、道家的传说都是汉语成语的宝库。例如白日升天、长生久视、坐在立亡、返老还童、九转丹成。……源于佛典、道教的成语与中土一般文献语言的联系也是相当紧密的，往往在同时代文献中并存。”[③]道教文献中的熟语口语色彩浓厚，明白易晓，具有较高的研究价值，但学界对于古汉语中的熟语关注并不多[④]，道教典籍中的熟语资料值得好好挖掘。

【总而言之】总括起来说。《真诰》卷十一：“句曲山，秦时名为句金之坛，以洞天内有金坛百丈，因以致名也。外又有积金山，亦因积金为坛号矣。周时名其源泽为曲水之穴，按山形曲折，后人合为句曲之山。汉有三茅君来治其上，时父老又转名茅君之山。三君往曾各乘一白鹄，各集山之三处。时人互有见者，是以发于歌谣。乃复因鹄集之处，分句曲之山为大茅君、中茅君、小茅君三山焉。总而言之，尽是句曲之一山耳，无异名也。”《洞真太上太霄琅书》卷四《法服诀第八》：“花叶之盛，莫过芙蓉，道贵其义，又象其叶焉。高下大小，取适随人，少发安带，不用垂缨。总而言之，名芙蓉巾也。”近代道教文献中更为多见，前蜀杜光庭《道德真经广圣义》卷三十一《昔之得一章第三十九》：“微妙不测谓之神，变化应机谓之易。总而言之，皆无谓之道。故圣人以人事随其义理立其名号，不一而一故能常一，常一非一，亦非非一。”《道法会元》卷一百五十四《混元六天妙道一炁如意大法》：“圣人设教，千经万论，莫不教人收心养炁。总而言之，不过拘制魂魄而已。以此观之，有诡异丹经紫书，不欲显言，反覆譬喻，欲达者自悟尔。”《洞玄灵宝自然九天生神章经解义·后序》：“今徒知所谓浑然者之大，而乐言之，而不知夫所谓截然者，未始相离也。子盖观诸天地之道乎。总而言之，曰天地而已。”其他文献例如《易·系辞上》“一阴一阳之谓道”唐孔颖达疏：“以数言之谓之一，以体言

① 张永言：《词汇学简论》，华中工学院出版社1982年版，第122、123页。

② 王云路：《中古汉语词汇史》，第824页。

③ 王云路：《中古汉语词汇史》，第765～766页。

④ 李丽：《试论〈魏书〉时语谣谚在汉语词汇史中的研究价值》（《语文知识》2009年第4期）一文对《魏书》中的时语谣谚进行了搜集研究，值得参考。

之谓之无,以物得开通谓之道,以微妙不测谓之神,以应机变化谓之易,总而言之,皆虚无之谓也。"

【要而言之】总而言之,简要说来。《真诰》卷二:"勤精者,味玄之灵标也;凝安者,拘真之寝衾矣。子勤澡丹心,竞赴高岭,可谓务道之柄勤甚至也。然道柔真虚,守淡交物,安静任栖,神乃启焕耳。要而言之,躁疾非尽理矣,违之者亦取劳乎!"又:"夫黄书赤界,虽长生之秘要,实得生之下术也,非上宫天真流軿晏景之夫所得言也。此道在长养分生而已,非上道也。有怀于淫气,兼以行乎隐书者,适足握水官之笔,鸣三官之鼓耳。玄挺亦不可得恃,解谢亦不可得赖也。要而言之,贞则灵降,专则神使矣。"《洞真太上太素玉箓》:"太极有九名,一曰太清,二曰太极,三曰太微,四曰紫房,五曰玄室,六曰帝堂,七曰天府,八曰皇官,九曰天京玄都。要而言之,从人顶上直下一寸为太极宫,方一寸耳,在六合宫上。六合宫,太一之神皇常居其中。"唐张万福《三洞法服科戒文》:"上圣无形,实不资衣服。但应迹人间,而有衣服。若归真反本,湛寂自然,形影尚空,何论衣服。今虽示迹,略有九阶,要而言之,大归二种。"其他文献用例如晋陆机《五等诸侯论》:"且要而言之,五等之君,为己思治。郡县之长,为利图物。"葛洪《抱朴子外篇·知止》:"为臣不易,岂将一涂,要而言之,决在择主。我不足赖,其验如此。"

【不获已】不得已。[①] 乃中古常语,《后汉书·独行传·严授》:"蹙令进,授不获已,前战,伏兵发,授身被十创,殁于阵。"《新唐书·沈既济传》:"四方形势,兵未可去,资费虽广,不获已为之。"此语在六朝道教文献中有不少用例,《洞真上清太微帝君步天纲飞地纪金简玉字上经》:"世间自复有步纲蹑纪之法,汉成皇帝大司马王凤,以阳朔元年中,闻道士刘京从邯郸张君学仙,得步天纲法,凤于是逼求。以威以贵,京不获已,乃密撰此钞略以与之。"《洞真太上太霄琅书》卷七《四法六异序第三十》:"昔子晋之弃天下,游乎伊洛之滨;叔申之违君父,登乎北常之山,比出乎不获已。转祸为福,或隐或显。"《真诰》卷十九:"闻有许郎,先人得道,经书具存,乃往诣许。许不与相见,孔膝行稽颡,积有旬月,兼献奉殷勤,用情甚至。许不获已,始乃传之。"

东晋名道葛洪作品中此词多见,尤其是《抱朴子外篇》一书,例如《抱朴子外篇·用刑》:"仲尼之诛正卯,汉武之杀外甥,垂泪惜法,盖不获已也。故诛一以振万,损少以成多。"《抱朴子外篇·交际》:"吾闻大丈夫之自得而外物者,其于庸人也,盖逼迫不获已而与之形接。"《抱朴子外篇·知止》:"古人佯狂为愚,岂所乐哉?时之宜然,不获已也。"《抱朴子外篇·自叙》:"未尝论

① 参见王小苹、郭小春:《王羲之父子书帖中的魏晋习俗语词》,《广西大学学报(哲学社会科学版)》2000年第2期。

评人物之优劣，不喜诃谴人交之好恶。或为尊长所逼问，辞不获已。”又，《葛仙翁肘后方备急方·序》：“余今采其要约，以为《肘后救卒》三卷。率多易得之药，其不获已须买之者，亦皆贱价，草石所在皆有，兼之以灸，灸但言其分寸，不名孔穴。”

近代道典仍见行用。唐《太上洞玄宝元上经》：“能雄能雌，济用官长，得中去奢，泰守无为，故次之以将欲取天下，朴散稍乱，不获已而治之，治之不可以兵强，故次之以以道佐人主，不获已用之，用之有功，功遂则退，不可玩之，故次之以佳兵。”前蜀杜光庭《道德真经广圣义》卷四十八《民之生章第七十六》：“夫兴师问罪，薄伐御戎，先之以三令五申，教之以六技金版。既定前偏后伍，仍资地利人和，盖不获已而行，岂欲矜于剿戮？”宋张君房《云笈七签》卷一百七《华阳隐居先生本起录》：“太元已来，此官皆用名家，裴松之从此转员外郎。但问人才，若官何所枉君，恐为尔误我事。庚子时正被委任总知诸王府事，先生不获已而拜矣。”

表示“无可奈何；不能不如此”之义的还有“不得已”一词，语出《老子》：“兵者，不祥之器，非君子之器。不得已而用之，恬淡为上，胜而不美。”“不得不”的说法较早见于《后汉书·宦者传序》：“邓后以女主临政……称制下令，不出房闱之间，不得不委用刑人，寄之国命。”六朝道经例如《真诰》卷十：“道士求仙，不欲见死人尸，损神坏气之极。人君、师父、亲爱，不得已而临之耳。”

【逢时不迈，山客抃粲】《真诰》卷十二：“昔曾轸、华侨依此而言，则知华侨先亦蒙真降矣。盖应会敖世，事有出嘿，途不必静。苟有分无志，申公所病；遇至不为，覆水始惋。是以古啃有云：‘逢时不迈，山客抃粲’者矣。夫学道者，固不宜恃其质分，必当保任于清全矣。”

【杨安大君，董真命神】《真诰》卷二：“三官奉刍，河山启源。天丁献武，四甲卫轮。当此之时，实明君之至贵，真仙之盛观也。三官中常有谚谣云：‘杨安大君，董真命神。’正我等之谓耳。盖圣皇之方驾，于今有二十八年也。复二十二年，明君将乘龙驾云，白日升天。”

【著青裙，入天门，揖金母，拜木公】《真诰》卷五：“真人隐其道妙而露其丑形，或衣败身悴，状如痴人。人欲学道，作此试人，卒不可识也。不识则为试不过，汝恒当慎此也。昔汉初，有四五小儿，路上画地戏。一儿歌曰：‘著青裙，入天门，揖金母，拜木公。’到复是隐言也，时人莫知之。唯张子房知之，乃往拜之。此乃东王公之玉童也。”

【欲得长生饮太平】《真诰》卷十七：“初下半山，见许主簿来上，相逢于夹石之间。公语主簿曰：‘汝何来迟？吾为汝置四升酒，在山上坐处，可往饮之，而还逐我。'主簿即去上山，须臾见还，行甚疾，未至山下相及。公曰：'美酒不?'答云：'犹恨酸。'公曰：'此太平家酒，治人肠也。彦曰："欲得长生饮太平。"何酸之有耶？故是野家儿也。守一慎勿失，后当用汝辅翼君。'"

六、其他

【夫妻】偏义复词，指夫或妻中的一方。《上清太上黄素四十四方经》："每至其日，当清斋别处，不杂他席，慎不可与夫妻相见，及同床而寝。"《真诰》卷十："凡甲寅、庚申之日，是尸鬼竞乱精神躁秽之日也，不可与夫妻同席及言语面会。当清斋不寝，警备其日，遣诸可欲。"《正一法文经章官品》卷四《主劫掠夫妻》："禁天君五人，官将一百二十人，治南昌室，主逐捕男子劫掠人夫妻，痛人，必令得之。"此义盖为临时活用，其他文献罕见。

在古汉语中，有时叙说某一事物时，连带提及另一事物，而连带提及的事物在句子中实际上不起作用，这种修辞方式称为"连及"。常见的是专名连及，如《左传·昭公三年》："昔文襄之霸也，其务不烦诸侯，令诸侯三岁而聘，五岁而朝，有事而会，不协而盟。君薨，大夫吊，卿共葬事；夫人（薨），士吊，大夫送葬。""文"指晋文公，"襄"指晋襄公。称霸的实际上只是晋文公。一般词语的连及，常称之为偏义复词。如"公姥""父母""园圃""弟兄""牛马"等，杨树达《中国修辞学》称为"物名连及"①。"死生""利害""异同""缓急""得失"等，《中国修辞学》称作"事名连及"②。道教文献中的偏义复词尚未见有论及，是一个可以探讨的题目。

【与女子】《真诰》卷十："女仙人刘纲妻口诀：'求仙者勿与女子。'三月九日、六月二日、九月六日、十二月三日，是其日当入室，不可见女子。六尸乱则藏血扰溃飞越，三魂失守，神彫气逝，积以致死。所以忌此日者，非但塞遏淫泆而已，将以安女宫。女宫在申，男宫在寅，寅申相刑，刑杀相加。是日男女三尸出于目珠瞳之中，女尸招男，男尸招女，祸害往来，丧神亏正。虽人不自觉，而形露已损，由三尸战于眼中，流血于泥丸也。子至其日，虽至宠之女子，亲爱之令妇，固不可相对。我先师但修此道而仙矣，复不及至亲无心者矣。子其慎之矣。"此例中"与女子"是"与女子交（接）"的省略，省略了述语，当为临时活用，其他文献罕见。

从同卷其他表述亦可看出，卷十："东海小童口诀：'道士求仙，勿与女子交，一交而倾一年之药力。若无所服而行房内，减算三十年。'"又："夫学生之夫，必夷心养神，服食治病，使脑宫填满，玄精不倾。然后可以存神服霞，

① 杨树达编著：《中国修辞学》，科学出版社1954年版，第167页。

② 杨树达编著：《中国修辞学》，第165页。

呼吸二景耳。若数行交接，漏泄施写者，则气秽神亡，精灵枯竭，虽复玄挺玉箓、金书太极者，将亦不可解于非生乎。在昔先师常诫我于斯事云：'学生之人，一接则倾一年之药势，二接则倾二年之药势。过三以往，则所倾之药都亡于身矣。'是以真仙之士，常慎于此，以为生生之大忌。"这里都在讲"与女子交(接)"对于求仙者的危害。后代道经沿用，南宋金允中《上清灵宝大法》卷九《避忌日》："李少君口诀：道士求仙者，勿与女子。"

【兰金】"兰金"，乃"金兰"之临时化用，指契合的友情、深交。语出《易·系辞上》："二人同心，其利断金；同心之言，其臭如兰。"晋葛洪《抱朴子外篇·交际》："《易》美金兰，《诗》咏百朋，虽有兄弟，不如友生。"《文选·刘孝标〈广绝交论〉》："自昔把臂之英，金兰之友。"吕延济注："金兰，喻交道，其坚如金，其芳如兰。"

魏晋南北朝道经有二例，《上清高上玉晨凤台曲素上经》："上有高晨师，拱静啸与吟。八会自然容，虚降皆兰金。琼嚼弥劫旦，玉浆散冲心。"《真诰》卷一："我与夫子族，源胄同渊池。宏宗分上业，于今各异枝。兰金因好着，三益方觉弥。"

【赤丘】《真诰》卷一："昔扉廓天津，采华赤丘。"魏晋南北朝道教文献中仅此一例。

"赤丘"，乃"丹丘"之化用，亦作"丹邱"，指传说中神仙所居之地。《楚辞·远游》："仍羽人于丹丘兮，留不死之旧乡。"王逸注："丹丘昼夜常明也。"北魏郦道元《水经注·汳水》："于是好道之俦自远方集，或弦琴以歌太一，或覃思以历丹丘。"唐韩翃《同题仙游观》诗："何用别寻方外去，人间亦自有丹丘。"

第六节　缩略

"缩略"是一种重要的成词手段，前贤时彦多有论及。俞理明指出："缩略是表意固定、高频率使用的多音词、词组，在整体意义不变的前提下，出于表达上的需要，截取其中部分形式凑合成一个结构残损的新形式来代表原来的全形式，把它作为一个话语的基本单位在句中使用。"[①]张世禄认为："常用的词组往往经过凝结作用或缩减作用，转变做词，这样从词组的凝结或缩

① 俞理明：《汉语缩略研究——缩略：语言符号的再符号化》，巴蜀书社 2005 年版，第 31 页。

减，变成为词，正是词的产生的重要方法之一，也就是语言本身发展的重要趋势之一。”[①]向熹亦有论及，“简称”是复合词语的省略形式。适应汉语词汇发展复音化的趋势，简称大都以双音为主，也可以是单音。如“公主”可以省称为“主”……西母、西王、王母都是“西王母”的简称。[②] 周俊勋则总结了中古汉语词语缩略的几种方式：1. ABCD→BD　2. ABCD→ACD→AC　3. A/BC→AB　4. AB[于]D→AB　5. AB[之]D→AD　6. AB[之]D→BD。[③] 以下几个词语的形成都经历了一定程度的“缩略”。

【恢谲】谓离奇怪异。语出《庄子·齐物论》：“恢恑憰怪，道通为一。”亦作“恢诡谲怪”，《宋史·徽宗纪三》：“诏天下监司、郡守搜访岩谷之士，虽恢诡谲怪自晦者，悉以名闻。”清钱谦益《书瞿有仲诗卷》：“凡天地之内恢诡谲怪，身世之间交互纬繣，千容万状，皆用以资为状，夫然后谓之有诗。”亦省作“恢谲”。

道教典籍用例如《真诰》卷十七：“若夫奇神儵诡，恢谲无方，阴阳之所焕育，川泽之所函藏，则羲和浴日于甘渊，乌飞司景于扶桑。江妃登湄而解佩，二女御风于潇湘。”唐吴筠《宗玄先生文集》卷中《思还淳赋》：“天道远而难晓，人事近而可详。虽要自天启，亦祆由人彰。斯乃钟刘石之两羯，偶符姚之二羌。凭胡书之恢谲，资汉笔以阐扬。道安讨论于河洛，惠远润色于江湘。图澄挟术以鼓舞，罗什聚徒以张皇。”元赵孟頫《玄元十子图·序》：“圣哲轨徐，或削其迹，恢谲变化，飞跃无息。”

其他文献亦见，明杨慎《升庵诗话·庄子解》：“庄子为书，虽恢谲佚宕于六经外，譬犹天地日月，固有常经常运，而风云开阖，神鬼变幻，要自不可阙。”明高儒《百川书志·传奇》：“《传奇》三卷，唐裴铏撰，高骈客也，皆神仙恢谲事。”章炳麟《訄书·学隐》：“故教之汉学，绝其恢谲异谋。”

【裹粮】谓携带熟食干粮，以备出征或远行。语出《诗经·大雅·公刘》：“迺裹糇粮，于橐于囊。”朱熹集传：“糇，食。粮，糗也。”可省作“裹粮”，晋刘琨《答卢谌》诗：“裹粮携弱，匍匐星奔。”

道典用例如《真诰》卷十三：“峩峩岑山，幽岩岭芳。卓卓先生，乘和来翔。散发颓颖，躬耕陵堽。三餐自足，不期裹粮。玉迹东映，风响西彰。公侯招之，凌风振裳。处不矜默，出不希扬。被褐容与，杖策颉颃。”晋郭象《南华真经注疏》卷十二：“轨辙交行，足迹所接，裹粮负贩，不惮千里。内则弃亲而不孝，外则去主而不忠。”唐默希子《通玄真经注》卷六《上德》：“君子贤人，

① 张世禄：《张世禄语言学论文集》，学林出版社1984年版，第296页。

② 向熹：《简明汉语史》(上)，第503页。

③ 周俊勋：《中古汉语词汇研究纲要》，第117页。

虽有才质，终假师匠，方成其业也。虻与骥致千里而不飞，无裹粮之资而不饥。”宋陈葆光《三洞群仙录》卷九：“陈纯至桃源，爱其汉山秀绝，裹粮沿汉寻胜。”宋江澂《冲虚至德真经解》卷二十《说符下》：“人有滨河而居者，习于水，勇于泅，操舟鬻渡，利供百口。裹粮就学者成徒，而溺死者几半。”元朱象《古楼观紫云衍庆集》卷中《终南山重建会灵观记》：“于时天元应瑞，玄教兴行，加以二真师道隆德盛，人天钦仰，门下之士，皆裹粮赴役，不远千里而至。”元陈梦根《徐仙翰藻》卷一《代东村公作灵济宫记》：“予少年，以豪迈之气，汲汲于功名。担簦裹粮，走数千里。至于天下壮丽奇倬卓绝之处，凡前贤遗迹，靡所不览。”

【盟信】语本《庄子·让王》：“阻兵而保威，割牲而盟以为信。”《左传·哀公二十年》：“先主与吴王有质”晋杜预注：“质，盟信也。”亦可倒序为“信盟”。①

可作“盟约”义，魏晋六朝道经多见，如《真诰》卷九：“右此并是右英夫人受，令告长史也。又用盟信，兼有青帛，令亦宜依准立格，乃得受传耳。”《上清黄气阳精三道顺行经》：“无盟轻泄，师被考没身，弟子轻窥天真，失盟刑残，七祖获罪，三掠不原。天文妙重，紫书丹字甚秘，故以盟信宝之，不得轻传，学士被此之考，明慎之也。”《太真玉帝四极明科经》卷四：“若单佩此符，亦可别书盟信，年限悉依经科，有犯如之，但得单行备矣。”《洞真太上素灵洞元大有妙经》：“凡有至志，名参玄宫，欲单受明科，知天法禁，然后受经。审有骨分，亦可先告盟而授之。盟信法物，悉依三奇宝文之数，年限亦同如之。”

又可为“表誓约的财物，信物”义，《真诰》卷九：“盟信既定无科，谓受此宜用金镮二双。”《太真玉帝四极明科经》卷二：“盟信：青缯九十尺，金钮三双。弟子、师对斋九十日，北向告盟而付。玉童玉女各十二人，侍卫典经。”又：“若名书玉札，紫字上清，当依盟信赍凤文之罗百尺，上金十两，盟誓九天。”又：“盟信：上金八两，黄缯八十尺，金钮八双，以代割发之盟。”

【轻脱】轻佻，不稳重。语本《左传·僖公三十三年》：“轻则寡谋，无礼则脱。”杜预注：“脱，易也。”《后汉书·列女传·曹世叔妻》：“若夫动静轻脱，视听陕输，入则乱发坏形，出则窈窕作态。”

魏晋南北朝道经用例如《洞真太上说智慧消魔真经》卷四：“后学之俦，精研此旨，觉未同六。莫强著书，徒劳心力，人鬼所嗤，得罪玄灵，方罹重拷，风刀痛恼，历劫无原。勿尚虚名，轻脱妄作，妄作者凶，明各加慎。”《上清高

① 周作明、俞理明：《东晋南北朝道经名物词新质研究》（中国社会科学出版社 2015 年版，第 232 页）收录“信盟”，未收“盟信”，可为补。

上灭魔玉帝神慧玉清隐书》："若浮好之士，身不精感，轻施召鬼，鬼反害己，便受大殃也。明慎之，勿轻脱也。"《老君说一百八十戒》："道士不受老君百八十戒，其身无德，则非道士，不得当百姓拜，不可以收治鬼神。其既阇浊，不知道德尊重，则举止轻脱，贱慢法术也。"

【玄玄】指道家所称的道。语出《老子》："玄之又玄，众妙之门。"后凝缩为一个双音词。《文选·孔稚珪〈北山移文〉》："谈空空于释部，覈玄玄于道流。"李周翰注："覈，考也；玄玄，谓'玄之又玄'也；道流，谓老子也。"《法苑珠林》卷六十九："或阐玄玄以化民，或明空空而救物。"

魏晋南北朝道经用例如《真诰》卷十三："此论空无之理，乃殊得无宗，而玄玄固难，可曲核矣。"《上清太上玉清隐书灭魔神慧高玄真经》："元虚黄房内，日中号方盈。左宴朱岭台，右携仙皇庭。寝宴三秀房，结我神始生。同飞入玄玄，七祖反华婴。"《上清高上金元羽章玉清隐书经》："高虚抚闲，四气肃恭。玄玄八会，金磬朗空。玉慧逸霄，洞微发冲。四景敷灵，六度休冲。"《上清金真玉光八景飞经》："三晨停晖，八风回旋。玄鼓云盖，九气[illegible]灵。三五翼赞，六六合并。蓊蔼玄玄之上，焕赫郁乎太冥。"《上清无上金元玉清金真飞元步虚玉章》："郁秀无上宫，上极天宝庭。玄玄无等双，光明耀诸天。我身生七宝，梵景入无形。玄妙至真德，飞天献绿軿。"

第七节　词汇化

所谓词汇化，是指词在演化过程中经历的一个从结构松散、不甚稳定的非词的句法单位到凝固的稳定的单一的词汇单位的动态过程。汉语词汇系统中有不少词语都是经由这一历时过程演变而来的。董秀芳在汉语词汇化研究领域取得了令人瞩目的成就，她认为："在历时演变领域中定义的词汇化也可以作广义的理解，即指从非词的单位变为词的过程。"[①]本节即遵从董先生的观点。

近年来，汉语史研究界越来越注重理论思考，词汇化和语法化成为研究热点。关于语法化，刘坚认为："'语法化'过程，也就是说，指一个词由词汇单位变化为语法单位的过程。"[②]词汇化和语法化既有区别又有联系，二者之

① 董秀芳：《词汇化与语法化的联系与区别——以汉语史中的一些词汇化为例》，见商务印书馆编辑部编：《21世纪的中国语言学(二)》，商务印书馆2006年版，第6～7页。

② 刘坚：《论汉语的语法化问题》，载氏著：《刘坚文集》，上海辞书出版社2005年版，第182页。

间的关系错综复杂，导致对于同一过程究竟是词汇化还是语法化，经常存在分歧。董秀芳对此进行了深入研究，指出："词汇化和语法化存在以下一些不同：(1)词汇化是在两个特定成分的组配中发生的，词汇化后的成分与相邻成分的组配是有限的；而语法化往往是在某个特定成分与一类形式组配的环境中发生的，语法化后的成分与相邻成分的组配能力强。与此相应，语法化往往导致某一类型组合的能产性增强，语法化的完成一定伴随一个类推扩展的过程，语法化了的成分可以出现在其原先不能出现的语境中，而词汇化不造成某类组合的能产性的增强，而往往是某类组合能产性降低的结果。(2)语法化总是包括语义的宽泛化，而词汇化则不一定。(3)语法化中发生变化的往往只是一个成分(虽然变化是在结构中发生的)，而词汇化则往往涉及两个成分，是两个成分合为一个成分的变化(除了语法性成分变为词汇性成分的这种极特殊的情况只涉及一个成分)。(4)词汇化的变化过程是使一个形式从分析走向综合，结果是形式中原有的结构关系消失，只能对这个形式从整体上加以处理；而语法化的结果则是显性标明某种结构关系，因而具有可分析性和规则性(Lehmann2002)。"①下面我们尝试从词汇化的角度来分析魏晋南北朝道教文献中几个词语的形成。

【良可】的确，确实。《洞真太上太霄琅书》卷三《下品赎罪篇》："凡能受法，皆愿遵科。科条既众，年月积少，短生修之，惧不能遍，顾景屏营，良可哀愍。"《大词典》失收。

"良可"的成词经历了一个"重新分析"(reanalysis)的过程。Langacker(1977)把"重新分析"定义为："没有改变表层表达形式的结构变化。一个可分析为(A,B),C 的结构，经过重新分析后，变成了 A,(B,C)。"②其基本演变过程大致可概括为：良＋可＋单音节 V＋语气助词→良＋可 V＋语气助词→良可＋单音节 V＋语气助词→良可＋双音节 V。最初"良"与"可"只是线性序列相连，并不构成直接的句法结构关系。后来，"可"与后面的单音节动词有结合的倾向，渐趋于凝合。

据董秀芳的研究，不少由助动词"可"与其后动词性成分组成的句法结构词汇化后变成了形容词，有一些变成了动词。如可恶、可爱、可观、可怜、可取、可笑、可怕、可贵。以"可恶"为例，"可"是一个助动词，义为"可以、值得"；"恶"是一个动词，义为"憎恶、讨厌"。后来"可恶"粘合成词，义为"令人厌恶的"。在有些方言里，"可恶"甚至被进一步用为及物动词，"可"的意义

① 董秀芳：《词汇化与语法化的联系与区别：以汉语史中的一些词汇化为例》，见商务印书馆编辑部编：《21 世纪的中国语言学(二)》第 13 页。

② 刘坚等：《论诱发汉语词汇语法化的若干因素》，《中国语文》1995 年第 3 期。

完全失落了。[①]"可"与后面的单音节动词逐渐凝合为"可V",这时,其音步划分为"良+可V+语气助词",但这种音律不大符合汉语的习惯,冯胜利指出:"汉语的自然音步是右向音步,即不受句法和语义因素影响的音步是从左向右组织的。这样句首的前两个音节就会被牢固地组织在第一个自然音步里。句子起首的第一个音步,必须是一个标准韵律词,也就是说必须是两个音节,不允许有任何变通。处在句尾位置的成分允许组成超音步……自然音步的组合规则促进了句首跨层成分的粘合。自然音步是人们说话时自然遵守的韵律规则,因而跨层结构的词汇化可以'顺理成章'地在不知不觉中发生。"[②]因此,"良+可V+语气助词"逐渐演变为"良可+单音节V+语气助词",这一阶段的词汇化尚不很彻底,直到当"单音节V+语气助词"变为"双音节V"时,可以说"良可"的词化基本完成,也更能为人所接受。笔者尝试将其"良可"的成词分为四个阶段:

第一阶段:良+可+单音节V+语气助词,例如《洞真太上紫书箓传》:"六妙密旨,大道之极。二子将成,请以付之。未敢专辄,伏须教勅。天尊告曰:'此子精勤,良可成也,应成者成,应度者度。一委道君所具也,便可关白道君,宣告大众,共明付授,不须多情于吾也。'"宋王辟之《渑水燕谈录》卷九:"钱镠之据钱塘也,子跛,镠钟爱之。谚谓'跛'为'瘸',杭人为讳之,乃称'茄'为'落苏'。杨行密之据淮阳,淮人避其名,以'密'为'蜂糖',尤见淮、浙之音误也。以'瘸'为'茄',以'蜜'为'密',良可哈也。"宋李焘《续资治通鉴长编》卷六十八:"京师士庶,迩来渐事奢侈,衣服器玩,多镕金为饰,虽累加条约,终未禁止。工人炼金为箔,其徒日繁,计所费岁不下十万两,既坏不可复,浸以成风,良可戒也。"

第二阶段:良+可V+语气助词,用例较少,晋葛洪《葛仙翁肘后方备急方》卷四《治卒绝粮失食饥惫欲死方第三十五》:"粒食者,生人之所资,数日乏绝,便能致命。《本草》有不饥之文,而医方莫言斯术者,当以其涉在仙奇之境,非庸俗所能遵故也。遂使荒馑之岁,饿尸横路,良可哀乎。"《太极左仙公说神符经》:"大仙,如是一切,不知通了,心随耳目,意迷贪嗔。或有觉之,愿舍忘误,摄心尚浅,死夺其功,还复入冥。随运受摄,生生世世,不觉不知,变化万形,无复休息,良可愍也。"《上清大洞真经》卷六《九灵真仙母青金丹皇君道经第三十九》:"顷自中央黄老君隐禁之后,世亦无知者。故人间地上、五岳山中,永无此经。后世之人,莫闻大道,恣情欲海,汩志尘波。夫其所谓'保太和、正性命'者,良可悯也。茅山上清宗坛,历代传授,千余岁间,

① 董秀芳:《词汇化:汉语双音词的衍生和发展》,第266页。

② 冯胜利:《论汉语的自然音步》,《中国语文》1998年第1期。

才三十八人。"唐宋《太上保真养生论》:"盖不知心源静则神魂安,嗜欲兴则真灵溃。焦然戚戚之志,劳其役役之躯,救火燕薪,良可叹也。"宋张君房《云笈七签》卷三十五《方便》:"公子曰:'凡人所患,皆多以气为主。或有背气、脚气、痃癖等,皆以气为根。今子乃咽气于腹中,能不为病乎?'童子曰:'鄙哉,言乎!良可哀耳。'"①《道法会元》卷一百七十七《元素元辉府玉册》:"曾不知人间爵禄尚不易致,迺遽以纸钱油饼佞其上帝,而滥天官,良可骇也。惜乎辨之不早,浸以成风,以愚益愚,迷而不复。"元辛文房《唐才子传·皇甫冉》:"惜乎长辔未骋,芳兰早雕,良可痛哉!"

第三阶段:良可+单音节V+语气助词,"良可"逐渐趋于凝合。例如晋葛洪《抱朴子内篇·道意》:"谷帛沦于贪浊之师巫,既没之日,无复凶器之直,衣衾之周,使尸朽虫流,良可悼也。愚民之蔽,乃至于此哉。"《真诰》卷十二:"厕闻要旨,当修五灵。自谓西造阆圃,东游玄洲,不为邈绝,求矜而诱之,引而致之。是为言贯于心,良可启矣。"卷十四:"道丧由簪,良可哀矣。寓家辱人哉。"其他文献例如《魏书·房法寿传》:"景伯兄弟,儒风雅业,良可称焉。"《晋书·袁宏传》:"及其临终顾托,受遗作相,刘后授之无疑心,武侯受之无惧色。继体纳之无贰情,百姓信之无异辞,君臣之际,良可咏矣!"《晋书·陶回传》:"陶回陈邪佞之宜远,明鬻卖之非宜,并补阙弼违,良可称也。"唐施肩吾《养生辩疑诀》:"采饵者,复以毛女为凭;呼吸者,又引灵龟作证。曾不知真气暗灭,胎精内枯,犹执滞理于松�,守迷端于翰墨,良可嗟矣!"

需要说明的是,前三个阶段内部区分并不太明显,或有模棱两可的情况,这里只是为了说明演化的阶段性而作此分类。

第四阶段:良可+双音节V。"单音节V+语气助词"逐渐被双音节动词代替,使"良可"作为一个复合词的地位更加牢固。《洞真太上太霄琅书》卷九《大乘行业》:"阴阳兴衰,闻之疑怪,嗤鄙成灾,良可痛念。"《宋书·刘康祖传》:"康祖班师尉武,戎律靡忒。对众以寡,歼殄太半。猛气云腾,志申力屈,没世徇节,良可嘉悼。宜加甄宠,以旌忠烈。"《周书·明帝纪》:"贼之境土,本同大化,往因时难,致阻东西。遂使疆埸之间,互相抄掠。兴言及此,良可哀伤。"近代道经中更为常见,宋《高上神霄玉清真王紫书大法》卷十二:"据弟子某,露饥渴之心,操金石之志,愿嗣正法,乞授秘诠。顾兹勤拳,良可嘉尚。"元李道谦《甘水仙源录》卷八《泰安阜上张氏先茔记》:"其年七月,武

① 笔者还检得一例不带句尾语气词的用法,元刘大彬《茅山志》卷二十五《茅山第二十三代上清大洞国师干元观妙先生幽光显扬之碑》:"叟仰天大笑曰:'少冠不闻陶隐居乎?可人也。五炼而丹弗就,困然后发三朝浮名之叹,遂不成白昼腾踏,乃从狗窦一过。况汝骨法未就,道仅小成,若不潜晦光曜,将桁杨汝以仁义,劓刖汝以礼乐,为天戮民,良可哀。'"

惠公以书来召，因论泰安之为郡，盖前古帝王对禅之所。其宫卫，其辇辖，其祠宇，自经劫火之后，百不一存，良可悼惜。下官忝在其境，不粗为修葺之，甚非所谓事神之义也。”元黄元吉《净明忠孝全书》卷六《中黄先生问答》：“正欲者，只是嗣续人道，继承胄系，作有义事。若犯邪淫，则是作无义事。认苦为乐，或疾病，或夭折，皆是不重遗体，于孝道有亏。且使神识日堕幽阴秽浊之境，而不自觉，良可哀悯。”元赵道一《历世真仙体道通鉴·序》：“及考《真诰》，载诸许真胄家世谱系、讳行伯仲君群从，上自司徒、下至虎牙玉斧，独一语不及旌阳，名不挂谱。《真诰》作于梁，距东晋不远，未应堕史之阙文，良可为怪。”

其他文献亦见，宋张世南《游宦纪闻》卷六：“以三先生盛名，此物乃沙随程氏世传之宝。二砚今亦流落，不知所在，良可叹惜。”宋叶绍翁《四朝闻见录·附录·晋王大令保母帖》：“辛卯之秋，余同伯寿过浩然斋，弁翁俾赋诗题此卷，今已九春秋矣，诗尚未就，良可一笑。然今公往矣，寿甫其宝之。”明《少室山房笔丛·甲部·胡应麟〈经籍会通〉》：“马端临《文献通考》经籍类甚详覈，必富于家藏，廷鸾传末不著。端临固以其入元，故乃元史亦不为立传。以若人撰述之勤，有功千古，泯没若斯，良可扼腕。”清徐松辑《宋会要辑稿·礼二八·郊祀御札》：“向来每因郊祀，于京畿近州配率供亿。念兹氓庶，良可矜优，宜令三司未得循例施行，别俟进止。”《宋会要辑稿·仪制一〇·宗室外戚》：“妇人王氏年百三岁，已封长寿县君，无子孙侍养，良可矜愍。乞月给常平司钱三贯。应男子妇人百岁以上无人侍养者，著为例。”清王士禛《池北偶谈》卷七：“夫过去已成逝水，勿容系也。未来茫如捕风，勿容冀也。独此见在之顷，或穷或通，时行时止，自有当然之道，应尽之心。乃悠悠忽忽，姑俟异日，诿责他人，岁月虚掷，良可浩叹！”

通过对“良可”词汇化的考察，我们可以得到以下认识：

第一，句法位置上，“良＋可”连用经常出现在动词前，而这正是状语的位置，而充当状语或者说进入状位，是虚化为副词的重要途径。

第二，使用频率上，董秀芳指出：“高的使用频率是句法结构演变为双音词的一个先决条件”①，中古时期，“良可”的出现频率还不算高，到了近代其出现频率急剧上升，加速了“良可”的成词。

第三，语义上，“良”本为副词，义为“的确，确实”；“可”是一个助动词，义为“可以、值得”。在“良可”的成词过程中，助动词“可”的作用逐渐弱化甚至脱落。“良可”凝固成为一个整体的意思“的确，确实”，“良”和“可”无法再按

① 董秀芳：《词汇化：汉语双音词的衍生和发展》，第 45 页。

照各自的意思单独理解。

第四，韵律上，未成词前，“良＋可＋单音节 V＋语气助词”形成的音步为：良/可/单音节 V/语气助词，“良”和“可”都只是一个音节，都不在一个音步中，都不是“韵律词”[①]，韵律的不和谐、不平衡便促使“良”和“可”在语音上要经历停顿转移和音步重组，变成“良可＋单音节 V＋语气助词”，以达到韵律的和谐与平衡，从而形成一个标准韵律词，句法结构也因之重新分析为：[良可]＋[单音节 V＋语气助词]。[②]

第五，认知上，在“良可”的成词过程中，认知心理学中的“组块”起到了重要作用。“当构成一个句法单位或者虽不构成一个句法单位但在线性顺序上邻接的两个词由于某种原因经常在一起出现时，语言使用者就有可能把它们看作一体来加以整体处理，而不再对其内部结构作分析，这样就使得二者之间原有的语法距离缩短或消失，最终导致双音词从原有的句法结构中脱胎出来。”[③]刘红妮指出，两个相邻成分经常连用，构成“常项”。“常项”使用久了，势必凝固为一个与“变项”（“常项”前后的成分）相对立的凝固体（组合体）。[④]

第六，词汇系统上，王力有云：“一种语言的语音的系统性和语法的系统性都是容易体会的，唯有词汇的系统性往往被人们忽略了，以为词汇里面一个个的词好像是一盘散沙。其实词与词之间是密切联系着的。”[⑤]“良可”究竟能不能认定为一个词，我们或许可以从其他相关词语上得到一些启发。吴金华曾论及“难可”“易可”二词，其指出，“易可”用在动词或动词性词组前面，意义相当于“易”。“易可”至今不为辞书所收。跟“易可”相对而言的，是“难可”“不可”之类。“难可”犹言“难以”，就象“易可”相当于“易”一样，两者同时流行于汉魏六朝，在意义和用法上可以互相印证。[⑥] “难可”“易可”的“可”基本已虚化，那么我们也可将“良可”的“可”视作同样情况。

【良为】的确，确实。《大词典》失收。《周氏冥通记》卷三：“见此辈良为可悲，并皆修法不勤，或先亡引逮，所行乖道；或先勤后怠，失此功夫，一何苦哉。亦有垂登云天者，日月不空，并不教真人降授之，其或处在深山，或学道历年，人并不知此。”

---

① 冯胜利：《汉语的韵律、词法与句法》，北京大学出版社 1997 年版，第 29 页。

② 参见刘红妮：《汉语非句法结构的词汇化》，上海师范大学 2009 年博士学位论文，第 227 页。

③ 董秀芳：《词汇化：汉语双音词的衍生和发展》，第 45 页。

④ 刘红妮：《汉语非句法结构的词汇化》，第 382 页。

⑤ 王力：《汉语史稿》，中华书局 1980 年版，第 545 页。

⑥ 吴金华：《世说新语考释》，安徽教育出版社 1994 年版，第 157～159 页。又，王云路《中古汉语词汇史》第 542 页论及“难可”一词，谓“难以”意，亦可为辅证。

“良为”本作“的确是”解，“为”的意义还比较实在，如《陈书·许亨传》：“省告，承有朝授，良为德举。”唐释道宣《广弘明集》卷二十四：“遂令皇庭阙高邈之容，紫闼简超俗之仪。于钦善之理福田之资，良为未足。”唐刘肃《大唐新语》卷七：“仙客本河湟一吏典耳，拔升清流，齿班常伯，此官邪也。又欲封之，良为不可。”

后来，“为”的意义逐渐虚化脱落，“良为”只表示“良”的意义。《真诰》卷二：“君才实天工以清澜，凝浪于高韵，志栖神乎太玄，期紫庭而步空矣。有心洞于飞滞，柔翰蔚乎冥契也。动合规矩，等圆殊方。静和真味，吐纳兴音。可谓纵诞挺德，良为钦然矣。”《紫阳真人内传》：“吾因受之，得以游翔名山，往来方诸之馆，寝息丹陵之丘。看望八表，得意而栖。从容以来，数百年中良为乐足，乐足而思此居。”其他中古用例如《后汉书·左雄传》：“方欲式序百官，亮协三事，不永夙终，用乖远图。朝廷愍悼，良为怆然。”《后汉书·礼仪志》：“郭虞之说，良为虚诞。”近代道经沿用，宋张君房《云笈七签》卷十一《务成子注叙》：“临时之宜，亦玄解于心矣。宣泄之科既重，传之者良为崄巇。”元李道谦《甘水仙源录》卷一《丹阳真人马公登真记》：“洎吾邑黄箓感应之祥，蓬莱真容出现之异，其灵显之事孔多，盖不可以缕指数。公嗟叹良久曰：‘异哉！真人行迹神妙如此，近古希有。苟不刻于翠玟，传之来世，良为可惜。’”

在汉语的发展历程中，有不少“～为”结构凝固为词，解惠全指出“大为、深为、甚为、特为、极为、最为、颇为、略为、较为、更为、稍为”中的“为”虽然《现代汉语八百词》说它类似后缀，但他认为其来源可能应不只一个。一种来源是“副＋动词/系词‘为’wéi”，另一种则是“副＋介词‘为’wèi”，如“沈特为请加太子太保以悦之”。我们认为这样的用例确实存在，现汉中也有如“我特为你赋诗一首”，这里的“特为”是“特地为(某人)”的意思，但这种连用和成词的副词“特为”无关；另外，如果说是后种来源，也也无法解释“为”的读音怎么由 wèi 变成 wéi；还有，可以作后种理解的似乎只有“特为”等特例，其他的“大为、尤为”等均不能作此理解，所以我们认为“X 为”类词是“副＋动‘为’(表‘是’)”的偏正短语词汇化形成的。[①]

【良亦】的确，确实。“亦”不表义，仅为凑足音节。《大词典》失收。《周氏冥通记》卷二：“纵有知者，亦不能穷而修之，或修而不久，或久而不精。诸如此事，良亦可悲。”卷三：“周生年稚而德奥，识浅而智深，已三生如此。我

① 解惠全：《关于虚词复音化的一些问题》，载南开大学中文系《语言研究论丛》编委会编：《语言研究论丛》第 7 辑，语文出版社 1997 年版，第 194～210 页。刘红妮：《汉语非句法结构的词汇化》，第 437～438 页。

昔微游于世，数经诣之，乃能倾襟布诚而施仁也。我因欲示之要言，而其未堪受法，故不授之。今得相见，良亦为欣。”

中古文献用例颇多。《魏书·岛夷萧衍传》：“至于废捐冢嫡，崇树愚子，朋党路开，彼我侧目。疾视扼腕，十室而九，翘足有待，良亦多人。”《梁书·武帝纪》：“夫刑法悼耄，罪不收孥，礼著明文，史彰前事，盖所以申其哀矜，故罚有弗及。近代相因，厥网弥峻，髫年华发，同坐入訾。虽惩恶劝善，宜穷其制，而老幼流离，良亦可愍。”《南齐书·志·礼上》：“司徒西阁祭酒梁王议：‘《孝经》郑玄注云：“上帝亦天别名”。如郑旨，帝与天亦言不殊。近代同辰，良亦有据。’”《南史·列传·武帝诸子》：“寻傍绝之义，义在去服，服虽可夺，情岂无悲。铙歌辍奏，良亦为此。既有悲情，宜称兼慕，卒哭之后，依常举乐，称悲竟，此理例相符。”

近代汉语亦多见。《旧五代史·张万进传》：“彦韬既负且乘，任重才微，盗斯夺之，固其宜矣。希崇蔚有雄干，老于塞垣，未尽其才，良亦可惜。”宋李焘《续资治通鉴长编》卷五十：“江、湖之地，素来官自卖盐，禁绝私商，良亦有以。盖由近煮海之地，息犯禁之人，官得缗钱，颇资经费。”卷八十五：“长安、洛阳，虽云故都，然地险而隘，去东夏辽远。故汉之吴、楚七国，唐之山东、河北，往往彊悖，良亦远而难制也。加其转漕非便，仰给四方，常苦牵费。”卷四百九十三：“日近寒沍，京城细民累经存恤，诸军班直等，良亦艰苦，其令内库给薪炭钱有差。”《宋史·刑法志》：“岁断死刑几二千人，比前代殊多。如强劫盗并有死法，其间情状轻重，有绝相远者，使皆抵死，良亦可哀。”明焦竑《玉堂丛语》卷七：“走岂能执鞭古人？聊以耗壮心，遣余年，所谓老颠欲裂风景者，良亦有以。不知我者，不可闻此言；知我者，不可不闻此言。”明张岱《石匮书后集》卷四十：“张国维长厚忠诚，其乡人与天下人称之者，如出一口。扬历所至，其所以得此于人者，良亦不易矣。”清徐松《宋会要辑稿·求遗书藏书(一)藏书》：“渡江以来，始命搜访典记、祖宗正史、实录、宝训、会要，得于搢绅士庶之家，残缺之余，补缉仅足，良亦艰矣。”《宋会要辑稿·刑法一·格令一》：“至如强劫盗并有死法，其间情状轻重有绝相远者，使之一例抵死，良亦可哀。”《清史稿·孔有德传》：“都元帅远道从戎，良亦劳苦。行间诸事，实获朕心。招抚山民，尤大有裨益。”清蒋坦《秋灯琐忆·正文》：“秋芙卒不能悟。秋芙辨才十倍于我，执于斯者，良亦积习使然。”

通过对“良可”“良为”“良亦”的词汇化的研究，可以发现“类推”(analogy)在词汇发展演变中的作用。“汉语非句法结构的词汇化并不是孤立而是成系统发生的，一类词、相关格式、词语之间是互相联系和影响的。”①王云路在谈中古汉语的研究方法时，特别指出要注意词汇系统，对同类构型词语作整体考察，对同步发展词语作对照考察。② 这一意见非常值得重视，以上数词是我们所作的一点探索。

【年几】年纪，岁数。几，通“纪”。南朝梁刘孝威《拟古应教》诗：“美人年几可十余，含羞转笑敛风裾。”宋王谠《唐语林》卷五引黄幡绰奏曰：“大家年几不为小，圣体又重，傥马力既极，以至颠踬，天下何望？”《醒世恒言·吴衙内邻舟赴约》：“适来这美貌女子，必定是了。看来年几与我相仿。若求得为妇，平生足矣。”

据周俊勋研究，“年几”表“年纪”（江蓝生 1988），这个词的理据本为“年龄多少”，用于疑问句，询问“年是几何”。因经常用于疑问句，言语中增加了一个表示询问的动词“问”，如“问其年几何”。表示数目的“几何”可以省略为“几”，形成“问××年几”的言语形式，汉语中可以不要形式标记，询问动词可以取消，形成“××年几”的问句格式，最后形成“年几二十”的句式，促成“年几”的形成和词义转变。③ 其例证分别为：《战国策·赵策四》：“太后：‘敬诺。年几何矣？’对曰：‘十五岁矣。’”东汉桓谭《新论·祛蔽》：“齐桓公行，见麦丘人，问其年几何，对曰：‘八十三矣。’”《南齐书·王融传》：“弁见融年少，问主客年几？融曰：‘五十之年，久踰其半。’”《古小说钩沉·述异记》：“须臾传令：‘君今年几？尝经卤簿官未？’宗之答：‘才干素弱，仰惭圣恩，今年三十一，未尝经卤簿官。’”《搜神记》卷三“华佗”条：“刘勋为河内太守，有女，年几二十。”

“年几”表“年纪”，魏晋南北朝道经中也有此用法。如《真诰》卷二十：“黄民长子荣第，一名预之，宋元嘉十二年亡，不知年几。有女名道育，隆安元年丁酉生。”又：“黄民小子名庆，宋泰始五年己酉岁，亦于剡任埭山亡，不知年几。有女名神儿，一名琼辉，元嘉六年己巳生，齐永明四年丙寅岁亡。”《赤松子章历》卷一：“凡欲奏章，先具辞疏，列乡贯、里号、官位、姓名、年几，并家口、见存眷属、男女、大小等，令依道科，赍某法信于某处，诣某法师，请求章奏。”

---

① 句法结构的词汇化都一类词的批量发生，形成一定的词族，如“X 着/了/过”类的“算了、完了、好了”“对着、朝着、向着”等等，“X 的/地/得”类的“免得、省得”“忽地、暗地”“委的、慌的”，“X 于/以”类的“终于、由于、关于、加以、难以”，“以 X”类的“以便、以免、以期、以及、以至”，“X 必”类的“势必、想必、谅必”，“X 而”类的“时而、忽而、幸而、甚而”，“何 X”类的“何须、何必、何止、何至”等等。（刘红妮：《汉语非句法结构的词汇化》，第 385 页。）

② 王云路：《中古汉语词汇史》，第 1011～1019 页。

③ 周俊勋：《中古汉语词汇研究纲要》，第 114 页。

窃以为，“年几”似应增加一个义项“多大年龄”，如周俊勋所举四例中的《南齐书·王融传》例，再比如《真诰》卷一：“食之毕，少久许时，真妃问某：‘年几？是何月生？’某登答言：‘三十六，庚寅岁九月生也。’”

“年几”的成词是词汇化的产物[1]，其形成过程大致可以表示为：“年是几何”→“问×年几何”→“问××年几”→“××年几”→“年几××”。

【冲用】语本《老子》：“道冲，而用之久不盈。”后以“冲用”指谦和；中和。这是一个通过跨层结构词汇化而产生的新词。例如《三国志·吴志·张温传》“与温俱废”，南朝宋裴松之注：“是以远见之士，退藏于密，不使名浮于德，不以华伤其实。既不能被褐韫宝，挫廉逃誉，使才映一世，声盖人上，冲用之道，庸可暂替！”《宋书·谢灵运传》：“简文因心以秉道，故冲用而刑废。”唐陆贽《卢翰刘从一门下中书侍郎平章事制》：“冲用无竭，负规不渝。”

魏晋南北朝道经中多有使用。如《太上慈悲九幽拔罪忏》卷七：“志心朝礼，精感至诚天尊。志心朝礼，妙宰冲用天尊。”《灵宝无量度人上品妙经》卷三十二《五行顺治品》：“是时一国男女宣行顺教，无有尅伤。说经二遍，四气和平，时不失度。说经三遍，冲用太和，景物长春。说经四遍，腾气均行，人无衰薾。”卷五十《蠲化水火灾疠品》：“说经四遍，水腾火降，变化自然。说经五遍，灾疠不生，劫数延远。说经六遍，阴平阳泰，气无伏胜。说经七遍，混元显化，灵范流昌。说经八遍，冲用陶虚，神真昭感。”

近代道籍袭用。如唐《太上洞玄宝元上经》：“道心去著，抱实任真。不空企尚，杜绝竞风，嘿识潜习，不起惊疑。信顺三宝，藏智忘功，能如此者，可与适道。故章开三变之后，明道冲而用之，而道无形状，假言象以为津。既言冲用，用实无物，无物之物，在帝之先。在帝之后者，宜法后以归先，故次明天圣可法。”《唐玄宗御制道德真经疏（一）》卷三《有物混成章第二十五》：“老君云妙本生化，冲用莫穷，寂寥虚静，不可定其形状。先天地生，难以言其氏族。”前蜀杜光庭《道德真经广圣义》卷九《谷神不死章第六》：“谷神应物，冲用无方，深妙不穷。能母万物，故寄谷神玄牝之号，将明大道生畜之功也。”

以上我们对魏晋南北朝道教文献中新词的产生方式进行了探讨，可见魏晋南北朝道教文献借用全民语言的构词材料，按照全民语言的构词规则，创造了数量繁多、种类丰富的新词，概括而言，具有以下几方面的特点：

1. 从音节角度来看，魏晋南北朝道教文献中的新词多为双音词，单音词、三音节及多音节词所占比重较小，这与中古时期词汇的双音化大潮相

---

① 王云路认为：“因为读音的相近或者说读音不准确，可以‘创造’出一些新词，而事实上这些‘新词’与原词只是字面的区别，含义是没有变化的。‘年几’就是‘年纪’，因为音近而写作‘年几’。”（参见王云路：《汉魏六朝诗歌语言论稿》，陕西人民教育出版社 1997 年版，第 69 页）此可备为一说。

吻合。

2.从造词法的角度来看,语音造词已经明显衰落,仅仅生成了个别叠音词、联绵词。语法造词成为绝对的主流,语法造词是复音词的主要合成方式。修辞造词发展迅速,利用比喻、借代、化典、委婉等修辞格曲折地反映客观对象,生成新词语。

3.从新词的构成来看,并列式和偏正式新词数量最多,附加式表现出了强劲的增长势头。并列式中以语素义相同、相近、相关的居多,语素义相反的组合构词能力较弱。附加式复音词的迅速发展可以说是中古汉语词汇的一个特点,中古时期产生了很多新兴词缀,它们构成了一大批附加式新词,其中附加式名词、形容词、副词比较多,附加式动词也有一定发展。

值得注意的是,魏晋南北朝道教文献新词中有不少同素异序词,体现了语素结合的自由灵活,也反映了汉语复音化进程中,早期形式尚未固定的过渡情形,这是双音化发展过程中必经的一个阶段,目前学界对道教文献中的同素异序词尚无系统研究。

4.从内容上来看,大部分词汇并非道教专业语词,而据颜洽茂的考察:"佛经中新词从内容上盖可分为两大类,一类同教义有关,占新词中大宗;一类是非佛教的语词。"[①]究其原因,一方面,道教作为本土宗教,不存在翻译的问题,也就没有必要去造一些生僻的词语。另一方面,魏晋六朝时期道教不断发展壮大,为了传教的方便,尽量选用全民语言中的词语,这样有利于拉近与信徒的距离,也有利于和佛教进行抗衡。

5.从构词语素来看,魏晋南北朝道教文献中有不少活跃的构词语素,它们具有极强的构词能力,与其他语素复合成了数量庞大的词群。关于中古时期富于构词能力的语素的问题,万久富调查发现《宋书》中以"清"作核心语素的复音词多达 67 个[②],王小苹发现《高僧传》中的语素"清""冲""胜""悬""翘""匠""师""细""韵""禅"构词能力很强。[③] 其实,魏晋南北朝道教文献中也有不少这样的语素,例如"玄""虚""焕""升""启""游""洞""彻""朗"等,具有特定的时代特征,一定程度上反映了当时语言使用的面貌。

同时,这些高频语素也能反映道门中人语言选择的倾向,他们喜欢选用切合道教文化的,具有神秘玄虚、清新脱俗色彩的"空""虚""游""洞""朗",或者浓墨重彩、瑰丽华美的"金""玉""宝""黄""赤"等语素,以此为基础,造

① 颜洽茂:《佛教语言阐释——中古佛经词汇研究》,杭州大学出版社 1997 年版,第 71 页。

② 万久富:《〈宋书〉复音词研究》,凤凰出版社 2006 年版,第 111 页。

③ 参见王小苹:《〈高僧传〉词汇研究》,《语言学论丛》第 22 辑,商务印书馆 1999 年版,第 126～152 页。

成了一系列新兴词语。

从词汇史的角度贯通考察，魏晋南北朝道教文献中的新词有不少后来逐渐退出了使用，淘汰率比较高，这是因为中古道经中有些成分属于个人言语创新，是临时合成的，许多词使用频率较低，且只限于道教文献中，在其他文献中难以找到旁证。[①] 在历史长河中被淘汰的魏晋南北朝道经词汇成分，有相当一些是同义词、近义词，这是语言的经济原则在起作用，经济原则要求在日常言语交际中“如果一个词足够的话，决不用第二个”。[②] 语言演变过程中存在一种选择机制，“选择机制作用的原理是，在同时或历时存在的各种语言形式中，自然选择那些符合当时语言环境和规律的形式。”[③]道经在古代的地位远不如佛经，学习阅读者有限，受众群体过小，这也在一定程度上限制了道教文献语言的传播，所以一大批中古道经词汇很难进入全民语言而保留下来。

① 汪维辉：《论词的时代性和地域性》（《语言研究》2006 年第 2 期）研究发现：“有的词可能只在一个很短的时期通行于某个地域，在历史的长河中可算是‘昙花一现’。比如‘戴屋’的‘戴’，《周氏冥通记》中多次用到这个词，这一说法很特别，未见于其他文献资料，很可能就是南朝时期通行于金陵一带的一个方言口语词。”

② 郭秀梅编著：《实用英语修辞学》，江苏人民出版社 1985 年版，第 16 页。

③ 车淑娅：《论语言演变中的选择机制》，《郑州大学学报（哲学社会科学版）》2005 年第 1 期。

第三章　魏晋南北朝道教文献词义的演变

语言的发展，一方面表现在新词的产生，另一方面就是旧词产生新义。中古汉语研究中词汇的成果较多，词义研究的成果相对要少一些。对于汉语词汇史来说，词义的研究是不可或缺的。词汇研究的核心就是意义的研究，词义可以从一个微观的角度展示语言的变化，有助于科学的词汇史的建立。

"大多数学者对词义系统的理解包含两个方面：(1)整个词汇的意义系统；(2)词汇意义系统中某个小的局部系统。词义系统可以分为两个层次：(1)词与词之间的意义关系；(2)多义词内部的意义关系。"[①]蒋绍愚曾指出："研究词义，应该以义位为基本单位。说明一个多义词的词义的变化，最好不要笼统地说这个词的意义变了还是没有变，而要说明它哪些义位变了，哪些义位没有变。"[②]蒋冀骋对词义研究亦颇有心得："研究词义可从三个方面入手：一是研究语词本身的内涵，即该语词究竟是什么意思；一是研究语词、词汇意义间的关系；一是研究词义的运动和发展。前两者是共时的研究，后者是历时的研究。"[③]近二十年来，不少学者开始注意到相关词语在词义演变过程中的相互影响，相继出现了十余种提法，影响较大的有：(一)相因生义说，蒋绍愚、罗积勇主此说；(二)词义渗透说，孙雍长主此说；(三)同步引申说，许嘉璐主此说；(四)类同引申说，江蓝生主此说；(五)相应引申说，张博主此说；(六)词义感染(或词义沾染)说，伍铁平、朱庆之、邓明主此说。这些理论虽大同小异，但体现了学界对于词义演变的关注，有力推动了词义演变的理论建设。

今后的古汉语词义研究应走向何方，多位学者发表了各自的意见。李

① 李润生：《二十世纪五十年代以来汉语词汇系统研究述评》，《燕山大学学报(哲学社会科学版)》2007年第2期。

② 蒋绍愚：《关于汉语词汇系统及其发展变化的几点想法》，《中国语文》1989年第1期。

③ 蒋冀骋：《近代汉语词汇研究》，湖南教育出版社1991年版，第55页。

润生指出:"词汇系统研究不仅要关注义位的聚合系统,在语法研究迅猛发展、计算机要求语义描写形式化的今天,义位组合系统的研究也要引起高度重视。同时,也有学者指出词汇的系统性不象语音系统和语法系统那么严密、有规律,义位也有非系统的一面,词汇系统受社会文化的影响,存在许多非对称现象。"[①]周俊勋强调应借鉴现代语义学的方法,归纳出词义系统,他认为可从三方面进行:"一是,归纳单个的词的意义系统;一是,研究词语意义之间的关系,归纳意义系统;一是,研究词义运动和发展。"[②]方一新认为中古近代汉语词汇语义的演变有这样几种情况:(1)义位的保留;(2)义位的增加;(3)义位的减少;(4)义位的转移或移位。下面我们按照方先生的框架体系来探讨魏晋南北朝道教文献词汇语义的演变。在具体操作时,我们注意把一组词、一类词或相似类型的词放在一起,进行较为系统的对比研究。

第一节　义位的保留

语言在不断地发展变化,但在一个共时平面上所使用的词汇、词义绝非全为新词新义,如果这样的话,那么语言的交际功能将无从谈起。不仅如此,一个共时平面所使用的语言中有很多都是前代所产生的词汇、词义,正如俞理明所言:"语言事实告诉我们,处在某一共时系统中的语言成分,不是在一朝一夕之间产生的,而是通过漫长时期的筛选、累积、融合而成的。因此,可以反过来说,在一个共时系统中保存了以往不同历史时期产生的相关成分,我们可能在一个语言的共时平面中看到来自不同时间层面的丰富的历史遗存。由此可见,新词语尽管在个体数量上占优势,但是,它们并没有成为词汇的主干部分,或者说是基础部分,它们大多属于词汇的边缘部分。"[③]魏晋南北朝道教文献作为文言色彩较为浓郁的文献,其中必然包括一些前代所产生的词义用法。

【可 1】

《周氏冥通记》卷四:"其人亟乘一刀一刀,小船。而歌曰:'太霄何冥冥,灵真时下游。命我嚣涂际,采察云中俦。世路多淫浊,真诚不可搜。促驾还游

① 李润生:《二十世纪五十年代以来汉语词汇系统研究述评》,《燕山大学学报》2007 年第 2 期。

② 周俊勋:《中古汉语词汇研究纲要》,第 79 页。

③ 俞理明、谭代龙:《共时材料中的历时分析——从〈根本说一切有部毗奈耶破僧事〉看汉语词汇的发展》,《四川大学学报(哲学社会科学版)》2004 年第 5 期。

岭，人间无与酬。’步行亦咏此。其若来，可不接之。其人形中人，面左边有紫志，着黄绢帽，多鬚而前齿缺，是也。书此一条独委曲者，当是或欲示后人也。烧山即赤水山，今亦属永宁乐成三县共界。未知邹尧是何处人，显昭形服如此，便是可察。正恐伊知人识，更复改容耳。”

按：可，谓不可；岂可。“其若来，可不接之”，《〈周氏冥通记〉研究（译注篇）》译为：“他要是来的话，可以不去接应。”[①]大谬矣！这句话前后说了很多此人的特征，前面说他经常乘小船唱着歌，后面说长相模样，且明言“书此一条独委曲者，当是或欲示后人也”，这些都是提醒他一定要注意别错过，不可以不去接应，绝非“可以不去接应”。

此例“可”，乃上古用法之沿用。《尚书·尧典》：“异哉！试可乃已。”孙星衍注：“史迁作‘试不可用而已’。”又疏：“史公‘可’为‘不可’者，声之缓急。俗字增为‘叵’，即‘可’字也。”《战国策·韩策一》：“言可必用。”鲍彪注：“可，岂可。”《助字辨略》卷三：“左传隐公三年：光昭先君之令德，可不务乎。可不，犹云岂可不，省文也。”

魏晋南北朝道经多见，如《真诰》卷一：“紫微王夫人云：‘世人之思虑，何得事事真审耶？可不事有答其心也。’南岳夫人言：‘戏之耳。欲建竖之也，莹实之也。’”卷二：“茅中君授书曰：‘玄标触景，俯和尘蔼，玉振愆房，清风逸迈，可不勗之也？’”卷二：“昨见清虚宫正落除此辈人名，而方又被考罚，以度付三官，推之可不慎乎？”卷四：“二日可不果，何时能屈驾看金陵乎？”卷四：“心单则试不眄，神苦则教不生，贤者之举，可不察耶？”卷六：“若遂深入北塞而不御者，亦必绝命于匈奴之刀剑乎。将身死于外，而家诛于内也。可不慎哉？可不慎哉？”[②]

其实，中国第一部道经——东汉《太平经》中就有很多类似用法，经中“敢”常作“不敢，岂敢”解，例如卷三十五《兴善止恶法》：“今天师使之，敢不言，每言不中天师法。”卷三十七《五事解承负法》：“今每与天师对会，常言弟子乃为天问疑事，故敢不详也。”卷三十九《解师策书诀》：“勿者，敢也，未也，先见文者，未知行也。”卷四十四《案书明刑德法》：“纯稽首敬拜：‘有过甚大，负于明师神人之言，内惭流汗；但愚小德薄至贱，学日虽多，心顿不能究达明师之言，故敢不反复问之，甚大不谦，久为师忧。’”卷四十七《上善臣子弟子为君父师得仙方诀》：“真人深思其意，即得天心矣，吾敬受是于天心矣，而下

① ［日］吉川忠夫、麦谷邦夫编，刘雄峰译：《〈周氏冥通记〉研究》（译注篇），齐鲁书社 2010 年版，第 211 页。

② 卷九：“道士耳重者，行黄赤炁失节度也，不可不慎。”恰好可以证明“可不慎哉”即“不可不慎”。

为德君解灾除诸害，吾畏天威，敢不悉其言，天旦怒。”卷四十八《三合相通诀》：“今不及天明师诀问之，恐后遂无从得知之，故敢不具问之也。”卷六十六《三五优劣诀》：“天道致重，师敕致严，故敢不一二问之也。”卷一一八《天神考过拘校三合诀》：“今良平气俱至，不喜人为嫉贼，吾知天上有此言，今敢不下道之，不言恐为嫉贼，害在吾身。”

此用法屡屡见诸史籍。《书·多士》：“肆予敢求尔与天邑商”孙星衍今古文注疏：“敢，犹言不敢也。”《左传·昭公二年》：“辞曰：‘寡君臣命下臣来继旧好，好合使成，臣之禄也。敢辱大馆？’”杜预注：“敢，不敢也。”《左传·定公五年》：“不能如辞”。孔颖达疏：“敢为不敢，如为不如，古人之语然也。”

清代学者对此多有阐发。俞樾《古书疑义举例·语急例》：“古人语急，故有以如为不如者。《隐元年公羊传》：‘如勿与而已矣。’注曰：‘如，即不如’是也。有以‘敢’为‘不敢’者。《庄二十二年左传》：‘敢辱高位。’注曰：‘敢，不敢也’是也。”[①]张云璈《选学胶言》之一二知岂知条释乐府“枯桑知天风，海水知天寒”句云，“五臣注，知犹言岂知也。枯桑无枝则不知天风，海水不冻则不知天寒”，“此犹岂不之言不，勿如之言如，不敢之言敢，古人语往往如是”。[②] 清臧琳《经义杂记》曰：“古人之言，多气急而文简。如《毛诗》以‘不宁’为‘岂不宁’、‘不康’为‘岂不康’，《尧典》‘试可乃已’《史记》作‘试不可用而已’，《论语》‘患得之’集解：‘患不能得之，楚俗语。’皆语急反言语正，证楚俗语犹言齐人语也。”顾炎武《日知录》卷三十二对此有详细论述。今人徐仁甫的《广释词》[③]亦曾论及此问题。

学界从语言学角度也进行了阐释，刘坚等认为：“早在上古，当‘敢’用于反诘句时，就相当于‘岂敢’……‘敢’为‘安敢’‘岂敢’义，这种用法一直延续到汉魏六朝……‘敢’用作反诘副词，唐五代仍见其例。”[④]张谊生指出“不敢”义是一种句式义，脱离了反诘句就会随之消失。然而，由于带“敢”的反诘句十分常用，久而久之，这种句式义也就被“敢”吸收了，成了“敢”的一个义项。[⑤]

【可 2】

《周氏冥通记》卷四：“九月二十九日，梦见天西北有一物，长数十丈，青

① [清]俞樾等著：《古书疑义举例五种》，中华书局 2005 年第 2 版，第 26～27 页。

② 转引自周一良：《魏晋南北朝史札记·〈三国志〉札记》，第 17 页。

③ 徐仁甫：《广释词》，四川人民出版社 1981 年版，第 163～164 页。

④ 刘坚、曹广顺、吴福祥：《论诱发汉语词汇语法化的若干因素》，《中国语文》1995 年第 3 期。

⑤ 张谊生：《论与汉语副词相关的虚化机制——兼论现代汉语副词的分类、性质与范围》，《中国语文》2000 年第 1 期。

赤色，首尾等大，状似虹。因到张理禁处，问：‘此为何物？’答云：‘名玄霞之兽，或呼为水母，乃可愁矣。夫有中之无，未若无中之无。空无之理，难可思议，此九六之灾显矣，人谁知之？’”

按：可，犹所。和动词组合，构成名词词组。王引之《经传释词》卷五：“可，犹所也。”“可”“所”通用例，古籍习见。《礼记・中庸》：“子曰：鬼神之为德，其盛矣乎，视之而弗见，听之而弗闻，体物而不可遗”郑玄注：“可，犹所也。”《礼记・乐记》：“所以示后世有尊卑长幼之序也。”《说苑・修文》“所以”作“可以”。《大戴礼记・武王践阼》：“席前左端之铭曰：‘安乐必敬’，前右端之铭曰：‘无行可悔’。”《说苑・敬慎篇》异文作“无行所悔”。《晏子春秋・外篇第十五》：“礼之可以为国也久矣”张纯一校注：“可犹所也。”《世说新语・赏誉》：“王长史道江道群：‘人可应有，乃不必有；人可应无，乃必无’。”《太平广记》卷二百六十二引魏邯郸淳《笑林》：“无可有，以大豆一斛相助。”

中古道经多有用例。如东汉《太平经》有多处使用，卷四十三《大小谏正法》：“行去矣，说何极乎？勿复有可问也。”卷五十三《分别四治法》：“吾今欲有所复问，非道事也。见明师言，事无不解诀者，故乃敢冒慚复前，有可问疑一事。”卷九十六《忍辱象天地至诚与神相应大戒》：“行，人之至诚，有所可念，心中为其疾痛，故乃发心腹不而食也。”卷九十七《妒道不传处士助化诀》：“吾之为书，所以反复勉勉眷眷者，恐人积愚，一言不信吾文，故复重之也。人俱习为邪久，或反谓吾可言非也。”再如《真诰》卷七：“今年许家鬼注小起，虽尔无可苦，保命及范中候已为申陈之。”卷十：“凡甲寅、庚申之日，是尸鬼竞乱精神躁秽之日也，不可与夫妻同席及言语面会。当清斋不寝，警备其日，遣诸可欲。”

麦谷邦夫、吉川忠夫编，刘雄峰译《〈周氏冥通记〉研究》（译注篇）第189页译文：“九月二十九日，见到天空的西北方有一物体，长数十丈，呈青赤色，头尾一样大小，就像虹一样。因而到了张理禁处问道：‘这是什么东西？’张回答：‘其名为玄霞，或者叫水母，这可真为难。有中之无不同于无中之无，其空无的道理，不可思议。这是九六之灾厄的迹象，人们又有谁能知道呢？’”将“可愁”解释为“可真为难”，未洽！本例中说周子良梦见一个东西，不知为何，去问张理禁，他也不太清楚，所以张理禁说：“乃可愁矣”，可译为这就是（我）所犯愁的，后面还有“人谁知之”的感慨。

【殊】

《周氏冥通记》卷四：“其是二十三日还至山，意殊不许游行人间。九转事无闻，一何可叹也。”

按：殊，甚，极，很。刘淇《助字辨略》："殊，绝"。先秦已见，《诗经·魏风·汾沮洳》："美无度，殊异乎公路。"《吕氏春秋·重己》："有殊弗知谨慎者"高诱注："殊，犹甚也。"《吕氏春秋·壅塞》："殊不知齐冦之所在，国人甚安。"《战国策·赵策四》："老臣今者殊不欲食，乃自强步，日三四里，少益耆食，和于身也。"

中古典籍袭用。晋陶潜《读〈山海经〉》诗之九："神力既殊妙，倾河焉足有？"晋刘琨《答卢谌》："音以赏奏，味以殊珍。"晋张协《七命》："六禽殊珍，四膳异肴；穷海之错，极陆之毛。"南朝陈江总《明庆寺》："名山极历览，胜地殊留连。"《宋书·庾炳之传》："炳之先与刘德愿殊恶，德愿自持琵琶甚精丽。"《世说新语·赏誉》："吾常以卿言为意，殊未有得，恐已悔之。"

《〈周氏冥通记〉研究》(译注篇)第212页译文："二十三日回到山中，可能是不让在俗界游行了，关于九转的事没有听说，不能不感到非常遗憾。"将"殊"译为"可能"，未确！

【适1】

《周氏冥通记》卷一："某在山下，望见山上有二人。一人着远游冠、锦绣之衣，其意言是保命君；一人犹是向高座上，老子也。相对而谈，某亦不解其语。须臾便觉，竟不知此二人后何所适。"

按：适，去，往。上古已见。如《楚辞·离骚》："心犹豫而狐疑兮，欲自适而不可。"王逸注："适，往也。"《方言》卷一："适，往也。宋、鲁语也。"《国语·周语中》："其适来班贡，不俟馨香嘉味。"《庄子·逍遥游》："适莽苍者，三餐而反，腹犹果然；适百里者宿舂粮；适千里者三月聚粮；之二虫又何知？"

中古典籍袭用，《汉书·董仲舒传》："道者，所繇适于治之路也，仁、义、礼、乐，皆其具也。"《文选·向秀〈思旧赋〉》："将命适于远京兮，遂旋反而北徂。济黄河以泛舟兮，经山阳之旧居。"《文选·张协〈杂诗〉》："昔我资章甫，聊以适诸越"。

《〈周氏冥通记〉研究》(译注篇)第67页译文："我在山下望见山上有二人。其中一人头戴远游冠，身著锦绣衣，想想应是保命君；另一人却是坐于高座上，那是老子。两人相对而谈，我听不懂说的意思。随后一下就醒来了，竟然都不知二人后来之事是如何的情况。"将"竟不知此二人后何所适"译为"竟然都不知二人后来之事是如何的情况"，过于随意。古文翻译应忠实于原文，能对译时应尽可能对译。"竟不知此二人后何所适"这句话并不难解释，"竟不知此二人后何所适"可译为"竟然都不知二人后来去了哪里"。

【直】

《周氏冥通记》卷二:“子良字元龢,此乃世之善名,亦不胜于世,直是施于冥中耳。”

按:直,副词,特;但;只不过。上古典籍已见,《荀子·礼论》“直无由进之耳”,杨倞注:“直,但也。”《孟子·梁惠王上》“直不百步耳”,焦循正义引王引之《经传释词》云:“直,犹特也,但也。”《春秋谷梁传》卷十一:“不言帅师而言败,何也?直败一人之辞也。”《孟子·梁惠王下》:“寡人非能好先王之乐也,直好世俗之乐耳。”《战国策·齐策四》:“客胡为若此,寡人直与客论耳!”汉刘向《列女传·节义楚成郑瞀》:“初,成王登台,临后宫,宫人皆倾观,子瞀直行不顾,徐步不变。”

中古典籍沿用,《汉书·司马迁传》:“夫阴阳、儒、墨、名、法、道德,此务为治者也,直所从言之异路,有省不省耳。”东汉王符《潜夫论·赞学》:“是以君子终日乾乾进德修业者,非直为博己而已也,盖乃思述祖考之令问,而以显父母也。”《晋书·苻坚载记》:“方当使君为宰夫,安直耕稼而已。”近代汉语仍有使用,宋辛弃疾《水调歌头·舟次扬州和杨济翁周显先韵》:“莫射南山虎,直觅富民侯。”

《〈周氏冥通记〉研究》(译注篇)第82页译文:“子良字元龢,这是世上很好的名字,但也不适用于现世,还是用于冥界吧!”将“直”译为“还是”,毫无根据,笔者检诸文献,难见有此用法。

【无由】

《周氏冥通记》卷一:“去十月将末,忽有周氏事,既在斋禁,无由即得启闻。今谨撰事迹,凡四卷,如别上呈。但某覆障疑网,不早信悟,追自咎悼,分贻刻责。”

按:无由,没有门径;没有办法。古书中常见,《仪礼·士相见礼》:“某也愿见,无由达。”郑玄注:“无由达,言久无因缘以自达也。”《汉书·刑法志》:“使其民所以要利于上者,非战无由也。”三国魏曹植《七启》:“望云际兮有好仇,天路长兮往无由。佩兰蕙兮为谁修,嬿婉绝兮我心愁。”

魏晋南北朝道经沿用。东晋葛洪《抱朴子内篇·金丹》:“然万一时偶有好事者,而复不见此法,不值明师,无由闻天下之有斯妙事也。”《抱朴子内篇·勤求》:“若彭祖老子,止人中数百岁,不失人理之欢,然后徐徐登遐,亦盛事也。然决须好师,师不足奉,亦无由成也。”《太上太玄女青三元品诫拔罪妙经》卷上:“末世男女不闻道法,枉被杀害,不终天年者多。此盖生人业重罪深,不归正化,背真从伪,惟用邪行。既死之后,魂无所托,结寄酆都地狱之中。劫尽山消,无由解脱。"《太上洞真智慧上品大诫》:"不受大诫,徒为长斋,或断谷休粮,隐遁山林,肉身求度,而无六通智慧之行,徒失尔功,无由成就。"《洞玄灵宝诸天世界造化经》:"天人虽乐,犹有三界之内,至其寿尽,还生下土,无由得道。"

《〈周氏冥通记〉研究》(译注篇)28页译文:"去年十月末,突然揭晓周氏事情,用于当时正在斋禁中,是故而没有及时呈报。"将"无由"译为"是故而没有",未得的训。

【不审】

《真诰》卷三:"此亦是答右英诗,不审的是何诗,亦似不存。"

按:不审,本指不察;未审察。《吕氏春秋·察微》:"公怒不审,乃使郈昭伯将师徒以攻季氏。"高诱注:"审,详也。"引申为不知。《战国策·楚策四》:"汗明憱焉,曰:'明愿有问君,而恐固,不审君之圣孰与尧也?'"《汉书·英布传》:"谒者随何进曰:'不审陛下所谓。'"

魏晋南北朝道教文献用例,如《真诰》卷十一:"不审玄帝是何世耶?后生蒙蒙,多所不及,愿告。"卷十八:"五月四日拜琉,玉斧言:'节至增感思,湿热,不审尊体动静何如?'"《周氏冥通记》卷一:"子良因问:'不审若为治疗,腹中又有结病,何当得除?'"《太上洞渊神呪经》卷五:"坐中男女闻,大欢喜,各各求受,悉共起曰:'不审此经,受之如何?供养法作何等?唯愿天尊具示诲(示)之,我等亦当奉持。若得知者,可正供办之耳。'"《太上洞玄灵宝智慧定志通微经》:"天尊曰:'其虽懈怠,当时一信,福已不轻。二贤已植此功,宜奖之焉。'二真曰:'不审复应何方,必令其悟。'"

审,察知;知道。上古已见,《墨子·小取》:"夫辩者,将以明是非之分,审治乱之纪,明同异之处,察名实之理。"《史记·礼书》:"君子审礼,则不可欺以诈伪。"司马迁《报任安书》:"古今一体,安在其不辱也?由此言之,勇怯,势也;强弱,形也。审矣,何足怪乎?"

魏晋南北朝道经中还有"未审",《大词典》失收。如《真诰》卷十:"此经未出世,若犹是智慧七卷限者,未审小君亦安得见之。"卷二十:"又《真诰》云:从张镇南之夜解,而未审张解之法。"《周氏冥通记》卷四:"十一月八日,梦见定录,因自陈:'欲寄朱阳东为小屋,未审可尔不?'"

【不便】

《周氏冥通记》卷四:"十一月八日,梦见定录,因自陈:'欲寄朱阳东为小屋,未审可尔不?'答云:'东好,所恨[下](卜)葬为不便耳。夫居当作四合舍,不者不可不作堂东西厢,若不尔,名为孤凶宅。'"

按:《〈周氏冥通记〉研究》(译注篇)第195～196页译文:"'想在朱阳馆的东侧建一小的房屋,不知行不行?'"定录这样答道:"'东侧是可以的,可遗憾的是,通过占卜,由此去埋葬之地不方便。'"文中"不便"一词并非今之常义,似应释为"不利,有害"。文献用例如《谷梁传·僖公二年》:"宫之奇谏曰:'晋国之使者,其辞卑而币重,必不便于虞 。'"《史记·李斯列传》:"今有大臣于陛下擅利擅害,与陛下无异,此甚不便。"《京本通俗小说·拗相公》:"王安石执拗,民间称为拗相公。若言不便,便加怒贬;说便,便加升擢。"清俞樾《春在堂随笔·小浮梅闲话》:"极言其以武臣掌机密而得军情,于国家不便。"

"不便"确有不方便;不适宜义,如汉焦赣《易林·临之蹇》:"手拙不便,不能伐檀。"但这段话中前面说想在朱阳东建小屋,不知行不行,后面说可以,只是不吉利,一般应在四合院居住,不然就在堂屋东西两侧,否则就会成为一孤立的凶宅。这里明显是占卜问吉凶,而非问是否方便。再者,方便与否一看便知,根本没必要占卜。

古人用火灼龟甲,根据裂纹来预测吉凶,卜宅为择地而居,都是为了选择吉利的、吉祥的地方。文献多有记载,《尚书·召诰》:"太保朝至于洛,卜宅。厥既得卜,则经营。"这里是说周克商后于洛河之阳选址营建洛邑之事,意思是说太保早晨到达洛邑,卜问所选的地址,太保得到了吉兆,就开始营造。《史记·秦本纪》:"乃卜居之,占曰吉,即营邑之。"汉刘熙《释名·释宫室》:"宅,择也,择吉处而营之。"《真诰》卷十八:"小掾又曰:'今葬处不吉,断墓脉多所'云云。右十九日夕所梦。此则前书所[六](云)以白者。如此则掾亦还葬旧墓。虽曰虚冢,犹须吉地。"

【乘】

《真诰》卷九:"常以手按两眉后小穴中三九过,又以手心及指摩两目权上,以手旋耳行三十过,摩唯令数,无时节也。毕,辄以手逆乘额上三九过,从眉中始,上行入发际中,口傍咽液,多少无数也。如此常行,目自清明,一年,可夜书。"

按:"乘",谓碾轧。上古典籍已见,《国语·晋语九》:"驾而乘材,两鞁皆绝。"韦昭注:"乘,轹也。"《说文·桀部》朱骏声通训定声:"凡自下而上曰登,自上而加曰乘。"后引申为"压覆"的通称。《说文·桀部》:"乘,覆也。"段玉裁注:"加其上曰乘。"王筠句读:"凡皆压覆之谓。"

《真诰》中另有两处用例,见于卷九:"目下权上是决明保室,归婴至道。以手旋耳行者,采明映之术也。旋于是,理开血散,皱兆不生,目华玄照,和精神盈矣。夫人之将老,鲜不先始于耳目也。又老形之兆,亦发始于目际之左右也。以手乘额上，内存赤子，日月双明，上元欢喜。三九始眉，数毕乃止，此谓手朝三元固脑坚发之道也。头四面以两手乘之，顺发就结，唯令多也。于是头血流散，风湿不凝。”

【下】

《周氏冥通记》卷四：“去冬有人姓顾，名道度，从外江还。云于大雷忽逢一人，乘小小鹿颈船子，劣容一人，从浪中来，直呼顾姓名，云：‘下都去，欲寄书与茅山陶隐居。隐居已与我欲助其功夫以献王，主正尔。’见作书，垂当授与，忽云：‘罢，君会不往山，我寻自下。’”

按：下，去，到。常指从上游到下游，水流而下。[①] 此用法概可追溯至西汉邹阳《上书吴王》：“汉亦折西河而下，北守漳水，以辅大国。”

中古典籍多见，北齐颜之推《颜氏家训·勉学》：“上荆州必称陕西，下扬都言去海郡。”《世说新语·赏誉》：“王大将军始下，杨朗苦谏不从，遂为王致力。”《世说新语·豪爽》：“王大将军始欲下都处分树置，先遣参军告朝廷，讽旨时贤。”《高僧传》卷三：“观等复更敦请，乃泛舟下都，以元嘉八年正月达于建邺。”《宋书·范晔传》：“大将军府史仲承祖，义康旧所信念，屡衔命下都，亦潜结腹心，规有异志。”晋干宝《搜神记》卷四：“宫亭湖孤石庙，尝有估客下都，经其庙下，见二女子，云：‘可为买两量丝履，自相厚报。’”

张振德等研究指出：“因为东晋建都于建康（今南京），故自南京而上溯曰‘上’，自荆州等地赴建康曰‘下’。这是历史原因赋予‘上’‘下’二字的特定的新义。”[②]这种历史文化原因，导致一些词产生了特定意义。再比如“上流”在东晋南朝可指代以当时的荆州（刘宋时镇江陵）为中心的地区，荆州为“上流”，则自荆州沿江而东便谓之“下”。[③]

【适2】

南北朝《正一法文太上外箓仪·肆六·五种女人受要箓》：“凡女挺命，不愿适人，启告父母，出家学道，或别立靖舍，或投师门。”

按：适，女子出嫁。《玉台新咏·古诗为焦仲卿妻作》：“贫贱有此女，始适还家门。”余冠英注：“适，嫁。始适，言出嫁未久。”上古汉语已见，《左传·昭公元年》：“女自房观之，曰：‘子皙信美矣，抑子南夫也。夫夫妇妇，所谓顺也。’适子南氏。”

---

① 参见方一新、王云路：《中古汉语语词例释》，第395、398页。

② 张振德等：《世说新语语言研究》，第141～142页。

③ 参见宋闻兵：《〈宋书〉词语研究》，第75～77页。

魏晋南北朝道经继续使用，尤其是口语色彩较强的《真诰》，经中用例颇多。如卷十二："张姜子，西州人张济妹也。济，后汉末西凉州人，为董卓将，后攻穰城，被射死。即张绣从叔也。其妹不显外书，不知出适[末](未)。……施淑女，山阳人，施绩女也。施绩，吴兴人，孙皓时为骠骑将军，守西陵。今云山阳，恐女或出适，取夫家郡，不尔则乖。"又："琼子琬，司徒、太尉，为李权所杀。夫人亦不知出适[末](未)。今此诸人，或称女，或称妇，或称母，盖各取名达者而言之，非必因附其功福所及也。"卷二十："第八灵宝，庶生，早亡。母亦姓陈。副有四女。长女名姜，正生，早亡。第二女名娥皇，正生，出适同郡建康令黄演。第三女名修容，庶生，母姓张，出适安固令晋陵弘升。第四女名晖容，与礭同生，出适同郡纪诠也。"又："有云黄娥者，即长史[姊]娥、掾妇母也。出适黄家，故曰黄娥，本名娥皇。"又："妻建康令黄演女，即姑娥皇之子，名敬仪。生黄民，乃遣还家。后离绝，又出适宛陵令戴耆之。长史一女名素薰，庶生。出适越骑校尉晋陵华瑛子名广。"

《周氏冥通记》中亦见，卷三："至年三十五，公制所逼，诸道义劝令其作方便，出适上虞朱家，而遂陷世法。""出适"谓出嫁。又："其姨母本钱塘人，姓张，三岁失父，随母重适永嘉徐家，仍冒徐姓。十岁便出家，随师学道，在余姚立精舍。""重适"谓妇女再嫁。

【听】【不听】

《真诰》卷七："范帅顷者以其不诡，乃欲不复豫事，我不听之，今无为也。诡当一须疾愈送，斗恒渴而饮不可饮，食多困，故而不可食，子妇不经心，亦不可不令知，死丈人之责耶？"

按：听，允许。中古道经多见，《真诰》卷十六："夫至忠至孝之人，既终，皆受书为地下主者。一百四十年乃得受下仙之教，授以大道。从此渐进，得补仙官。一百四十年听一试进也。"《上清洞真天宝大洞三景宝箓》卷上："今以相付，可传后学应为真人者。当依太真之科，七百年内听行三传，不得示非人，轻露真文，身被风刀之考矣。"东晋南朝《洞真太上金篇虎符真文经》："今以相付，可传后学应为真人者。当依太真之科也，七百年内听得三传，不得示非其人。"《无上秘要》卷三十二《传经年限品》："七百年三传；百年有可授者，听传二人。"

不听，本谓不听从别人的意见。《韩非子·外储说左下》："齐侯不听左右，魏主不听誉者，而明察照群臣。"后引申有不允许义，如《北史·世祖太武帝纪》："庚戌，诏自三公已下至于卿士，其子息皆诣太学……不听私立学校，违者师身死，主人门诛。"清蒲松龄《聊斋志异·青梅》："及见女，暴怒，杖逐而出，不听入门。"

魏晋南北朝道经亦见"不听"。《周氏冥通记》卷一："二十六日烧两束书，可百余纸，不听人见。"《赤松子中诫经》："又加筭倍多者，人能事君、尽忠、事父、尽孝，不傲慢，敬师长。开悟童蒙，光赞师傅，修身谦让，和睦上下，抚爱均平，不听谗邪，直心用行。妇人孝顺，翁婆敬顺，夫婿清贞洁行。"《太上洞渊神呪经》卷十："令疾病官事，速得解了，鬼炁消歇，病时得瘥。若有一鬼不去者，请为斩之，不听恕也。"《太上灵宝元阳妙经》卷十："寻为宣令，一切国内，凡诸病人，皆悉不听以乳为药。若为药者，当斩其首。"

关于"不听"作"不允许"解的始见年代是近年学术界的一个热点问题，曾先后有数篇相关文章[①]，其中方一新的研究最为深入，他认为："'听'从听从到答应、同意，又引申为允许，大约始于战国后期：《吕氏春秋·知士》：'静郭君辞，不得已而受。十日，谢病，强辞，三日而听。'高诱注：'听，许。'""东汉的'不听'产生了值得注意的变化，'不允许'义位开始产生。"[②]不过汉代用例尚少，还只是处于萌芽阶段。

【长】

《真诰》卷十三："计杜于建安初，可年二十许，至晋兴宁三年，始一百九十岁，诸人又晚学，而此云并三百余年，恐长'三'字，亦强可是'二'耳。"

按：长，多；多余。上古已见，《孟子·告子下》："交（曹交）闻文王十尺、汤九尺，今交九尺四寸以长，食粟而已。"《吕氏春秋·观世》："此治世之所以短，而乱世之所以长也。"高诱注："短，少；长，多也。"

《真诰》卷七另见："某志好有年，未获㊀㊀，缺失二字。别本作'克遂'。恭党幽晦，始睹天日。灵真㊀此缺失一字，别本作'微'字，疑非。请，训诲交凑。克己补过，思释鄙滞。夙兴勤惕，悟寐自厉。庶几积诚，卒获微感。玄运既会，奉觐有期，想疑长此一字良为㊀㊀缺失二字，别本作'延仰'。"《世说新语·德行》："丈人不悉恭，恭作人无长物。""长物"犹言多余之物。[③]

近代文献此义仍见。唐高彦休《唐阙史·杨尚书补吏》："有夕道于丛林间者，聆群跖评窃贿之数，且曰：'人六匹则长五匹，人七匹则短八匹。'不知几人复几匹？"明周梦旸《常谈考误·长音仗》："长字三音：平声在阳韵，上声

---

① 参见叶爱国：《〈史记〉已有"不听"》(《中国语文》1997 年第 2 期)；谢质彬：《"不听"作"不允许"解的始见年代及书证》(《中国语文》2000 年第 1 期)；萧红：《"不听"作"不允许"解的始见年代及书证》(《中国语文》2001 年第 3 期)；史光辉：《也说"不听"》(《唐都学刊》2003 年第 3 期)；方一新：《"不听"之"不允许"义的产生年代及成因》(《中国语文》2003 年第 6 期)；陈秀兰：《"不听"作"不允许"解的年代考证补》(《中国语文》2003 年第 6 期)；于智荣、李晓琳：《也谈"不听"作"不允许"解的始见年代及书证》(《辽宁师范大学学报》2003 年第 6 期)；于智荣、王恩建：《"不听"的"不允许"义的出现不迟于汉初》(《白城师范学院学报》2006 年第 5 期)。

② 方一新：《"不听"之"不允许"义的产生年代及成因》，《中国语文》2003 年第 6 期。

③ 方一新：《中古近代汉语词汇学》第 695 页曾论及"长物"。

在养韵；平上二声人多知之，去声鲜有不误者。”现代汉语方言中至今还保留着这种用法，“今宁都方言（客家话）中‘剩余’称为‘长’。此词可上溯到魏晋南北朝。”①

【关】

《真诰》卷七：“今月六日是赤孙绝日，先处事耳。今虽停放，无所复畏。然四帅逆已关之于都禁，至日为能遣尸杀使者看望之，虽弗复虑矣。至日父母将入静中，静中疾发，亦无苦也。我其日亦当视汝。”

按：关，禀告，告知。《资治通鉴·晋纪十九》：“夫人臣关言于人主”胡三省注：“关，白也。”上古习见，《周礼·秋官·条狼氏》：“誓大夫曰敢不关，鞭五百。”孙诒让正义：“此不关亦谓不通告于君也。”《荀子·臣道》：“时关内之，是事暴君之义也。”王先谦集解引王念孙曰：“凡通言于上曰关。”

东汉道经《太平经》有两处用例，卷一一四《不用书言命不全诀》：“惟天上有圣明之人，皆有部职，各尽忠行，不负于上，各尽筋力所为作，亦不失意。皆豫知天君所施为，常倾耳听，欲知其意，常视[储]（诸）曹文部，别令可知。顾君呼召无时，不敢私出，公事乃行，辄关意相白，乃敢出。所周所遍，被敕当所案行，不敢留止须臾之间。奉功私乃敢有所言，诚相归，自不敢施私。所不当全其命，不惜晨夜而自责，常恐有无牢之用。各自该理其身，欲副太上之意，何时敢懈，恐失其宜。效日自进，不须神言，乃而欲自成，欲得久视，与天上诸神从事，无有大小，皆相关知。”“关意”、“关知”，皆谓禀告，告知。

中古道经亦有“关白”，南朝宋陆修静《太上洞玄灵宝授度仪》：“天灵步兵，太一升天，在地关白，生天命威，命主尸骨，星地命出，月天地度。”陆修静《洞玄灵宝自然斋仪》：“起出斋堂，不相关白，罚油二升。垂发驰步，罚香一斤。”北周《无上秘要》卷三十五《授度斋辞宿启仪品》：“若赞咏不唱善。若起居，出斋堂，不相关白。若听经倚据坐不正。若反著法服。右件各罚礼五十拜。”

第二节　义位的增加

新词新义是词汇发展的主要方面，“新词新义的研究是汉语词汇史研

① 王东：《南北朝时期南北词语差异研究刍议》，《长江学术》2008年第3期。

究、特别是断代词汇研究中不可回避的重要内容和基础工作。”[①]王力曾经说过：“我们对于每一个语义，都应该研究它在何时产生，何时死亡。虽然古今书籍有限，不能十分确定某一个语义必系产生在它首次出现的书的著作时代，但至少我们也可以断定它的出世不晚于某时期。”[②]以专书为研究对象，一本一本地去考察其所包含的新词新义，对于判定“每一个语义”“何时产生，何时死亡”是大有裨益的，也是一种比较科学的研究方法。本节我们将对魏晋南北朝道教文献中产生的新义作一考察。

【间 1】

《周氏冥通记》卷三：“此六日往东华，见尔名已上青简，乃位为保晨司，始吾徒也，不亦巍巍乎！此乃冥符宿契。虽非此间之职，要应先当成就。”

按：间，处，处所，并非人所熟知的“中间”义，这是中古时期产生的新用法。“间”的这种用法，前贤论述不多，王云路指出：“‘间’一般可用于名词、代词、数量词或动词之后，如‘人间’‘花间’‘此间’‘其间’‘多少间’‘须臾间’‘十步间’‘进退间’‘中央间’等。”[③]魏晋南北朝道经中的用法似未见有人提及，兹申述如下。

《周氏冥通记》中尚有其他用例，如卷一：“令春是姨母间婢子，刘白是白从子。”卷二：“旦天清赤热，了无雨意。至禺中，周来入岭至上，便见东边风云卒起，未达隐居间，于路便雨，地得好溜，唯在一山周回左右耳。”卷二：“子良答曰：‘早至师间，师赐食，谓是甘果，不以为欺。又奉今旨，敢复近肉？’”卷三：“中旬间当与思和此保命字也往诸司命间论之，意此必无苦，勿卒忧悒。”卷四：“八月九日梦至定录间，见问云：‘乃同人斋邪？’”卷四：“明当复往东华，过司命间。”

《真诰》中更是多见，卷十四：“雷平山之东北，良常山之东南，其间有燕口山，三小山相隅故也。一名曰方隅，山下古人曾合九鼎丹于此间也。”卷十七：“羲白：此间故为清净，既无尘埃，且小掾住处亦佳。”又：“不审尊马可得送以来否？此间草易于都下。”卷十八：“玉斧言：此间釜小，可正一斛，不与甑相宜。”卷十九：“然杨诸书记，都无重本。明知唯在掾间者，于今颇存，而杨间自有，杳然莫测。自杨去后六七年中，长史间迹亦悉不显。”又：“掾子黄民，时年十七，乃收集所写经符秘箓历岁。于时亦有数卷散出在诸亲通间，今句容所得者是也。”又：“马罕既在别宅，兼令何为起数篇，所以二录合本仍

---

① 万久富：《〈宋书〉复音词研究》，第 150 页。

② 王力：《新训诂学》，载氏著《龙虫并雕斋文集》，中华书局 1980 年版，第 358 页。

③ 王云路：《六朝诗歌语词研究》，黑龙江教育出版社 1999 年版，第 205～206 页。

留罕间。……后多致散失，犹余数卷，今在其女弟子始丰后堂山张玉景间。”又：“[我](俄)而许便过世，所赍者因留杜间，即今世上诸经书悉是也。”又：“景和既猖狂，楼谓上经不可出世，乃料简取真经、真传及杂喫十余篇，乃留置钟间。”又：“陆修静南下，立崇虚馆，又取在馆。陆亡，随还庐山。徐叔标后将下都。及徐亡，仍在陆兄子瑰文间。”《真诰》卷二十：“楼从弟道济，及法真，钟兴女傅光，并得写楼、钟间经，亦互相通涉。”又：“徐亡，乃在陆瑰文间。”又：“杨书《王君传》一卷，本在句容葛永真间，中又在王文清家，后属茅山道士葛景仙。”又：“褚亡，留在弟子朱僧标间。”又：“章后既知，方就求得，今在章间。”又：“楼居士见而求取，今犹应在楼间。”又：“掾抄《魏传》中《黄庭经》并复真授数纸，先在剡山王惠朗间。王亡后，今应是其女弟子及同学章灵民处。”又：“樊亡，在其女弟子沈偶间。”

总之，中古以前“间”一般搭配单音词，而且多是表示处所的名词。如果是双音词，常与“之间”搭配。“间”在魏晋南北朝道教文献中可放在姓氏、名字、称谓、官职等词的后面表示“……处”，“间”字前面的成分已不限于处所名词，还可以是复音词或短语结构；其意义已不限于“中间”，意义逐渐变得虚化①，用法相当灵活。

“间”的这种口语性用法在中古其他文献中表现并不多，如旧题晋陶潜《搜神后记》卷三：“须臾，奴子自外来，云：‘郎求镜。’妇以奴作，乃指床上以示奴。奴云：‘适从郎间来。’”②《世说新语·方正》：“既来，帝就太妃间相见。”③魏晋南北朝道教文献中出现如此频繁的“间”字特别值得关注。

【墟】

《真诰》卷十一：“昔年十余岁时，述虚此乃应是“墟”字，而由来皆作[墟](虚)字。即今之山西村名也。”

按：墟，村落；乡村市集。此乃中古新兴意义，晋何劭《赠张华》诗：“在昔同班司，今者并园墟。”唐王维《晦日游大理韦卿城南别业》诗之三：“冬中余

---

① 《真诰》卷一：“乃取某手而执之，而自下床。未出户之间，忽然不见。”卷二：“言毕，持手而下床，未至户之间，忽失所在。”因为“户”为单扇门，但亦泛指门户。所以这两处“间”可以解释为“之间；中间”，亦可释作“处所”义，“间”的意义逐渐模糊，正处于向新义转变的过程中。又，张振德等先生发现《世说新语》中“间”可表示处所或时间的后面，如《文学》4：“每当至讲时，辄窃听户壁间。”（户壁间，即门后）又《企羡》6：“袒于篱间窥之”（篱间，当为竹篱之后），参见张振德等：《〈世说新语〉语言研究》，第17页。窃以为“表处所或时间的后面”可以视为“间”从“中间”义向“处所”义过渡的一个中间阶段。

② 此例转引自董秀芳：《词汇化：汉语双音词的衍生和发展》，第231页。

③ 蔡言胜认为，“太妃间”即“太妃那里”（“间”相当于处所标记）。（蔡言胜：《〈世说新语〉方位词研究》，南开大学出版社2008年版，第90～91页）

雪在，墟上春流驶。”

《真诰》中还有几处用例，卷十一：“今大茅山南犹有数深坑大坎，相传呼之为金井，当是孙权时所凿掘也。今此山近东诸处碎石，往往皆有金砂。云兵帅仍屯居伏龙，今则无复有。唯小近西有述墟，昔乃名术墟，今是良民。述墟前十数里，大茅有吴墟村，以号而言，乃欲相似，而复不关金陵。长史宅西北，近长隐小冈下，乃时有故破瓦器，焦赤土甚多，疑是人居处。既经耕垦，基域不复存，而了无井，亦恐如长史井堙没耳。又小茅、大横不见采金处，大茅金井若是，复不应顿如此远居。二三疑昧。”又：“逮山西诸村，各各造庙。大茅西为吴墟庙，中茅后山上为述墟庙，并岁事鼓舞，同乎血祀。盖已为西明所司，非复真仙僚属矣。”

“墟”还可与中古新生的“村”组成同义复合词，《真诰》卷十一：“寻视此山，明地高下墩涧，不似经墟村住处。恐岁代久远，势迹乖异故也。”再如北宋寇宗爽《图经衍义本草》卷十七《钩吻》：“《唐本》注云：‘野葛生桂州以南，村墟间、巷间皆有。彼人通名钩吻，亦谓苗名钩吻，根名野葛，蔓生。”南宋金允中《上清灵宝大法》卷二十八《当郡城隍》：“牒请详事理，即与行下管内，县镇村墟，山林溪谷，古迹灵坛，社稷典祀，应干合属去处。皆同前牒。”《汉语大词典》有“村墟”，但失收“墟村”。

【寻】

《周氏冥通记》卷二：“吾不得停，寻更来。”

按：《〈周氏冥通记〉研究》（译注篇）第72页译文：“我不能在此停留了，还会再来的。”此译文没有准确译出“寻”为何义。

寻，不久。刘淇《助字辨略》卷二：“寻，旋也；随也。……凡相因而及曰寻，犹今之随即如何也。”中古新兴用法，典籍屡见，《后汉书·邳彤传》：“彤寻与世祖会信都。”陶渊明《桃花源记》：“闻之，欣然规往。未果，寻病终。”《古诗为焦仲卿妻作》：“媒人去数日，寻遣丞请还。”《世说新语·识鉴》：“明帝收朗，欲杀之。帝寻崩，得免。”《文选·羊祜〈让开府表〉》：“臣有何功可以堪之？何心可以安之？以身误陛下，辱高位，倾覆亦寻而至。”《全后周文》卷四滕王《庾信集序》：“公孙金马之时，仲舒鸿渐之日，未能连类，曾何足云。解褐授安南府行参军。尺木未阶，高衢方骋。寻转尚书度支郎中。”

近代汉语沿用。杜甫《大历三年春白帝城放船出瞿塘峡》中“浮名寻已已”，仇兆鳌注引《字书》曰：“寻，俄也。”唐王昌龄《塞下曲》之四：“功勋多被黜，兵马亦寻分。”宋吴曾《能改斋漫录·事始一》：“自庆历间，张希文始以圈子标记，礼部因之，颇以为便。元佑复诗赋，尝加校正，寻又罢。”

因为对此新生意义不了解，《〈周氏冥通记〉研究》（译注篇）一书中另有多处误释，再比如卷二："寻又造罪尤，非唯拘于先殃所及。"（第 104 页译文：想着又要造罪了，并不仅是有先祖之罪要流及此身。）卷二："乃笑曰：'邓亦寻应来。'"（第 122 页译文：那人笑道："邓生也应该来。"）卷二："故令知位字有在耳，寻当与邓生俱来，别更委曲，不为远别。"（第 123 页译文：我的职位和名字让你知晓了，想着要与邓生一起来，再没有别的事了，因此不会长久分别的。）卷三："吾等今去，或复寻更来，其间有信，书疏亦可相通。"（第 136 页译文：我们现在要走了，或许还会再来。这中间有消息，用书信即可联系。）卷三："君论期运事，竟应相造也。我等且去，寻复相过。"（第 171 页译文：你谈到期待命运的决定，应该有个结局的。我们现在暂且走了，想想日后还会再过来的。）卷四："见作书，垂当授与，忽云：'罢，君会不往山，我寻自下。'"（第 202 页译文：见到了他所写的书信，正要给予他时，突然说："算啦。君不会去茅山，还是我自己去吧。"）卷四："朱交甫令其观上人情及修道者，其寻或当来，先昨已往建安。"（第 210 页译文：朱交甫让他观察人情及仙道修行者，其可能要来，前些日子已经到了建安。）

【逆】

《周氏冥通记》卷四："司命来月中旬当来，西宫、东宫人亦并来，故逆示。"

按：《〈周氏冥通记〉研究》（译注篇）第 211 页译文："司命君下月中旬要来，西宫、东宫的人也来，因而专门回来告诉你。"将"逆"释作"回来"，未当。

逆，预先，事先。这是中古时期产生的新义，三国蜀诸葛亮《后出师表》："凡事如是，难可逆见。"《后汉书・乌桓传》："建武二十一年，遣伏波将军马援将三千骑出五阮关掩击之。乌桓逆知，悉相率逃走，追斩百级而还。"《后汉书・方术传・廖扶》："扶逆知岁荒，乃聚谷数千斛，悉用给宗族姻亲，又敛葬遭疫死亡不能自收者。"《南齐书・高逸传・卢度》："逆知死年月，与亲友别。永明末，以寿终。"《晋书・祖逖传》："达泗口，元帝逆用为徐州刺史，寻征军谘祭酒，居丹徒之京口。"南朝宋沈约《脚下履》："逆转珠佩响，先表绣袿香。"南朝梁吴均《行路难》："得意失意须臾顷，非君方寸逆所裁。"南朝梁王孝礼《咏镜》："转身先见动，含笑逆相同。"隋江总《姬人怨》："薄命夫婿好神仙，逆愁高飞向紫烟。"

《周氏冥通记》中尚有其他用例，如卷一："去冬，欲潜依冥旨，逆须别字，托以方便，冒求构立，虽建三间麤屋，经时未毕。"又："今府中阙一任，欲以卿补之。事目将定，莫复多言。来年十月当相召，可逆营办具，故来相告。"

《真诰》亦多见，卷七："今月六日是赤孙绝日，先处事耳。今虽停放，无所复畏。然四帅逆已关之于都禁，至日为能遣尸杀使者看望之，虽弗复虑矣。"卷十一:"金陵,古名之为伏龙之地。河图逆察,故书记运会之时方来之定名耳。至于金陵之号,已二百余年矣。寻金陵之号,起自楚时,至秦皇遇江厭气,乃改为秣陵。汉来县旧治小丹阳,今犹呼为故治也。晋太康三年,割淮水之南属之。义熙九年,移治阙场。元熙元年,徙还今处。此是江东之金陵耳。传所言'二百余年'者,是吴孙权使人采金,屯居伏龙山,因名金陵,自然响会,所以叹河图之逆兆也。"卷十五:"杜琼字伯瑜,蜀人也。博学有才思,注韩诗,兼明数术,逆记魏当代汉。仕刘禅时,为鸿胪太常,延熙十三年亡,年八十余耳。"

【可 3】

《周氏冥通记》卷二:"依别记目有'六月十五日,中岳洪先生授《洞房经》云云。'而检函中,不见此受,恐当是修事与秘重,不题文迹,亦可已别投藏。"

《周氏冥通记》卷三:"司马括苍,内外书传都不见,又不应是季主,乃可季主儿法育耳。唯见此一来,自后无复所出。"

按:可,可能。《古代汉语虚词词典》:"用于动词前,表示'可能'。可译为'可以''可能'等。"①但所举例子基本都表示"可以",表示"可能"的用法不明显。

《真诰》中用例甚多,卷四:"又告:'贤者之举,复宜详之。'昔未受上道之前,有欲索侧人意,有称说堪陶奖者。受隐书之后,此计都冥也。此下有两字被黵,又齐行剪去,后似复更有语。此论'贤者之举',似仍是前书上纸,而复酬十一月二十九日告。此告今不存,前十一月二十九日告语不同。又云正月龟山客来事。如此复酬后定录告,亦可是右英书中兼有此语耳。记不具存,难用显证。"卷五:"东北角有石𪓫此作之叶反音,即是大瓮也,或可是石牖。"卷九:"外书记亦云:遣侍中张堪,或云郎中张愔,并往天竺,写致经象,并沙门来至。又恐今此说未必是真受,犹可杨君疏旧语耳。但真经诰中自亟有论及佛事也。"卷十三:"计杜于建安初可年二十许,至晋兴宁三年,始一百九十岁。诸人又晚学,而此云并三百余年,恐长'三'字,亦强可是'二'耳。"卷十三:"八月十四日夜,保命仙君告。此告必应是告牙,亦可是试以戏长史尔。"卷十四:"按说如此,似答问黄衣童,意亦可是午时。既及谢,因此面访其事。"卷十四:"《列仙传》云:御龙攀髯,及子晋驭鹄,并为不同,亦可是化后更出而为之也。"卷十四:"阴成水际出山高,则是高乃应云'阳九',而言'百六',似是误言。亦可是水起际如此高,非先水退际尔。但水性平,又非湍濑,二山相去不远,未解那得顿孤悬如此。"卷十五:"'此人乃多方卫以制于我,常行叩齿,鸣打天鼓,以惊身中诸神。神不敢散,鬼气不得入,是以无有缘趣得煞之耳。'以此论之,若助不行冰渡河,亦可出千岁寿不啻也。"卷十

① 中国社会科院语言研究所古代汉语研究室编:《古代汉语虚词词典》,商务印书馆 1999 年版,第 326 页。

七:"所称'某'处,是杨君又当书此以呈长史,故云'某'耳。又此四月或即是乙丑年,亦可是寅年耳。"

【详 1】

《真诰》卷一:"八灵道母西岳蒋夫人。案有数号者,并以多为高。西王母称九灵,则八灵宜在七灵前,而今返在后者,亦所未详。又受读《黄庭》事云'北岳蒋夫人',与今不同。"

按:详,知道、了解,中古新生用法。《玉台新咏·古诗为焦仲卿妻作》:"自君别我后,人事不可量,果不如先愿,又非君所详。"晋陶潜《五柳先生传》:"先生不知何许人也,亦不详其姓字。"《晋书·石勒载记上》:"勒母王氏死,潜窆山谷,莫详其所。"《隋书·礼仪志七》:"剑,案汉自天子至于百官,无不佩刀……近代以木,未详所起。"

未详,不知道或了解得不清楚。《宋书·礼志二》:"至尊为服缌三月,成服,仍即公除。至三月竟,未详当除服与不?"北魏郦道元《水经注·涑水》:"水自山北流,五里而伏,云'潜通泽渚',所未详也。"

魏晋南北朝道经中也有不少用例,《周氏冥通记》卷四:"十月二日,梦见洪先生,见令诵《太素祝》,云云。未详此出何经。"《真诰》中更是极为多见,卷一:"八灵道母西岳蒋夫人。案有数号者,并以多为高,西王母称九灵,则八灵宜在七灵前,而今返在后者,亦所未详。又受读黄庭事云,北岳蒋夫人与今不同。"卷五:"此人知神丹之得道,而不悟试在其中,故但陆仙耳,无复登天冀也。谢稚坚有三处出,一云与葛玄相随,一云在鹿迹洞中,一即是此,未详为是一人,当同姓名耳?"卷六:"三见易迁,再云'可待','要乃起东山屋舍,且可离护之耳。'问其故,未见答。问众灵,云:'我或尔耶。'未详此意,欲识之。"卷十:"炼形之所归,乃上吉冢也。其言如此。此犹是前所服三气之范监也,四灵虽同墓法,而形相莫辩,又以朱乌为上玄,亦所未详也。"卷十二:"视没不救,非志士也,遂俱饿死。此说大同小异,故备载之,论翊字子翔,于字例相得,而'翊'义亦是'相','相'作息亮切音。二者未详孰正。马皇出《列仙传》,黄帝时马师也。"卷二十:"今检谱,七世祖名敬,字鸿卿,后汉安帝时为光禄,顺帝永建元年拜司徒,名字与《真诰》不同,未详所以舛异。"

【详 2】

《真诰》卷四:"贤者之举,复宜详之。"

按:详,思索,思考。《宋书·武帝纪》:"常日事无大小,必赐与谋之。此宜善详之,云何卒尔便答。"《旧唐书·礼仪志》:"若以所服不得过本,而须为外曾祖父母及外伯叔祖父母制服,亦何伤乎?是皆亲亲敦本之意,卿等更熟详之。”

魏晋南北朝道教文献例如《周氏冥通记》卷四：“此药名，既又云唯可心知，便是难可思详。”《真诰》卷三：“师宗相期，拂饰尽性，苟能其事，我亦罕劳。贤者之举，此复宜详。密告由来宿命之始，想有㠯应作“以”字悟也。”卷十四：“戴乃授行《玉珮金铛》，而止不死而已，未得神仙，于理为小难详。”卷十四：“季主一男一女，俱得道。男名法育也，女名济华，今皆在委羽山中。济华今日正读《三十九章》，犹未过竟。此理亦欲难详。”卷十五：“此‘二’字，杨君书际纸下如此。掾写不熟详，乃作‘七’字。今世中诸本皆作第七，此误尔。宫唯有六，岂容是有七耶！”

东汉道籍已见此义。《太平经》卷四十《努力为善法》：“得书详思上下，学而不精，名为惚恍，求事不得无形象，思念不致，精神无从得往。”卷一一一《善仁人自贵年在寿曹诀》：“人有生自行善，不犯所禁，是人行之所致也。大神且复详，须施行有缺上名。”

“详”作“思”义，《大词典》失收。在中古具有很强的构词能力，构成了双音节的“详思”“思详”“复详”“审详”“寻详”“考详”“详谛”“详省”“精详”“详念”，更有三字乃至四字连文的如“详复思”“详惟念”“详思念”“详念思惟”等，东汉道经《太平经》中用例颇多，值得注意。①“详”的“思考，思索”义与“知道，了解”义联系很密切，有时二者难以完全划分清楚。

【会】

《周氏冥通记》卷四：“见作书，垂当授与，忽云：‘罢，君会不往山，我寻自下。’”

按：张相《诗词曲语辞汇释》卷一“会”字条云：“会，犹当也；应也。有时含有将然语气。”②中国社会科学院语言研究所古汉语研究室编《古汉语虚词词典》指出：“助动词，‘会’置动词前，表示理该怎么样，可译为该、应当、决、总会。”③张永言认为“会”意为必定，指将来，犹言“终究，终归”，是汉末以迄六朝的新词新义。④ 这个义位在前代典籍中未见出现，应视为东汉时产生的新义。

东汉道经《太平经》中多有所见，卷四十一《件古文明书诀》：“若天复生圣人，其言会复长于一业，犹且复有余流灾毒常不尽，与先圣贤无异也。”卷

① 参见王云路：《中古汉语词汇史》第1026～1032页。

② 张相：《诗词曲语辞汇释》，第114页。

③ 中国社会科学院语言研究所古汉语研究室编：《古汉语虚词词典》，第248页。

④ 张永言：《从词汇史看〈列子〉的撰写时代》，见氏著《语文学论集》（增补本），语文出版社1999年版，第380～381页。

九十一《拘校三古文法》:“或内失之,反外得之,或外失之,反内得之,会有失之者,会有得之者。”卷八十六《来善集三道文书诀》:“其里贤明畏事者,会不敢匿,恐坐其事。何况乃一州、一郡、一县、一乡、一亭,郡有非常事,阳阳何可隐?”卷九十八《包天裹地守气不绝诀》:“不肯力为道者,死当下入地,会不得久居是中部也。”

魏晋时期此义行用渐广。《世说新语·方正》:“宣武问:‘刘东曹何以不下意?’答曰:‘会不能用。’”《高僧传·释僧富》:“富乃念曰:‘我幻炎之躯会有一死,以死济人,虽死犹生。’”南朝陈徐陵《出自蓟北门行》:“平生燕颔相,会自得封侯。”《魏书·刁双传》:“双曰:‘人生会有一死,死所难遇耳。今遭知己,视死如归,愿不以为虑。’”《魏书·儒林传·平恒》:“恒曰:‘此辈会是衰顿,何烦劳我?’”《晋书·索靖传》:“靖有先识远量,知天下将乱,指洛阳宫门铜驼,叹曰:‘会见汝在荆棘中耳!’”《列子·天瑞》:“天地不得不坏,则会归于坏。”鲍照《拟行路难十八首》之六:“丈夫生世会几时,安能蹀躞垂羽翼?”《北齐书·方使传·皇甫玉》:“世宗自颍川振旅而还,显祖从后,玉于道旁纵观,谓人曰:‘大将军不作物,会是道北垂涕者。’”

【定】

《周氏冥通记》卷二:“至禺中,周来入岭至上,便见东边风云卒起,未达隐居间,于路便雨,地得好溜,唯在一山周回左右耳。此一事即共宣显,只疏云梦,不知定梦定觉耶。”

按:定,究竟,到底,是中古时期新兴的副词用法。

魏晋六朝文献中多有所见。如南朝宋刘义庆《世说新语·轻诋》:“殷觊、庾恒并是谢镇西外孙。殷少而率悟,庾每不推。尝俱诣谢公,谢公熟视殷曰:‘阿巢故似镇西。’于是庾下声语曰:‘定何似?’谢公续复云:‘巢颊似镇西。’庾复云:‘颊似,足作健不?’”《世说新语·赏誉》:“许玄度送母始出都,人问刘尹:‘玄度定称所闻不?’刘曰:‘才情过于所闻’。”又:“殷仲堪丧后,桓玄问仲文:‘卿家仲堪,定是何似人?’仲文曰:‘虽不能休明一世,足以映彻九泉。’”《世说新语·品藻》:“抚军问殷浩:‘卿定何如裴逸民?’良久答曰:‘故当胜耳。’”[①]又如《乐府诗集·华山畿》:“闻欢大养蚕,定得几许丝?”《乐府诗集·团扇郎》:“相邻中道罢,定是阿谁非?”陶渊明《拟古》:“自从分别来,门庭日荒芜。我心故匪石,君情定何如?”陶渊明《连雨独饮》:“世间有松乔,于今定何闻?”南朝宋鲍照《吴歌》:“人言荆江狭,君子定焉如?”南朝梁庾肩吾《咏舞曲应令》:“石城定若远?前溪应几深?”北周庾信《送灵法师葬》:“性灵

① 《世说新语》例转引自萧旭:《古书虚词旁释》(广陵书社 2007 年版,第 238～239 页)。

如不灭，神理定何从？”《梁书·徐勉传》：“古往今来，豪富继踵，高门甲第，连闼洞房，宛其死矣，定是谁室？”《南齐书·王晏传》：“公常言晏怯，今定何如？”《水经注·巨马水》：“原隐居广阳山，教授数千人，为王浚所害，虽千古世悬，犹表二黉之称，既无碑颂，竟不知定谁居也。”

近代汉语仍有使用。唐杜甫《第五弟丰独在江左》：“闻汝依山寺，杭州定越州？”①杜甫《离西阁》：“不知西阁意，肯别定留人？”宋刘辰翁《摸鱼儿》：“愿金印重来，洪都开府，定复几时到？”宋辛弃疾《洞仙歌》：“问如此青山，定重来否？”宋刘克庄《念奴娇》：“儿童不识，秃翁定是谁子？”

【合】

《周氏冥通记》卷二：“右起六月一日至二十九日，凡有十三条事，书青白大小合二十三纸。”

按：合，共计；总共。这是中古新产生的一个意义。

《周氏冥通记》卷四多有使用。再如：“右从八月初至闰月末凡六月中合五十一条事。”又：“右从丙申年正月初至七月末凡七月中合二十八条。”又：“右从目录，凡用墨、朱、黄三色，书大度白及细纸，合十六番。八番白，八番色。”又：“大凡四卷，真本。书杂色合六十五番，或真，或草、行。”

《真诰》中也有用例，卷九：“方诸正四方，故谓之方诸。一面长一千三百里，四面合五千二百里。上高九千丈。”卷十五：“以周迴论之，洞中直东西有三千七百五十里。今一宫周迴[二](千)里，是径二百五十里，六宫若并列，合居千五百里耳。”卷十五：“山世远受孟先生法：暮卧，先读《黄庭内景经》一过乃瞑，使人魂魄自制练。但行此道二十一年亦仙矣，是为合万过也。”又如，《上清太上帝君九真中经》卷下《太一大四镇圆方》：“凡四镇神圆，合二十种药，令精上者，其五物为一部，皆令成散。”

近代道经中仍见使用。宋宁全真《上清灵宝大法》卷五十七《早朝存思》：“青龙四头在前，狮子四头在后，居青炁中，备守前后。与经中存思之义一同。青龙狮子合八头，侠高座，处巳未丑亥之方。”卷五十七《晚朝存思》：“白虎四头在内，麒麟四头在外，居白炁中，备守四方，二兽合八头。”卷五十七《午朝存思》：“朱雀四头在内，凤凰四头在外，万籁钧天奏鸣，居赤炁中。

① 江蓝生：《魏晋南北朝小说词语汇释》(第46页)指出：“唐代时，‘定’有在选择问句中作连词的用法，如杜甫诗‘闻汝依山寺，杭州定越州？’(杜诗详注17·1479)但六朝未见此种用例。”检《汉语大词典》，江先生所举杜甫诗例放在“副词。究竟；到底”义项之下，这说明在选择问句中作连词的用法其实和“究竟；到底”关系很密切，很容易引申得来。《周氏冥通记》卷二之“不知定梦定觉耶”可以翻译成“不知究竟是在梦中还是在醒来的状态下”，亦可翻译成“不知是在梦中还是在醒来的状态下”，江先生的观点可以大大提前。

朱雀凤凰侠高座,合八头。”

【漉】

《抱朴子内篇·杂应》:“先酿好云液勿压漉,因以桂附子甘草五六种末合丸之,曝干,以一丸如鸡子许,投一斗水中,立成美酒。”

按:漉,本谓使干涸、竭尽。《礼记·月令》:“(仲春之月)毋竭川泽,毋漉陂池,毋焚山林。”陆德明释文:“漉,竭也。”中古引申有“过滤”义,《周氏冥通记》卷四:“至明日午时,又以铜器盛煎之,令火斋器底,勿令火艳出器边也。得三沸竟,又内玉浆壹斗。又加火,高初五分许,可以蓬蒿为薪。煎令余一斗,漉滓干之,闭汁三日。三日竟,开视。上当有紫光耀目,夜不用然灯,此即成矣。”

中古文献习见。北魏贾思勰《齐民要术·养羊》:“作漉酪法:八月中作。取好淳酪,生布袋盛,悬之,当有水出,滴滴然下。水尽,着铛中暂炒,即出,于盘上日曝。浥浥时作团,大如梨许。亦数年不坏。削作粥、浆,味胜前者。”“漉酪”谓将牛、羊等乳过滤炼制成食品。《南史·隐逸传上·陶潜》:“郡将候潜,逢其酒熟,取头上葛巾漉酒,毕,还复著之。”“漉酒”即滤酒。唐朱放《经故贺宾客镜湖道士观》诗:“雪里登山屐,林间漉酒巾。”“漉酒巾”指滤酒的布巾,亦可泛指葛巾。唐白居易《黑潭龙》诗:“家家养豚漉清酒,朝祈暮赛依巫口。”

【不容】【无容】

《真诰》卷十五:“此更说酆都中事,仍复及重思耳。说杋人有祠者,不容有蒸尝之义,当即是前所云献奉仙官故也。鬼年限足应受余生,亦复死便有祠事矣。”

《周氏冥通记》卷一:“子良因染笔作七星形,此人曰:‘我无容运手。尔但安二星置网之头,当相告也。’”

按:关于“容”,学界多有探讨。裴学海《古书虚字集释》列了“容”的五个义项:犹如;或;可;应;宜。[①] 何乐士等认为,“容”表示动作行为的实现是具备条件的或在情理上是许可的。可译为“能”。常与否定词“不”等连用,表示“不能”“不允许”之义。[②] 柳士镇指出,“容”字先秦时即已萌生了表示可能的助动词用法,例如《左传·昭公元年》:“故有五节,迟速本末以相及,中声以降,五降之后,不容弹矣。”刘淇《助字辨略》云:“此容字,可辞也。容之为

---

① 参见裴学海:《古书虚字集释》,中华书局2004年版,第85页。

② 参见何乐士等:《古代汉语虚词通释》,北京出版社1985年版,第466页。

可者,容有许意,转训为可也。”但后来这种用法并未流行开来。此期助动词“容”字的运用显著增多,既可以表示“能够”的意义,又由此引申出“或许”的意义。[①] 董志翘、蔡镜浩认为“容”又常与否定词“不”“无”等连用,表示“不能够”“不可以”之义。[②] 高育花认为“容”可表示不定、推测的语气。《宋书·蒋恭传》:“容有不知,不合加罪。”[③]萧旭认为“容”犹应也,当也,宜也。[④] 王云路进行了更为全面深入的研究,认为无容、不容,指客观上的不可能,不允许。如南朝梁陶弘景《周氏冥通记》卷一:“又寻所烧者定当非此例,无容一封一焚故也。”《梁书·郑绍叔传》:“高祖将临其殡,绍叔宅巷狭陋,不容舆驾,乃止。”也指情理上的不可能,不应该。如《梁书·萧琛传》:“琛于御筵举酒劝道固,道固不受,曰:‘公庭无私礼,不容受劝。’”又《贺琛传》:“尧为圣主,四凶在朝;况乎朕也,能无恶人?但大泽之中,有龙有蛇,纵不尽善,不容皆恶。”有时二义难以划分。如《梁书·王份传附子锡》:“二国通和,所敦亲好;若以才辩相尚,则不容见使。”又《太祖王五传·临川靖惠王宏》:“或谓宏曰:‘逃难须密,不宜往来。’宏衔泪答曰:‘乃可无我,此事不容暂废。’”[⑤]

不容,本为不能容纳、不能宽容。《论语·乡党》:“入公门,鞠躬如也,如不容。”邢昺疏:“君门虽大,敛身如狭小,不容受其身也。”南朝宋刘义庆《世说新语·识鉴》:“嵩性狼抗,亦不容于世。”引申为不允许。《左传·昭公元年》:“五降之后,不容弹矣。”宋朱熹《乞修德政以弭天变状》:“其势不容少缓。”

魏晋南北朝道经中的“不容”似多表“不可能”.《真诰》卷十一:“山出好术并杂药,绝宜松柏,而本无人植,不容自生,今亦分布,岁种之耳。”卷十二:“此令告掾也。其事皆有指趣,不容显注之,从定录官寮来凡三十一条,并有掾写注之一卷相随。”卷十三:“其[第一](一弟)子是陈世京。世京,孙休时侍郎,少好道,数入佛寺中,与契乡里,故晚又授法。契初将寒华入建安之时,时亦同举,实赖世京济其密计焉。此数子今处茅山之外,非常在洞中之客也,亦时得入耳。亦数至长史舍屋间游戏,然多在大茅之间。建安初至孙休即位六十二年。杜初从孙策,不减年二十左右,则逃时已年八十许矣,不容此尔。”卷十五:“凡此六天宫亦皆应有义旨,乃粗可领解,自不容轻说。”作“不可”“不能”义解者,如《周氏冥通记》卷四:“因直尔而已,更别余语。云

① 参见柳士镇:《魏晋南北朝历史语法》,第125页。

② 参见董志翘、蔡镜浩:《中古虚词语法例释》,第445页。

③ 参见高育花:《中古汉语副词研究》,黄山书社2007年版,第32页。

④ 参见萧旭:《古书虚词旁释》,第34页。

⑤ 参见王云路:《中古汉语词汇史》,第718页。

云。此中似别有事旨，不容备言，亦应是为帅见有辞存。”

无容，本指不文饰仪容。《礼记·礼器》：“有以素为贵者，至敬无文，父党无容。”朱彬训纂引王念孙曰：“党，所也，言父所不敢为容也。”引申为不允许；不让。《周氏冥通记》卷一：“又寻所烧者定当非此例，无容一封一焚故也。”[①]《隋书·赵才传》：“自以荷恩深重，无容坐看成败。”

魏晋南北朝道教文献中的“无容”多表“不可以”。《洞玄灵宝道学科仪》[②]卷上：“科曰：凡是道学，当知枢机缓急，言语善恶，招祸得福，唯闻口业。出家之人，若道士，若女冠，在房在观，与长德师尊有所言对，谘决可否，和声下气。奉听长德师尊之言，若未如意，道理不明，待上辞尽，然后徐徐决定，无容以私乱众，及口气狼藉。虽复在内，不为恶心，而招在外，大小不顺。”《太上一乘海空智藏经》卷一《序品》：“吾今处此深山穷谷，不劳如此珍丽之饰，无容空受，以为过费。”《太上洞渊神呪经》卷八《召鬼品》：“吾今遣三万六千赤骑，手提铁杖，游行天下，取无义五逆之人。若有病人，令道士治者，悉令鬼王赦之。若复不赦，此等鬼王悉皆贬责，更无容恕矣。”

只有极少数“无容”表示“不可能”。陶弘景《华阳陶隐居集》卷下《解官表》：“始奉中恩，得遂丘壑。今便灭影桂庭，神交松友。一出东阙，故乡就望。睠言兴念，临波泻泪。臣舟棹已遄，无容躬诣。不任仰恋之诚，谨奉表以闻。”葛洪《葛仙翁肘后方备急方》卷一《救卒中恶死方第一》：“此前救卒死四方并后尸蹶事，并是魏大夫传中正一真人所说，扁鹊受长桑公子法。寻此传出世在葛后二十许年，无容知见。当是斯法久已在世，故或言楚王，或言赵王，兼立语次第，亦参差故也。”

除了“不容”“无容”之外，魏晋南北朝道经中还有其他表述。

何容，谓怎么会、怎么可能。《真诰》卷十四：“刘平阿者，无名姓，名姓不示人也。汉末为九江平阿长，故以为号。行医术，有功德，救人疾病，如己之病。行遇仙人周正时，授以隐存之道，托形履帽，而来居此室。常服日月晨气，颜色如玉，似年三十许人。二君何容不知其本名，既示不欲复说之耳。戴孟之本族，乃亦已陈之在后矣。”卷十五：“以此而言，人命便无定限，一切皆是夭遏耳。若修道精勤，如鲍助啄齿，何容不得永年。”其文献亦见，如《高僧传》卷十《杯度传》：“有吴兴邵信者，甚奉法。遇伤寒病，无人敢看，乃悲泣念观音。忽见一僧来，云是杯度弟子，语云：‘莫忧，家师寻来相看。’答云：‘度师已死，何容得

---

① 汪维辉(2000)指出：《大词典》释义不准，当解释作“不应，不能”，指情理上不可能。又说成“不容”，意同。(参见汪维辉：《〈周氏冥通记〉词汇研究》，载浙江大学汉语史研究中心编：《中古近代汉语研究》第1辑，上海教育出版社2000年版，第152～177页)

② 丁培仁认为此经为南朝后期至隋唐间作品。(《增注新修道藏目录》，第263页)

来。’道人云：‘来复何难。’便衣带头出一合许散，与服之，病即差。”

岂容，怎么可能。《真诰》卷十五：“此‘二’字，杨君书际纸下如此。掾写不熟详，乃作‘七’字。今世中诸本皆作‘第七’，此误尔。宫唯有六，岂容是有七耶！此呪复说‘以次东行’四字者，是欲令鬼辈讶吾知其次第位例也。”

【不快】

《周氏冥通记》卷一：“卿既处尘喧之中，仆等难复数来，仍手指壁上所疏桃竹汤方云：‘觉体不快，便依此方浴。’”

按：不快，本指不愉快，不高兴。《易·艮》：“艮其腓，不拯其随，其心不快。”中古时期引申为不适；有病。《后汉书·方术传·华陀》：“体有不快，起作一禽之戏，怡而汗出。”

《道藏》中有不少用例。南朝《洞真太上八素真经占候入定妙诀》：“四若口不知味，或齿舌唇痛，咽喉不快，饮食艰涩，当精严入室烧香，存思舌神道岐精，长七寸，朱衣，从千乘万骑，还口中。思极则止，止又思，差乃已如上法。”晋葛洪《葛仙翁肘后方备急方》卷二《治伤寒时气瘟病方第十三》：“比岁又有虏黄病，初唯觉四体沉沉不快，须臾见眼中黄，渐至面黄，及举身皆黄。急令溺白纸，纸即如檗染者，此热毒已入内，急治之。”又卷三《治服散卒发动困笃方第二十二》：“欲服，以水八升，煮大枣二十枚，使烂，取四升，去枣，乃内药五方寸匕搅和，著火上，三上三下，毕，分三服。旦一服便利者，亦可停。若不快，更一服。”《太清导引养生经·慎修内法》：“端坐生腰，以左胁侧外，以口纳气，以鼻吐之，除积聚心下不快。”宋张君房《云笈七签》卷三十四《王子乔导引法》：“欲去腹中寒热，诸所不快，若中寒身热，皆闭气张腹，欲息者，徐以鼻息，已复为，至愈乃止。”

【不问】

晋许逊《许真君玉匣记·冠四》：“真君遂乃录之，名曰《玉匣记》，付国师。道士奏闻，见其祸福，其法不问天隔、地隔、神隔、鬼隔，看此六甲旬中，并知吉凶也。”

按：不问，不管，无论。这是中古新产生的义位，魏晋南北朝道经屡见，《周氏冥通记》卷三：“侨宿本俗民，性气虚疏，不能隐秘。告其一法，回而加增，逢人不问愚贤，辄敢便说之。如此既多，便回受于杨耳。”《洞玄灵宝千真科》：“施制立法，要假能行。众中无法者，不问老幼，悉不得共住。”《洞真太上八道命籍经》卷上：“解用五色之墨，五彩之缯，施于行路，不问富贵。”《太极真人敷灵宝紫戒威仪诸经要诀》：“世人经污，不问大小，应即解。解毕，使烧香行道，本无日限也。”

后世道经沿用。葛玄《太上慈悲道场消灾九幽忏》[①]卷五:“不问其贵贱,父母并骨肉。”唐孙思邈撰《唐太古妙应孙真人福寿论》:“以良为贱,以是为非,苦不悯之,乐不容之。寒暑不念其勤劳,老病不矜其困惫,鞭挞不问其屈伏,陵辱不问其亲疏,此非分也,神已记之,人不知也。”《高上神霄玉清真王紫书大法》卷七:“灵官高顺,从官一百二十人,与吾速去某人家,不问高低远近,一切偎僻之处,搜捉为祸邪祟鬼神,不得容情有拒,立待报应。”

其他传世文献亦有使用,北魏贾思勰《齐民要术·耕田》:“凡耕:高下田,不问春秋,必须燥湿得所为佳。”《敦煌变文集·燕子赋变文》:“雀儿出来,不问好恶,拔拳即搓。”

【委曲】

《周氏冥通记》卷二:“故令知位字有在耳,寻当与邓生俱来,别更委曲,不为远别。”

按:《〈周氏冥通记〉研究》(译注篇)第123页译文:“我的职位和名字让你知晓了,想着要与邓生一起来,再没有别的事了,因此不会长久分别的。”以“再没有别的事了”对译“别更委曲”,此说未当。“寻当与邓生俱来,别更委曲”意思是说:“不久就会与邓生一起来,以后再详细说吧。”

委曲,指详述。中古文献屡见,东晋葛洪《抱朴子内篇·道意》:“余所以委曲论之者……故欲令人觉此而悟其滞迷耳。”陶弘景《真诰》卷二:“此两事并是七月五日夜略记,后更复委曲重数在后。”南朝宋鲍照《代升天行》:“备闻十帝事,委曲两都情。”《魏书·景穆十二王传·南安王传》:“凯旋迟近,不复委曲。”南朝梁僧祐《弘明集》卷十二:“比获来示,并诸人所论,并未有以释其所疑,就而为难殆以流迁。今复重申前意而委曲之,想足下有以顿白马之辔,知辩制之有耳。”《周书·晋荡公护传》:“汝与吾别之时,年尚幼小,以前家事,或不委曲。”近代沿用,唐《寒山诗》:“寄世是须臾,论钱莫啾唧。孝经末后章,委曲陈情毕。”唐刘知几《史通·二体》:“《史记》者,纪以包举大端,传以委曲细事,表以谱列年爵,志以总括遗漏。”

“委曲”本是“弯曲”“曲折”义,为形容词性的同义复词。(《说文》:“委,随也。”本为“随顺”“顺从”义,又从“随顺”义引申出“弯曲”义。)到了中古,引申义甚众:作为形容词有“细微”“详尽”“殷勤”“婉转”等义;作为动词有“迁就”“曲从”义。当其用于“细微”“详尽”义而处于主语或宾语位置时,即发生

① 朱越利认为:“葛玄之名当为后人依托。卷前有唐李含光序。本忏不迟于唐。”(朱越利:《道藏分类解题》,第86页)丁培仁亦指出:“引有南北朝后期《升玄经》《业报因缘经》和唐代《海空智藏经》等,且首李含光序,当编于唐代。”(丁培仁:《增注新修道藏目录》,第269页)

语法引申，成为名词，表“事情的原委”“底细”义，从而又引申出“文书”“手札”义（“文书”“手札”一般是用来传达一件事的“原委”“底细”的）。[①] 鉴于“委曲”一词在中古文献习用，且意义众多，在解释时一定要将其放在具体语境中细细体味。

【小小】

《洞真高上玉帝大洞雌一玉检五老宝经·右一·太一帝君大回元五通上仙法》：“然金华大洞元法，自不传非仙才者也。五星仙堂之道，此之谓醮法，小小口传，记诀不足轻载。”

按：小小，副词，少量、稍微，短暂。

《释名·释饮食》：“嚼，削也，稍削也。”王先谦疏证补：“易：剥床以辨。疏云：初六蔑贞，但小削而已。小，犹稍。”“小小”本为形容词“最小，很小”，中古新生出副词意义，如东汉《太平经》卷三十六《事死不得过生法》：“死人鬼半来食，治丧微违实，兴其祭祀，即时致邪，不知何鬼神物来共食其祭，因留止祟人，故人小小多病也。”卷三十七《五事解承负法》：“人但坐先人君王人师父教化小小失正，失正言，失自养之道，遂相效学，后生著日益剧，其故为此。”卷四十二《四行本末诀》：“今天地开辟以来，小小连失道意，更相承负，便成邪伪极矣。何以知之乎？”晋许逊《许真君玉匣记·冠四》：“辛卯日，诸神在地府。若人小小立愿，召魂代命，设赛先亡，饮食小可，用之平，吉利也。”

中古其他用例如应劭《风俗通》：“俗说，大饿不在车饭。谓正得一车饭，不复活也。或曰：辅车上饭，小小不足济也。”《齐民要术》卷四《养羊》：“从九月一日后，止可小小供食，不得多作：天寒草枯，牛羊渐瘦故也。”稽康《家诫》：“坐言所言，自非高议，但是动静消息，小小异同，但当高视。”《颜氏家训》卷七《杂艺》：“医方之事，取妙极难，不劝汝曹以自命也。微解药性，小小和合，居家得以救急，亦为胜事，皇甫谧、殷仲堪则其人也。”

新意义的产生并不代表旧意义的消亡，它们有时会并存。“小小”的“最小；很小”义仍然存在于魏晋南北朝道经中，《赤松子章历》卷二：“小小疾病，事事从轻。上章只合言臣某稽首再拜，上言。章后亦如此。如违，夺算。”《真诰》卷三：“杯子诚小，还为童史所偷，故疾而惜之，今冥鉴即擒。盖所以惧恶而善者别矣。今虽默然不言，小人足知灵验，有训在其中，非直区区，若此小小而不能坦也。”卷十六：“上则仙，中则人，下则鬼。人善者得为仙，仙之谪者更为人，人恶者更为鬼，鬼福者复为人。鬼法人，人法仙，循还往来，

---

① 董志翘：《汉语词汇研究与敦煌社会经济文书的整理》，载氏著《中古近代汉语探微》，中华书局2007年版，第261页。

触类相同，正是隐显小小之隔耳。”

【敛手】

南朝《洞玄灵宝玉箓简文三元威仪自然真经·被一》：“诣师威仪，每当重掌累足，警行敛手，心存上真。”

按：敛手，本谓缩手，表示不敢妄为。《史记·春申君列传》：“秦楚合而为一以临韩，韩必敛手。”中古时期产生了“拱手”义，表示恭敬。

道经用例如《周氏冥通记》卷二：“既始受学，未能超进，今者之来，乃赵夫人见使。便别曰：‘十九日期君于西阿。’子良敛手而别。”南朝《洞玄灵宝玉箓简文三元威仪自然真经》：“诣师威仪，每当一心恭修礼敬，敛手信礼，注念分明。”《洞真太上太霄琅书》卷四：“跪礼揖让，多不相同，义手执笏，各各随时。然三皇以前，敛手标敬，五帝以后，执笏明恭。”宋张君房《云笈七签》卷一百一十五：“王法进者，剑州临津县人也。孩孺之时，自然好道。家近古观，虽无道士居之，其嬉戏未尝轻侮，于尊像见必敛手致敬，若有凛惧焉。”

其他文献亦见。如《世说新语·贤媛》：“桓宣武平蜀，以李势妹为妾。”南朝梁刘孝标注引《妒记》：“（郡主）见李在窗梳头，姿貌端丽，徐徐结发，敛手向主，神色闲正，辞甚凄惋。”五代和凝《江城子》词：“含笑整衣开绣户，斜敛手，下阶迎。”

第三节　义位的减少

“新质要素的产生必然带来旧质要素的消亡，新陈代谢是事物发展的基本规律，汉语词汇系统也不例外。与新词新义相对，旧词旧义指的是汉语词汇系统中曾经出现过的词语和意义，随着时间的推移和社会的变迁在近代汉语中已不再使用的那部分词语和意义。”[①]徐先生这段话虽然是针对近代汉语词义的演变有感而发，但同样适用于我们的魏晋南北朝道教文献词义演变研究。

词义系统不断地更新换代，那些常用的基本义生命持久，有些义位随着时代的发展，用例越来越少，逐渐走向消亡，可能只出现在特定的语言环境或历史场合中。“旧词旧义的消亡是一个长期的隐性的过程，一个旧词旧义要退出语言的舞台不是一朝一夕的事情，有些旧词旧义可能在某一个阶段

① 徐时仪：《近代汉语词汇学》，暨南大学出版社 2013 年版，第 196 页。

消亡，但随着旧事物的复生又被重新使用；有些旧词后来又被赋予了新的意义而复生；有些词在口语中消亡了，而在书面语中却长期保留着，尤其是在文言中经常使用的词语。"①

旧词的消亡是语言中经常出现的现象。旧事物的消失、认识的变化、词汇系统的改变、都会引起旧词的消亡。随着社会生活的变化及认识的发展，放弃一些不必要的区分，这符合语言经济性的要求。

义位的减少是词义发展演变的一个重要内容，义位的减少在魏晋南北朝道教文献中，有的正在进行，有的已完成，有的到后代才完成，通过上古中古的纵向比较，可以清晰地看到这种变化。新义的产生，是学界普遍关注的研究热点，其实旧义的消亡是和新义的产生相对的，这正是语言的系统性和规律性的表现，同样值得关注，应当加以研究。②

【妣】

葛玄《太上慈悲道场消灾九幽忏》卷一："忏主某先愿以斯功德，遍悉庄严，上资皇家，亿曾万祖，先皇考妣，七庙尊灵，迁神紫汉，炼魄朱陵，沐浴宝池，优闲妙苑，披绛霄服。"

按：妣，上古汉语中指称祖母和祖母辈以上的女性祖先。如《易・小过》："过其祖，遇其妣。"《诗经・周颂・丰年》："为酒为醴，烝畀祖妣。"《左传・昭公十年》："邑姜，晋(平公)之妣也。"亦可称母亲，《尚书・尧典》："百姓如丧考妣。"《仓颉篇》："考妣延年。"又专指亡母，《礼记・曲礼下》："生曰父，曰母，曰妻；死曰考，曰妣，曰嫔。"

"妣"的上述用法到了魏晋南北朝道经中，出现频次急剧降低。如葛玄《太上慈悲道场消灾九幽忏》卷三："以大道难思议力、功德微妙力、应号慈尊力，令忏主某九祖父母、同住师尊、门徒法侣，及经生考妣、伯叔、兄弟、己身眷属，存亡二世，所有障碍重罪，山积海深，今礼懺愿承神仙力、龙神力、三圣力、真人力，永得消灭。"《灵宝无量度人上品妙经》卷五十七《解释幽牢品》："十月长斋，诵咏是经，为上世亡魂，姑妣娣姒，往逝妇姬，解断征呼，复连传逮。"

即使在整部 5485 卷的《道藏》中，"妣"也仅有 67 例。关于"妣"之意义演

---

① 徐时仪：《近代汉语词汇学》，第 197 页。

② 词语或义位的消亡，当前语言学界关注较少。柴红梅(2011)是一篇富有价值的探索性论文，通过对《摩诃僧祇律》中典型双音词的分析，大胆进行了词语消亡动因的探讨，归纳出同素异序词及同义词场的竞争机制、构词语素变化的影响、语义羡余的影响，同义单音词的排挤、语境的消失、人们表达习惯的选择、不被认同的类推等七种情况。(参见柴红梅：《〈摩诃僧祇律〉中趋于消亡复音词演变机制探析》，载王云路主编：《汉语史学报》第 11 辑，第 226～240 页)

变过程,徐朝华有深入研究,可以参考。[①]

【畀】

《高上玉皇本行集经》:"与夫持经之人诵经于雨下之时,涉途于风起之际,至于沐于水,观于山,现于影,能畀一切众生罪恶消除,获大功德,以为无有是理。"

按:畀,在上古时期有多种用法,用例颇多。可表"赐与"义,《尚书·洪范》:"帝乃震怒,不畀洪范九畴。"孔传:"畀,与。"《尚书·多士》:"尔克敬,天惟畀矜尔。"孔传:"汝能敬行顺事,则为天所与,为天所怜。"又有"给予;付与"义,《诗经·小雅·巷伯》:"取彼谮人,投畀豺虎。"高亨注:"畀,给予。"还可表示"付托;委派",《左传·隐公三年》:"王崩,周人将畀虢公政。"

《道藏》中共28见,但都见于近代的道教文献,魏晋南北朝道经无一用例。如元赵道一编《历世真仙体道通鉴》卷五十一:"秘校邂齐徐谊,秦人也。宋哲宗绍圣中,赴调京师,过洛中。时盛寒,丐者卧道侧,谊恻然悯之,探箧中,得钱三百文,尽以畀之。"《历世真仙体道通鉴续编》卷三:"八年三月,从祖师至昆嵛烟霞洞,请列门弟中而求法焉。祖师乃名之曰璘道,号恬然子,仍以弊衲去其袖,畀之,曰:'勿患无袖, 汝当自成。'"元刘大彬纂《茅山志》卷二十六:"本朝尊奉之仪,务隆典则,而山为见符命,灵光仙籁、庆云紫气,合于图牒者,史不绝书。然臣尝谓宝玉神鼎、金菌紫芝,皇天上帝实藏之兹山,所畀付后世太平有道之主。"

我们发现一个很有意思的现象,东晋高道葛洪《抱朴子外篇·交际》:"余徒恨不在其位,有斧无柯,无以为国家流秽浊于四裔,投畀于有北。""畀"仅出现于《抱朴子外篇》,而在《抱朴子内篇》中则未见。方一新曾指出:"作为中古时期有代表性的本土典籍的《抱朴子》,本身的语言风格就比较仿古(主要指《外篇》)。虽说《内篇》在一定程度上反映了口语,但《外篇》则基本上属于文言,较难反映口语的实际面貌。"[②]"畀"的这种使用差异恰可以辅证方先生的观点。

① 徐朝华:《说"考""妣"》(《南开语言学刊》2004年第2期)。研究指出,"妣"一词在商代甲骨卜辞中已出现,是对"祖"的配偶的通称。真正可以确定"妣"用于称母亲的,现存最早的古籍资料是《尚书·尧典》。"妣"用于称母亲,是为了和"考"相配。"考"用于称父亲,西周到春秋时较为多见,战国以后逐渐成为僻词。"妣"在语言中出现的数量要比"考"少得多。"考""妣"一般都出现在内容严肃、文辞典雅的书面语中,在民歌民谣、语体诗文等接近口的作品中则很少见到。东汉以前,不论父母存殁都可称"考""妣"。东汉以后,"考""妣"词义所指称的范围缩小,只用于称去世的父亲和母亲。

② 方一新:《从〈抱朴子〉4组名词看中古基本词的更替演变》,载浙江大学汉语史研究中心编:《汉语史学报》第10辑,上海教育出版社2010年版,第261~271页。

【懆】

《无上秘要》卷十五《五灵玄老君》:“王给妓女数千余人,国中珍宝,无有所乏。恒欲布散,大建功德,志极山水,寻求神仙,逼限宫里,津路无缘。懆懆不乐,心自愁煎。王意怜愍,慰喻百端,问女意故。女终不言,泪落如雨,初无一欢。”

按:懆,忧愁不安。《说文·心部》:“懆,愁不安也。”《玉篇·心部》:“懆,忧愁也,不乐也。”《诗经·小雅·白华》:“念子懆懆,视我迈迈。”朱熹集传:“懆懆,忧貌。”

“懆”的“忧愁不安”义到中古时期逐渐衰落,整部《道藏》中只有 7 处用例,再如《上清洞真解过诀·太一首谢除罪夜半日中谢罪第五》:“世人谢过,乃叩头搏颊,此外法也。若修三一守洞房,事帝君奉太一者,慎不可以叩头搏颊也。人叩头者,惊三魂,扰泥丸,懆紫房,烦帝君也。”《洞玄灵宝左玄论》卷一:“静德具足者,散本与静相治,道懆散若在,静德不具,懆散既灭,所以静德具足也。”又:“四迷无援故静德具足者。四迷援即是懆散等也,懆散本附四迷上生,四迷既灭,其懆散亦亡,故云四迷无援也。”

【惸】

六朝《太上大道玉清经》卷五《八节品第十三》:“动用习疑,背道流亡,谁当复归?险迳孤游,惸惸可哀。”

按:惸,指无兄弟的人,引申为孤独无依的人。《广韵·清韵》:“惸,无弟兄也。”《周礼·秋官·大司寇》:“凡远近惸独老幼之欲有复于上,而其长弗达者,立于肺石三日。”郑玄注:“无兄弟曰惸,无子孙曰独。”《正字通·心部》:“惸,独也。”《诗经·小雅·正月》:“哿矣富人,哀此惸独。”“惸独”谓孤苦伶仃的人。“惸”亦有重言形式“惸惸”,《诗经·小雅·正月》:“忧心惸惸,念我无禄。”毛传:“惸惸,忧意也。”

“惸”的“孤独无依的人”义位在上古有不少使用,但到了中古时期,用例越来越少,魏晋六朝道经中仅《太上大道玉清经》一例。近代道经中有几处,前蜀杜光庭《道门科范大全》卷二十七《临午行道》:“每惸惸而知惧,常栗栗以祈天。”前蜀杜光庭《太上黄箓斋仪》卷三十五《普度幽魂迁拔中分行道》:“或遭时疫疠,或作乱寇攘,赦所不原,刑用诛戮。亦乃孤惸绝嗣,剃落焚身,阴魄无依,阳魂靡托。”《太上感应篇》卷二:“查龙图家道甚贫,尝聚亲族之惸独者养之,禄赐所得,随施辄尽。与人交情分切,至废弃孤露者,待之尤厚。”整部《道藏》只有 15 处使用。

【惊】

北齐刘昼《刘子》卷四《知人》:“让曰:‘岂有食人之禄,怀恶于人,吾不为也。’乃俟襄子出,伏剑桥下,欲杀襄子。襄子至桥马惊,襄子曰:‘铃豫让也。’使人搜之,乃是让。”

按:惊,马受到突然的刺激而行动失常。此义在上古相当活跃,如《左传·襄公二十八年》:“庆氏之马善惊。”《战国策·赵策一》:“襄子至桥而马惊。”但在魏晋南北朝道教文献中已消亡,为了举证,我们暂且以收在《道藏》太玄部的《刘子》为例。

在魏晋南北朝道教典籍中,“惊”多指惊慌、恐惧。葛洪《元始上真众仙记》:“洪历观天地之宝藏,上圣之宫第,至上之尊神仙图记,犹未知极妙之根,以去月乙丑夜半,静斋于罗浮山。忽惊风骇起,香馥乱芳,龙鸣虎啸,踯躅空中。”《真诰》卷八:“世人积小以来,形中伤犯者多。帝一不治,百神惊散,考试万端,所谓荒城之内,荆棘生焉。”卷十五:“此人乃多方卫以制于我,常行叩齿,鸣打天鼓,以惊身中诸神。神不敢散,鬼气不得入,是以无有缘趣得煞之耳。”又:“孙坚长子,字伯符。汉末,嗣父领众,先制江东,乃欲定中国。拜讨逆将军,封吴侯。临过江轻猎,为仇客所射,疮发而亡,年二十六。弟权代任,后追谥长沙桓王。策初从东出,煞道士干吉,后照镜见之,惊忿叫,故疮溃而死。”《周氏冥通记》卷三:“周少来神瞻强正,小儿时独宿空屋,夜行林草,了无忌惮,未尝魇惊。”又:“此复是临时犹虑有异于平日致惊怖耳,而遂得免过,当由功力强。”《洞真太上太霄琅书》卷六:“推祚禅位,高让天下,允执委臣,臣德輶惊惕屏营,频烦辞避,遂不见从。”

亦有“惊讶,惊奇”义,如《周氏冥通记》卷一:“周所住廨庭坛有数株大柏树,其户前一树甚丰茂。甲午年腊月望日,忽见有如糖洒遍树上下,中间尤多。于时晡许,华阳都讲丁景达来看徐普明,并见之。惊问:‘见此甘露降下?’家人不欲显此事,仍戏言:‘向小儿以糖沃之耳。’因共摘尝,正如蜜味。”

【宰】

《无上秘要》卷三十二《传经年限品》:“太虚真人曰:‘此太上之灵文,登辰妙道,七百年,听三传。’上宰王君曰:‘百年之内有二人,可授之。’”

按:宰,本为古代奴隶主家中掌管家务的奴隶或奴隶总管。《仪礼·公食大夫礼》:“宰右执镫,左执盖。”郑玄注:“宰谓太宰,宰夫之长也。”《韩非子·说难》:“伊尹为宰,百里奚为虏,皆所以干其上也。”此义位在魏晋南北朝道经中未见,已消亡。

“宰”又引申为古代官吏的通称。《周礼》有冢宰、大宰、小宰、宰夫、内宰、里宰。春秋卿大夫的家臣和采邑的长官，也都称宰。《公羊传·隐公元年》："宰者何？官也。"后世亦以"宰"为对官吏的敬称。魏晋南北朝道教经籍中多用此义，《上清曲素诀辞箓》："阴精上宰府五百五十品九亿万诸灵官、飞龙骑吏、绣衣使者、玉童玉女，各九亿万人。"《上清道宝经》卷五《居处品第十二》："飞天神王飞天翼于琼阙，四宰辅于明轮，邕和万化。"北齐刘昼《刘子》卷六："子皮使尹何为邑宰，子产道其才薄，放出制锦之练。"晋郭象《南华真经注疏》卷十三《外篇·在宥第十一》："君位尊高，委之宰牧；臣道卑下，竭诚奉上；故君道逸，臣道劳，不可同日而语也。"

"宰"亦有"屠宰；杀牲"义，《汉书·宣帝纪》："其令太官损膳省宰，乐府减乐人。"颜师古注："宰为杀也。"中古道经有见，《太上老君戒经》："杀害众生，利养身口。杀生治病为养身，宰害供厨为利口也。"

【怵】

刘宋陆修静《洞玄灵宝五感文》："一感父母生我育我，鞠我养我，出怀入抱，哺含摩牧，劳心损体，辛苦忧勤。我或不夷，时有疾病，则愁我念我，心如炙焚，夙夜怵惕，忘金失眠，增感憔悴，泣涕涟涟，愿成愿长，我得如今。"

按：怵，恐惧，害怕。《尚书·冏命》："怵惕惟厉，中夜以兴，思免厥愆。"孔传："言常悚惧惟危，夜半以起，思所以免其过悔。"《老子》："圣人在，天下怵怵，为天下浑其心。"河上公注："圣人在，天下怵怵，常恐怖富贵，不敢骄奢。"《庄子·应帝王》："劳形怵心。"《庄子·田子方》："今汝怵然有恂目之志，尔于中也殆矣夫！"西汉刘向《说苑·奉使》："文侯怵然为之变容，问曰：'子之君无恙乎？'"此义位在上古汉语中使用较为频繁。

到了魏晋南北朝道经中，"怵"的"恐惧，害怕"义已极少见，表"恐惧，害怕"义多选用"恐""惧""怖""惮""畏"等词，如《周氏冥通记》卷三："此夏旱，人情恶，山有尊长，但虑惊怖畐，故以此祈访也。"又："或为虎狼，或为殊声异形，以怖于人。尔见此时，但整心建意，勿憧惶也。"又："子良因请问：'不审几试，试若大小？恐肉人邪僻，能不忧惧？'"又："周少来神瞻强正，小儿时独宿空屋，夜行林草，了无忌惮，未尝魇惊。"又："此复是临时犹虑有异于平日致惊怖耳，而遂得免过，当由功力强。"《真诰》卷四："司命即遣中侯李遵握火铃而来，呵摄之，于是鲂及白虎乃走去耳。李遵未来之时，映惧怖失胆，亦丧气矣。"卷七："神母仁宥，辄复原赦，故今日忧惶深重，肝胆破碎，唯㪿谓应作'折'字。骨思愆，无补往过。连陈启烦多，希请非所，兼以愧怖。"《赤松子章历》卷四《断魁泉章》："卜筮云是山泉三河为祸，并此间土地山林觅食之鬼侵害某身，忧怖屏营，不知修何功德，唯用一心，上凭大道，以救性命。"《洞真太上太霄琅书》卷六："沉沦浊世，与俗不殊，空玩尊经，未能出类。常恐老及，悚愧屏营。宣泄之禁既严，杜绝之罪又重，俯仰惊惶，甚履冰谷。”葛玄《太上慈悲道场消灾九幽忏》卷六：“今日道场大众，如经所言，心生怖畏，所犯破经破戒、无量无边、深重罪业，于未来世，或处今生，受其苦报。”

第四节　义位的转移

关于词义的转移，学界多有探讨，蒋绍愚指出：“转移是一个义位某一限定语素保留，其他语素，特别是中心义素变化而引起的词义变化，这就使得这个义位由一个语义场转入了另一个语义场。”[①]蒋冀骋认为：“原来表示一种客体的词用来表示另一种客体。原义和后起义之间没有整体和部分，类和种，多类对象和其中一类对象的关系。这种转移多是通过比喻和借代实现的。”[②]“还有一种由词性转换而造成的词义转移，如‘露布’‘细软’‘秀才’‘威仪’等。”[③]张志毅等认为：“按现代语义学的观点，转移多指一个词位的A、B义位从一个义场转到另一个相似或相近的义场，有时指同场内相邻义位的转化。”[④]徐朝华有更为详细的论述：“词义的转移可分为两种情况：(1)词的中心义素改变，但保留了或部分保留了原有的其他义素。这种词义转移往往会改变词性。(2)词的中心义素不变，而其他义素有所改变。这种意义的一般是具有共同上位义的两个下位义之间的转移，词性不会发生变化。”[⑤]

综观以上诸家观点，可知“义位的转移”是一种较为剧烈的词义变化，不像词义的扩大或缩小那么简单，这种变化比较大，会使前后义位之间的联系不那么明显，甚至变得失去联系。举例来说，“烦”本谓疼痛。《说文·页部》：“烦，热头痛也。”是其本义。引申为泛指疼痛。汉魏以后，“烦”由生理上的疼痛转而指心理上的伤痛，引申出悲伤忧愁义，后来又有心烦、烦躁义，而指身体部位疼痛的用法反而鲜为人知了，词义发生了转移。[⑥]

义位的转移会带来语义场的变化，有时词性也会发生变化，古汉语中动

① 蒋绍愚：《古汉语词汇纲要》，商务印书馆2005年版，第78页。

② 蒋冀骋：《近代汉语词汇研究》，第97页。如：头，本指人头。因在人上部之尽处，故凡尽头处皆可称头，如：道头、地头、船头、盖头、坐头、水头、矛头、剑头、杖头。

③ 蒋冀骋：《近代汉语词汇研究》，第98页。

④ 张志毅、张庆云：《词汇语义学》(修订本)，商务印书馆2005年版，第236页。

⑤ 参见徐朝华：《上古汉语词汇史》，商务印书馆2003年版，第241～243页。

⑥ 此例引自王云路：《中古汉语词汇史》，第726页。

词转名词和名词转动词很常见。比如魏晋南北朝道经中有不少新形成的量词、词缀，多由名词、动词等通过实词虚化、词类变化或转化而产生。义位的转移是词义演变的重要途径与方式，魏晋南北朝道教文献中有不少义位转移的例子。

【多】

《真诰》卷十六："汉、魏、晋凡有三刘陶。后汉者字子奇，颍川人也，灵帝侍中、尚书令，后系狱，闭炁而死。魏世者字季治，淮南人，刘晔之子也，才辨而无行，曹爽用为选部郎，后出平源太守，景王诛之。晋初者字正舆，沛国人，永嘉中为杨州刺史。此三人不知何者是东越大将军，以意言之，多是正舆耳。"

按：多，本为数量大，与少、寡相对。《说文》："多，重也。从重夕。夕者，相绎也，故为多。重夕为多，重日为叠。"《尔雅·释诂》："多，众也。"《周易·谦》："君子以裒多益寡，称物平施。"《诗经·邶风·柏舟》："觏闵既多，受侮不少。"

在魏晋南北朝道经中则常表示"估量、猜度"义。《真诰》卷十二："《魏书》云：张范字公仪，河内修武人。祖歆，汉司徒。父延，太尉。袁隗欲以女妻范，范辞不受。性恬静乐道，征命不就，后为议郎，参丞相魏武军事，甚见敬重。好赈救穷乏，家无余财，以建安十七年卒。弟承字公先，亦知名，以方正拜议郎、谏议大夫、赵郡太守，后随魏武西征，至长安病亡。此说名字翻覆大异，承与奉乃相类而非袁婿。若是范，又其字不同，详按事迹，恐多是兄也。《魏书·王修传》又云：修往来南阳，多止张奉舍。奉举家病，修营拯之。按张范兄弟，乃尝避地往扬州，投袁术，又非刘表，不应在南阳，二三为疑也。"

"估量、猜度"义和"数量大"显然不是一回事，新旧意义间不具备引申关系。《大词典》中"估量、猜度"义项书证为五代齐己诗，过晚。

【外舍】

《真诰》卷八："紫微夫人云：'郗若得道，乃当为太清监也。若能闻要道而勤者，当至此格，若不专笃而守迷行、外舍道法者，则都失也。'"

按：外舍，本指在外住宿。《管子·戒》："桓公外舍，而不鼎馈。"戴望校正："外舍，谓出宿于外。"在魏晋南北朝道经中，又有"外道；俗人"义，如《真诰》卷九："至于世间符水祝漱，外舍之近术，皆莫比于此方也。"《太上大道玉清经》卷八《幽栖品第十八》："闻人得道，便谓凡身不合成圣，要更灰灭，魂神得道。此名邪见，修习外舍、浅近之法。上学之士若见此人，勿与同行，及共居住，应当远离。”《上清太上八素真经》：“后圣李君曰：‘子处俗在家，未修至道者，恐世上百邪、千妖百魔犯子神炁者，但以夜半时，向五方先闭气五过，各阴祝吾刻五岳石笥上文三过。从西岳白玉为简，余四岳又以书一通，始不得及白素之篇也，祝之三过。三过祝毕，叩齿三十六下，除百邪，拘三魂，制七魄也。此之祝说，非外舍之道经云云，此语无章句也，百邪、三魂、七魄亦不畏此矣。夫道之妙秘，真玄绝众，外题犹能制百邪，检魂魄，况其石笥中所宝上者乎。’”

“在外住宿”与“外道，俗人”义之间没有明显的引申关系，词性也发生了变化。

【欲 1】

《真诰》卷二：“道易闻而患不真，书易得而患不行。若专如此，大天之中，尽真仙比肩也。我亦无咎于不能为者。心不定而欲书，将欲沽之哉。意不往而求真，似欲衔之也。”

按：欲，本为贪欲、情欲。《说文》：“欲，贪欲也。”《论语·宪问》：“克、伐、怨、欲不行焉，可以为仁矣？”何晏集解引马融曰：“欲，贪欲也。”《吕氏春秋·重己》：“凡生之长也，顺之也；使生不顺者，欲也。”高诱注：“欲，情欲也。”

“欲”在魏晋南北朝道教文献中有“仿佛，好似”义，《真诰》卷十一：“今大茅山南犹有数深坑大坎，相传呼之为金井，当是孙权时所凿掘也。今此山近东诸处，碎石往往皆有金砂。云兵帅仍屯居伏龙，今则无复有。唯小近西有述墟，昔乃名术墟，今是良民。述墟前十数里，大茅有吴墟村，以号而言，乃欲相似而复不关金陵。长史宅西北，近长隐小冈下，乃时有故破瓦器，焦赤土甚多，疑是人居处。既经耕垦，基域不复存，而了无井，亦恐如长史井湮没耳。又小茅、大横不见采金处，大茅金井若是，复不应顿如此远居，二三疑昧。”

近代道籍中仍见。五代《太上除三尸九虫保生经》：“余友陈灵章，本东平人，元和中届于西蜀修道。至长庆初仲夏月，于新桥道友李玄会家，绝粮一百余日，攻气术，服阳精、水银、灵药，每日服水二盏。至九十七日，日与一盏，觉腹中微痛。须臾之间，其痛转甚，似欲游退。”宋张君房《云笈七签》卷七十四《太上肘后玉经方八篇》：“麋角三两具，不限多少，解开厚三分，长五寸许，去心并恶物。用米泔浸之，夏三日，冬十日一换，泔约一月已上，似欲软，即取出，入甑中蒸之，覆以桑白皮，候烂如蒸芋，曝干，粉之。”卷一百一十八《贾湘严奉老君验》：“我见贾湘常侍左右神兵极多，皆长数丈，呀口瞪目，似欲吞噬，不觉亡魂丧胆，唯恐不得命耳。”宋杨在集《还丹众仙论》：“三尸欲退之时，令人烦躁，欲似发狂，精神恍惚。或惊或悸，或梦毒蛇虎狼吞咬，或坠山岩，或逢冤锣，或与亲爱别离，如此是兆也。”明朱权《天皇至道太清玉册》卷上《朝真谒帝诀》：“一小兆凡人也，饮食男女，其欲与人不异，今乃得佩箓行法，称为法师，或星冠霞倨，欲似仙圣。”

中古时期的其他文献亦有用例，江蓝生、张振德、董志翘都曾论及。[①]“仿佛，好似”义与“贪欲；情欲”没有关联，当视作词义的转移。

【欲 2】

《上清高上金元羽章玉清隐书经》：“八方大魔王皆与六天同生，而其官属皆有万众，游行则从鬼兵，幡盖麾节，五色玄黄，飞行云中，或在五岳，下历八间，妬害仙道，试败学仙之人，不欲令得仙。”

按：欲，可，可以。《洞真高上玉帝大洞雌一玉检五老宝经》：“兆存思金华洞房雌一之精，常当别室寝处，不杂服用。禁忌哭泣，令金房气丧；亦不欲哭泣之声，令三素感扰；又不欲见尸柩之秽，令神感不生；亦不欲吊临死家，履尸臭气。若服非同类，履非同气，则令三宫感散，胎神淹没。五辛为伐藏之斧，九色为破身之刀。若存雌一，深当慎之，不可犯也。”《洞真上清太微帝君步天纲飞地纪金简玉字上经》：“步纲之日，一月七日为之也。月一日、五日、九日、十五日、二十日、二十五日、二十九日。若夜步则用夜半，若白日则用日中。若在无人处，日中止庭乃吉，要不欲令俗人见，俗人见则天精不降。”《真诰》卷十：“黄仙君口诀：服食药物，不欲食蒜及石榴子，猪肝、犬头肉至忌，都绝为上。道士自不可食猪、犬肉而交房中，令药力不行。又计食一斤，损算百日。子其慎之。”又：“李少君口诀：道士求仙，不欲见死人尸，损神坏气之极。人君、师父、亲爱，不得已而临之耳。所以道士去世，不事王侯，是无君也；块然独存，是无友也。唯父母、师主，不得不临丧，致感极之哀，不齐性命之伤耳。”卷十三：“既方是后世子孙时事，则非今所宜预言，兼以此地福重，不欲宣广，使人滥住，致有犯秽故也。”

徐仁甫曾有相关论述。《晋语四》：“齐秦不欲。”不欲，《左传》僖二十八年作未可。是“欲”犹“可”也。“欲”又助动词。杜甫《寄岳州贾司马六丈巴州严八使君两阁老五十韵》：“旧好肠堪断，新愁眼欲穿。”谓新愁眼可穿。[②]

“可以”义与“贪欲；情欲”没有关联，当视为词义的转移。

---

① 江蓝生：《魏晋南北朝小说词语汇释》，第255～256页。张振德等编：《〈世说新语〉语言研究》，第122页。董志翘、蔡镜浩：《中古虚词语法例释》，吉林教育出版社1994年版，第608～609页。

② 徐仁甫：《广释词》，第40～41页。段业辉：《中古汉语助动词研究》（南京师范大学出版社2002年版）亦有论及。

【肉人】

晋葛洪《神仙传·壶公》:“长房下座顿首曰:‘肉人无知,积罪却厚,幸谬见哀悯,犹人剖棺布气,生枯起朽,但恐臭秽顽弊,不任驱使,若见哀怜,百生之厚幸也。’”

按:肉人,本为肥胖之人。《灵枢经·卫气失常》:“肉人者,上下容大。”魏晋南北朝道经中常指凡俗之人,蔡镜浩有云:“‘肉’指凡俗,‘肉人’即凡俗之人,为道教中习语。”①

魏晋南北朝道经用例如《正一法文太上外箓仪》:“上言谨案文书,男女生姓名年岁,前授某官若干将军吏兵箓,今迁署如干将军箓所请吏兵种数,昨入刺如牒,须待拜署,诸应下者及时所迁某官将军吏兵,营护肉人有功,一切还中宫,言功举迁,加秩等数,如天曹常科比考召君吏所考事,立下将军吏兵,付授肉人随逐覆盖,恩惟太上。”《周氏冥通记》卷二:“谬荷灵启,垂授真法,但肉人顽疎,修行多替。”

《真诰》中多次出现,卷一:“且以灵笔真手,初不敢下交于肉人。虽时当有得道之人,而身未超世者,亦故不敢下手陈书墨以显示于字迹也。”卷七:“玉斧以驽钝顽下,质性难训,虽夙夜自厉,患于愆失。此夕梦悟,寻思此意,皆玉斧罪责,惭惧屏营,无地自厝。灵道高虚,肉人未达真法,唯执心守敬,修行宝秘而已。”卷七:“男生许玉斧辞:玉斧以尸浊肉人,受圣慜济拔,每赐敕诫,实恩隆子孙。”卷八:“当永为吉人,爰及母奴。然所起是学而不思,浚井不渫,盖肉人之小疵耳,无乃此也。”卷十一:“不审左公今何在?又有葛孝先,亦言得道,今在何处?肉人喁喁,为欲知之。”卷十一:“愚心鄙近,亦以肉人秽浊,精诚不恳,无能上达。不悟已畅高听,得蒙省察,辞与事违,悚息而已。”

“肥胖之人”与“凡俗之人”意义无甚关联,可视作词义的转移。

【见】

《真诰》卷一:“南岳夫人见告云:‘紫微左夫人王讳清娥,字愈意。阿母第二十女也。镇羽野玄垄山,主教当得成真人者。’”

按:见,指示代词,用在动词前面,多称代自己。吕叔湘指出:“汉语三身之称代,第二三身皆与别择指示之词相因缘,惟第一身则以独有之语词为之。文籍中复有假用他类词以为指示者:相字本副词也,而汉魏以来亦有用如代词者,余已别有短文论之;复有见字,亦有类似之作用。魏晋以来所常

① 蔡镜浩:《魏晋南北朝词语例释》,第281页。

见，而限于第一身。”[①]董志翘提出了不同意见：“自中古始，‘见’字不仅可以隐括第一人称，而且可以隐括第二、第三人称。”[②]高育花认为，指代性副词“见”字萌芽于汉代，魏晋南北朝时期广泛运用。其指代的宾语主要是第一人称；偶尔也可以是第二、第三人称。[③]

魏晋南北朝道经中也有不少用例。《真诰》卷一：“紫清真妃坐良久，都不言。妃手中先握三枚枣，色如干枣，而形长大，内无核，亦不作枣味，有似于梨味耳。妃先以一枚见与，次以一枚与紫微夫人，自留一枚，语令各食之。”卷二：“授毕，取以见与。某口答：‘唯唯。’乞请之也。”卷二：“真妃坐良久，乃命侍女发检囊之中，出二卷书以见付，令写之。”卷九：“先师王君，昔见授《太上明堂玄真上经》，清斋休粮，存日月在口中。”

魏晋南北朝道教文献中出现了大量的新兴量词，它们多由名词或动词转化而来，这也可以视作“义位的转移”表现之一。南北朝是汉语量词大发展的时期，词量迅速增多，分工日渐明确，使用更加规范，量词在六朝进入初步成熟阶段。[④] 魏晋南北朝道书中的新兴量词，具有鲜明的时代特色。试看以下几例：

【间 2】量词。房室单位，表示房屋的数量。《周氏冥通记》卷四：“伊本顾即作三间堂，东西厢各二间，林竹至。而道士心未善者互兴言说，遂不成。复作厢，止三间堂屋而已。”《真诰》卷十一：“此洞天中，官府旷大，云宫室数百间屋。”

刘世儒研究指出，“间”作为量词是由间隔义引申出来的，房屋中间施以间隔，一隔为一间，所以它就常用“间”来作为量词。可以称量“房”“屋”“堂”“宫”“殿”“馆”“阁”“墙”等，在魏晋南北朝时其用法已经相当发达。[⑤]

【条】量词。用于计量抽象事物。《周氏冥通记》卷四：“右从八月初至闰月末凡六月中，合五十一条事。”又：“右从丙申年正月初至七月末凡七月中，合二十八条。”《真诰》卷五：“君曰：吾欲说仙之妙，论道之变化，子必秘之，慎识吾言也。当谓后二条事。”卷七：“右四条诡，以六月十三日小茅君假作玉斧之形，以梦告于虎牙，使令夫妇明输此四种诡，以酬四帅之禽鬼者。”卷十七：“此后少十五六条事，当是零失也。”

---

① 吕叔湘：《见字之指代作用》，载氏著《吕叔湘文集》第 2 卷《汉语语法论文集》，商务印书馆 1990 年版，第 116 页。

② 董志翘：《〈观世音应验记三种〉译注·〈观世音应难记三种〉的重新发现及研究——代前言》，江苏古籍出版社 2002 年版，第 20 页。

③ 高育花：《中古汉语副词研究》，第 42 页。

④ 参见刘世儒：《魏晋南北朝量词研究》，中华书局 1965 年版，第 4～9 页。

⑤ 参见刘世儒：《魏晋南北朝量词研究》，第 122～123 页。

据刘世儒研究，“条”本义是“树枝”，引申作集体量词，再引申一步，就可泛用于一切条状之物（如绳、道路、衣裙）。“条”字最虚化的用法是用来量“事”。“条”量“事”是起源于把“事”写成“条文”，可见这种用法，其实也还是同“木条”有连系的。在汉代这种用法虽然就已经常见，但总以真写成“条文”“若木条然”的为限，后来渐渐更为虚灵，就同“书写”脱离关系，从此开始，“条”就真个变成同“件”“项”一类的量词是一路了。①

【双】“双”的本义是指“两只鸟”，后来发展就分解成表双数的量词了。“双”在南北朝的用法还是比较广泛的：向来成双的（如履、箸），它固然适用，临时配对的，它也同样适用。后来发展，除天然成双的仍称“双”外，一般都已改称“对”，不再用“双”了。②

魏晋南北朝道经用例如《太微灵书紫文琅玕华丹神真上经》：“受开明阴生及天皇象符及拘魂制魄上经，贶有经之师白绢四十尺，银镮二双。”《真诰》卷十一：“过诸山川，遂登句曲北垂山，埋白璧一双。”《上清琼宫灵飞六甲左右上符》：“其受度者，皆对斋七日，贶香信于有经之师，上金六两，白素六十尺，金镮六双，青丝六两，五色缯各二十二尺。”

【头】量词，用于计算牲畜、鱼类或昆虫，犹匹，只，尾。如《汉书・西域传下・乌孙国》：“马、牛、羊、驴、橐驼七十余万头。”《北史・林邑传》：“每有婚媾，令媒者赍金银钏、酒二壶、鱼数头至女家。”

魏晋南北朝道经中经见，《真诰》卷七：“许长史所使人盗他家狗六头，于长史灶下蒸煮，共食之。”《太上大道玉清经》卷八《幽栖品第十八》：“后又九日，尔时神童化作恶虎三十余头，又化作蟒蛇十头。虎尾钩连，蛇身交结，围绕五人。”梁张辩《受箓次第法信仪》：“金龙六头，银镮八枚，命缯年加一尺，镇钱一千二百文。”《太上灵宝五符序》卷下：“肥鸟一头，酒随多少，要令三斗以上，令得清醇美者。盛杯十一枚，杯令洁好。”葛洪《抱朴子内篇・道意》：“昔汝南有人于田中设绳罥以捕麏而得者，其主未觉。有行人见之，因窃取麏而去。犹念取之不事。其上有鲍鱼者，乃以一头置罥中而去。本主来，于罥中得鲍鱼，怪之以为神，不敢持归。”《列仙传》卷下《服闾》：“服闾者，不知何所人也。常止莒，往来海边诸祠中。有三仙人于祠中博，赌瓜。顾闾，令担黄（白）瓜数十头。”

葛洪《葛仙翁肘后方备急方》多有使用，卷一《治卒得鬼击方第四》：“又方，断白犬一头，取热犬血一升，饮之。”卷三《治卒上气咳嗽方第二十三》：“又方，乌鸡一头，治如食法，以好酒渍之半日，出鸡，服酒。”卷五《治肠𤻪肺

① 参见刘世儒：《魏晋南北朝量词研究》，第101～103页。

② 参见刘世儒：《魏晋南北朝量词研究》，第199～200页。

廱方第三十七》:"又方,腊月猪膏一升,乱发如鸡子大,生鲫鱼一头,令煎。"

近代道典中也有不少例子,唐李淳风《金锁流珠引》卷十九《六甲阴功下之下》:"一旦,忽二冥使追赴太山门下,被问何因造台,妄杀生命,祭于川野之鬼,牛猪羊驴数十头疋而言汝也。"唐五代《三洞神符记》:"《紫凤赤书经》云:此经旧文,藏在太上六合紫房之内,有六头狮子巨兽夹墙,玉童玉女侍卫凤文。"宋陈葆光《三洞群仙录》卷九:"王尝出猎,得鹿十头,围已合,失之,不知其处。"宋宁全真《上清灵宝大法》卷五十七《早朝存思》:"青龙四头在前,狮子四头在后,居青炁中,备守前后。"卷五十七《晚朝存思》:"白虎四头在内,麒麟四头在外,居白炁中,备守四方,二兽合八头。"卷五十七《午朝存思》:"朱雀四头在内,凤凰四头在外,万籁钧天奏鸣,居赤炁中。朱雀凤凰侠高座,合八头。"宋张君房《云笈七签》卷一百一十九《王道珂诵天蓬咒验》:"至明,呼唤邻近居人视之,唯见老野狐五头,皆头破,血流满地,已毙。"宋以降《秘藏通玄变化六阴洞微遁甲真经》卷下《坛内祭物》:"五谷内杂粮六分,香炉六箇,茶六盏,净布六条,鲜鱼六头,鹿脯六碟,酒六盏。"

从以上诸例可知,《大词典》释义欠妥,其绝非仅仅"用于牲畜、鱼类或昆虫",还可用于龙、虎、狮子、麒麟、蟒蛇、狐狸、朱雀、凤凰、乌鸡等,甚至还可用于植物"黄瓜"[①],适用范围非常广泛。

【芒】本为名词,光芒。《晏子春秋·谏上二一》:"列舍无次,变星有芒。"《文选·张衡〈思玄赋〉》:"扬芒熛而降天兮,水泫沄而涌涛。"李善注:"芒,光芒也。"

在魏晋南北朝道经中,借用为量词,表示光芒的数量,犹"道"。《真诰》卷九:"东卿司命曰:先师王君,昔见授《太上明堂玄真上经》,清斋休粮,存日月在口中。昼存日,夜存月,令大如环。日赤色,有紫光九芒;月黄色,有白光十芒。存咽服光芒之液,常密行之无数。"又:"存思要法,当觉目睹五星于方面,并乘芒而下行我,然后依王星下而存王星,但吞咽一芒。毕,又当镇星下,又存镇星。良久,总五星各一芒,使俱入口而咽之,如镇星,星过数也。"

【所】量词,用于地点、建筑物等,相当于"处"。《说文·斤部》:"所,伐木声也。从斤,户声。《诗》曰:'伐木所所'。"玄应《一切经音义》卷二引《三苍》:"所,处也。"《睡虎地秦简·治狱程式·贼死》:"某头左角刃痏一所,北(背)二所。"

《真诰》卷十一:"大天之内有地中之洞天三十六所。"卷十四:"未至庙第一高山西头,龙尾北汧,洪水一所,发地长六丈余,广五丈,入土六尺,水流势

① 汪维辉(2007)指出:"《齐民要术》中'头'称量的对象有鸡、鸭、鹅、兔、豚(肫、豘)、熊、鲤鱼、木奴、(四扼)紫草。"(汪维辉:《〈齐民要术〉词汇语法研究》,上海教育出版社2007年版,第126页)

挞地二百余步，去路三里。”又：“对庙后第二高山西头汧，洪水一所，发地长四丈余，广三尺余，入土四尺，水势挞地三百余步，去路二里。”又：“近庙后汧胁，一所洪水，发地长五丈余，广四丈余，入地二尺余。水势流入汧中，去庙一百五十步。”[①]其他文献例如《汉书·五行志》：“文帝元年四月，齐楚地山二十九所同日俱大发水。”

【过】量词。遍，次。据刘世儒的研究，“过”的作为动量，是由“度过”“经过”义引申出来的；凡动作差不多都有“过程”可说，因之，它的实用性就非常强。可以说这就是南北朝动量词中的无色量词，如同现代汉语中的“次”。[②]作为动量词的“过”最早出现于汉代，至南北朝时期已发展成熟。

魏晋南北朝道经中有丰富的用例。《洞真上清开天三图七星移度经》卷上《移死度生保仙上法》：“毕，咽气二七过，修行不懈，上招玉皇之宾，帝降紫霞之云衡，以西华玉女、金晨玉童各二十人，侍卫子身。”《洞真太一帝君丹隐书洞真玄经》：“存念北斗太极中央大明星，精耀正黄光气来下，存兆目前，引入口中，咽三十七过止。”《周氏冥通记》卷二：“尔已经三过上仙籍，其中或犯非法而复落去。”卷四：“年内多劳，扇削鬼神，三官中奏尔云多罪，吾已却之，不宜三过如此。”《真诰》中用例极多，卷五：“公乃出素书七卷，以与诵之。兄弟三人俱精读之。奄有一白鹿在山边，二弟放书观之，周君读之不废。二弟还，周君多其弟七过。”卷九：“毕，又咽液二七过。常如此，则无疾。又当急按所痛处二十一过。”卷九：“常以手按两眉后小穴中三九过，又以手心及指摩两目权上，以手旋耳行三十过。摩唯令数，无时节也。毕，辄以手逆乘额上三九过，从眉中始，上行入发际中。”卷十：“祝毕，又叩齿二七过，咽液七过，此名为帝君炼形拘魂制魄之道。”卷十：“十三过针，三过灸，无不愈，左手胜右手也。少阳左肘手脉内缠，故宜十三过针，乃得理内脉，入少阳也。灸气得温浮上，臂血得风痺，故宜三过灸，乃得补定流津，使筋属不滞也。”

【遍】刘世儒指出，汉代已降开始出现动量词，至南北朝逐渐成熟，比较常见的有“过”“遍”“回”“下”“次”“通”等。“遍(徧)”作为动量词是由“周遍”义引申出来的，这种发展是在南北朝完成的。这个量词在南北朝最常见的用法是用来称量“诵读”义一类的动词，因为读书须要从头到尾地读遍才能全部了解。它所表示的是“长时距”，而“下”表示的是“短时距”。对于其他义类的动词，“遍”也同样是可以适用的。[③] 汪维辉进一步指出，“遍”与“过”

① 《真诰》卷十四另有：“右蒋山北凡三处发洪，水流势西北行。”可与“洪水一所”“一所洪水”互证。“所”的这种用法，刘世儒《魏晋南北朝量词研究》第153～154页未曾谈及，可为补。

② 参见刘世儒：《魏晋南北朝量词研究》，第250页。

③ 参见刘世儒：《魏晋南北朝量词研究》，第255～257页。

具有一定区别,“过”的词义着重于“经过”,“遍”强调的是动作的周遍性,而且可以是由几个动作结合起来的一个完整的过程。①

魏晋南北朝道经中有不少例子。晋许逊《太上灵宝净明飞仙度人经法》卷一《昭应章第四》:“是时元始天尊说经一遍,东方无极无量品至真大神无鞅之众,浮空而至。说经二遍,南方无极无量品至真大神无鞅之众,浮空而至。说经三遍,西方无极无量品至真大神无鞅之众,浮空而至。”卷四《灵芽章第三》:“又思水星焕明北方,照覆己身,便开目,念呪五遍,吞北方真文十二字。”《上清外国放品青童内文》卷上《六国品铭三十六首》:“当以本命、太岁、八节之日,青书六品之铭,入室向太岁服之,叩齿九通,吟咏六音六遍。”《太清道林摄生论》:“两手攀头下向,三顿之。两手相捉头上过,左右亦三遍。两手相叉,拓心前,却挽,亦三过,左右亦三遍。两手相反,拓著心,亦三遍。曲腕策肋肘,左右亦三过。反手著膝上挽肘,覆手著膝上挽肘,左右亦三过。舒手挽项,左右三过。左右手拔前后,各三过。手摸肩,从上至下,使三过,左右亦尔。两手空拳,筑三过。外振手三遍,内振手三遍,覆振手亦三过,却摇手亦三过。摩纽指三过。两手及摇三过。两手上耸,亦三过。两手下顿,亦三过。两手相叉,反头上,反覆各七遍。”刘宋陆修静《洞玄灵宝五感文》:“夫行道,皆须知五星卫身神呪。每日诵二遍,卫身光泽,去邪入正,但有疑即念之。”

近代道书袭用。唐李淳风《太上赤文洞神三箓》:“凡修持,逢七七日夜,面北焚香,点七星灯,礼拜合念前,呪二遍。”《灵宝无量度人上品妙经》卷六十一《永断轮转品》:“众真侍座,元始天尊玄坐空浮无色海光之上,金山不动,瑞相俨如。说经一遍,诸天大圣同时称善,是时一国男女,见道真形,厌舍生死;说经二遍,觉悟三业,犹彼火聚;说经三遍,观身秽坏,愿证法体。”

【通】“通”作为动量也是由“通括”“通彻”义转来的,“通”在南北朝可以称量击鼓的次数,还可以适用于“叩击”义的动词。②

魏晋南北朝道经中用例颇多。《太上九赤班符五帝内真经》:“若见赤气,则空中大魔之精来干试兆真也。兆当叩左齿三十六通,诵金玄章灭魔之祝一遍。”《洞真上清神州七转七变舞天经》:“毕,次口吐赤气四十五通,吐气之时,以目存气作大精冠身。兆已在火中,觉体通热,有微汗,佳,便起身。”《真诰》卷九:“夜外觉,常更叩齿九通,咽液九过。毕,以手按鼻之边左右上下数十过。”卷十:“凡研味至道及读诵神经者,十言二十言中辄当一二过舐唇咽液,百言五十言中辄两三过叩齿,以会神灵,充和血气,使灵液凝满,帝

① 参见汪维辉:《〈齐民要术〉词汇语法研究》,第138～139页。

② 刘世儒:《魏晋南北朝量词研究》,第259～260页。

一欣宅。"又:"祝毕,又心拜四方,叩齿三通,咽液三过,此名为太上祝生隐朝胎元之道。"又:"祝毕,又琢齿三通,咽液三过。"[①]《上清元始变化宝真上经九灵大妙龟山玄箓》卷下:"修行四真之道,当以立秋之日,及甲子日、入室西向四拜,朝四真毕,还北向叩齿九通,思四真元君随四时形影。"

【下】量词,表示动作的次数。本义原指方位,与"上"相对,引申之则可指底部,《说文》:"下,底也。"中古时期,义位发生转移,常用作动量词。

魏晋南北朝道经中用例颇多。《真诰》卷十:"北帝煞鬼之法:先叩齿三十六下。"又:"止,乃琢齿六下,乃卧,辟诸鬼邪之气。"《正一法文修真旨要》:"真官乘太阳赤气,禹步持印,印病人心一下,次印腹一下,次印痛处一下,想见毒气奔散而出了。然次存我身极闭气,禹步九迹,到病人所立,未印先口吸病人,三吸三吃三叱。次鸣天钟六下,叩天磬六下,召则用钟,伏则用磬。"《洞玄灵宝千真科》:"大德顾望看食,通至下周遍竟,乃令鸣磬子一下。云:'请就食'。大众安庠正坐,无语无笑,以就食。"《太上灵宝五符序》卷下:"西方明石,服食明石,饮以灵液。已呪,以舌料齿上,舐唇咽之三,辄一叩齿七下,都毕,又叩五下,合三十六下也。"

近代道经沿用。唐前《上清太一金阙玉玺金真纪》:"某谒玉札,长生久视,通真达灵。毕,又叩头四下,再拜而还靖室。"《金华玉液大丹》:"右用兔毫盏末二两,同捣细,用白友汁调匀,杵千万下,方用内室外合。"元李鹏飞《三元延寿参赞书》卷四《神仙救世却老还童真诀》:"右末,以胶酒三四升煮糊,杵一二千下。"

【沸】液体烧滚的状态。《韩非子·备内》:"今夫水之胜火亦明矣,然而釜鬵间之,水煎沸竭尽其上,而火得炽盛焚其下,水失其所以胜者矣。"

魏晋南北朝道经中借用为动量词,表示煮沸的次数,如《周氏冥通记》卷四:"得三沸竟,又内玉浆一斗,又加火高初五分许,可以蓬蒿为薪,煎令余一斗。"《真诰》卷十:"术散五斤,伏苓煮三沸,捣取散五斤。"晋《太清经断谷法》:"术一石,㕮咀著釜中,煮三沸,出汁。又以水二石,熟煮令烂。"《上清太上帝君九真中经》卷下《太一玄水云华浆法》:"取茂实三斛,阴闭器中,白日自化为水。以白蜜一斗合和,微火煎之,令三沸止。"《无上秘要》卷六十六《沐浴品》:"合治煮之,令得一沸。毕,澄适寒温,以自沐浴。"

柳士镇曾指出:"此期借用的动量词大多以名词为限,常用者只有四五个,如声、拳、口、杵、槌。借用动词作动量词用,则极为罕见。"[②]对此,汪维辉

---

① "琢齿三通,咽液三过","叩齿三通,咽液三过",两个量词经常并列对举,似乎是一种搭配习惯,其中区别有待进一步探讨。

② 柳士镇:《魏晋南北朝历史语法》,第213页。

通过对《齐民要术》中多处“沸”作量词用法的分析，提出了新的认识：“在贾思勰的语言习惯中，确实已经把这类‘沸’字看作了一个用来计量沸的次数的量词。……借用动词作动量词用虽然‘极为罕见’，但并不奇怪，因为专用的动量词‘过’‘度’‘回’等其实都是从动词发展出来的。这个例子说明，临时借用动量词在当时口语中有着很强的语用需求，只要有表达需要，就有可能借用一个合适的词来充任动量词。”①

【杵】本为舂捣谷物、药物及筑土、捣衣等用的棒槌。《周易・系辞下》：“断木为杵，掘地为臼。”可作动词，谓捣；捅；戳。汉贾谊《新书・春秋》：“傲童不讴歌，舂筑者不相杵。”

中古道经用为动量词，表示捣的次数。②《周氏冥通记》卷四：“又以药滓置木臼中，捣三百二十杵，纸裹令密。”《真诰》卷十：“又法：术散五斤，伏苓煮三沸，捣取散五斤，右二物合和，更捣三千杵，盛以密器。”《上清太上帝君九真中经》卷下《太一大四镇圆方》：“凡四镇神圆，合二十种药，令精上者，其五物为一部，皆令成散。先内禹余粮部，捣三千杵；次内丹砂部，捣四千杵；次内茯苓部，捣五千杵；次内麦门冬部，捣六千杵。又内白蜜四升，又捣七千杵，又内白蜡十二两，又捣八千杵。”《太上灵宝五符序》卷中《灵实三天方》：“巨胜五分、威僖四分、蜀椒一分、干姜三分、菖蒲三分。皆取真新好者，精洁治之。凡五物，以王相日，童男捣药，勿易人也。各异治，下细筵，五物各万杵。五物各异置赤杯中，凡五杯，罗列赤案上，露一宿。明日平旦，乃以神斗分之，合和如法。和以白蜜，若白饴，后更捣三万杵，丸如梧子。平旦向日长跪，吞三丸讫，言长生，得所愿。暮日入，复跪西向，复吞三丸，如旦法以为常。禁食生鱼、猪肉、韭菜，禁见丧尸、犬猪、产污。慎之。曰此是一剂也。若服尽更合，可计药分并合之，多少在意，令周一年，服者乃佳。至于杵数，可都共益一万杵耳。”

近代道典袭用。唐王悬河《三洞珠囊》卷三《服食品》：“右十四物，并令得精新上药，不用陈久者。先各细捣，不筛乃秤散，取两数足，乃入臼。以次内甘草，捣一千杵；次内丹砂，又捣一千杵。自从次第，一种以次内臼，辄捣一千杵。凡十四种药，合药一万六千杵，都合三万杵。”宋张君房《云笈七签》卷七十七《九真中经四镇丸》：“凡四镇神丸，合二十种药，令精上者，其五物为一部，皆令成散。先取禹余粮部，捣三千杵；次入丹砂部，捣四千杵；次内茯苓部，捣五千杵。”

---

① 参见汪维辉：《〈齐民要术〉词汇语法研究》，第 142 页。

② 汪维辉(2007)曾论及《齐民要术》中的动量词“杵”，《齐民要术》中共 7 例，都与动词“捣”配合使用。(汪维辉：《〈齐民要术〉词汇语法研究》，第 140 页)

魏晋南北朝道经中还有不少新兴量词，如“丸”（药四丸）、“口”（人数百口）、“具”（麝香一具）、“剂”（檀桓散一剂）等。

第五节　魏晋南北朝道教文献单音词意义系统例释

前面我们探讨了魏晋南北朝道教文献词义演变的情况，大致分为：(1)义位的保留；(2)义位的增加；(3)义位的减少；(4)义位的转移。众所周知，一个共时平面上的词汇是不同历时阶段的积累，一个朝代、一部文献中的词汇，不会全是新词，也不会全是旧词。词义亦然，中古时期是汉语新旧词义交替并存的重要阶段，一个多义词的不同义位往往包括了不同的情况，有的义位源自上古，有的义位是中古新生的，还有的上古义位到了中古减少或消亡。

下面我们从系统的角度，综合地看几个单音词在魏晋南北朝道教文献中的意义系统，我们所说的意义系统不一定囊括词典中的全部义项，仅列主要义位，有的义位出现频率甚低，甚至难以找到用例，或从略。

【某】

虚指代词，也叫“肯定性无定代词”，包括“某”“或”两字，意义有所不同。代词“某”指代一定的，但不能、不便或不必说出具体名字的人或事物。可作主语、宾语、同位语或定语。[①] 上古汉语“某”是虚指代词，魏晋以后“某”往往用作第一人称代词“我”的替代词，有表示谦虚的意思。[②] 在魏晋南北朝道教文献中，“某”主要有以下几个义位：

1. 指一定的不明说的人或事物。《真诰》卷十五：“韩遂，字文纣，某某人。”卷十六：“辛隐，字某某，检外书未得此位业。”卷十七：“所称某处，是杨君又当书此以呈长史，故云某耳。”卷十九：“今人见题目云某日某月某君啰许长史及掾某，皆谓是二许亲承音旨，殊不然也。”此用法可追溯至上古时期，《书·金縢》：“惟尔元孙某，遘厉虐疾。”孔传：“元孙，武王。某，名。臣讳君故曰某。”《礼记·少仪》：“问品味，曰：‘子亟食于某乎？’问道艺，曰：‘子习于某乎，子善于某乎？’”

2. 用在姓氏后，单指名。《周氏冥通记》卷三：“陶某名录多阙穿处，不的由，纵见由我，我亦不得自任。”《真诰》卷十九：“伏寻上清真经出世之源，始

① 参见向熹：《简明汉语史(修订本)》(下)，第96页。

② 参见向熹：《简明汉语史(修订本)》(下)，第361页。

于晋哀帝兴宁二年太岁甲子，紫虚元君上真司命南岳魏夫人下降，授弟子琅琊王司徒公府舍人杨某，使作隶字写出，以传护军长史句容许某并[弟](第)三息上计掾某某。"《大词典》此义项始见书证举清俞樾《春在堂随笔》附《小浮梅闲话》："故两人交好，为赵某所忌。"嫌晚。

3. 指不定的不说明的人或事物。《真诰》卷十："某国公侯甲乙，年如干岁，生值清真之气，死归神宫，翳身冥乡，潜宁冲虚。"《大词典》此义项始见书证举唐韩愈《讳辩》："汉讳武帝名彻为通，不闻又讳车辙之辙为某字也。"过晚。

4. 指代失传的或忘记的人名或时、地等。《真诰》卷十三："刘春龙者，汉宗正刘奉先之女。奉先，汉某帝时为宗正。"又卷二十："杨书《灵宝五符》一卷，本在句容葛荣间。泰始某年，葛以示陆先生。"此用法上古已见，《公羊传·宣公六年》："赵盾顾曰：'吾何以得此于子？'曰：'子某时所食活我于暴桑下者也。'"何休注："某时者，记传者失之。"《后汉书·南匈奴传》："单于居车儿立二十五年薨，子某立。"李贤注："凡言'某'者，史失其名，故称'某'以记之。"

5. 犹第三人称代词。《真诰》卷十七："须臾复出，三入三出乃止。又还某右边，向某。而又觉某左边有一老翁，著绣衣裳、芙蓉冠，柱赤九节杖而立，俱视其白龙。某问公：'何等女子，径入龙口耶？'"《大词典》失收此义位。

6. 自称之词，指代"我"或本名，乃旧时谦虚的用法。《周氏冥通记》卷一："某在山下望见山上有二人。一人著远游冠、锦绣之衣，其意言是保命君；一人犹是向高座上，老子也。相对而谈，某亦不解其语。"此用法上古已见，《礼记·曲礼下》："君使士射，不能，则辞以疾，言曰：'某有负薪之忧。'"《史记·高祖本纪》："始大人常以臣无赖，不能治产业，不如仲力。今某之业所就孰与仲多？"

"某字不是三身代词，可是它的用法有一部分跟三身称代有关系，汉魏以前用以隐代第三身姓名，汉魏以后又有了隐代第一身名字的例子。"[①]揆之魏晋南北朝道经例，隐代第三人称的相对较多，如上述《真诰》卷十七例："又还某右边，向某。而又觉某左边有一老翁……某问公：'何等女子，径入龙口耶？'"此段文字后还有多处"某问公""某又问""某又问公曰"等类似用法。隐代第一人称的用法在魏晋南北朝道教文献中比较少见。邓军调查了中古的 9 部佛经和 7 部中土文献得出了一个结论："魏晋南北朝时期'某'主要还是用作无定代词，其使用频率和所占比例都占优势。极少数可用作第一人称代词，主要分布在史传、笔记中。"[②]

① 吕叔湘著，江蓝生补：《近代汉语指代词》，学林出版社 1985 年版，第 45～46 页。

② 邓军：《魏晋南北朝代词研究》，上海人民出版社 2008 年版，第 110～111 页。

另据陈翠珠的研究，“某”运用范围很广，可以代人，可以代物，还可以代事件。“某”指代人时可代姓名，也可只指代名而将姓置于“某”前或单用“某”，还可用“某人”表示；指代事物时，多用“某+属性名词”来代替，偶尔也单用“某”来指代。① 魏晋南北朝道经中“某”字的用法灵活多样，值得深入考察。

比如《真诰》卷十三：“刘春龙者，汉宗正刘奉先之女。奉先，汉某帝时为宗正。”其中，“汉某帝”这一表达具有极强的口语化色彩，类似的还有《真诰》卷十二：“李惠姑，齐人，夏侯玄妇也。玄，魏末人，与李丰俱为晋文王所诛，不知妇亡在玄之前后。李丰乃是冯翊人，非齐人。不知此是李谁之女。”又：“郑天生，邓芝母也。邓芝，字伯苗，南阳新野人，在蜀为刘禅车骑将军。后行见蝯抱子行，引弓射杀，因感念而亡。母不知郑谁之女。”卷十五：“王修，字叔治，北海人，为魏武郎中令。年七岁丧母。母以[杜](社)日亡，不知是郭谁女也。”其中的“李谁之女”“郑谁之女”“郭谁女”颇具口语特征，“现代口语里说到不定的人常用谁，不定的事物常用什么或哪个”②，可见，“汉某帝”这种用法后来已逐渐被“谁”字所取代。

“汉某帝”“李谁之女”“郑谁之女”“郭谁女”这种结构在同期文献中较为少见，具有重要的研究价值。蒋绍愚指出：“词的组合关系，简单地说就是词的搭配关系。词的组合关系的历史变化，主要表现在同一个词，词义基本不变，但在不同的历史时期组合关系有所不同。”③其他学者亦有同感：“词语搭配的历时变化研究是对词语组合关系的历时变化进行研究，它所关注的是一个词在不同的历史时期组合关系有哪些不同，以及在这种不同中表现出来的词义方面、语法功能等方面的差异。随着传统训诂学、汉语词汇史、古汉语词汇学、汉语语法史以及汉语常用词演变研究的深入，词语搭配的历时变化研究越来越成为汉语史学界回避不了的问题。古汉语词汇学和汉语词汇史侧重于词语聚合关系的探讨，对词语组合关系及其历时变化涉及不多。”④“汉某帝”“李谁之女”“郑谁之女”“郭谁女”是我们对魏晋南北朝道经中“某”“谁”组合关系的一个初步考察。

【正】

---

① 陈翠珠：《汉语自称代词“某”、“某甲”和“某乙”》，《云南师范大学学报(对外汉语教学与研究版)》2008年第6期。另，陈文第66页指出：“作为自称代词的‘某’‘某甲’和‘某乙’，都首先出现于唐代。”其说可商。

② 吕叔湘著，江蓝生补：《近代汉语指代词》，第50页。

③ 蒋绍愚：《关于汉语词汇系统及其发展变化的几点想法》，《中国语文》1989年第1期。

④ 张诒三：《试论词语搭配的历时变化研究的必要性》，《浙江万里学院学报》2004年第3期。

“正”作为副词，[①]在魏晋南北朝道教文献中主要有以下几个义位：

1.程度副词，很，十分。《大词典》失收此义项，当补。《周氏冥通记》卷一：“凡此三条，皆仿佛梦耳，不正分明。”卷二：“众仙自共语良久，似论子良事，不正了其旨。”《真诰》卷十一：“[君](若)此审是，则宜言中茅之西，不应远举良常。大都真人语自不正的，遇所引处便言耳。”卷十四：“赤水山云在鄞县南十里。从楠谿口入三百里。山正赤，周回五十里，高千余丈。”卷十六：“陶公正有罪谪，未得叙用。”卷十七：“羲前所得分者即服，日日为常，不正闻有他异。”卷十九：“又按：并衿接景，阳、安亦灼然显说。凡所兴‘有待’、‘无待’诸诗及辞喻讽旨，皆是云林应降嫔仙侯事义，并亦表着。而南真自是训授之师，紫微则下教之匠，并不关俦结之例，但中候、昭灵亦似别有所在，既事未一时，故不正的的耳。”

2.范围副词，仅，只。《周氏冥通记》卷三：“但各取重担徐去，必无告讨。正恐君劫道士罪重，我当作好意，相与使后也。”卷四：“未知邹尧是何处人，显昭形服如此，便是可察。正恐伊知人识，更复改容耳。”《真诰》卷十一：“按《传》中云‘金陵之地方三十七八顷’，恐是其大垠所至。至于实录，正当十余顷耳。高平者是可住处也。”又：“又渡此岭东南有一石穴水，东流极好。其处隐障，甚可合丹，即后所云菌山之前也。正患去径路近，车声人响殆欲相闻。今若断此路，不复听车声人行，便是第一处，方当思为其宜。”卷十二：“玄善于变幻，而拙于用身。今正得不死而已，非仙人也。”卷十三：“高辛即尧父，说此语时又应在晋世而已。云三千年，即是尧至今不啻二千八百年。外历容或不定，如此丁亥之数，不将已过乎？《汲冢纪年》正二千六百四十三年，弥复大悬也。”卷十五：“以此而言，人命便无定限，一切皆是夭遏耳。若修道精勤，如鲍助啄齿，何容不得永年。正患有时懈替，则为鬼所袭，同于溺河之毙也。”卷十六：“四镇非正是四方，今此处并在中国，回还不过数千里耳，他方复应大有，所以后言数百处也。”又：“鬼法人，人法仙，循还往来，触类相同，正是隐显小小之隔耳。”卷十八：“玉斧言：‘此间釜小，可正一斛，不与甑相宜。’”

3.情状方式副词，恰好。《周氏冥通记》卷四：“八月十九日，又梦造方诸。正见青君出游，杨君、九华及许仙侯皆从。”又：“于周事实亦谦尚，亦不乖背，正自惬然。有时见其过冗，既率意嫌接神之体不应尔。”《真诰》卷十：“夫欲建吉冢之法，去块后正取九步九尺，名曰上玄辟非。”卷十五：“罗酆山在北方癸地，此癸地未必以六合为言，当是于中国指向也，则当正对幽州辽

① 周学峰：《道教科仪经籍疑难语词考释》(南开大学2013年博士学位论文，第79～80页)在考释“正尔”一词时，曾提及“正”的四个副词义项，但所举例子没有出自道教文献的。

东之北。”

4. 时间副词，正在。“常表示过去某时间里正在进行的动作行为。”[①]《真诰》卷十：“郑子真，则康成之孙也，今在阳濯山。昔初学时，正患两脚，不授积年，其晚用针灸，兼行曲折祝法，百日都除。”此义位较早见于《史记·五帝本纪》：“我思舜，正郁陶。”当时用例尚不多。

5. 语气副词，确认事实，加强语气，正是、就。《真诰》卷十六：“汉建武中，元家人之死尽而巨富。唯[尽](存)一孤儿名续祖，尚在孩抱。诸奴复共欲煞之而分其[才](财)，善乃密负续祖，逃瑕丘山中，哺养乳，乃为生计。至十岁余，出告县令钟离意，意于是表荐，悉收其群奴煞之，而立续祖为家。光武拜善为太子舍人，后迁日南、九江太守。其事迹正是如此，而《钟离传》所说少复有异耳。”

【许】

“许”在魏晋南北朝道教文献中主要有以下几个义位：

1. 表约略估计数。“许”表示约略估计数，是一种能充分反映中古语言特色的表达[②]。柳士镇指出，“许”主要放在数词、数量词组之后。有时又可用于数词与数词之间，以上两种方式之外，还可以说成“诸许、少许、多许、多多许、久许”。[③]

中古道经屡见。《周氏冥通记》卷三：“一人姓周，着玄华冠，服绿毛帔，丹霄飞裳，佩流金铃。年可五十许，《真诰》有，侍者四人，执黄毛节。”又：“一人姓司马，著芙蓉冠，服素羽帔，紫锦衣，佩玉铃。年四十许，《真诰》有。侍者二人，执青毛节。”卷四：“右二物，细切芝竟，仍以玉浆一斗渍之一宿，埋阴垣之阳，去垣三寸，入土一尺，以白瓦器容四斗许盛。”又：“自宅此宇未足久，便已近二百许年。”又：“衣服并如前，侍者共可有十许人。”《真诰》卷一：“海东桐柏山西头，适崩二百许丈。”又：“视之年可十三四许。左右又有两侍女，其一侍女着朱衣，带青章囊。手中又持一锦囊，囊长尺一二寸许，以盛书。书当有十许卷也。”卷三：“夫人带青玉色绶，如世人带章囊状。隐章当长五丈许，大三四尺许。”卷

① 杨伯峻、何乐士：《古汉语语法及其发展》(修订本)，语文出版社1992年版，第254页。

② 张言军等研究指出，概数助词“许”出现于上古汉语晚期，魏晋六朝以及隋唐五代时期为上升发展期，宋元开始走下坡路，明代开始走向衰落，大致于现代汉语早期在口语中消亡。这种演变轨迹，是概数助词“许”使用频率、语体分布、语义表达类型和组配能力等指标在不同历史时期动态变化的综合反映。概数助词“许”衰落的动因有三：一是“许”作为一个文言词，不能适应唐宋以来白话文学的表达需求；二是概数表达系统的新成员逐渐挤压了概数助词“许”的生存空间；三是“许”常跟其他概数表达方式共现，影响乃至弱化了人们对概数助词“许”的认可度。(张言军、唐贤清：《概数助词“许”的历时发展及其衰落动因考察》，《古汉语研究》2017年第1期)

③ 参见柳士镇：《魏晋南北朝历史语法》，第198～200页。

十四："按金相传太微黄书第八篇有目录云：凡有八卷，唯此一卷出世，今戴公乃有十许篇，亦为不同。"

2. 犹处；处所。《真诰》卷一："云发鬒此应是'鬒'字。鬒，黑发貌也。鬒，整顿绝伦，作髻乃在顶中，又垂余发至腰许。"此义上古已见，《墨子·非乐上》："古者圣王亦尝厚措敛乎万民，以为舟车，既以成矣，曰：'吾将恶许用之？'"孙诒让间诂："毕云：'恶许，犹言何许。'王引之云：'言吾将何所用之也。'"

3. 近指代词，此，这（个）[①]。《周氏冥通记》卷一："自尔于四五旬中大觉为异，恒垂帘掩扉，断人入室，烧香独住，日中止进一升蜜餐。周家本事俗神，姨舅及道义咸恐是俗神所假，或谓欲染邪气，亟相蹙问，唯答云：'许终是娄罗梦，无所知究，自怀愁虑，为复断隔耳。'于是众人莫测可否，相与纵置，听看趣向。"

"词义处于不断的发展变化当中，研究词义的演变是词汇研究的一项重要内容。单音词是汉语词汇、语法系统的核心，其多义化比较明显，因此单音词的词义演变研究成为词义演变研究的一个重点，同时也是一项十分繁重和复杂的工作。"[②]以上五节内容我们探讨了魏晋南北朝道教文献中词义演变的情况，初步勾勒了魏晋南北朝道教文献词义的基本面貌。

魏晋南北朝道教文献中既有沿用自上古的义位，也有中古时期新生的义位，还有一些上古时期的义位到了此期趋于消亡，也有一些义位在中古道经中发生了转移。总的来说，魏晋南北朝道经呈现出一种新旧义位共融的局面，诚如徐时仪所言："词义在由旧义引申为新义时大都有一个义域重合的过程，因而在词义演变发展的某个阶段常常会出现新词义和旧词义两可并存的现象。"[③]魏晋南北朝作为中古汉语的重要时期，把上古汉语和近代汉语有机衔接起来。我们将视野放大到整个中古汉语，这种新旧质素的共融和更替的现象也很明显。[④]

魏晋南北朝道教文献中新生的词义，多具有鲜明的时代特色，亦见于同时期其他文献，这充分说明了语言的社会性。道经虽然属于一种特殊的宗

---

① "许"字是魏晋南北朝期间新兴的指示代词，有二义。其一，《助字辨略》、吕叔湘《文言虚字》均认为"如许"即"如此"，可见"许"有"此"义。其二，张相《诗词曲语词汇释》云："许，犹云这样或如此也。"（参见柳士镇：《世说新语语法札记》，原载《纪念张世禄先生学术论文集》编辑组编《语苑新论——纪念张世禄先生学术论文集》，上海教育出版社 1994 年版，又收入氏著《汉语历史语法散论》，上海人民出版社 2007 年版，第 78 页）

② 王毅力：《两晋汉语词汇研究》，中山大学 2010 年博士学位论文，第 27 页。

③ 徐时仪：《汉语白话发展史》，第 249 页。

④ 王小莘曾指出："新旧质素的共融和更替，是中古汉语词汇的重要特点。"（参见王小莘：《从魏晋六朝笔记小说看中古汉语词汇新旧质素的共融和更替》，《南京师范大学文学院学报》2003 年第 1 期）

教文献，但其语言并非绝对的创新，它也无法摆脱与全民语言的联系。社会和交际的需要，决定了道经语言与全民语言有着共同的成分，无论是词汇还是语法。道经要传授给信徒，在广大民众中传播，就必然要遵循全民语言的内在要求。

道经语言毕竟属于一种社会方言，它来自于全民语言，但又不同于全民语言。道经语言中必然有一些特殊的创造，比如有的是借用全民语言的词，引申出特定的宗教意义，这种带有宗教色彩的义位在其他文献中很难见到类似用法，“专业用语带有一定人为的形式语言的成分，与自然语言、普通语言的大范畴还是有区别的。行业用语是具有特殊用途的用语，这种层次的词语，与普通词语的方法、对象、目的均有不同”[①]。

魏晋南北朝道教文献中产生了很多新义位、新用法，这也是中古时期汉语词汇发展的一个特点，它从一个侧面说明了中古道经并非通常所认为的纯粹文言，学界对道经语言的偏见应当改变，道经语言也是与时俱进的，不断发展变化的。有不少单音词在魏晋南北朝道经中新生出了其他义位，“表示新事物、新概念最简便的方法是由原有的单音词增加新的意义。结果是一些单音词的词义增多了，而单音词的数量并没有怎样增多”。[②] 也有一些复音词产生了新的义位，这都是语言发展的表现。

关于魏晋南北朝道教文献中新义位的产生，大多属于在原有义位基础上引申产生的；也有些是由语法原因造成的，比如不少副词经由实词虚化而来，还有些词缀的生成也是如此，词义的虚化现象比较普遍；还有的是由修辞原因造成的，主要是比喻、借代、委婉这几种情况；还有个别义位是由于社会历史、道教文化原因而形成的。

魏晋南北朝道教文献中，中古新义位的大量产生，使得同义词数量显著增加。在一个意义上，可以聚合更多的词，构成一个更大的词群。词汇聚合的变化，语义场的变化，对语言的发展产生深刻的影响。

词义内部是一个有机的系统，随着新义位的大量产生，有些义位在中古道经中发生了转移，还有些旧义位使用频率逐渐减少，乃至最后退出江湖，这是语言发展演变的一个必然趋势。

---

① 陈增岳：《隋唐医用古籍语言研究》，广东科技出版社2006年版，第53页。

② 徐朝华：《上古汉语词汇史》，第138页。

第四章　魏晋南北朝道教文献常用词研究

王力在《汉语史稿·词汇的发展》《古代汉语·常用词》中，对包括若干两汉词语在内的常用词的演变作了垦荒式的研究。郑奠陆续发表《汉语词汇史随笔》，考释了“觉悟”“比喻”“农民”等30多个词语，论述了这些词的语源、意义的演变、词形更换等，考证周详。二位先生从词汇史的角度考察了这些词语在不同时代的使用演变情况，无疑具有导先路、开风气之功。可惜嗣响乏人，探讨汉语常用词演变的文章寥寥。直至20世纪80年代后期，蒋绍愚《古汉语词汇纲要》重提此话，研究汉语词汇应当重视词汇系统及其发展变化的研究，应当重视常用词演变的研究。90年代中期，张永言、汪维辉《关于汉语词汇史研究的一点思考》一文提出将主要兴趣和力量集中于疑难词语考释的现状亟须改变，常用词演变的研究应当引起重视并放在词汇史研究的中心位置。“不对常用词作史的研究，就无从窥见一个时期的词汇面貌，也无从阐明不同时期之间词汇的发展变化，无从为词汇史分期提供科学的依据。”①“使疑难词语考释与常用词语发展演变的研究齐头并进，相辅相成，从而逐步建立科学的汉语词汇史。”②这篇文章在汉语词汇史研究上具有里程碑意义，极大地推动了汉语常用词演变的研究。

此后，常用词演变研究的专著陆续问世。李宗江《汉语常用词演变研究》(汉语大词典出版社1999年版)是第一部既有理论又有实践、对汉语常用词演变问题进行全面论述的专著。全书分“专题讨论”和“个案研究”两部分，探讨了常用词演变的原因、途径、方法、意义等问题，立意新颖，论述深刻。汪维辉《东汉—隋常用词演变研究》(南京大学出版社2000年版)是第一部断代常用词演变研究的专著，该书详细描写了41组常用词在东汉至隋时期的新旧更替过程，对常用词演变问题作了深刻的理论思考，正如江蓝生在《序》中所说：“书中对常用词演变自身规律的探求、对常用词历史演变基本

① 张永言、汪维辉：《关于汉语词汇史研究的一点思考》，《中国语文》1995年第6期。

② 张永言、汪维辉：《关于汉语词汇史研究的一点思考》，《中国语文》1995年第6期。

类型的归纳以及对判断新词替换旧词的标准的设定等，都很有见解，多所创获。”①

“常用词是语言词汇的核心部分，这些词的变化是词汇系统的一种深层次变化，对我们研究汉语词汇史具有重要的意义。②”常用词在一定程度上可以反映语料的口语化程度，“文言文献与白话文献各有自己的词汇系统，常用词则是词汇系统的核心。文献的口语化程度不同，必然会在常用词的使用上体现出来。③”魏晋南北朝道教文献中，一批新兴的口语常用词开始出现。

近年来，探讨道教文献常用词的文章主要有：汪维辉《〈周氏冥通记〉词汇研究》（浙江大学汉语史研究中心编《中古近代汉语研究》第1辑，上海教育出版社2000年版）、冯利华、李双兵《六朝道经词语研究发微——以古上清经为中心》（《唐都学刊》2006年第3期）、汪维辉《六世纪汉语词汇的南北差异——以〈齐民要术〉与〈周氏冥通记〉为例》（《中国语文》2007年第2期）、周作明《从概念场看文献中新旧词语的语用地位》（《西南民族大学学报（人文社科版）》2009年第9期）、雷汉卿、周作明《〈真诰〉词语补释》（《宗教学研究》2010年第3期）、方一新《从〈抱朴子〉4组名词看中古基本词的更替演变》（浙江大学汉语史研究中心编《汉语史学报》第10辑，上海教育出版社2010年版），以上文章对几部重要道经的一些常用词作了考察。总的来说，相关研究数量上还很少，调查语料的范围也比较窄，缺乏基于中古道教文献的整体研究，本章拟在这方面作一尝试。我们对魏晋南北朝道教文献中几组常用词的替换演变情况予以初步考察。

第一节　寻/觅

汪维辉讨论过“寻找”义动词在东汉到隋的演变情况，他认为上古汉语常用的是“求、索”，魏晋以后“觅”和“寻”取代“求、索”成为主导词。④ 我们对30部魏晋南北朝道教文献中“寻/觅”的使用作了考察，得出以下结果：“寻”

① 江蓝生：《东汉—隋常用词演变研究·序》，载汪维辉著《东汉—隋常用词演变研究》，南京大学出版社2000年版，第2页。

② 汪维辉：《〈周氏冥通记〉词汇研究》，载氏著《汉语词汇史新探》，第99页。

③ 陈秀兰：《魏晋南北朝文与汉文佛典语言比较研究》，浙江大学2003年博士后出站报告，第50页。

④ 参见汪维辉：《东汉—隋常用词演变研究》，第130～139页。

共80见,其中作"寻找"义的有11例。

《太上经戒》:"夫道,无也。弥纶无穷,子欲寻之,近在我身,乃复有也,因有以入无,积念以得妙。"

《紫阳真人内传》:"乃以平旦烧香,北向再拜,服此神芝。五年之间,视见千里之外。身轻,能超十丈,日步行五百里。能隐能彰,坐在立亡。能巡行名山,寻索仙人。闻有栾先生者,得道在蒙山,能读《龙蹻经》,乃追寻之。"

《传授经戒仪注诀》:"但妙义要诀,多在口中。口中所说,经之所包,文苑事深,须口辨核,核实副经,不得越典。一时所须,或出他部,坟籍难遭,搜寻叵得。"

《登真隐诀》卷中:"昔孟光诵《黄庭》,修此道十八年,黄庭真人降之。寻诸仙人男女,无有孟光者,唯梁鸿取妻,号之为孟光耳。"

《登真隐诀》卷下:"天曹寻检簿目相违,便为罪责。言功多少,随事轻重为率,从一二以上,至五十、一百,到四五百,随宜量用,每令和衷。"

《元始上真众仙记》:"世人不能保一守三,修生反死,固其宜矣,可后怨耶。吾复千年之间,当招子登太上金阙,朝宴玉京也。此电顷未足为久,今且可浮游五岳,采灵芝,寻隐仙之友,逍遥无为,吾言信可望哉。"

《玄都律文》:"制道士、女官、道民、箓生、百姓所奉属师者,父亡子继,兄没弟绍,非嫡不得继。或儿息小弱,当大人摄治,儿长则立治依旧。若无人承领,则寻根本上属,不得他人属。违律,罚算一纪。"

《玄都律文》:"道士、女官、箓生、道民,本师亡没之后,子孙不令其堪承袭,或遭乱失,本属师推寻原末,不相知识,皆听上属事师,皆当遵奉法教,此性命之主也。"

《玄都律文》:"男官、女官、主者,寻奉道之民,各有根本,而比者众官互略受他户,寔由主者之过,不能以科法化喻,辄便领受。"

《赤松子章历》卷四:"某信向违科,致有灾厄。某今月某日,染疾困重,梦想纷纭,所向非善。寻求算术,云亡某为祸,更相复连,致令此病连绵不止。"

这也证实了汪先生的观点,在整个魏晋南北朝时期,"寻"的"探寻;探求"和"寻找"两个义项中,仍以前者为多,即"寻"的对象主要还是抽象的事物和道理。[①]

中古30部道教文献中"觅"仅8见,具体用例如下:

① 汪维辉:《东汉—隋常用词演变研究》,第132页。

《太上洞玄灵宝灭度五炼生尸妙经》："中元天中南浮梨世界，有道士姓王，字度明，少出游学，从屠真公受五篇文升仙之传，功德未足，死于东山广灵之阿。其子景秀，诣戴仲君，受此文，以镇尸形九十年。遭东山大荒，人民掘土觅食，发其死尸，而即化生，后道成升天，为景霄真人。"

《登真隐诀》卷下："并而论之，前篇礼祝，犹为小胜。此存神之文，牵引冗杂，庸陋已甚，疑误后学，其弊不浅。若以吾所据为非，想诸君可觅真本见示，若必其有者，则吾缄口结舌，终身不复敢言学道也。"

《赤松子中诫经》："轻慢上下，不择尊卑，恃酒凌物，用物不当，抛弃饮食，轻贱衣服，非分求觅，不避危亡，得新忘故，弃本逐末，知恩不报，欺诳谩人。"

《赤松子章历》卷四："某即日叩头自列，口乞恩辞，素以胎生，千载庆幸，得奉大道，忝切蒙恩。顷者已来，居处轗轲，疾病相连。卜筮云是山泉三河祸，并此间土地山林觅食之鬼侵害某身，忧怖屏营，不知修何功德，唯用一心，上凭大道，以救性命。"

《赤松子章历》卷四："臣职叨典治、谨为伏地拜章一通，乞太上老君、太上丈人垂恩料省，原赦某身。恐是山丘垄泉三河五河乳母鬼作此妨害，上请麾幢大将军、陂湖大将军各五人，返甲逆鳞大将军五人，兵士一万人，重请觅音大将军官将各百二十人，摇天动地九气君吏兵士一千二百人，请左灵君、右灵君、高天大将军、盟威君、八卦君。"

《太上洞玄灵宝智慧定志通微经》："从外寝处，还问其妻，具说如此，道不须财，当云何？妻曰：'道从心生，何处觅道？但当营始道士诸所乏无，道士得已斋戒，兴显道事，岂非报道。'夫得妻言，然之，为佳，心开觉悟。"

《太上洞玄灵宝智慧定志通微经》："如彼愚人，晻入空山，觅天子绶。设如是者，造化之初，未有此经，故天尊大圣，那得成道？"

《传授经戒仪注诀》："凡一斋之限，三日之中，缮写经书。未悉备得，先起戒文，朝仪为次。在师门者，亦得逆书，积渐取办，不必斋时。斋时力少，可得借人，借人难得。不斋之时，受法之后，徐觅能书。清严道士，敬信之人，别住静密，触物精新，自就师请经卷。"

汪先生认为南北朝时，表示"寻找"这一义位，在南方口语中以说"觅"为主，也说"寻"；在北方则基本说"寻"，很少说"觅"。[①] 在我们所调查的文献中，《太上经戒》《玄都律文》皆为北朝寇谦之的作品，两书确实只用"寻"不用"觅"。然而，南朝梁陶弘景的《登真隐诀》中"觅"仅 1 例，而"寻"有 2 例，似乎

① 汪维辉：《东汉—隋常用词演变研究》，第 139 页。

与其结论不太吻合。

为了进一步证成观点，我们专门调查了陶弘景的另一部大部头的重要作品《真诰》，表示“寻找”义，《真诰》中“寻”有27例，“觅”则未见。

《真诰》卷一：“夫沈景虚玄，无涂可寻。言发空中，无物可纵。流浪乘忽，化遁不滞者也。”

《真诰》卷二：“若精散万念，为生不固，炁随尘波，心不真合，适足劳身神于林殂，谓应作‘岨’字。实有误于来学也。其道微而易寻，其道艰而难得乎！”

《真诰》卷二：“绛烟乱太阳，羽盖倾九天。云舆浮空洞，倏忽风波间。来寻冥中友，相携侍帝晨。”

《真诰》卷二：“昔人学道，寻师索友，弥积年载，经历山岳，无所不至，契阔险试，备尝劳苦，然后授以要诀。”

《真诰》卷三：“驾欻发西华，无待有待间。或眄五岳峰，或濯天河津。释轮寻虚舟，所在皆缠绵。芥子忽万顷，中有须弥山。”

《真诰》卷四：“仙道寂寂，寻之亦使人不劝也，况复求之于无涯耶？”

《真诰》卷四：“凤籁和千钟，西童歌晨朝。心豁虚无外，神襟何朗寥。回僢太空岭，六气运重幽。我涂岂能寻？使尔不终彫。”

《真诰》卷四：“林振须类感，云蔚待龙吟。玄数自相求，触节皆有音。飞軿出西华，总辔忽来寻。八遐非无娱，同咏理自钦。悼此四罗内，百忧常在心。”

《真诰》卷六：“然后知高仙之道盖上，寻灵之涂微妙，服御之致合神，吉凶之用顿显也。”

《真诰》卷六：“为道亦苦者，清净存其真，守玄思其灵。寻师轗轲，履试数百，勤心不堕，用志坚审，亦苦之至也。”

《真诰》卷六：“若洞虚体无，则与太无共寄寓在寂寂中矣。能洞寂者，则视之不见，听之不闻。死生之根易解，久长之年易寻。寻之可得，解之可久。”

《真诰》卷七：“华侨之失道，由华骑之佞乱，破坏其志。念华团、华西姑者，三官因之以试观。试遂不过，侨于是得有死罪，故名简早削夺，寻输头皮于水官也。可密寻彼家有此人名不，是谁者。”

《真诰》卷七：“许朝者，暴杀新野郡功曹张焕之，又枉煞求龙马。此人皆看寻际会，比告诉水官。水官逼许斗，使还其丘坟，伺察家门当衰之子，欲以塞对解逼，示彼讼者耳。”

《真诰》卷七：“有一白犬，俗家以许祷土地鬼神，云：‘何令人盗烹之？’土地神言：‘许长史教之使尔’，不言小人盗自尔也。密寻之，尔在宇下而不觉，恐方有此。此亦足以为一病，宜慎！”

《真诰》卷八：“即启：‘可得疏方不？’良久答言：‘世间自有，可寻索密用。’”

《真诰》卷八:“夫索长生者多津,寻灵涂者千百,何必用冰炉以盛火,趣偿责于三官耶?”

《真诰》卷九:“求道要先令目清耳聪,为事主也。且耳目是寻真之梯级,综灵之门户,得失击之而立,存亡须之而办也。”

《真诰》卷九:“大明育精,内炼丹心,光晖合映,神真来寻。”

《真诰》卷十一:“金陵,古名之为伏龙之地。河图逆察,故书记运会之时方来之定名耳。至于金陵之号,已二百余年矣。寻金陵之号,起自楚时。至秦皇遇江厌气,乃改为秣陵。”

《真诰》卷十一:“东便门在中茅东小茅阿口,从此入至洞天最近,而外口甚小,又以石塞之。事具在后,则西便门亦当如此,正应在今所呼作石坟处也。柏枝乃有两三洞口,恐真门外亦不开,此三门精斋。寻之,自可见尔。”

《真诰》卷十一:“汉建安之中,左元放闻传者云,江东有此神山,故度江寻之,遂斋戒三月乃登山,乃得其门入洞虚、造阴宫。”

《真诰》卷十二:“句曲有五门,有心立志,清斋三月,登寻此门,皆可即得。得可入,但人自不能斋寻之耳。”

《真诰》卷十二:“左慈,字符放,李仲甫弟子,即葛玄之师也。魏武父子招集诸方士,慈亦同在中。建安末,渡江寻山,仍得入洞。”

《真诰》卷十八:“春草生,此物易寻,想数诣玄水之处逍遥也。仆此月必往叙,其不久。”

《真诰》卷十九:“又按:乙丑岁,安妃谓杨君曰:‘复二十二年,明君将乘云驾龙,北朝上清。’则应以太元十一年丙戌去世,如此二十许载,辞事不少,今之所存,略有数年,寻检首尾,百不遗一。”

《真诰》卷二十:“又闻山阴及钱塘数家,皆有古经,恐脱杂真书,从来遂未获寻检。想好学挺分之子,可殷勤求之。脱有所得,见使一睹,则琼砾辨矣。”

《真诰》卷二十:“又魏夫人小息[还](遐)为会稽时,携夫人[中](巾)箱法衣,并有经书,自随供养,后仍留山阴。于今尚在,未获寻求之。”

与此相类,汪先生发现《周氏冥通记》中“觅”有4例,“寻”有20例,这一情况跟同时期的文人诗存在着较大的差异,很值得注意。南朝文人诗中多用“觅”而少用“寻”,是否属于一种文体特征?需做进一步研究。[①]

根据我们对《真诰》的调查,上面有4例为诗歌,但都用的是“寻”,似乎与

① 汪维辉:《〈周氏冥通记〉词汇研究》,第102页。

文体无关。窃以为，在南方口语中以说“觅”为主这一观点似可商。[①] 表示“寻找”这一义位，“寻”最早可追溯至东汉初期，汉末以后逐渐多起来；“觅”可能是汉末才有的新词，晋代以后，“觅”的用例逐渐增多，而且经常出现在文人诗文中。

相对来说，“觅”的出现要晚于“寻”，“新质在使用频率上却远逊色于旧质，可能是由于其刚刚产生，尚未被广泛接受，或意义较为特殊，使用环境有限。新质在词量上的活力并不意味着它在语用中就能战胜旧质，相反，考虑到语言的稳定性和人们易于接受，人们更倾向于使用旧词[②]。”同时，也应看到，在其他 30 部魏晋南北朝道经中“觅”有 8 见、“寻”有 11 见，这说明“觅”的用例也在逐渐增多，在一些文献中，大有与“寻”平分秋色之势，这为以后的演变埋下了伏笔。

张庆庆探讨了该组词语在近代汉语时期的演变情况，认为由唐到清的近代汉语时期，在“寻找”这一义位上“觅”、“寻”、“找”三个词存在着历时更替的关系：唐五代时期“觅”占据优势，宋代以后“寻”的用例逐渐增多，于元明时期取代“觅”占据主导地位。“找”产生于明代，清代中叶以后逐渐取代“寻”成为此义位的核心词。[③]

从《真诰》用例可见“寻”的使用非常灵活，既可充当及物动词，又可充当不及物动词；充当及物动词，宾语可以是人（如友、师），还可是物（如山、门、洞口）；充当及物动词，宾语可以是上述看得见的事物，亦可为抽象事物（如虚舟、真、（仙）道、（灵）涂等）；充当及物动词，宾语可以是名词或代词，也可是短语结构（如“金陵之号”），还可是句子（如“彼家有此人名不”）。有些是“看寻”“寻索”“寻检”“寻求”等同义连用例。

《真诰》一书全面展现了常用词“寻”在魏晋南北朝道经中的使用情况，《真诰》对于研究汉语常用词演变有重要价值。目前汉语史学界对《真诰》一书利用还很不够，有待加强。

---

① 汪先生在《东汉一隋常用词演变研究》（修订本）（商务印书馆 2017 年版，第 144 页）对原观点作了调整，他指出：“魏晋以后，两者都常用，但‘觅’更常见，在南北朝时期，表示‘寻找’这一义位，在口语中可能以说‘觅’为主，也说‘寻’。”“‘寻’在此期仍是个活跃的口语词。”

② 周作明：《从概念场看文献中新旧词语的语用地位》，《西南民族大学学报（人文社科版）》2009 年第 9 期。

③ 参见张庆庆：《近代汉语“寻找”义动词更替考》，《苏州大学学报（哲学社会科学版）》2007 年第 3 期。

第二节　寡/少

汪维辉研究指出，魏晋以后，表示“数量小”这个意思已经很少再用“寡”而基本上成了“少”的一统天下。只有在文学语言中偶尔还用到“寡”。[①] 我们对魏晋南北朝道经中的“寡/少”作了调查，反映了这组词在中古时期的真实情况。

“寡”仅6见，其用法如下：

《洞真高上玉帝大洞雌一玉检五老宝经》：“夫人之所勿为者，斯亦多矣，若必绝辔虚汉，栖心洞门，体夷常洁，神守幽元，顿首经师之牖，启乞重玄之关，若强者必弱，刚者必缺，然后天诚坦于无外，洞奥馥尔而无耳，而自然者甚寡，学而行之为难。子若必为雌一，研大洞者，勿忘是言。”

《太上妙法本相经》卷上：“明师者，百道之关梁。譬如入海采于众宝，先知投简名刺之法，牢船铁，沉[张](帐)帆，设轩之诣宝所，缀沉浮船，乃发沙石砲礁，营坟煎取，若多若寡，来往莫蹶。奉逐明师亦如是。”

《洞玄灵宝三洞奉道科戒营始》：“礼忏读经，人为轨则递相指斥，罕共遵行，遂使晚学初门，莫详孰是。既多方丧道，则寡识迷途，惰慢日生，威仪时替。”

《传授经戒仪注诀》：“识浅惰弱，弗办兴功，所进寡薄，坠则难归。中小之乘，其业已劣，况于凡下，宁可为俦。”

《传授经戒仪注诀》：“若山居涧处，则对景断金，穷地单寡，二三随时，必是同志，不可异人，或生参差，破坏善事。师与弟子，精共详宜。”

《传授经戒仪注诀》：“检慎闭口，存神念真，少私寡欲，以今神仙。”

“少”则多达174见，仅以《老君音诵戒经》为例，就有9例，如：

《老君音诵戒经》：“九州四海之内土地真神，五岳官属，尽集对各说土居好德异同，林言事实，称今世人恶，但作死事，修善者少。世间诈伪，攻错经道，惑乱愚民，但言老君当治，李弘应出，天下纵横，返逆者众。称名李弘，岁岁有之，其中精感鬼神，白日人见，惑乱万民，称鬼神语。愚民信之，诳诈万端，称官设号，蚁聚人众，坏乱土地。称刘举者甚多，称李弘者亦复不少，吾大瞋怒！”

---

① 汪维辉：《东汉—隋常用词演变研究》，第393页。

《老君音诵戒经》:“世人奸欺,诵读伪书,切坏经典,输吾多少,共相残害,岂不痛哉!”

《老君音诵戒经》:“吾观视世间凡愚,祭酒化户,领民上章,奏上练文书,多者十纸五纸,少者三纸二纸。多之以少,都无头绪,万亿章奏,达者无一。”

《老君音诵戒经》:“道官道民,有死亡七日后解秽,家人为亡人散生时财物作会,随人多少,可参请俗民,无苦为亡人过度设会。”

《老君音诵戒经》:“若能备厨,请客三人、五人、十人以上,随人多少,按如科法设会。会时,客主人,病者考礼拜烧香,求乞救度。”

《老君音诵戒经》:“章书之法,不须多重。重烦浊天曹,不如不上。斋满百日,一斋功达。表章之日,兼能请贤,随多少人数,设会拯救,收福益仁。”

“多”的反义词春秋以前基本上是“寡”,战国开始逐渐多用“少”,至战国后期“少”的用量已经超过“寡”;到了《史记》和《论衡》时代,“少”的使用频率就占据了压倒优势,东汉翻译佛经则一律用“少”而不用“寡”。据此推测,至晚到二世纪中叶,口语中已经是“少”的一统天下。①

从上述用例来看,6 例“寡”中有 3 例出自《传授经戒仪注诀》,这是值得注意的。此书全名《老君传授经戒仪注诀》,述传授道教太玄部经戒之仪,引见与唐王悬河《三洞珠囊》,知为唐以前著作。② 朱越利认为此经“当为六朝道经,大渊忍尔《五斗米道教法》认为恐怕是北朝末期作品③。”从内容上来看,“此书独尊老子为道教宗主,以《道德经》为主要经文,对其他神君及经书略而不提。”④《传授经戒仪注诀》前半部分文言色彩浓郁,后半部分有一定口语性,其中 2 例“寡”都出现在前半部分,这也启发我们对语料的性质判定要具体问题具体分析。汪维辉近年对汉语史的语料使用问题多有研究,他指出:“语料分析最重要的一点其实就是‘剥离’,即把文言性成分和口语性成分‘剥离’开来,因为在浩如烟海的历史文献中,纯口语资料是不多的,文献语言的基本形态是文白混杂,只有把其中的口语性成分‘剥离’出来,才能据此探明历代口语的真相。”⑤这段话对汉语史研究具有很高的指导价值。

---

① 参见汪维辉:《东汉—隋常用词演变研究》,第 393~394 页。

② 参见任继愈主编:《道藏提要》,中国社会科学出版社 1991 年版,第 600 页。

③ 朱越利:《道藏分类解题》,第 181 页。

④ 任继愈主编:《道藏提要》,第 601 页。

⑤ 汪维辉、胡波:《汉语史研究中的语料使用问题——兼论系词“是”发展成熟的时代》,《中国语文》2013 年第 4 期。

第三节　寝/寐/卧/眠/睡

汪维辉认为，先秦汉语表示"睡觉"最常用的词是"寝"。战国开始出现"卧、睡、眠(瞑)"三个新词。从战国后期起，"卧"逐渐战胜"寝"并在两汉时期成为表"睡觉"义的主导词。东汉三国时期，"卧""眠""睡"三者混用，但"睡"始终处于次要的地位。晋代以后，"眠"渐占上风，到南北朝后期基本取代"卧"，口语和书面语都以用"眠"为主了。在唐代以后的近代汉语阶段，"睡"又替代了"眠"而成为现代汉语表"睡觉"义的唯一口语词。粗略地说，这组词在汉语发展史上经历了三次更替：寝(战国以前)—卧(战国两汉)—眠(魏晋南北朝)—睡(近现代汉语)。[①] 另外，谭代龙对唐代义净译经卧睡概念场词汇系统及其演变研究作了深入考察。[②] 下面我们将对魏晋南北朝道教文献中的情况作出描写。

【寝】

《说文·宀部》："寝，卧也。""寝"在先秦用法相当丰富，有一些格式成为后来的成语。"寝"指称的不是入睡状态，"寝"此时当在概念场的动作和过程部分活动。到了战国后期，文献中出现了"卧、眠、睡"三个新成员，从此"寝""寐"再也没有进一步发展，而是逐渐走向衰落。魏晋南北朝道经共有40例"寝"，其使用情况大致如下：

(1)"寝"＋V

《上清太上帝君九真中经》："出入命室，遨游洞关，时入中宫，上通太元。盘桓四气，九星判分，五藏坚华，太一守魂。寝息幽庭，役使七神，子能咏之，白日登晨。"

《上清太上帝君九真中经》："上清紫精君、皇初紫灵道君，常内镇洞房，观盼九天。偃息华辰之下，寝晏九精之内，拘魂魄于北上，炼五神于真炁。"

《上清太上帝君九真中经》："以二月、八月朔，平旦向太岁王再拜，以东流水服一两，即头生九晨之光，面有玉华。飞映宝曜，洞观天下。闭气则立致三素之云舆，唾地则化为日月之光。左啸则神仙稽首，右啸则八景合真。

① 汪维辉：《东汉—隋常用词演变研究》，第156～157页。

② 谭代龙：《义净译经身体运动概念场词汇系统及其演变研究》，语文出版社2008年版，第52～71页。

于是腾空上造，以诣紫虚，出入玉清，寝宴晨房矣。”

《上清太上九真中经绛生神丹诀》：“愿得除某七世以来，下逮某身暗昧匿罪，犯罹五刑。身中之神数千万亿，记在北帝鬼官者，皆令消灭。当令某精神八达，坐在立亡，耳听绝音，目生紫光。刊玉太素，同鉴鬼形，名书帝君，命灼五明，飞行七元，寝宴紫庭。”

《赤松子章历》卷六：“谨按文书，某列诉千生有幸，得在道门，以自保持，被蒙恩覆，阖门端正，每自喜乐。但以肉人奉法初浅，愆咎累臻，某自近已来，寝卧不安，眠则魇魅，又梦寤参错，多见先亡后化往来，辄便惊魇，大小惶怖。”

其中，“寝息”(5 见)、“寝卧”(1 见)、“寝宴”(3 见)、“寝晏”(1 见)。“寝宴”，亦作“寝讌”，即睡卧与休息。晋王嘉《拾遗记·燕昭王》：“昭王知其神异，处于崇霞之台，设枕席以寝讌，遣侍人以卫之。”《云笈七签》卷一〇六：“出入上清，受业太素，寝宴太极。”又可作“寝晏”，“晏”通“宴”。“寝晏”亦可倒文作“晏寝”，如《洞真高上玉帝大洞雌一玉检五老宝经》：“诸言后圣者，皆是后得道之君。大洞金书，上皇合真，三元罗景，太上齐灵，晨中比曜，七微均清者，乃得称为后圣尔。但得读此经，止可乘云驾龙，位为真公卿，晏寝九玄，傲啸八方，扬羽广寒，舞轮空同。故是真人而已，不得称后圣也。”

(2)“寝”＋N

《登真隐诀》卷上：“佩此章符，并不得以履秽。今便曲举动，或致忘误，可以守一时佩之，事竟，脱着寝床器物中也。”

《登真隐诀》卷中：“含真台女真张微子所受东华玉妃某服雾法：常以平旦，于寝静之中，即就所卧之室也。”

《上清太上九真中经绛生神丹诀》：“诸思七元，存九晨之道，所寝床席，不与他人同止，衣服亦然。男女同席而息者，列罪北玄之籍。若犯乎污秽者，招殃注于地狱也。”

《上清洞真智慧观身大戒文》：“道学不得卧寝金宝雕床。”

《上清太上九真中经绛生神丹诀》：“常以甲子之旬，丁卯之日，夜半之时，于寝室床上平坐，北向接手，叩齿七通。”

“寝室”共出现 9 次，“寝室”本谓宫室，《礼记·表记》：“诸侯非其国，不以筮，卜宅寝室。”郑玄注：“诸侯受封乎天子，因国而国；唯宫室欲改易者，得卜之耳。”引申而为卧室。《后汉书·苏不韦传》：“不韦与亲从兄弟潜入廥中，夜则凿地，昼则逃伏。如此经月，遂得傍达暠之寝室，出其床下。”

(3)“寝”单用

《登真隐诀》卷上：“若道士欲求延年不死，疾病临困求救而生者，当正安寝，偃卧握固，闭气瞑目定心，先仿佛存日月在明堂中，日左月右，存三君如上法。”

《洞真高上玉帝大洞雌一玉检五老宝经》：“愿玄母与我俱生于生炁之间，与我俱存于日月之间，与我俱保于九天之间，与我俱食于自然之间，与我俱饮于匏河之间，与我俱息于玉真之间，与我俱寝于仙堂之间，与我俱游于三玄之间。”

《洞真高上玉帝大洞雌一玉检五老宝经》：“以正月十日、二月九日、三月八日、四月七日、五月六日、六月五日、七月四日、八月三日、九月二日、十月十一日、十一月十二日、十二月十三日夜于静寝之室，烧香北向，心存三元君，再拜讫，坐卧任意。”

《洞真高上玉帝大洞雌一玉检五老宝经》：“比者之间，当有太素玉女、三室真人，来降于子矣。欲行此道，常当别寝独处，不杂他人，每事亦尔，非惟此一事而已。”

《三天内解经》：“国王妃名清妙，昼寝，老子遂令尹喜乘白象化为黄雀，飞入清妙口中，状如流星。”

《陆先生道门科略》：“五辛之菜，六畜之肉，道之至忌。啖之，已自犯禁，乃复宰杀鸡㹠鹅鸭，饮酒洪醉，乘以奏闻，遂有寝卧靖坛，吐呕案侧，如斯之徒，往往有之。”

从以上分析，魏晋南北朝道经有 40 例“寝”，出现频率不低，但其中以单用形式居多，其构词能力、搭配组合能力已明显降低。

【寐】

《说文·宀部》：“寐，卧也。”段注：“俗所谓睡着也。”到了战国后期，文献中出现了“卧、眠、睡”三个新成员，从此“寝”“寐”再也没有进一步发展，而是逐渐走向衰落。中古道经中“寐”有 9 例，用法如下：

《登真隐诀》卷中：“诸修行之中，唯法为久，存思气火，便宜安详，渐渐变化。及炼身之后，弥使良久，状如眠寐，不复觉有四体乃佳。”

《正一法文天师教戒科经》：“贤者坐起寐卧，举动行止，深用自戒。自戒，身无变动，其福明矣。”

《正一法文天师教戒科经》：“当同志相求，同法相好。若男女不晓书疏者，专心好道，可请明者，听诵经戒，会在静舍。若堂上扫除烧香，澡洗洁清，男女别坐，俨然正体安神，精思明听。勿妄华言，倾邪不端，游心他念，玩堕睡寐，劳体自疲，虚苦无益。若能如戒，精进不倦，室家受福，天曹吏兵，自来护人，终已无有灾患病痛也。”

《正一法文天师教戒科经》：“诸贤者奉道，庄事勤身。当如饥渴，欲得饮食；如遇寒暑，欲得易处；如作极，欲得休息；如疲劳，欲眠寐；如愿想，欲有所得。"

《赤松子章历》卷一："人生年命，悉有星宿管系。若为恶事，记名黑簿，令人精神恍惚，梦寐不安，既多迍邅，更减年算。"

《赤松子章历》卷二："若家中壈坎不安，梦寐乱错，魂魄不守，请收神上羽君，官将百二十人主治之。"

《赤松子章历》卷三："臣小子，千载运会，得在道末，忝受治职。但臣顽愚，生长流俗，衅积山海，无以自知。贪生好欲，夙兴夜寐，不自定息。"

《洞真高上玉帝大洞雌一玉检五老宝经》："若名山五岳，精思弥稔。或久远人间，断绝尘蔼；或天真授书，高仙传告；或感动五神，三元启示。潜求密悟，寂然无类。熙欢足于方寸，体成隐于灵驾。欻尔登斐亹之軿，超然升凌空之轂。仰扇空洞，足悬五岳。手把明霞，炁陶介福。寤寐之顷，已有九万之隔。"

《紫阳真人内传》："君再拜受教，退斋，沐浴五香，七日七夜不寐，但危坐接手，存念至道。"

上述诸例中，"寐"都表示入睡，指称卧睡概念场的状态部分，状态是动作和过程的结果，是人的一种精神状态。

【卧】

《说文·卧部》："卧，伏也。从人、臣，取其伏也。"杨树达指出："余谓古文臣与目同形，卧当从人、从目。盖人当寝卧，身体官骸与觉时皆无别异，所异者独目尔；觉时目张，卧时则目合也。"①这表明"卧"本义指的是一种睡眠状态。"卧"共出现 96 次，下面根据搭配情况来观察其在概念场中的指称情况。

(1)"卧"＋V

"卧"后可接动词，如"觉""起""息""坐""寝"等。

《登真隐诀》卷中："夜卧先急闭目，东向，按后云，要当以生气时者，则初夕之卧，不得行此。至子以后，卧觉，使起坐为之，日中之前，皆可数按祝耳。但虑东向，不随四时也。"

《登真隐诀》卷中："卧起，不必早卧起，凡卧初起，皆可为之。当平气定气，令呼吸徐微也。正坐，随月王向方面。先叉两手，叉手而反之，极伸臂于前。"

《太上老君经律》："第八十六戒者，不得择好室舍、好床卧息。"

《上清太上九真中经绛生神丹诀》："六甲日，夜半生气之时，于寝室床上

① 杨树达：《积微居小学述林全编》，上海古籍出版社 2007 年版，第 143 页。

卧坐，首向随意也。”

《上清洞真智慧观身大戒文》：“道学不得卧寝金宝雕床，道学不得与名人饮食好恶。”

其中，“卧坐”(1 见)、“卧寝”(1 见)、“卧觉”(2 见)、“卧起”(3 见)、“卧息”(4 见)，“卧息”出现频率最高。

(2)V+“卧”

“卧”前可接指称本概念场的其他成员，如“睡”“寐”“寝”；也可跟相关动作概念场的成员，如“偃”“坐”。例如：

《登真隐诀》卷上：“若道士欲求延年不死，疾病临困求救而生者，当正安寝，偃卧握固，闭气瞑目定心，先仿佛存日月在明堂中，日左月右，存三君如上法。”

《上清太上帝君九真中经》：“豁尔而寤，了尔而觉，明明忆昔日之入太阴也，似一宿之睡卧耳。”

《太上经戒》：“道士坐卧，常愿我等，四大合德，同体道真，长存玄都。”

《正一法服天师教戒科经》：“贤者坐起寐卧，举动行止，深用自戒。自戒，身无变动，其福明矣。”

《赤松子章历》卷六：“某自近已来，寝卧不安，眠则魇魅，又梦寤参错，多见先亡后化往来，辄便惊魇，大小惶怖。”

其中，“睡卧”(1 见)、“寐卧”(1 见)、“寝卧”(1 见)、“偃卧”(2 见)、“坐卧”(14 见)，“坐卧”最为习用。

(3)“卧”+N

“卧”+N 这种组合在魏晋南北朝道经中使用得很少，N 为名词、名词性短语，表示“卧”的处所。在这些搭配中，“卧”的动作性比较强，并不指称睡眠状态。

《太上洞玄灵宝智慧定志通微经》：“净信即开料杂库，出好名香、细布白毡、吉贝绵绢之类，卧具毡帐，乃及玩弄服饰之物，金银铜器，皆精好者，及诸杂药，事事种种，合十丁奴，整作十担，诣道士所。”

《上清太极真人神仙经》：“真仙中万人以上，无有一人知日魂之名者矣。此道玄妙，非血食臭骸可得听闻者也。天阴无日，可于室中所卧洁盛处，存而为之。清修道士，精通上感者，都可不得见日而修之。”

《洞真高上玉帝大洞雌一玉检五老宝经》：“兆当坐此符上，向北面作七转洞经一通，而万神立到，以问死生，削除录籍之事，当自称为大洞大夫，太上主者也。此符是一符，或曰三真灵符，别有注诀。以彩缯为地衣，四方各一丈，朱书弥满其上，卷方大小随意广侠。常当内褥中，坐卧此符，而读诵洞经，存思帝一，以行大洞之事。又一法，坐卧此符，辟方三尺，而容符文，不必拘一丈也。"

《太上洞玄灵宝五符序》："服尸解药，日数足，即作此符。丹书白素，以置腹前，以戊己日西首卧，思念自作死人。良久，解衣留所卧处，径去入山。若之远方，易姓名，勿还故乡。其初去时，人见其卧处有死人尸，久乃忽然不知尸所在也。"

(4)"卧"单用

除了上面这些组合习惯，大多数"卧"是单用的，比如：

《登真隐诀》卷上："存明堂三君，并向外长跪。夜存亦令向外也，此人形既卧，神亦随偃，而尚长跪状如立时。"

《登真隐诀》卷中："常欲闭目而卧，安身微气，使如卧状，令傍人不觉也。此昼夜无定，非止欲卧时，当平枕偃向，使气调静也。"

《登真隐诀》卷中："常以夜半时，去枕平卧，握固放体，气调而微者，身神具矣。"

《登真隐诀》卷中："乃啄齿六下，乃卧。三过竟，乃更为余事，此便卧者，止是行一法耳。"

《赤松子中诫经》："黄帝又问赤松子曰：'朕闻先生所说，世人违犯，卧不安席，罪可解乎？'对曰：'罪有可解者，有不可解者，世人偶行非道，心能悔过，是可解也。'"

《赤松子章历》卷六："重请天中敢健吏兵君，官将百二十人，主收捕某家先亡迟留逆杀考害之鬼，付女青北狱治罪。某身中所苦，悉令除差，卧得安贴，不复惊魇。"

《上清太极真人神仙经》："夜行及冥卧，心中恐者，存日月还入明堂中，须臾百邪自灭。"

《上清黄书过度仪》："第十四食生吐死法，男左女右，两手相叉，俱向王伸两脚坐头，以鼻微微纳生气，低头咽之，俱卧瞑目，以口微微吐死气，三卧三坐止。"

与上述用法相比，大量的"卧"单用，往往附加其他修饰补充成分，指明"卧"的时间、环境、姿态、状态、程度等相关情况。"卧"的动作性很强，外部表征明显。文献用例表明，"卧"指称的是与行、住、坐并列的一种姿势，14 例"坐卧"很能说明问题，魏晋南北朝道经中的"卧"指称的是身体躺在物体上这一具体的运动事件。人们"卧"在物体之上，就会呈现出一种身体姿势，其目的可能是想要进入睡眠状态，也可能只是休息一下，不一定要进入睡眠状态。这些情况都表明,“卧”指称的是人进入睡眠状态之前的事件。[1]

【眠】

“眠”,字本作“瞑”。《说文・目部》:“瞑,翕目也。”《玉篇・目部》:“瞑,寐也。”又:“眠,同瞑。”《篇海类编・身体类・目部》:“眠,寐也。”“眠”共出现13次,下面根据搭配情况来观察其在概念场中的指称情况。

(1)“眠”+V

“眠”后面可接相关动词,构成“眠寐”(2见)、“眠坐”(2见)、“眠卧”(1见)。

《登真隐诀》卷中:“诸修行之中,唯法为久,存思气火,便宜安详,渐渐变化。及炼身之后,弥使良久,状如眠寐,不复觉有四体乃佳。”

《正一法文天师教戒科经》:“诸贤者奉道,庄事勤身。当如饥渴,欲得饮食;如遇寒暑,欲得易处;如作极,欲得休息;如疲劳,欲眠寐;如愿想,欲有所得。”

《赤松子章历》卷六:“重请天昌君,黄衣兵士十万人,主收某家中外强殃、十二刑注、梦寤之鬼。重请太阳君一人,官将百二十人,治佐兰官,主治眠卧不安,惊怖之鬼,皆令销却。”

《上清太极真人神仙经》:“常以鸡鸣平旦之时,眠坐任意,叩齿九通,乃阴祝曰:东方青牙,紫云流霞,三素徘徊,玄霜玉罗。”

《洞真高上玉帝大洞雌一玉检五老宝经》:“雌一事毕,神还金华洞房。行事存思之时,亦可眠坐,亦可接手膝上,一作按手,一作膝坐。随其所安,任其所便也。”

“眠”主要是在后面附加动词,V+“眠”格式仅见1例,即《元始五老赤书玉篇真文天书经》:“有佩灵宝玉文,乃可即得更生始分之中,正如睡眠之顷尔。自非此文,莫能致之。”

(2)“眠”单用

“眠”以单用形式居多,例如:

《正一法文天师教戒科经》:“若有改变垂象先,太平之基不能眠。是令轗轲不可言,发言出教心意烦。……神思愁惨不能眠,游戏百姓五藏间。还与真人共语言,心中真人来上天。”

《赤松子章历》卷六:“某自近已来,寝卧不安,眠则魇魅,又梦寤参错,多见先亡后化往来,辄便惊魇,大小惶怖。”

《上清太上九真中经绛生神丹诀》:“诸修洞房紫房中事,及存九晨七元

[1] 参见谭代龙:《义净译经卧睡概念场词汇系统及其演变研究》,《语言科学》2007年第3期。

者，眠初起、初卧呼吸时，临食毕，先微咒曰：五星五通，六合紫房，回元隐道，豁落七晨。”

《上清太极真人神仙经》：“拘留之法，当安眠正卧，去枕伸足，交手心上，瞑目闭气三息，叩齿三通，存心中有赤气如鸡子。”

《洞真高上玉帝大洞雌一玉检五老宝经》：“常以二月二日、三月三日、八月八日、九月九日、十月十日夜，于寝室存思洞中诀事，而独处不眠者吉。”

《太上洞玄灵宝智慧定志通微经》：“胤祖知其必啼，婆诱祖耳。其眠好与祖俱，今独在彼，怳怳未习，亦当思恋阿爷及忆阿祖，且新与婆别，那得不啼？”

【睡】

“睡”在先秦的意义是“坐着打瞌睡”，进而引申指睡眠状态，即睡着了。《说文·目部》：“睡，坐寐也。”段注：“知为坐寐者，以其字从垂也……此以会意包形声也。”在30部魏晋南北朝道经中，“睡”仅出现4次，其组合分别为“睡眠”“睡卧”“睡寐”，皆为睡觉概念场词汇的同义连文形式。

《元始五老赤书玉篇真文天书经》：“有佩灵宝玉文，乃可即得更生始分之中，正如睡眠之顷尔。自非此文，莫能致之。”

《上清太上帝君九真中经》：“子常修九真之道者，百神揖拜，万鬼受事。若经太阴，则形骸不朽，五脏自生，计二十四年，更得生焉。豁尔而寤，了尔而觉，明明忆昔日之入太阴也，似一宿之睡卧耳。怅然已在于棺椁之外，朗然已坐丘山之巅，斯乃九真之幽妙，帝君之极神也。”

《正一法文天师教戒科经》：“若男女不晓书疏者，专心好道，可请明者，听诵经戒，会在静舍。若堂上扫除烧香，澡浣洁清，男女别坐，俨然正体安神，精思明听。勿妄华言，倾邪不端，游心他念，玩堕睡寐，劳体自疲，虚苦无益。”

《赤松子章历》卷二：“十月一日民岁腊，五帝校定生人禄料、官爵、算尽、疾病轻重。其日可谢罪、请添算寿、祭祀先亡、沐浴玄祖。慎勿多食、淫昏醉睡。”

综上，“寐”“寝”作为旧质成分，尚具有一定的生命力，但构词能力已大大减弱。“卧”“眠”“睡”三个新质成分混用，但“睡”始终处于次要的地位。表示睡觉的概念，中古道经中还是“卧”的天下，而“眠”“睡”的覆盖域仍然有限，文献用例较少。这与汪先生的观点并不太吻合，或许与调查对象的口语程度高低有关，也说明常用词的替换在同一时代不同性质语料中的表现多有不同，发展不平衡。

第四节　寒/冷

“冷”于西汉开始见诸文献，东汉以后用例逐渐增多。到南北朝后期，使用频繁，组合灵活，词义已相当抽象化，在大部分场合取代了“寒”。[①] 我们对这组词在魏晋南北朝道经中的使用作了调查，发现“寒”(80 见)、“冷”(8 见)，例如：

《登真隐诀》卷中：“泥丸玄华，保精长存，左为隐月，右为日根。六合清炼，百神受恩。祝毕，咽液三过。按南岳夫人已[受](授)此法，今安妃又告，当是前后不相知，而用法犹皆同。能常行之，发不落而日生。当数易栉，栉之取多，而不使痛。意言数栉者，谓数易栉处，而紫微又云更番用之，此便是用一栉恐热，损头伤发故耳。今当四五枚更互用，使冷也。亦可令侍者栉取多也。”

《登真隐诀》卷中：“临食上勿道死事，勿露食物，来众邪气。食时欲常向本命及王气。凡食冷暖，皆不可不覆，鬼邪喜先来歆响，则余味便为浊秽，亦能致病也。”

《登真隐诀》卷下：“下痢赤白脓，淋露着床，口苦冷者，请须臾君四人，官将百二十人。”

《上清太上帝君九真中经》：“浩洲黯探，玄波云峙，总辔遁迁，澄理万涂。焕冷风于妙觉，隐摽霄以游盘，激玄元于天外，运九气于霞津。”

《上清太上帝君九真中经》：“干姜一两，以和术势，除炎热，开三关，去寒冷。”

《上清太上帝君九真中经》：“附子一两，熬之，以益脑中气，镇藏内，除冷去痰。”

《太上妙法本相经》卷中：“作土为泥，非水不成；埏埴为器，非均不平。是以水为和均之始，均为平鐐之本。故匠加其功，得有瓦器之名，无加之则泥不和，无均平之则埏。是以土水均匠，拥循扶立，方付埏壂，火眢烟色，青了封闭，冷熟开之，则见瓦器之功。”

《太上洞玄灵宝五符序》卷中：“以粳米、黍米、小麦、大豆、麻子，各五合豆熬而末之，共和白蜜一斤，煎一百沸，投冷水中，丸如李子。一顿吞尽此一剂，可终身不饥，诸物皆各治之，唯熬豆耳。”

从上述结果可见，在魏晋南北朝道教文献中，还是以旧词“寒”使用居

① 参见汪维辉：《东汉—隋常用词演变研究》，第 358 页。

多，二者比例悬殊，就其出现的平均频率看，旧质是新质的10倍，旧质使用频繁得多，旧质具有更重要的语用地位。新词“冷”用例很少，搭配组合能力极其有限。

我们还单独调查了《真诰》，书中“寒”“冷”的使用比例为34:3，用例如下：

《真诰》卷八：“身既有疾，不能拜起，故令心存不替。斧有霍乱疾，勿使冷食，此儿常不大宜住此，今自无他耳。”

《真诰》卷十七：“羲顿首顿首。宿昔更冷，奉告，承尊体安和以慰。此觐返命，不具。杨羲顿首顿首。”

《真诰》卷十七：“羲顿首顿首。晴犹冷，奉告，承尊体安和以慰。比复亲展，反命不备。杨羲顿首顿首。”

在魏晋南北朝道教文献中，“冷”对“寒”尚未构成威胁，“冷”对“寒”的替换要到后期才完成。

第五节　呼/唤/叫

表示“呼叫(鸣叫)”和“招呼；召请”这两个意思，上古汉语通用“呼”，现代汉语常用“叫”，而两晋南北朝时期的南方口语中则多用“唤”。[①] 东汉时期的“唤”用例还很少，其使用频率及文献分布率非常低。三国时期，《六度集经》中“呼”55见，而“唤”1例未见；在18部支谦译经中，“呼”共31见，而“唤”仅见1例。进入西晋时期，“唤”的使用频率有上升的趋势，但还是以“呼”为主。直到东晋末期，如在《四分律》《十诵律》等口语性较强的律部译经中，“唤”的使用频率才超过了“呼”，占了压倒性优势。[②] 我们对中古道教文献中这三个词的使用作了调查，发现“呼”(124见)、“唤”(10见)、“叫”(6见)。

使用“唤”的例子比如：

《登真隐诀》卷下：“出静户之时，不得反顾。如反顾，则忤真光，致不诚。如此，出入静户并不可反顾也。又云：入静户不得唤外人，及他所言念。又入户出户，皆云漱口。”

《登真隐诀》卷下：“初入静户，不得唤外人，及他所言念，则犯灵气，故不

① 汪维辉：《东汉—隋常用词演变研究》，第188页。

② 王毅力：《两晋汉语词汇研究》，中山大学2010年博士学位论文，第154页。

祯祥。”

《赤松子章历》卷五：“或值时世不理，患难迫身，不胜哀忧，心悲口毒。剧言怨语，呼天唤地，辱詈光景，秽骂神祇。”

《赤松子章历》卷六：“恐亡人某生时犯罪，不忠不孝，不仁不慈，淫情嫉妬，骂詈咒诅，牵天引地，叫唤神灵。或贪财盗窃，枉克非理，改动所作，凡百无善，致收大考，击身后土。”

《上清太极真人神仙经》：“太微灵书紫文拘三魂之法五月三日、月十三日、月二十三日夕，是此时也，三魂不定，爽灵浮游，胎光放形，幽精扰唤。其爽灵、胎光、幽精三君，是三魂之神名也。”

《太上妙法本相经》卷中：“绝学不邪僻，不学如盲人，得道由斯起，不解道学真。游游若畜行，正念贪殷勤。口利行六畜，手系期之牵。搅窃世间物，自作家有田。不知冥中负，地狱刀风因。不勘惚毒苦，求还唤子孙。复连相牵挽，荡尽不立烟。”

《太上洞玄灵宝智慧定志通微经》：“今家财产足汝施用，汝其勿废。法解衔泪呜咽，烦冤懊恼，悲哭唤天，一顿一伏，气绝复苏，手抱父母而啼。”

《洞玄灵宝长夜之府九幽玉匮明真科》：“无极世界男女之人，生世恶逆，咒诅善人，呌唤神鬼，质誓三官。”按：“呌”同“叫”。

《洞玄灵宝长夜之府九幽玉匮明真科》：“无极世界男女之人，生世立行，恶口赤舌，斗乱中外，评论道德，毁辱天真。不信经法，口是心非，潜行谋恶。攻击四辈，走作人物，形名男女，天人冤对。骂詈无度，声言丑秽，叫唤鬼神，更相咒诅，其罪深重，死受苦毒，拔出其舌。”

《洞玄灵宝长夜之府九幽玉匮明真科》：“无极世界男女之人，生世立行，耽酒好色，恍惚失性，猖狂迷惑。五情乱离，去神损气，因醉贪欲，为恶不觉。叫唤骂詈，独作无对，打击善人，秽慢道法，谤毁经教，背真入伪，违负口信。”

“叫”的例子如：

《太上洞玄灵宝智慧定志通微经》：“阿爷阿婆，发如此之福。临命将终，善尚不退。天道虽远，岂当不感。唯愿即升福堂，位至高尊。儿后寿终，必得相见，俱在道位耳。于是父母命绝。法解长叫气绝，于时久久乃苏。”

《太上洞玄灵宝智慧定志通微经》：“父作如此功德，后必得道。未果之间，愿婆爷行止，时过见视。次胤至欲慰其姨意，抑忍不啼，及母垂临上车，违远在近，母子恩情，非可强割，虽不号叫，母子及姨三人，相与雨泪百行。”

《赤松子章历》卷六：“恐亡人某生时犯罪，不忠不孝，不仁不慈，淫情嫉妬，骂詈咒诅，牵天引地，叫唤神灵。或贪财盗窃，枉克非理，改动所作，凡百无善，致收大考，击身后土。”

从汉魏佛经的使用情况来看,“唤”字明显带有某种地域色彩,很可能是当时南方方言中的一个口语词。[①] 汪维辉调查了北魏的三部书,《水经注》只用“呼”(29 见),未见“唤”。《齐民要术》也没有“唤”字。《洛阳伽蓝记》只用“呼”(5 见)和“叫”(2 见),未见“唤”,只有其中的一个“呼”有异文作“唤”,这表明当时北方口语中不说或很少说“唤”字。在南方的口语里,“唤”无疑已经取代了“呼”,而且正在逐步进入文学语言。《周氏冥通记》中“呼”仅 1 例,“唤”有 3 例。[②] 在先秦两汉,“叫”字用的很少,在晚汉魏晋南北朝用例稍有增加,但仍远不及“呼”和“唤”,而且用法单一,“叫”在中古时期尚未跟“呼”和“唤”形成竞争之势。[③]

综观魏晋南北朝道经中的用例,“唤”的使用仍然很少,根本无法与“呼”相提并论。这说明,在文言色彩较重的道教文献中,“唤”的使用尚处于起步阶段。“叫”的增长比较明显,“叫”和“呼”的比例为 3:5,“叫唤”连言出现 4 次,其中 3 例皆出自《洞玄灵宝长夜之府九幽玉匮明真科》。

第六节　覆/盖

表示“覆盖”这个概念,先秦汉语主要用“覆”,战国开始也用“盖”,但是例子不多。两汉魏晋南北朝,“盖”字常见使用,在《齐民要术》中已多达 60 余例,但总数仍少于“覆”,在组合关系上两者也有分工,说明“盖”尚未完全取代“覆”。直到六朝后期,两者的竞争仍在进行之中。[④]

我们对这组词在中古道教文献中的使用作了调查,在 30 部中古道经中,“覆”共 95 见,“盖”共 132 见,其中 25 例为“覆盖”义,“覆/盖”的使用比例为 95:25。

“盖”的用法例如:

《登真隐诀》卷下:“若欲辟斥故气,断绝注鬼,却死来生,却祸来福,当请盖天大将军十万人,令收捕之。人家或有先亡,故气缠着不解,犹为注害祸患者。仪云:盖天大将军十万人,主收捕天下饮食横行鬼贼,为万民作精祟者。”按:“盖天大将军”共 4 见,“盖”用于专有名词中,说明其已深入人心,具

① 汪维辉:《东汉—隋常用词演变研究》,第 179 页。
② 汪维辉:《东汉—隋常用词演变研究》,第 186～187 页。
③ 汪维辉:《东汉—隋常用词演变研究》,第 174～175 页。
④ 汪维辉:《东汉—隋常用词演变研究》,第 233 页。

备了一定的造词能力。

《上清太上帝君九真中经》:“中央黄老君者,太上太微天帝君之弟也。以清虚上皇二年,混尔始生,日晖重曜,连光映灵,五云翳盖,庆烟玄停。”

《上清太上帝君九真中经》:“作紫蕊腴,当于静寂处发火,以木盖盖铜器上,勿令腴烟散出。炼腴亦可单服之,以致延年。糠火八景神丹,日数既足,勿发,复更火之,如初日时,进火之日法如先。都毕,寒之七日乃发,药烟变成明月珠五枚,仰缀着上盖,皆裹以绛幞。服其绛幞,送以清水,则绛云见覆,飞登上清。”

《上清太上帝君九真中经》:“夫捣药为屑,皆令极细,细绢筛。又内釜中煎之,当数搅和之,以盖盖釜上。合药欲得别处,不欲得多人闻见。”

《赤松子章历》卷四:“以金人一躯,上诣北斗,拔命除死厄。五色彩各一匹,以诣五方五帝,迎益官禄。紫案巾、牙笏、衣帻、木履等,以证禄位。紫伞盖一张,以盖本命。席一领,以铺正座。”

《赤松子章历》卷五:“伏愿太上无极大道、诸君丈人、天师君夫人,降下正一生炁,覆盖臣某身,生气真全,宿疾除愈,四体轻强,三尸堕落,九虫沈零。”

《上清太上九真中经绛生神丹诀》:“乘飙扇景,飞腾太空,出入冥无,游冥十方,五云覆盖,招神摄风,役使万灵,上卫仙公。”

《上清太上九真中经绛生神丹诀》:“五帝夫人,蹑云把风,灵帔郁罗,佩琼带珰,羽裙拂霄,逸灵扇东。骞树敷盖,琼条秀蓬,云蓁炼摩,扶养木王。”

《上清洞真智慧观身大戒文》:“道学当念游太上玉京、七宝流霞台,荫盖玉林,礼太上天尊十方大圣,终劫复始。”

《上清太极真人神仙经》:“立春日夜半时,东向坐,闭气九息,咽液三十五过,存天上北斗七星冉冉来下。比至我头顶,斗星大小任意忯忯,魁斗盖我顶上,杓指前,光明焕焕。”

《洞真高上玉帝大洞雌一玉检五老宝经》:“愿天、愿地、愿风、愿云,四愿一合,定籍长生,天盖胎根,地助曜灵,神风八扇,景云流盈。”

《洞真高上玉帝大洞雌一玉检五老宝经》:“投石时,皆各闭气五息,然后乃投。五石都毕,起向灶五再拜。又取薤白五斤,好积覆于五石之上,毕,内蜜灌薤上,毕,内腴一斛五斗灌蜜上,毕,乃按度腴入釜,深浅高下处所也。然后稍入水,使不满釜,以木盖浮盖釜上,九月十日平旦发火。当取直理之木,熇燥好薪,不用蠹虫及木皮不净之薪。火煮,方令觉少沸而已,勿使涌溢大沸。当屡发视,调其下火。先当视腴格处所,若煮水竭,当益水,取尽四十六斛水而止。又水尽更加煎,令减先腴格,二寸筹量,以意视之。都毕,成,寒之釜中，去下火炭，密盖其釜上，乃徐取五石。"

《洞真高上玉帝大洞雌一玉检五老宝经》："凡三物，搅令和，着铜器中，盖上器，以器着大镬汤中，令浮铜器。桑木薪火煎镬，令蜜并药干于铜器中，遂出器，凉之三日，又曝燥，捣为散，还纳铜器中。又密盖口，以器着灶上甑中，好桑薪火三十日。当以白日竟日蒸之，夜不火蒸也。日讫出丹，作高格曝燥之，又捣三万杵，细筛为散。又纳着器中，盖器上如初时法，着大镬汤中，浮煮铜器三日三夜讫。"

《陆先生道门科略》："千金虽贵，未若本赍之信命。奉道之家不赍命信，动积年岁，如此三天削落名籍，守宅之官还天曹，道气不复覆盖，鬼贼所伤害，致丧疾夭横。"

《太上洞玄灵宝五符序》卷中："槐木者，虚星之精，长服之年老更壮，脑不损耗，好颜色。以十月上巳日，取槐子盛新瓦瓮中，覆一瓦盆，盖之泥，封之三七二十一日，发，洗之，其外皮皆去，中子如大豆状。"

《太上洞玄灵宝五符序》卷下："若于庭坛施祭，当四面安障，勿令当风，当风灵气乱。设微火，火以蜡密盖火气上，勿令广照，广照灵气散矣。"

从上述用例来看，用来"盖"的物体仅有"(木)盖、魁斗、天、泥、蜡"等，搭配组合能力有限；25 例"盖"中有 6 例为"覆盖"连文，将近四分之一，说明在与"覆"的竞争中，"盖"尚处于弱势。据汪维辉研究，在表示"覆盖"这个意义上，《世说新语》一律用"覆"(4 见)而不用"盖"，《洛阳伽蓝记》"覆"(3 见)，"盖"(1 见)。《齐民要术》是"盖"字用得最多的一部书，共出现 62 例，但总数仍大大少于"覆"(103 例)。[①] 可见，中古时期，即使在口语性很强的材料中，"覆"仍占据压倒性优势，魏晋南北朝道经材料基本能反映当时的语言实际。

第七节　翼/翅

鸟类和昆虫的翅膀，上古汉语叫"翼"，也叫"羽"；中古开始叫"翅"，现代汉语则用双音词"翅膀"。"翅"始见于战国晚期，但西汉以前例子很少，东汉文人作品中例子仍不多。在东汉三国的佛经里，表示"翅膀"的概念则已是基本上用"翅"而很少用"翼"了。晋代以后，文人作品中"翅"的使用也日趋增多；到南北朝后期，已用得相当普遍。据此推测，口语中"翅"替代"翼"当

① 汪维辉：《东汉—隋常用词演变研究》，第 233 页。

不晚于汉末；到六朝后期，“翅”在书面文学语言中也已取代“翼”而占据主导地位。①

中古30部道经中，“翅”6见，“翼”3见，现在将其全引如下：

《赤松子章历》卷六：“在人为神，去人为鬼。人之将死，故眼睛光堕，左雄右雌，名曰土殃。从一至三，雄白雌黄，二七十四，毛羽飞翔。翅脚带毒，动则辉光。”

《上清黄书过度仪》：“阳将膝鹄座，以两手从额将上至足，以两手各引足大指坐，又以两手历两膝一过，名断死路。阴对作因，望元元阳，以两手将丹田经命门敛还至玉父，以大拇指及手胚历面上，举手高头于下，望玉室，阴卧小举头，望元元腾天阳，腾天踏地，蝶翅而下。阳两手按黄土名曰踏地，自长跪举手高头名曰腾天，因下手着后名曰蝶翅而去。阳以左手叉阴，右手俱作龙倒三过。”

《洞玄灵宝三洞奉道科戒营始》：“凡天尊、道君、老君左右，皆有真人、玉童、玉女、侍香、侍经、香官使者，左右龙虎君、左右官使者、天丁力士、金刚神王、狮子辟邪、龙麟猛兽、螣蛇神虎、凤凰孔雀、金翅朱雀、四灵八威、护法善神，备卫左右，各随力所建。”

《太上洞玄灵宝诸天灵书度命妙经》：“自入是境七百万劫，唯闻雅乐百和之音，不闻国人有悲戚之声。一土男女，皆面有金容。林有七宝骞树，树生赤实白环，上有凤凰孔雀、金翅之鸟，昼夜六时吐其雅音，狮子白鹿，啸歌邕邕。”

《太上洞玄灵宝诸天灵书度命妙经》：“凤凰孔雀，金翅群鸟，飞翔其岭。须臾之顷，忽有五色光明，洞照一土，幽隐并见。”

6例“翅”字，其中“蝶翅”“金翅”各占3例。“金翅鸟”，鸟名，佛教传说中的大鸟。《南齐书·武十七王·南郡王子夏传》：“世祖梦金翅鸟下殿庭，搏食小龙无数，乃飞上天。”《法苑珠林》卷十：“金翅鸟有四种，一卵生，二胎生，三湿生，四化生……若卵生金翅鸟飞下海中以翅搏水，水即两披，深二百由旬，取卵生龙随意而食之。”亦省称“金翅”。《大词典》始见例举康有为《寄赠王幼霞侍御》诗：“金翅食龙四海水，女床栖凤万年枝。”嫌晚，道经用例可大大提前。从道教文献中出现佛经名物词，可见道经对佛教文化的借鉴吸收。

“翼”字共有12见，其中仅3例为名词用法，其余9例均作动词，如“辅翼”“翼形”等，“辅翼”使用多达5次。表示“翅膀”，具体用法如下：

《太上洞玄灵宝赤书玉诀妙经》：“荧惑辅心，井鬼守房，柳星张翼，统御

① 参见汪维辉：《东汉—隋常用词演变研究》，第65～73页。

四乡，轸总七宿。回转天常，召运促会，正道驿行，赤文命灵。”

《太上洞玄灵宝五符序》卷中：“服之五年，身生光明，目照昼夜，有光关梁。交节轻身，虽无羽翼，意欲飞行。服之六年，增寿三百岁。服之七年，神道欲成，增寿千年。”

《太上洞玄灵宝五符序》卷下：“俯漱五华液，还复反童颜。腾神温凉宫，岂知热与寒。千秋似清旦，万岁犹日半。鼓翼空洞上，要我灵宝官。”

“张翼”“羽翼”“鼓翼”这三个词暂时还保留了文言用法。

总体来看，新旧词“翅”与“翼”的比例为 3∶1，在魏晋南北朝道教文献中，“翅”已居于主导地位，反映了当时语言的实际面貌。

第八节　囊/袋

“袋子”之义先秦主要用“橐”“囊”表示，对先秦常见文献调查，“橐”“囊”最早见于《诗经》。两汉时，则只用“囊”不用“橐”，同时开始出现了“袋”；魏晋至明，“袋”不断发展，到清代，“袋”完成了对“囊”的替换，成为当时的通用词，一直沿用至今。① 汪维辉指出，据目前所看到的材料，“袋”的最早用例见于晋葛洪撰、梁陶弘景补的《肘后备急方》中，推测它在口语中产生当不晚于魏晋。“袋”全面取代“囊”不会晚于隋。②

在南北朝文献里可以零星见到一些“袋”的例子。如晋葛洪撰、梁陶弘景补的《肘后备急方》有“绢袋”，《洛阳伽蓝记》有“锦香袋”（“袋”字有三种本子作“囊”），北周庾信有《题结线袋子》诗，等等。不过这些材料太零散，很难据以得出什么结论。《要术》中“袋”字很常见，共出现 20 次，而且都是在贾思勰自著的部分，有绢袋（5 见）、布袋（4 见）、毛袋（3 见）、纸袋（2 见）等，还有加“子”尾的“袋子”（4 见）；“囊”则一共只见到 9 例，而且有 3 例系出自引书。所以在贾思勰自著部分“袋”和“囊”的出现次数实际上是 20∶6。两者在词义上看不出有什么明显的差别。这一事实清楚地表明，在北魏后期的北方口语里，“袋”差不多已经取代了“囊”。③

我们对中古 30 部道经中“囊”“袋”的使用情况作了研究，“囊”共 26 例，

① 王瑞琪：《“橐”“囊”/“袋”的历时更替考》，《长春教育学院学报》2011 年第 4 期。

② 汪维辉：《东汉—隋常用词演变研究》，第 76 页。

③ 汪维辉：《试论〈齐民要术〉的语料价值》，《古汉语研究》2004 年第 4 期。

“袋”却未见用例，下面举部分例子：

《登真隐诀》卷上：“佩头上，盛以锦囊，勿履洿，五年与真一相见。佩符亦以初守，立春之日平旦，画符竟，未服，仍更朱书三元符白素上，剪为三片，俱执而祝。祝毕，即各卷并内紫锦囊中，佩头上，毕，乃服一纸符。”

《上清太上帝君九真中经》：“口诀是虎杖花，阴干而捣。用阴干，当以细绢囊盛，勿以尘附。一本云虎头脑。”

《女青鬼律》卷一：“天下散民中有孝顺忠信者，可书六十日鬼名，着乌囊贮之。常以正月一日日中时，以身诣师家受之，系着左右臂，以此行来，鬼不敢干。”

《洞真高上玉帝大洞雌一玉检五老宝经》：“治在六合，周旋绛宫。下达洞门，上到玄乡。混合三五，游息天京。呼引日月，变化雄雌。摄召符籍，胞胎之囊，死生之命，太一扶将。”

《洞真高上玉帝大洞雌一玉检五老宝经》：“阴房者，是鼻之两孔中也。司命出入，当由鼻孔，不两眉间也。夕在玄室，为玉茎之中，地户亦为阴囊中也。若女子存之，令在阴门之内北极中，夕夕存思焉。”

《洞真高上玉帝大洞雌一玉检五老宝经》：“又存白素元君，口呼二十四真下景八神名字，俱会命门脐宫。次又存帝君来入阴极宫，阴极宫乃兆阴囊中两丸间也。”

《太上洞玄灵宝赤书玉诀妙经》：“当朱书三天太上召伏蛟龙虎豹山精文，着一银木板上。又书记年月、师姓讳，着一板上。合二板，内囊裹。朱书次文，着一板上，着囊外。凡三板，合封为神策，如传之状。板悉用银木，长一尺四寸，广二寸四分。以绛纹之缯作囊，令长一丈二尺，衣之封外板上，下头印口中元始五老之章。”

《太上灵宝五符序》卷中：“中央有王，大如指，小者如环之，十二枚，四边各三，是其卫也。取之先斋戒百日，以酒脯醮其母，于日下乃取之，裹以丹囊，盛常置左腋下。”

《太上灵宝五符序》卷中：“欲饵之法，以二月、八月取根，刮去毛，熟洗细切。一斛煮以水六斗，炊火令和，日一至夕药熟。出使寒，手挼之使碎，酒囊酿得汁还竭，令可丸。”

《太上灵宝五符序》卷中：“熬胡麻一斗，令香捣为屑，令如粉，囊盛，纳五斗酒中，封泥二十日，以酒服，胡麻膏也。”

《太上灵宝五符序》卷中：“真人曰：‘文用朱儿，帛用鲜支，盛用鲜支囊。’古人名丹砂为朱儿，绢帛为鲜支也。”

《太上灵宝五符序》卷中：“天门冬三十斤，洗净，绢囊盛之。又以门冬汁一斗，浇酿饭，酿一石米法也。纳曲至酵，如常法。纳囊于器底，乃纳饭，封泥之。”

《太上灵宝五符序》卷中：“天门冬三斤、米一斗，炊令熟，少其水没沮天门冬，囊盛酿之，已熟都合济。”

《太上灵宝五符序》卷中：“取青梁米一斗，淘沃之，渍以醇酒三日，蒸之无令漏也。百蒸百露，无令见日，善密藏之韦囊中。”

“囊”在《太上灵宝五符序》中多达10例，“绢囊”共7见，其中5例出自《太上灵宝五符序》卷中；“锦囊”3见，皆出自《登真隐诀》；“阴囊”2见，皆出自《洞真高上玉帝大洞雌一玉检五老宝经》；另有“乌囊”“韦囊”等；“囊”可用作状语，表示工具，如“囊盛”。

以上用例也说明，“袋”作为一个新生词语，没有被用语总体偏典雅的道教文献所采用，而是继续使用旧词“囊”，“囊”的势力依然强大。

方一新曾对《抱朴子》中的4组单音名词——木/树、舟/艘/船、足/脚、目/眼的使用情况作过详细调查，发现木/树、舟/艘/船、目/眼三组的调查结果与汪先生的观点有所不同，《抱朴子》中的旧词仍然相当活跃，使用频率超过新词，新词的构词能力远不及旧词。并由此指出，在研究词汇特别是基本词汇时，要区别语料的性质，不可一概而论。同样是中古文献，其语料性质不同，反映口语的情况也就不一样。尽管在接近口语的文献中新词替换了旧词，但在比较保守的书面语系统中，旧词仍不妨长期使用，与新词并行不悖。语言词汇的发展并不一定是直线型的，常常会出现曲折复杂的情况（其原因包括口语文献与书面语文献的差异、方言的影响、作者的习惯等）。[①]

魏晋南北朝道教文献常用词的情况恰好能证明方先生的观点，中古道经常用词的面貌呈现出与口语文献不同的风貌，这也启发我们在研究中古汉语常用词演变时，不能只关注那些口语性较强的文献，对于文言色彩较强的其他文献也应给予充分的注意，只有这样，才能全面客观地描写中古汉语常用词的使用情况，从而得出更加科学的结论。

① 方一新：《从〈抱朴子〉4组名词看中古基本词的更替演变》，浙江大学汉语史研究中心编《汉语史学报》第10辑，上海教育出版社2010年版。又，俞理明、谭代龙亦曾指出：“影响历时比较的材料的一致性和可比性的因素，大致有这么一些方面：语体、文体、记载内容、作者的语文观或用语习惯、方言特征等等差异。”（参见俞理明、谭代龙：《共时材料中的历时分析——从〈根本说一切有部毗奈耶破僧事〉看汉语词汇的发展》，《四川大学学报（哲学社会科学版）》2004年第5期）

第五章　魏晋南北朝道教文献高频构词语素研究

汉语学界的构词研究多从词语本身出发，以语素为对象的研究，出现比较晚。尹斌庸《汉语语素的定量研究》（《中国语文》1984 年第 5 期）是早期比较有影响的一篇论文，其观点已广为学界所接受，即动词的独立性最强，构词能力最弱；相反，名词的独立性最差，但构词力最强；形容词的独立性与构词能力在二者之间，处于中间状态。此后又产生了一批成果，如符淮青《语素"红"的结合能力分析》（《语文研究》1983 年第 2 期）、苑春法等《基于语素数据库的汉语语素及构词研究》（《世界汉语教学》1998 年第 2 期）、程娟《试论〈金瓶梅〉单音形容词的构词特征》（《古汉语研究》1999 年第 2 期）、杨锡彭《汉语语素论》（南京大学出版社 2003 年版）、姜自霞《基于义项的语素构词研究——以构词力强的名词性语素为对象》（北京语言大学 2005 年硕士学位论文）、竺家宁《从佛经看汉语双音化的过渡现象》（《中正大学中文学术年刊》2011 年第 1 期）、张烨《支谶译经高频语素及相关语素项研究》[①]（《东疆学刊》2013 年第 3 期）等。总的来说，对汉语语素参与构词的研究还比较薄弱，研究对象多为现代汉语，对古汉语中语素构词的研究有待加强。

对汉语史上不同时期构词能力较强语素的系统研究尚未有人涉及，仅有个别断代或专书的举例性研究。郭颖《〈诸病源候〉论词语研究》（浙江大学 2005 年博士学位论文）第三章"《诸病源候论》词形研究"，专列一节"活跃的构词语素"分析了"变""虚""结"三个语素的成词情况。宋闻兵《〈宋书〉词语研究》（中华书局 2009 年版）以"活跃的构词语素"为题分析了"人""主""才""幹""奔""酬""逼"的构词表现。刘燕《魏晋南北朝墓志高频构词语素研究》（西南大学 2009 年硕士学位论文）对魏晋南北朝墓志中的 30 个高频构词语素进行了较为全面的考察。曾令香《元代农书农业词汇研究》（山东师范大学 2012 年博士学位论文）第五章"元代农书农业词汇的语法分析"第一

① 张烨：《支谶译经"构词法"及"造词法"研究》（吉林大学 2012 年博士学位论文）第五章"构词语素分析"对此有较为详细的论述。

节对比较活跃的语素“熟”“种”“田”“接”作了详细探讨。[①] 方一新指出：“中古时期，出现了一些特别能产的构词语素，是复音化程度加快的重要标志。”[②]这些能产的构词成分，和其他语素结合后，产生了大量新词，这是一个值得深入挖掘的领域。

竺家宁认为：“中古汉语的造词方式，有时还不是一个一个的造而是一批一批的造，也就是利用某一个基本词素作为构词原料，用它来衍生无数的双音节词，这是一个造词的方便法门。”[③]同样，在中古道经中也有这样的成分，我们称之为“高频构词语素”，指在魏晋南北朝道教文献中出现的构词能力较强的语素。不同的语素有不同的构词能力，构词能力强的语素可以广泛地和其他语素构成词。不同体裁文献中的活跃构词语素会有所不同，这既与语素自身的语义条件有关，也与所在的文献性质有关。本章拟从语素语义及构词方面来分构高频构词语素的成词情况。

第一节 “玄”

“玄”本义为赤黑色，后多用以指黑色。《说文·玄部》：“玄，幽远也。黑而有赤色者为玄。象幽而入覆之也。”《诗经·豳风·七月》：“载玄载黄，我朱孔阳。”毛传：“玄，黑而有赤也。”《尚书·汤诰》：“敢用玄牡，敢昭告于上天神后，请罪有夏。”孔颖达疏：“夏家尚黑，于时未变夏礼，故不用白也。”亦表“幽远”，《文选·陆机〈演连珠〉》：“通于变者，用约而利博；明其要者，器浅而应玄。”李善注：“《广雅》曰：‘玄，远也。’”《文选·江淹〈杂体诗·效袁淑“从驾”〉》：“宫庙礼哀敬，枌邑道严玄。”李善注：“《说文》：‘玄，幽远也。’谓神道幽远也。”从距离上的“幽远”抽象而有“深奥；玄妙”义，《老子》：“玄之又玄，众妙之门。”《玉篇·玄部》：“玄，妙也。”南朝宋颜延之《五君咏·向常侍》：“探道好渊玄，观书鄙章句。”《老子》书中称“道”为“玄之又玄”，后因以指道家学说、道教思想。《文选·孔稚珪〈北山移文〉》：“世有周子，隽俗之士，既文且博，亦玄亦史。”张铣注：“玄，谓老庄之道也。”《梁书·武帝纪下》：“少而笃学，洞达儒玄。”

① 曾令香：《元代农书农业词汇研究》，山东师范大学2012年博士学位论文，第174～182页。

② 方一新：《中古近代汉语词汇学》，第544页。

③ 竺家宁：《从佛经看汉语双音化的过渡现象》(《中正大学中文学术年刊》2011年第1期，2011年6月，第48～49页)分析了“正”“至”“高”“净”构成的一批词语。

道家学说与道教多有相通之处，道家“玄虚”思想对道教影响深远，早期道教在造作经文时，把这一思想吸收进来，以构造经文所需的一些相关表达。据夏先忠等研究，“玄”的“深奥、玄妙；幽远”等意义适合道教宣扬其道法的神秘，故经文中出现了很多由“玄”组成的词语，它们多表达神仙或神物在冥冥之中对信徒修行的处置或回应；而那些与神灵或神物无关的词语前不见“玄”，故其所构成的词语只表神灵或神物的动作，有突出行为宗教色彩的作用。①

“玄”在魏晋南北朝道经中使用频率非常高，但以“玄”为语素构成的词语在语义和结构上并不相同。以“玄”为语素构成的双音节词有两种形式：“玄＋X”和“X＋玄”。

第一种形式：“玄＋X”

《太上洞玄灵宝灭度五炼生尸妙经》：“以玄文之缯五十尺，或五尺，以奉五炁天君，为拔度之信。又以上金五两，或铁五十斤，以奉五帝，安镇五方。”

《登真隐诀》卷中：“所谓知白守黑，欲死不得；知黑守白，万邪消却。白黑即向三色之气，所谓玄白也。此语亦引《五千文》中之辞也。”

《正一法服天师教戒科经》：“大道者，包囊天地，系养群生，御万机者也。无形无像，混混沌沌，然生百千万种，非人所能名。自天地以下，皆道所生杀也。道授以微气，其色有三，玄元始气是也。玄青为天，始黄为地，元白为道也。”

《赤松子章历》卷二：“次存思案前五色真气，真气上，左右有直符童子，朱衣青裙。案前有一行符将军，朱衣玄冠，佩剑持钺斧。左右各有一直符，黄冠，黄裙，绯褐，执剑。”

《上清太极真人神仙经》：“北方玄滋，庆云启胎，绿灵敷晨，紫盖苍旗，服食月华，饮以琼饴。”

《太上洞玄灵宝赤书玉诀妙经》：“思北方洞阴朔单郁绝五灵玄老君，姓黑节，讳灵会，字隐侯局。形长五寸，头冠玄精玉冠，衣玄羽飞衣，驾乘黑龙玉舆，建皂旗。”

以上例中，“玄文”指黑色的花纹，“玄白”即黑白，“玄青”指深黑色，“玄冠”是黑色的道冠。“玄滋”即黑水，《文选·左思〈魏都赋〉》：“墨井盐池，玄滋素液。”李周翰注：“玄、素則墨井盐池之色，滋、液並水名。”“玄羽”指黑色羽毛。这五个词语中“玄”都含有“赤黑色；黑色”的语义。

《上清太上帝君九真中经》：“右奔日月隐道，太上上清太极九皇四真人

① 夏先忠、周作明：《从六朝上清经看文化对文献用语的影响》，《宗教学研究》2009年第1期。

之所宝秘，玄虚元君之玉章也。”

《太上经戒》：“太极真人答曰：‘此童真之人，名刊金简，才质清远景秀，太上玄微洞虚，故当为仙公之任，弘道大度者也。’”

《元始上真众仙记》：“溟滓经四劫，天形如巨盖。上无所系，下无所根，天地之外，辽属无端，玄玄太空，无响无声。元气浩浩，如水之形。”

以上例中，“玄虚”形容道的玄远虚无，也指玄远虚无的道。“玄微”指深远微妙。“玄玄”指深远貌；幽远貌。这三个词语中的“玄”都含有“幽远，玄远”的语义。

《太上洞玄灵宝灭度五炼生尸妙经》：“诸天大神而披龙汉之玄奥，开演洞玄之秘文，拔出长夜之府，使九幽得荷太阳之光。”

《登真隐诀》卷下：“凡此二朝推计之法，是吾思理所得，一切学者莫能晓悟。又别有用日之诀，受之玄旨，不可得言，其详论此事，具在第三卷中。”

《上清洞真智慧观身大戒文》：“夫古人之为道也玄寂，静神念真，自然不动，坐忘真道，已成端拱，云车立迎矣。”

《上清太极真人神仙经》：“真仙中万人以上，无有一人知日魂之名者矣。此道玄妙，非血食臭骸可得听闻者也。天阴无日，可于室中所卧洁盛处，存而为之。”

《元始上真众仙记》：“此事玄远，非凡学所知。吾以庸才，幸遭上圣眄目，论天地之奥藏，畅至妙之源本。辄条所诲，铭之于素，以为绝思矣。”

《太上妙法本相经》卷上：“何况子之前业广阔，逮乎今身，聪茂渊溢，解了玄宗，其功等于昆仑，其德同于渊海，十仙之期，毫分不失。”

《元始五老赤书玉篇真文天书经》：“至五劫周末，乃传太上大道君、高上大圣众、诸天至真，奉修灵文，敷演玄义，论解曲逮。”

《太上洞玄灵宝五符序》卷上：“是时四气温隆，清风既鼓，玄功妙畅，虚心内治。思退身以灭迹，惟藏景于幽绪，……更撰真灵之玄要，集天宫之宝书。差次品第，分别所修，行五色定其方面，名其帝号。”

以上例中，“玄奥”指玄虚深奥的义理，“玄旨”即深奥的义理，“玄寂”谓玄虚寂静，“玄远”指深远微妙的道法。“玄宗”指道义的深奥旨意。“玄义”即玄妙精深的义理。“玄要”谓奥妙精粹。这七个词语中语素“玄”都含有“玄虚深奥”的语义。

《太上灵宝五符序》卷下：“上圣玄音，岂有不信于苍生乎？盖求之者粗耳。”

《洞玄灵宝三洞奉道科戒营始》：“智慧恒观身，学道之所先。眇眇入玄津，自然录我神。天尊常拥护，魔王为保言。”

《上清太极真人神仙经》:“紫微黄书,名曰太玄。致月华水,养魄和魂,方中严事,发自玄关,藏天隐月。”

《上清太极真人神仙经》:“北方玄滋,庆云启胎,绿灵敷晨,紫盖苍旗。服食月华,饮以琼饴。祝毕,以舌舐下唇之内,取津咽液三十过。行之十年,北极老人来至,授子玄箓宝盟,一合上升。”

《洞玄灵宝三洞奉道科戒营始》卷一:“经曰:诽谤出家法身者,见世得虫癞病,过去生六畜中。经曰:破坏灵观玄坛者,见世眉须堕落,身体烂坏,过去生毒蛇身。”

《元始五老赤书玉篇真文天书经》:“五者,其德如地,开张广纳,无毫不载。六者,其德如三光五曜,诸天普受光明。七者,其德如高真,敷演玄教,为天中之尊。八者,其德如神人,广度一切,普受自然。”

《登真隐诀》卷下:“若卜问病者,云犯行年本命,太岁土王,墓辰建破,当请制地君五人,官将百二十人,治宜泉宫,令抑制消灭之。自非高真玄挺,皆有年命衰厄,及行造所为。”

“玄音”一词,《大词典》释作佛的声音,指佛教经义,此说可商。有些词语共现于佛经与道书之中,在不同的宗教文献则当有不同的所指,道经中的“玄音”应为道教经义。同理,“玄津”不是佛法而是道法,“玄关”既可指佛教称入道的法门,也可指道教的法门。① “玄箓”指道教的秘文秘录,“玄坛”②指道观,道坛。“玄教”即道教。“玄挺”③指修道之人的禀赋。以上例中“玄”代指道教,以“玄”为构词语素构成的这些词语都是名词,皆属偏正结构,“玄”来修饰后面的名词。

《洞真高上玉帝大洞雌一玉检五老宝经》:“太一之精,起于太清,魂魄受化,形影为灵。摄御百神,拘制三阳。帝君玄烟,合真会昌。内安精气,外攘灾殃,却除死籍,延命永长。衣服老少,变易无常。治在六合,周旋绛宫。下达洞门,上到玄乡。混合三五,游息天京。”

《登真隐诀》卷上:“丹田上一寸为玄丹宫,上却入三寸也。”

《太上洞玄灵宝灭度五炼生尸妙经》:“今日大庆,青天始阳,高驾临正,

① 中国道教协会、苏州道教协会:《道教大辞典》第406页“玄关”条释作“入道之门”。

② “玄坛”,《大词典》始见书证为宋高承《事物纪原·真坛净社·道观》:“周穆王尚神仙,召尹轨、杜冲居终南山尹真人草楼之所,因号楼观,盖道观之初也。……隋炀帝改为玄坛,后复曰观。”嫌晚。

③ 据周作明研究,“挺”作动词有“生出、生长”义,由此引申出“禀承”“显现”义……进而转指所禀承的对象,即“禀赋”。“挺”并能与其他语素能组合成一系列词,如:玄挺、宿挺、骨挺、神挺、玉挺、异挺、德挺、天挺、挺禀、挺分、挺命、挺契等,用于叙述学道者先天禀赋的高低。(参见周作明:《敦煌道经语词札记》,《怀化学院学报(哲学社会科学版)》2006年第12期)

万道开通,甲乙受度,托尸玄房。"

《登真隐诀》卷中:"泥丸玄华,保精长存,左为隐月,右为日根,六合清炼,百神受恩。祝毕,咽液三过。此祝中云左月右日者,是阴阳互相入,即紫文三魂飞精之义,故有隐根之目也。玄华是发神之名,六合为鬓下之府,凡诸祝辞皆有旨训,非但此文而已。"

《上清太极真人神仙经》:"命门,脐也。玄阙,是始生胞肠之通路也。"

《上清太上帝君九真中经》:"父驾元气,母载玄轴,巾日精华,腰带虎箓,流火万丈,眼生龙烛。天帝秉节,凤衣羽衣属常存九真神帝所育,乃在紫房,明堂之北。灌生续精,防守玄谷,出入命室,遨游洞关。"

《上清太上帝君九真中经》:"第三,玄台月华三斤,口诀是雌黄,不用青色。第四,青腰玉女五斤,口诀是空青。第五,灵华沉腴三斤,口诀是熏陆香。第六,北帝玄珠一斤,口诀是消石。"

"玄乡",道教谓人体内的肾脏。《黄庭内景经·琼室》:"长谷玄乡绕郊邑。"梁丘子注:"玄乡,肾也。""玄丹"在道教中指心之神,《黄庭内景经·若得》:"若得三宫存玄丹。"梁丘子注:"玄丹,丹元,谓心也。""玄房"指人的口和鼻。"玄华"在道教中谓发神名,亦泛指头发。"玄阙"指肾。"玄谷"亦指肾。《黄庭外景经·上部经》:"下有长城玄谷邑。"务成子注:"肠为长城,肠为邑,肾为玄谷,上应南北也。""玄珠"乃外丹名词,水银的隐名[①]。《大词典》失收此义。这些词语有个共同点,即都是隐语,"玄"作为构词语素,已和另一成分紧密融合为一体,词汇化程度很高,无法分开解释。[②]

第二种形式:"X+玄"

《三天内解经》:"学有数品。大乘之学,当怡心恬寂,思真注玄,外若空虚,内若金城。香以通气,口以忘言,慈心众生,先念度人,后自度身。悉在升仙,不念财钱,回心礼谢,不劳身神。求真于内,然后通玄。念与道合,自无多陈,可谓呼吸六合,历览未闻。夫小乘之学,其则不然。"

《洞真高上玉帝大洞雌一玉检五老宝经》:"大小有中,灵书神经,时有不具。惟西龟之山,玄圃之上,积石之阴,金堂玉室之中,有大洞八素高玄羽章,乃都备耳。"

《正一法服天师教戒科经》:"牵三复牵五,道士出蓬户。脱落形骸中,渊

① 中国道教协会、苏州道教协会:《道教大辞典》,第410页。

② 冯利华指出:"道教隐语的另一特色是'玄''黄''玉'等蕴含道教文化的语素参与构词,'玄''黄''玉'在道教隐语中所占的比例较多。"(冯利华:《中古道书语言研究》,巴蜀书社2010年版,第199页)

玄谁能睹。”

“通玄”谓通晓玄妙之理。“高玄”指高妙深奥。“渊玄”谓深邃；深奥。这三个词语中语素“玄”都含有“玄虚深奥”的语义。

《洞真高上玉帝大洞雌一玉检五老宝经》：“万气上生，同保泥丸。言愿既毕，日月同年。至道幽微，大哉虚玄。玄母动静，八门之间。”

《洞真高上玉帝大洞雌一玉检五老宝经》：“夫人之所匆为者，斯亦多矣。若必绝辔虚汉，栖心洞门，体夷常洁，神守幽元，顿首经师之牖，启乞重玄之关。”

“虚玄”谓道教思想，“重玄”即道教。这两个词语中语素“玄”代指“道教”。

《洞玄灵宝三洞奉道科戒营始》：“道士、女冠，总兼前法、备修行者，启奏之曰：称上清玄都大洞三景弟子，奉行灵宝自然升玄法师。”

《洞真高上玉帝大洞雌一玉检五老宝经》：“《大洞真经》，天真之玉诀，金书玉字之元篇。得之者飞步空玄，腾云乘虚，上补高仙，长生飞行者是也。”

《上清太上九真中经绛生神丹诀》：“第五纲星，天平丹元，玉衡魄灵上君，上玄九皇君。”

“升玄”在道教中指得道升天。“空玄”[①]即天空。“上玄”即上天，《文选·扬雄〈甘泉赋〉》：“惟汉十世，将郊上玄。”李善注：“上玄，天也。”这三个词语中语素“玄”都含有“天”的语义，此义源出《易·坤》：“天玄而地黄。”孔颖达疏：“天色玄，地色黄。”后因以“玄”指天。《文选·扬雄〈剧秦美新〉》：“或玄而萌，或黄而芽。”刘良注：“玄，天也；黄，地也。”

在我们调查的魏晋南北朝道教文献中，“玄”共出现1129次，以“玄”为语素构成的双音节词中，“玄＋X”[②]的构词能力远远高于“X＋玄”[③]，成词比例

① 《大词典》释“空玄”为“犹幻想”，书证为李大钊《今》：“盼‘将来’的结果，往往流于梦想，把许多‘现在’可以努力的事业都放弃不做，单是耽溺于虚无缥渺的空玄境界。”失收道经中的义项。

② 玄文、玄图、玄清、玄房、玄都、玄阴、玄天、玄灵、玄奥、玄洲、玄宫、玄丹、玄精、玄帅、玄华、玄真、玄白、玄阙、玄元、玄挺、玄旨、玄波、玄感、玄清、玄书、玄母、玄谷、玄景、玄皇、玄虚、玄科、玄法、玄珠、玄台、玄映、玄运、玄水、玄根、玄微、玄趣、玄老、玄龙、玄青、玄武、玄冠、玄祖、玄泽、玄楞、玄孙、玄象、玄阴、玄极、玄女、玄风、玄造、玄律、玄司、玄冥、玄流、玄枢、玄符、玄云、玄霄、玄泉、玄芝、玄音、玄化、玄神、玄阳、玄寂、玄霜、玄滋、玄箓、玄膺、玄照、玄妙、玄晖、玄关、玄圃、玄耀、玄素、玄官、玄乡、玄室、玄门、玄镜、玄玄、玄远、玄宗、玄应、玄悟、玄坛、玄龟、玄津、玄丘、玄纱、玄会、玄上、玄告、玄监、玄鉴、玄牙、玄羽、玄澳、玄气、玄台、玄府、玄通、玄教、玄义、玄古、玄功、玄黄、玄盖、玄石、玄澹、玄要、玄会、玄览、玄户、玄命、玄琳、玄腴、玄老、玄纪、玄瑞、玄章、玄札、玄黑、玄叶。

③ 隐玄、微玄、九玄、玉玄、寄玄、洞玄、三玄、升玄、通玄、真玄、上玄、虚玄、高玄、空玄、重玄、太玄、渊玄、虚玄、注玄。

为130:19。“玄”以不同的语素义参与了构词,这些语素义既包括“玄”的本义,也包括它的一系列引申义,语素义的丰富是“玄”构词能力强的一个重要因素。以“玄”为语素构成的词语以名词和形容词为主,各词在魏晋南北朝道书中出现的频率也不同,玄都95①、玄真37、玄天29、玄丹17、玄法12是出现频率最高的。

第二节 “云”

云,由水滴、冰晶聚集形成的在空中悬浮的物体。《说文·雲部》:“雲,山川气也。”段注:“山川气也。天降时雨,山川出雲。从雨,云象回转之形。回上各本有雲字,今删。古文只作云,小篆加雨于上,遂为半体会意、半体象形之字矣。云象回转形,此释下古文雲为象形也。”《周易·小畜》:“密云不雨,自我西郊。”引申喻盛多。《诗经·齐风·敝笱》:“齐子归止,其从如云。”毛传:“如云,言盛也。”《汉书·沟洫志》:“举臿为云,决渠为雨。”可借指高空,三国魏曹植《七启》:“长裾随风,悲歌入云。”亦可喻指轻柔舒卷如云之物,唐程长文《狱中书情上使君》诗:“高髻不梳云已散,蛾眉罢扫月仍新。”

道教文献中的“云”多用本义,道教所营造的仙境,常有神仙腾云驾雾、游行空中的情景,道教的基本信仰就是长生成仙,飞升天界。神仙居于天界,乘云气,御飞龙,游乎四海之外。“天”是神仙居处与活动的主要场所,是“仙境”最重要的组成部分。“天”究竟是什么样子?《度人经》有云:“飞云丹霄,绿舆琼轮,羽盖垂荫,流精玉光,五色郁勃,洞焕太空。”《元始无量上品妙经》则云:“七日七夜,诸天日月星宿,璇玑玉衡,一时停轮,神风静默,山海藏云,天无浮翳,四气朗清。”故而“云”在道书中是一个出现频率相当高的意象。

以“云”为语素构成的双音节词有两种形式:“云+X”和“X+云”。

第一种形式:“X+云”,X可为动词性成分:

《上清太极真人神仙经》:“真人抱五方元晨之晖,食九霞之精,所以神光内曜,朱华外陈。体生玉映,形与气明。行之十年,四极老人中央元君降下,于子一合乘云驾龙,白日登天。”

《上清太上帝君九真中经》卷下:“面有童婴之色,身生玉光,灾害不伤,

---

① 词目后的数字为出现频次。

乘云上升，位为真人。”

“乘云”，即驾云、驭云，共17例。此词盖始见于《楚辞·离骚》：“吾令丰隆乘云兮，求宓妃之所在。”中古道经习用，《洞真高上玉帝大洞雌一玉检五老宝经》：“若读《大洞真经》，而不服此丹者，便待万遍既毕，立乘云升天，不得复住世间，欢喜于凡尘中也。”“乘云”喜与“驾龙”连言，共11见，分别出现于《洞真高上玉帝大洞雌一玉检五老宝经》《老君音诵诫经》《上清洞真智慧观身大戒文》《上清太极真人神仙经》《紫阳真人内传》。”尤以《洞真高上玉帝大洞雌一玉检五老宝经》中使用最多，如“但得读此经，止可乘云驾龙，位为真公卿，晏寝九玄。”又：“于是五老翼轩，八风扇羽，神电前驱，玉华扶毂，即可乘云驾龙，白日升天，诣太素三无君宫中受书也。”还可与“迅龙”连文，《紫阳真人内传》：“皇天上清金阙帝君，所以乘云迅龙，周行九天者，皇洞房三元真一之事也。”亦有与“驾飙”连文例，《洞真高上玉帝大洞雌一玉检五老宝经》：“三元之法，惟偶得此隐朝之道，守行之三十年，得乘云驾飙，升入玄洲也。”

为避重复，亦有“驾云”“腾云”“升云”等，不过使用较少，各1见。

《太上经戒》：“若见散施，当愿一切祸灭九阴，福起十方。德如山海，莫不兴隆。七祖生天，子孙贤忠，富贵巍巍，所欲皆从，学道飞仙，驾云乘龙。”

《洞真高上玉帝大洞雌一玉检五老宝经》：“《大洞真经》，天真之玉诀，金书玉字之元篇。得之者飞步空玄，腾云乘虚，上补高仙，长生飞行者是也。”

《老君音诵诫经》：“吾乃勉陵身，元元之心，赐登升之药，百炼之酒，陵得升云蹑虚，上入天宫。”

还可作“蹑云”，共2例，如：

《上清太上帝君九真中经》卷下：“五帝夫人，蹑云把风，灵帔郁罗，佩琼带珰，羽裙拂霄。”

道典中常见“兴云降雨”的说法，古代农业靠天吃饭，对雨水的依赖比较强，兴云而致雨是道教神力的重要体现之一。“兴云”有4例：

《赤松子章历》卷三：“天恩哀愍，谨请灵台宫中汉明君各一人，官将百二十人，主摄天雷等。元名宫中小玄明君一人，官将百二十人，主摄河伯吕公子、三十六水帝、十二溪女、九江水帝、河平侯掾吏、中部水神，兴云下雨。”

《上清太上帝君九真中经》：“发釜之后，便恍惚长大，文彩光华，吐气兴云，所谓隐龙者也。即乘之而行，以造九晨之宫。”

《太上洞玄灵宝赤书玉诀妙经》：“三界司迎，五岳四渎，天官地神，稽首侍送，万灵卫真。兴云降雨，八威召龙，千变万化，立应自然。”

亦作“披云”“行云”。

《正一法服天师教戒科经》：“牵三复牵一，披云朗白日。三灾荡秽累，约当被中出。”

《赤松子章历》卷三：“某时炎旱若干日，甘雨不降，阳气兴盛，天无行云之麐，地无津液之润。”

披云，拨开云层。《赤松子章历》卷三：“臣谨为百姓寒心，请乞披云降雨。”同期其他文献亦见，汉徐干《中论·审大臣》：“文王之识也，灼然若披云而见日，霍然若开雾而观天。”三国魏嵇康《琴赋》：“天吴踊跃于重渊，王乔披云而下坠。”

在我们所调查的30部魏晋南北朝道经中，发现8例“庆云”。庆云，五色祥云，古人以为喜庆、吉祥之气。《汉书·天文志》：“若烟非烟，若云非云，郁郁纷纷，萧萧轮囷，是谓庆云。庆云见，喜气也。”《列子·汤问》：“庆云浮，甘露降。”

“庆云”，主要是作主语，集中出现于《太上洞玄灵宝赤书玉诀妙经》，尤其是卷下，多达3处。

《太上洞玄灵宝赤书玉诀妙经》卷上：“玄上高灵，元始尊神，大圣徘徊，万神临轩。三景敷晖，庆云四陈，上告校图，推等九天。今日启愿，投刺灵山。”

《太上洞玄灵宝赤书玉诀妙经》卷下：“北方玄天，五炁散灵，上有大神，始老元精，驾龙建旗，游宴上京。是日元吉，庆云敷荣，飞芝流洒，滂沱四盈，玉女玄澳。”

《太上洞玄灵宝赤书玉诀妙经》卷下：“今日王吉，万灵开图，五炁徘徊，庆云四敷。仙童执简，太玄度符，记我仙籍，金箓上书。”

《太上洞玄灵宝赤书玉诀妙经》卷下：“思心生赤炁，以灌绕肝府，青赤二炁混沌相着，如庆云之杳烟，觉肝中熏热，便九咽。”

《上清太极真人神仙经》：“北方玄滋，庆云启胎，绿灵敷晨，紫盖苍旗，服食月华，饮以琼饴。”

另有一例作宾语的。

《洞真高上玉帝大洞雌一玉检五老宝经》：“于是九思存者，则金姿曜于东华，玉形蜕于帝门，神暎五老，腾跃三元，灵羽披空，炁结庆云，又能身生水火，放光万仞，项负宝曜，浮游九晨。”

"飞云"是一个使用较多的词汇，共12见，本作动词。

《洞玄灵宝三洞奉道科戒营始》："凡造香炉，有一十五种相。一者雕玉，二者铸金，三者纯银，四者鍮石，五者铸铜，六者柔铁，七者七宝，八者雕木，九者彩画，十者纯漆，十一者瓷作，十二者瓦作，十三者石作，十四者竹作，十五者时作。皆大小随时，舞凤盘龙，飞云卷雾，或莲华千叶香山，或复雕镂隐起，或朴素平缦。"

引申作形容词，可修饰车子。

《上清太上九真中经绛生神丹诀》："咒毕，又存流铃飞云之车，驾十黄龙，来从月光中，到我之前。"

《元始五老赤书玉篇真文天书经》："是时上圣太上大道君、高上玉帝、十方至真，并乘五色琼轮、琅舆碧辇、九色玄龙、十绝羽盖、三素流云。诸天大圣、妙行真人，皆乘碧霞九灵流景飞云玉舆。"

也可用来形容"（宝）冠"。

《洞玄灵宝三洞奉道科戒营始》："金刚天之四极神，立天之四隅，或天门地户，长一千二百丈。按剑持杖，身挂天衣飞云宝冠，足蹑巨山神兽、大石诸鬼之上，立作杀鬼之势 。"

《洞玄灵宝三洞奉道科戒营始》："若上清大洞女冠，冠飞云凤气之冠。"

《洞玄灵宝三洞奉道科戒营始》："真人又不得散发、长耳、独角，并须戴芙蓉飞云元始等冠，复不得戴二仪平冠、鹿胎之属。"

"飞云宝冠"等词之所以如此多见，其与道教服饰文化有着深刻的内在联系。唐张万福《三洞法服科戒文》："冠者，观也，内观于身，结大福缘。天地百神，威奉于己，当自宝贵，以道护持。制断六情，抑止贪欲。虚心静虑，涤荡尘劳。念念至诚，尅登道果。外观于物，悉非我有，妄生贪着，惑乱我心。当须观妙，常使无欲，以其观察，德美于身。上法三光，照明内外，如彼莲花，处世无染。又花为果始，用冠一形，举之于首，圆通无碍。"又曰："太上曰：衣服者，身之章也。随其禀受品次不同，各有科仪。凡有九等，汝可谛听，当为子说。……六者无色天中仙真圣服及诸天帝，冠飞云宝冠，衣九色无缝之帔，翠龙华裙。"

还可作为名词。

《上清太上帝君九真中经》卷上："闲心静室，寥朗虚真，逸想妙观，腾濯玄人。苟诚感上会，精悟晖晨，亦将得见丹景之气，三素飞云，八舆朱辇。"

与"飞云宝冠"联系比较密切的还有"颓云三角髻""弹云（三角）髻"。

《上清太上帝君九真中经》卷下："右五夫人头并颓云三角髻，余发垂之至腰。"

《洞真高上玉帝大洞雌一玉检五老宝经》："若存三元君者，首作颓云三角髻，余发散垂至腰中，髻上乃着扶晨冠耳。"

《上清太上九真中经绛生神丹诀》："第一星中，名太上宫，宫中有帝君变隐逃元内妃，名太一法烜，字幸正扶，着黄锦帔，丹青飞裙，軃云髻。"

《上清太上九真中经绛生神丹诀》："已上五夫人，头并軃云三角髻，余发垂至腰。"

"颓云"，亦作"穨云"，本指柔软的云，可喻指女子松柔的发髻。唐崔融《嵩山启母庙碑》："玄女以明月为珠，素女以穨云作髻。"清陈裴《香畹楼忆语》："抛却鸳衾兜凤舄，髻子穨云乍绾。"道教文献中屡见，《上清五常变通万化郁冥经》中共 12 见，如："太上宫中帝君变隐遁元内妃，姓延明，讳太一法坦，字幸正扶，真名口，衣黄锦帔丹青飞裙，颓云髻。"北宋张君房《云笈七签》卷三十一《禀生受命部三》之《九真帝君九阴混合纵景万化隐天诀》："北斗第一星中名太上宫，宫中有帝君变隐逃元内妃名太一法怛，字幸正扶，着黄锦帔丹青飞裙，颓云髻。第二星中名中元宫，宫中有帝君保胎化形内嫔名太一三瓮，字罗朱婴，著赤锦帔绿羽飞裙，颓云髻。"值得注意的是，从北斗第一星及至第九星，服饰虽殊，但发饰皆为颓云髻。

"軃云髻"，《上清太上九真中经绛生神丹诀》共 10 见。"軃"始见于《玉篇·亩部》："嚲，垂下貌。""軃"是"嚲"之异体，亦作"軃""**𨉖**"。《广韵·哿韵》云："軃，垂下貌。嚲，古文。"《重订直音篇·亩部》："軃，丁可切。**𨉖**，同上，俗。"例如唐唐彦谦《无题》诗之二："醉倚阑干花下月，犀梳斜軃鬓云边。"唐白居易《宴桃源》词："落月西窗惊起，好个匆匆些子。鬟鬓軃轻松，凝了一双秋水。"五代和凝《春光好》词："纱窗暖，画屏闲，軃云鬟。睡起四肢无力，半春闲。"宋曾觌《钗头凤》："春寒峭，腰肢小，鬓云斜軃蛾儿袅。"宋方千里《夜游宫》词："夜初过、水沈烟乱。剩枕余衾故人远。忆闲窗，軃云鬟，低粉面。"宋周邦彦《浣溪纱慢》词："灯尽酒醒时，晓窗明，钗横鬓軃。"

"軃"常用来形容发髻，且多见于唐诗宋词，特别是表现闺情花柳、笙歌饮宴等内容的诗词中，其中原因值得探讨。我们在古医书中找到了一丝线索。《黄帝内经·灵枢·口问》："黄帝曰：'人之軃者，何气使然？'岐伯曰：'胃不实则诸脉虚，诸脉虚则经脉懈惰，筋脉懈惰则行阴用力，气不能复，故为軃。'"清张志聪注："軃者，垂首斜倾懈惰之态。"这种慵懒的姿态正适合于婉约词所要表现的人物形象。

另外，还有"浮云""流云""游云""敷云""散云"，"浮云"共 3 见，其他皆为孤例。

《女青鬼律》卷五："天下愦愦，常如浮云。君图其臣，妇谋其夫。"

《元始五老赤书玉篇真文天书经》："是时上圣太上大道君、高上玉帝、十方至真，并乘五色琼轮、琅舆碧辇、九色玄龙、十绝羽盖、三素流云。"

《太上洞玄灵宝五符序》卷下："游云落太阳，飙景陵三天。灵宝曜九虚，幽朗钟山间。"

《太上洞玄灵宝灭度五炼生尸妙经》："日吉时和，玄天始分。上圣临庆，北帝敷云。甲乙受度，托尸幽门。太上清信，位齐十天。"

《洞真高上玉帝大洞雌一玉检五老宝经》："八景回神风，散云蔼飞灵。圆轮掷空洞，金映冠天精。"

"X＋云"，X 亦可为名词性成分，如"景云"（10 见）、"锦云"（2 见）、"烟云"（2 见）、"秋云"（1 见）、"雨云"（1 见）。

《上清太上帝君九真中经》卷下："愿得与五帝真君，月魂精神，共乘景云，上奔日宫。"

《太上洞玄灵宝诸天灵书度命妙经》："锦云翠朱日，圆华逐月生。混合自然气，辽辽九遐清。"

《太上洞玄灵宝诸天灵书度命妙经》："飞步入北清，把真招上元。乘景望玄台，四宫生锦云。"

《洞真高上玉帝大洞雌一玉检五老宝经》："五气异方，津光合形。有终而死，有始而生。万类反本，千条皈冥。道气遍浮，烟云奔流。"

《太上洞玄灵宝赤书玉诀妙经》卷下："须臾化生白炁，皓皓如秋云之罗天，灌覆己形，从口中而入，直下肺府。"

《赤松子章历》卷四："又请九海北玄君，官将百二十人，动毕星宿，升阴气，兴散雨云，制伏火殃，令不得起。"

景云，即祥云、瑞云。《淮南子·天文训》："虎啸而谷风生，龙举而景云属。"《文选·应贞〈晋武帝华林园集诗〉》："凤鸣朝阳，龙翔景云。"李善注："《孝经援神契》曰：'王者德至山陵则景云出。'孙柔之曰：'一名庆云。'《文子》曰：'景云光润。'"俞理明认为："复现率反映词汇成分的活跃程度，但受行文的影响，有些词汇成分的复现有偶然性，比如相同的话反复地说而出现的复现，并不足以反映它的活力，据此得到的数字统计，可能给人误导。因此，词汇个体的分布面，即在不同文献中出现的情况，更能反映使用的普遍性。”[①]我们调查发现10例“景云”分布于《上清太上帝君九真中经》《上清太上九真中经绛生神丹诀》《上清太极真人神仙经》《洞真高上玉帝大洞雌一玉检五老宝经》《太上洞玄灵宝赤书玉诀妙经》《元始五老赤书玉篇真文天书经》《太上洞玄灵宝五符序》。

从句法功能来看，“景云”主要是作宾语，如：

《上清太上帝君九真中经》卷下：“愿得与五帝真君，月魂精神，共乘景云，上奔日宫。”

《上清太上九真中经绛生神丹诀》：“左佩隐符，右带虎文。御火戴火，手抱绛幡，旁魔八风，四掣景云，逍遥天纲，化荡七元。”

《太上洞玄灵宝赤书玉诀妙经》卷下：“今日大王，灵岳开仙，上回万神，降我三门。变化婴儿，镇心安魂，混合二炁，缠我命根。长与祝融，驾乘景云。逍遥南阿，天地长存。”

《元始五老赤书玉篇真文天书经》卷上：“其精始生，上号明石七炁之天，中为太白，下为华阴山。其气如明月之落于景云，其光如幽夜之睹于明珠。”

也可作主语，如：

《洞真高上玉帝大洞雌一玉检五老宝经》：“天盖胎根，地助曜灵。神风八扇，景云流盈。我与帝君，同飙上清。”

《上清太极真人神仙经》：“是以龙吟方渊，故景云落霄，虎啸灵岳，故冲风四振，阳燧昭明而朱火郁起。”

《太上洞玄灵宝赤书玉诀妙经》卷下：“须臾化生黄炁，勃勃如景云之吐晖，灌覆己形，从口中而入，直下脾府。”

进一步发展，还可作形容词，起修饰限定作用。

《上清太上帝君九真中经》卷下：“以三岁白雄鸡羽扫之，盛以金银密器中。其华当作景云之色，五十八种之气，流霞玄映。”

《太上洞玄灵宝五符序》卷上：“其时有天人神真之官降之，乘宝盖玄车而御九龙，策云马而发天窗，自称九天真王、三天真皇，并执八光之节，佩景云之符，到于牧德之台，授帝喾以九天真灵经、三天真宝符。”

名词性成分的X，有一系列颜色词值得关注。

《太上洞玄灵宝赤书玉诀妙经》卷下：“思肺生白炁，灌绕脾宫，黄白二炁混沌相着，似黄云之回天，觉脾中熏热，便十二咽。”

---

① 俞理明、顾满林：《东汉佛道文献词汇新质研究》，商务印书馆2013年版，第21页。

《赤松子章历》卷二:“直过黄道五六里,遥见紫云隐隐。直到紫云,见天门。”

《上清太上帝君九真中经》卷下:“同与帝君,太一无英,骖乘绛云,阳遂九軿。”

《赤松子章历》卷四:“谨恐某家大小年命有犯五方罗网,九宫八卦,更相克伐,仍是九天玄极之气下游世间,纵横九百九里。罗者如炎火,网者如黑云,悉带九星精气,赤精焕烂。若人年命当之,立见凶损。”

《上清太上九真中经绛生神丹诀》:“常能行此道十五年者,于是南极老人丹陵上真,迎以绿云之舆。”

《太上洞玄灵宝赤书玉诀妙经》卷下:“思肝生青黑,以灌绕肾府,青黑二炁混沌相着,如碧云之杳烟,觉肾中熏热,便五咽。”

《正一法服天师教戒科经》:“胡人不能信道,遂乃变为真仙。仙人交与天人,浮游青云之间,故翔弱水之滨。”

《上清太上帝君九真中经》:“假令立春日见三元三素云者,则紫云在上,绿云次之,白云在下,共相杳也。”

上举诸词,其出现频次呈现较大不同,“紫云”(11 见)、“绛云”(10 见)、“黄云”(3 见)、“黑云”(2 见)、“绿云”(2 见)、“碧云”(1 见)、“青云”(1 见)、“白云”(1 见)。

紫云,紫色的云气,古以为祥瑞之兆。汉焦赣《易林·履之渐》:“黄帝紫云,圣且神明,光见福祥,告我无殃。”唐李白《古风》之三六:“东海沈碧水,西关乘紫云。”前蜀杜光庭《贺黄云表》:“又汉宣帝幸甘泉宫,紫云入殿,宋世祖践祚,紫云见于端门。”

从语法成分来看,“紫云”一般作主语。

《上清太极真人神仙经》:“东方青牙,紫云流霞,三素徘徊,玄霜玉罗,服食晨晖,饮以朝华。”

《元始上真众仙记》:“有顷之间,紫云覆林,忽见一真人,眼瞳正方,项负圆光。”

《太上洞玄灵宝赤书玉诀妙经》卷上:“天洒香华,神龙妓乐,无鞅数众,紫云四敷,三景齐明,天元合庆。”

《元始五老赤书玉篇真文天书经》:“八者,紫云吐晖,流洒诸天,一切万物,普受光明。”

有时也作宾语,如:

《紫阳真人内传》:“以紫云为盖,柔玉为床,凤衣神冠,佩真执节,左带流金之铃，右带八光之策。”

《赤松子章历》卷二：“直过黄道五六里，遥见紫云隐隐。直到紫云，见天门。”

绛云，红色的云，传说天帝所居常有红云拥之。《周氏冥通记》卷二：“悬台凌紫汉，峻阶登绛云。”北周庾信《道士步虚词》之八：“北阙临玄水，南宫生绛云。”唐卢照邻《赠李荣道士》诗：“圆洞开丹鼎，方坛聚绛云。”在我们的调查范围中，《上清太上帝君九真中经》《上清太上九真中经绛生神丹诀》《太上洞玄灵宝赤书玉诀妙经》《太上洞玄灵宝诸天灵书度命妙经》《太上洞玄灵宝五符序》五部经典都有使用。

常作主语，例如：

《太上洞玄灵宝五符序》卷上：“南方朱丹三气之天，其气烟如绛云之苞白日，其光如玄玉之映流渊。”

《太上洞玄灵宝诸天灵书度命妙经》：“绛云翠玉虚，灵风拂太微。辽辽六气除，眇眇吐灵晖。”

有时也作定语，如：

《上清太上帝君九真中经》卷下：“毕，又存阳遂绛云之车，驾九赤龙，从日光中来到我之前，仍存与五帝共乘，而奔日也。”

《上清太上九真中经绛生神丹诀》：“毕，又存阳燧绛云之车，驾九赤龙，来从日光中到我前。”

黄云，黄色的云气，祥瑞之气。《汉书·郊祀志上》：“天子使验问巫得鼎无奸诈，乃以礼祠，迎鼎至甘泉，从上行，荐之。至中山，晏温，有黄云焉。”明胡震亨《唐音癸签·诂笺一》：“沈佺期《改年观赦》诗：‘六甲迎黄气，三元降紫泥。’《望气经》云：‘黄云四出，主赦。’黄气，黄云也。”亦可代指天子气。《古微书·洛书纬》：“黄帝起，黄云扶日。”《宋书·符瑞志上》：“帝尧之母曰庆都，生于斗维之野，常有黄云覆护其上。”前蜀杜光庭《贺黄云表》：“尧之诞生，常有黄云垂覆；舜之御宇，常有黄云凝空。”

或作主语，例如：

《洞真高上玉帝大洞雌一玉检五老宝经》：“夫三元君之出游也，则日月倾曜，列烛拔根，八风洞波，飙汤幽源，连晖九万。高霄舞晨，绛霞郁敷，黄云九缠。”

或作定语，例如：

《赤松子章历》卷六：“重烦中央高皇三十二天玄都紫微宫中黄帝、监生度命君、贸名易形君、元气受生君、神仙度世君各一人，兵士各九百万众，乘黄云羽车，飞行万里，一合来下。”

为什么“紫云”“绛云”的出现次数远远高于其他颜色的词，这与道教文化有着内在的联系。葛兆光对道经的语言曾有如此论述：“十年来，读《道藏》，有两个印象很突出，一个印象是觉得道教语言很古奥，一个印象是觉得道教语言很华丽。‘古奥’是指道教经典的语言有很浓厚的复古意味，从《太平经》时代起，道教就一直有意在创造一种古拙的语言形式和神秘的词汇系统。……从语言形式上，是越来越古奥深涩，他们很爱模仿先秦典诰和汉代辞赋的句式，让人看上去似乎来历很早……从辞汇上来说，道教很多术语都有‘隐语’……这些隐语常常很华丽也很难猜。……‘华丽’是说道教经典的语言一方面追求古奥艰涩之外，一方面又追求流彩溢金，有如金碧辉煌的道观建筑和五彩缤纷的道教仪式。……常常用‘金’‘玉’‘紫’‘绛’‘烟’‘霞’一类辞汇意象来渲染与烘托意境，使道教经典的语言风格十分华丽铺张，在这一点上它又显然借用了汉代辞赋的技巧。”①

道典中为了营造仙境福地，风、云是两种常用意象，所以“五云”“风云”也不时见诸笔端。

《上清太上帝君九真中经》卷上：“以清虚上皇二年，混尔始生，日晖重曜，连光映灵，五云翳盖，庆烟玄停。”

《上清太上九真中经绛生神丹诀》：“乘飙扇景，飞腾太空。出入冥无，游冥十方。五云覆盖，招神摄风。役使万灵，上卫仙公。”

《登真隐诀》卷上：“紫户青房，有二大神，手把流铃，身生风云，挟卫真道，不听外前，使我思感，通达灵关。”

《上清太极真人神仙经》：“服飢饭者，百害不能伤，疾病不能干，去诸思念，绝灭三尸。耳目聪明，行步轻腾。十年之后，青精之神给以使令，坐在立亡，能隐化遁变，招致风云。”

五云，本指青、白、赤、黑、黄五种云色。古人视云色占吉凶丰歉。《周礼・春官・保章氏》：“以五云之物，辨吉凶、水旱降、丰荒之祲象。”郑玄注引郑司农云：“以二至二分观云色，青为虫，白为丧，赤为兵荒，黑为水，黄为丰。”《关尹子・二柱》：“五云之变，可以卜当年之丰歉。”《云笈七签》卷四一：“五云交荫，六炁扇尘。”引申为五色瑞云，多作吉祥的征兆。《南齐书・乐志》：“圣祖降，五云集。”唐骆宾王《为齐州父老请陪封禅表》：“瑞开三眷，祥

① 葛兆光：《道教与唐代诗歌语言》，《清华大学学报（哲学社会科学版）》1995年第4期。

洽五云。”

“X＋云”,X亦可为形容词性成分,如“玄云”(3见)、“灵云”(1见)、“宝云”(1见)。

《太上洞玄灵宝诸天灵书度命妙经》:“元始天尊于元福弃贤世界郁单国土北垄玄丘,坐五色玄云之上。”

《太上洞玄灵宝五符序》卷中:“宜服丹光真华之母,宜食浮水玄云之髓,此自然能生,千岁一变,百岁一化”

《上清太极真人神仙经》:“五君夫人,名保母位,赤子飞入,婴儿续至,回阴三合,光玄万方,和魂制魄,五胎流通。乘霞飞精,逸虚于东,首结灵云,景华招风。左佩龙符,右要虎章。”

《太上洞玄灵宝诸天灵书度命妙经》:“元始天尊时于大福堂国长乐舍中,与诸天大圣众、飞天神王俱坐七色宝云。”

第二种形式:“云＋X”,X多为名词性成分,如“云碧”(2见)、“云台”(2见)、“云轮”(1见)、“云仪”(1见)、“云门”(1见)。

《上清太上帝君九真中经》卷下:“得受挥神之章,带九有之符,食青精日,饮云碧之腴,宴八极之城,登明真之台。”

《老君音诵诫经》:“今补某乙鹤鸣、云台治,权时箓署治气职,领化民户,质对治官文书,须世太平,遣还本治。”

《上清太上帝君九真中经》卷上:“子勤候之,立便飞仙,云轮忽降,则白日登晨,不烦复凝霜濯华,玄腴金丹也。”

《登真隐诀》卷中:“英明注精,开通清神,太玄云仪,灵娇翩翩,保利双阙,启彻九门,百节应响。”

《登真隐诀》卷中:“武阳带神锋,恬照吞清河。阊阖临丹井,云门郁嵯峨。”

云碧,道家语,指炮制方药时所用的水,如《上清太上九真中经绛生神丹诀》:“东蒙长丘,得受挥神之章,带九有之符,食青精日粭,饮云碧之英,宴八极之城,登明真之台。”在非宗教文献中,可指白云青天。唐温庭筠《题西明寺僧院》诗:“新雁参差云碧处,寒鸦辽乱叶红时。”宋王质《八声甘州·读谢安石传》词:“烟紫石头城,云碧雨花台。”也可指青绿色,宋苏轼《四时词》之二:“玉腕半揎云碧袖,楼前知有断肠人。”宋史达祖《金盏子》词:“深深柳枝巷陌,难重遇、弓弯两袖云碧。”

云台,早期天师道二十四治之第十七治,为下八治之首。《云笈七签》卷二十八云:“太上以汉安二年正月七日中时下二十四治,上八治、中八治、下八治,应天二十四气,合二十八宿,付天师张道陵奉行布化。”“云台山治,在巴西郡阆州苍溪县东二十里，上山十八里方得，山足去成都一千三百七十里。张天师将弟子三百七十人住治上，教化二年，白日升天。”“云台山中有玉女乘白鹤，仙人乘白鹿，又有仙师来迎天师，白日升天，万民尽见之。一云此天柱山也，在云台治前有立碑之处。”“治”为五斗米道主要传教的地方，也是道教徒膜拜信奉的神灵之所，多置于大山之上，道教宫观即源于此，“治”有一定的管辖范围，“二十四治”实际上是道教最早的24个传教区域。王纯五《天师道二十四治考》（四川大学出版社1996年版）第二十三章“云台山治”对此有深入研究，兹不赘述。

从概念场角度来看，表示修仙炼养药物的一组词具有鲜明的道教文化色彩，如“云母”（4见）、“云芝”（2见）、“云茂”（1见）、“云膏”（1见）。

《上清太上帝君九真中经》卷下：“云母粉一两，以泽形体，面生光，补骨血。”

《上清太上帝君九真中经》卷下：“丹枣者，盛阳之云芝也。茯苓者，绛晨之伏胎也。”

《上清太上帝君九真中经》卷下：“取茂实三斛，阴闭器中，百日自化为水。以白蜜一斗合和，微火煎之，令三沸止。一名曰云茂朱浆，日服五合，使人体香而面有童华，神仙秘方也。茂水少者，以炼腴四斗，清水一斛，都合茂水共煎，取四斗乃止，微其火。”

《上清太上帝君九真中经》卷下：“坐太和之殿，登七灵之台，饮月华云膏，食黄琬紫津之饴。”

云母，矿石名。晶体常成假六方片状，集合体为鳞片状。薄片有弹性。玻璃光泽，半透明，有白色、黑色、深浅不同的绿色或褐色等。白云母可供药用。《淮南子·地形训》：“磁石上飞，云母来水。”宋苏轼《濠州七绝·彭祖庙》：“空餐云母连山尽，不见蟠桃着子时。”道教文献屡见，《洞真高上玉帝大洞雌一玉检五老宝经》：“凝白蜜二斗，真丹精明有白华者参斤，精云母屑参斤。”《太上洞玄灵宝五符序》卷中：“鸿光者，云母也。千秋者，卷栢也，生于山石之间。万岁者，泽泻也。”

云芝，云气和芝草，《文选·张衡〈西京赋〉》：“浮鹢首，翳云芝。”薛综注：“为画芝草及云气以为船覆饰也。”亦可指灵芝，《文选·张协〈七命〉》：“乘凫舟兮为水嬉，临芳洲兮拔云芝。”李善注：“《西京赋》曰：擢灵芝之朱柯。”唐太宗《宴中山》诗：“云芝浮碎叶，冰镜上朝光。”《云笈七签》卷七四：“丹枣者，盛阳之云芝也。茯苓者，绛晨之伏胎也。”此例盖出《上清太上帝君九真中经》。

表示神仙所驾乘交通工具的词主要有“云车”（8见）、“云龙”（5见）、“云辇”（3见）、“云舆”（2见）、“云軿”（2见）、“云驾”（1见）、“云虬”（1见）、“云马"(1见)。

《紫阳真人内传》:"八节存之,一则消除万害,一则形躯不败。能守之,致云车羽盖,坐造风雨,激电砰磕矣。"

《元始五老赤书玉篇真文天书经》卷下:"六念愿得飞行,驾乘云龙。七念为亿曾万祖,上世父母,宿考解散,免离徒责,上升福堂。"

《洞真高上玉帝大洞雌一玉检五老宝经》:"左引右拘,隐身黄灵,乃乘云辇,上到上清。"

《太上洞玄灵宝智慧定志通微经》:"言语未毕,忽有八色云軿,二人共乘,侍从仙童玉女,作钧天大乐,从东南上来。"

《上清太上帝君九真中经》卷下:"面有玉华,飞映宝曜,洞观天下。闭气则立致三素之云舆,唾地则化为日月之光。"

《上清洞真智慧观身大戒文》:"《大洞真经》诵咏之万遍,云驾下迎。"

《元始五老赤书玉篇真文天书经》卷上:"室有夜光玉女,服云林之翠罗,乘云虬以启真,驾鹿辇于天河。逍遥取道于玄元之根,保和始生于九玄之阿。"

《太上洞玄灵宝五符序》卷上:"其时有天人神真之官降之,乘宝盖玄车而御九龙,策云马而发天窗,自称九天真王、三天真皇。"

云车,传说中仙人的车乘。仙人以云为车,故称。《淮南子·原道训》:"昔者冯夷、大丙之御也,乘云车入云蜺,游微雾。"《文选·曹植〈洛神赋〉》:"载云车之容裔。"刘良注:"神以云为车。"据我们的调查,"云车"常与"羽盖"连言,共5见,其中仅《紫阳真人内传》就达4见,除上例外,还有《紫阳真人内传》:"能善斯道于三寸之间,则三宫真人可见。见则云车羽盖、千乘万骑可见而得乘御也,列名九图,飞行上清。"又:"当艰苦崄试,浮游五岳,虽遇真人,未即授子真道也。不百余年,云车羽盖、龙虎之袍未可得也。"

另外,"云车"还可单用。

《上清洞真智慧观身大戒文》:"夫古人之为道也玄寂,静神念真,自然不动,坐忘真道,已成端拱,云车立迎矣。"

《上清太极真人神仙经》:"太上天转,五帝所游,三卿扶卫,与真合俱。下入我身,安寂坐无,吐精灌形,魂魄和濡,使我飞仙,云车行浮。"

"云龙"在道经中,除了为神仙所驾乘,还有防患水灾、降妖伏魔等神力。

《元始五老赤书玉篇真文天书经》卷上:"其下四十八字,主摄西海水帝及水中万精,召云龙以防水灾。"

《太上洞玄灵宝赤书玉诀妙经》:"其四十八字,主摄西海水帝及水中万精,召云龙以防水灾。"

《太上经戒》:“是时云龙踊跃,诸天散华,飞香奏烟。山海静波,触类窜默,鬼魅消亡,神魔降伏。五苦俱解,长离地狱。恶者返善,信顺受福尔。”

云辇,神仙所乘的车。《大词典》此义书证引《云笈七签》,过晚。魏晋六朝道经已见,《元始五老赤书玉篇真文天书经》:“乘崩山之坠虎,骋云辇于虚无。”《太上灵宝五符序》:“乘崩山之狞虎,骋云辇于虚无。”

云軿,神仙所乘之车。以云为之,故云。《太上洞玄灵宝智慧定志通微经》:“是时共乘云軿二人,乃是往古胤祖、次胤兄弟。”南朝梁沈约《赤松涧》诗:“神丹在兹化,云軿于此陟。”

云舆,神仙以云为车,故称。《上清洞真智慧观身大戒文》:“我于是稽首金阙之下三千日,太上见授要戒。奉而修之,九年之中,云舆来迎,三界十方真人,交会于玄虚矣。”三国魏曹植《辨道论》:“岂复欲观神仙于瀛洲,求安期于边海,释金辂而顾云舆,弃文骥而求飞龙哉!”三国魏阮籍《清思赋》:“载云舆之晻霭兮,乘夏后之两龙。”《云笈七签》卷四:“高辛招云舆之校,大禹获钟山之书。”

云驾,传说中仙人的车驾。因以云为车,故称。晋陶潜、愔之《联句》:“远招王子乔,云驾庶可饬。”

云马,仙人所驾之马,《大词典》义项缺失。

与“神仙驾乘工具”相关联的尚有“云路”(3 见)、“云衢”(2 见)。

《太上灵宝五符序》:“尔乃虬步八域,上升云路,超群萃以凌眄,挹天气以自度。”

《太上灵宝五符序》:“乘崩山之狞虎,骋云辇於虚无。上导洪精於七天,下和众生於云衢。”

云路,上天之路,升仙之路。《元始五老赤书玉篇真文天书经》:“灵妃散华,金童扬烟。五道开涂,三界通津。徘徊云路,啸命十天。”又:“尔乃虹步八域,上升云路,超群萃而凌眄,挹天气而自度。”世俗文献亦见,南朝齐谢超宗《昭夏乐》:“神娱展,辰旆回。洞云路,拂琁阶。”北魏郦道元《水经注·沔水上》:“公房升仙之日,壻之行未还,不获同阶云路。”《云笈七签》卷九九:“飘飘上云路,黯黯入长宵。”引申为“云间、天上”,隋江总《游摄山栖霞寺》诗:“烟崖憩古石,云路排征鸟。”唐王勃《驯鸢赋》:“质虽滞于城阙,策已成于云路。”

云衢,云中的道路。《洞玄灵宝三洞奉道科戒营始》:“凡寻真炼气,祈真吸景,散华望仙,承露九清。游仙凝灵,乘云飞鸾,延灵迎风。九仙延真,舞风逍遥。九真焚香静念,台阁楼等,并是道士、女冠,翘想云衢,腾诚星路,游心方外。”《乐府诗集·相和歌辞·艳歌》:“今日乐上乐,相从步云衢。天公出美酒,河伯出鲤鱼。”

在魏晋南北朝道经中，还有一组以“云”为修饰语的服饰类词汇，如“云锦”(4见)、“云罗”(1见)、“云袖”(1见)、“云帔”(1见)、“云衣”(1见)。

《上清太上帝君九真中经》卷下：“月中黑帝夫人，讳结连翘，字淳属金，衣玄琅九道云锦帔，黑羽龙文飞华裙。

《紫阳真人内传》：“白元君被服丹玉之锦、云罗重袍。白光内朱，流景参天，垂晖映神，玄黄彻虚。腰太上灵精之章，佩玄元摄魔之策。”

《洞玄灵宝三洞奉道科戒营始》：“先保举师为着法裙，次监度师为着云袖，次度师为着法帔。”

《洞真高上玉帝大洞雌一玉检五老宝经》：“曜形有黄金之质，貌如婴儿之状，上着黄锦云帔、下着黄罗飞华之裙，头建紫华芙蓉冠。”

《洞真高上玉帝大洞雌一玉检五老宝经》：“黄炁九变，中央元君，高虚挺素，空同无源。黄锦云衣，飞龙华裙，手执洞经，腰带虎真。”

道教十分重视自己的服饰，并赋予了某种特定的文化内涵，《洞真太上太霄琅书》卷四《法服诀第八》云：“法服者，何也？伏也，福也，伏以正理，致延福祥。济度身神，故谓为服。”同时，道教还制定了一套道士入道时授受道服的仪式，北宋贾善翔所作《太上出家传度仪》：“次保举师与脱俗衣，先着履。度师赞云：‘汝先足蹑双履，永离六尘。’经云：千里之行，始于足下。此一步，为初之意也。愿汝一心奉道，履践灵坛。凡所行游，不步凶恶之地，常登法会，迳陟仙阶。每遇二漏之时，即须改换。次系裙，度师赞云：‘裙者，群也。以群统为意，草于道友，统以清净。’又谓之裳，盖在上为衣，在下为裳，以表守谦下为常行之法，则能如是者，灾害不生，诸圣佑护。次着云袖，度师赞云：‘轻剪黄云，裁成法服。上以衬霜罗之帔，下以统飞霄之裙，为中道之衣，不可须臾离体。’”

道士的法衣又是非常华美的，上有金丝银线绣的各种道教吉祥图案，如日月星辰、八卦、龙凤、仙鹤、麒麟等。“云锦”谓织有云纹图案的丝织品，《汉武帝内传》：“张云锦之帏，然九光之灯。”宋王安石《送吴显道》诗之一：“屏风九叠云锦张，千峰如连环。”“云帔”指轻软如云的披肩，唐蒋防《姮娥奔月赋》：“振环锵珮，杂珠露之珊珊；云帔花冠，渡银河之耿耿。”

“云”还构成了一组表示神仙居住与活动场所的名词，如“云庭”(4见)、“云林”(4见)、“云汉”(3见)、“云霄”(2见)、“云端”(2见)、“云岫”(2见)、“云池”(2见)、“云房”(2见)、“云厦”(1见)、“云宫”(1见)、“云阙”(1见)。

《紫阳真人内传》：“白光内朱，流景参天，垂晖映神，玄黄彻虚。腰太上灵精之章，佩玄元摄魔之策，着招龙造冠，盖玉房云庭上元赤子之父。”

《太上洞玄灵宝五符序》卷上:“下有长生之渊,中有太上之家,室有夜光玉女,服云林之翠罗,乘灵虬以启真,驾鹿辇于天河。”

《上清洞真智慧观身大戒文》:“十方皆敬子于云汉,群仙将引子于东华,坐召天魔。”

《洞玄灵宝三洞奉道科戒营始》:“凡天尊法座,凡有八种。一者千叶莲华,二者五色狮子,三者七宝金床,四者九层玉座,五者伏九龙,六者摧八毒,七者坐云霄,八者御烟霞。”

《太上洞玄灵宝五符序》卷上:“尔乃龙盼虚空,鸾翔云端,忽纵心而豁虑,无尘埃之是恋。”

《太上洞玄灵宝五符序》卷上:“尔乃凤舞景汉,朗啸清虚,枕云岫而炼神,养精和于太初,致真人而为友,安知荣辱之所如。”

《元始五老赤书玉篇真文天书经》卷上:“于是迴阳光之西倾,还冥夜于东陵,却衰枯而绝烟,反童稚而方升,鼓云池而郁勃,见儵欻而龙腾。”

《洞真高上玉帝大洞雌一玉检五老宝经》:“真有三田,二童之津,云房金室,雌雄所遵。”

《元始五老赤书玉篇真文天书经》:“五者天发自然妓乐,千百万种一时同作,激朗云宫,上庆神真。”

《上清太极真人神仙经》:“四明科法,依隐书之制,先斋五日乃授,立约唼血,赆师金镮五双,以效天人誓信不宣之券,口诀五双环也。又用青丝五两,云是西梁真人法,南岳夫人说,云阙丝亦可,本经不及故也。”

云庭,神仙所居处。《黄庭内景经》:“共入太室璇玑门”唐梁丘子注:“《洞房经》云:天有太室、玉房、云庭,中央黄老君之所居也。”《洞真高上玉帝大洞雌一玉检五老宝经》:“大有太室,玉房云庭,三关胎气,合帝之灵,结洞昆仑,高而不倾,神仙所止,金堂玉城。”

云林,隐居之所。唐王维《桃源行》:“当时只记入山深,青溪几度到云林。”金张斛《还家》诗:“云林无俗恣,相对可终老。”清陈大章《送胡卜子南归》诗:“白雉冈头荒圃在,未妨述作老云林。”

云汉,银河、天河。《诗经·大雅·棫朴》:“倬彼云汉,为章于天。”毛传:“云汉,天河也。”汉张衡《思玄赋》:“乘天潢之汎汎兮,浮云汉之汤汤。”《太上洞玄灵宝五符序》卷下:“如是灵光之焰,表乎灯烛,冥心之想,彰于通梦矣。若此真灵不能使至向获仙,复朽骸于泉壤者,陵与子长,岂当以抱恶于云汉中乎。”

云霄,天际、高空。《西京杂记》卷一:“齐首高唱,声彻云霄。”南朝宋鲍照《拟行路难》诗之十三:“我初辞家从军侨,荣志溢气干云霄。”

云岫,语本晋陶潜《归去来兮辞》:“云无心以出岫。”后因用“云岫”指云雾缭绕的峰峦。《真诰》卷二："霞轸绛波，电赴紫栖，共携清响之外，同游云岫广崖，岂不善乎，岂不乐哉！""

云房，僧道或隐者所居住的房屋。唐韦应物《游琅琊山寺》诗："填壑跻花界，叠石构云房。"《上清太极真人神仙经》："云房服食，日月精华，与真合同，飞仙紫微，上朝太皇。"

云宫，道者的居室。《云笈七签》卷十六："元始天尊时静处闲居，偃息云宫黄房之内，七宝帏中。"明刘基《徐资深华山图》诗："云宫雾窟疑本无，石室金台俨相向。"

"云"以本义参与构词，和相关语素组合构成了一组表示自然气象的词，如"云雾"(7 见)、"云霞"(6 见)、"云雨"(6 见)、"云气"(6 见)①、"云景"(3 见)、"云露"(2 见)。

《洞真高上玉帝大洞雌一玉检五老宝经》："云雾金室，中有五灵，拘制威刚，变化幽冥。回匝玄镜，周纬天经。"

《洞玄灵宝三洞奉道科戒营始》："凡幡，有二十一种。……十一者结丝，十二者丛绥，十三者云霞，十四者变书，十五者线作。"

《太上洞玄灵宝五符序》卷上："玄古淳和，阴阳无纶，风不动条，云雨以期。"

《洞玄灵宝三洞奉道科戒营始》："各放手简，着几案上，平坐接手，叩齿三十六通，冥目存思五色云气覆满一室。"

《太上洞玄灵宝赤书玉诀妙经》卷下："真文奕奕，光明洞达。五气观晖，照映内外。云景秀朗，如星中之月。奇相众好，不可胜量。"

《元始五老赤书玉篇真文天书经》卷上："挹云露于皓芝，饮灵液于龙须，叩天池而鸣鼓，收甘津于舌头。"

"云雾"一词在 3 种经典中都有使用，如《上清太上九真中经绛生神丹诀》："洞天神光，回耀紫清。玄阴九晨，隐沦绝冥。斗中夫人，三女散形。神妃内化，万物立成。电光雷激，云雾流零。九十变化，生丹起青。"《洞真高上玉帝大洞雌一玉检五老宝经》："夫仙者之去世也，或绝迹藏往，而内栖事外，

① 亦作"云炁"，出现一次，《洞真高上玉帝大洞雌一玉检五老宝经》："太素三元君，服紫炁浮云锦帔，九色龙锦羽裙，建宝琅扶晨羽冠，腰流金火铃虎符龙书，而坐于太空之中，膝下常有丹绿青三素之云炁，郁然冠覆真形也。"朱越利认为："从炁气区别的多样化中可以清楚地看到这样一种明显的倾向，即炁字往往带有原初生命、符咒或天帝上仙等神秘的色彩，而气字则相应地表现出后天、自然界或人间等非神秘的色彩。如果说炁字暗藏着'仙风道骨'的话，那么，气字则明露着'凡夫俗味'。炁字是个宗教字，气字是个世俗字，这就是最本质的区别。"(朱越利：《炁气二字异同辨》，《世界宗教研究》1982 年第 1 期)

或解剑代形，遗杖唯身，飘然云雾，延神寄玄。悠悠流俗，鲜有识其端绪之踪矣。”又：“太一持兆籍，广一寸，长五分，以投月象之中，籍与月合形起烟，如云雾之状。”《登真隐诀》卷中：“久久行之，常乘云雾而游也。又云：‘久服之，则能散形入空，与云气合体。’”

“云霞”一词在3种经典中都有使用，如《赤松子章历》卷三：“太上着九色云霞之被，戴九德之冠，当殿而坐，左右二玄真人侍卫。”《上清洞真智慧观身大戒文》：“人受诵此戒，不违其禁，亦可不学而出云霞，碧舆自然迎子，白日升天。”《洞玄灵宝三洞奉道科戒营始》：“天尊上帔，以九色离罗，或五色云霞山水，杂锦黄裳，金冠玉冠。”又：“宜近精思院，或两殿别院，出回建立，遣风露不侵，使云霞无碍，眇通天汉，远瞩星躔。”又：“元始冠、黄裙、紫褐，如上清法，五色云霞帔。”

“云雨”一词在5种经典中都有使用。如《太上经戒》：“若见云雨，当愿一切惠泽盈溢，无所不宜。”《洞真高上玉帝大洞雌一玉检五老宝经》：“大有太室，玉房云庭，三关胎气，合帝之灵。结洞昆仑，高而不倾，神仙所止，金堂玉城。九气离合，云雨杳冥，方而直圆。”《太上妙法本相经》卷下：“譬如种植，非地不生。譬如飞虫，非羽不飞。譬如飞驰，非空不行。譬如云雨，非龙不成。”《元始五老赤书玉篇真文天书经》卷下：“九者，其德如太玄，清开广置为神仙之都。十者，其德如云雨，一切万物，普受其荫润。”《太上洞玄灵宝五符序》卷上：“玄古淳和，阴阳无绝，风不动条，云雨以期。”

“云气(炁)”一词在5种经典中都有使用。如《上清太上九真中经绛生神丹诀》：“毕，又存北斗七星，从天中而来，下径入我泥丸紫房中，使洞照泥丸，及光明接彻一身五藏，使内外通生紫光云气，极令郁郁仿佛。”《紫阳真人内传》：“苏子玄后亦被玄洲召为真命上卿，一旦于陈留乘云车，驂龙虎，侍者羽盖而升天也。同时多有见者，冉冉西北升，良久云气覆之，遂绝。”《洞玄灵宝三洞奉道科戒营始》：“或古或今，或篆或隶，或取天书玉字，或象云气金章，八体六书，从心所欲。”《登真隐诀》卷中：“久久行之，常乘云雾而游也。又云：久服之，则能散形入空，与云气合体。”

云景，云和日。《汉书·礼乐志》：“芬树羽林，云景杳冥。”颜师古注：“言所树羽葆，其盛若林，芬然众多，仰视高远，如云日之杳冥也。”《太上经戒》：“善恶各有缘，譬如呼有响。何不改此行，慈心以自奖？真人携手游，逍遥云景上。”《太上洞玄灵宝赤书玉诀妙经》卷上：“北上太玄，五炁徘徊，宝华五重，流光焕晖，云景郁秀，洞映太微，仰注我身。”《云笈七签》卷九八：“腾跃云景辕，浮观霞上空。”云景辕，指云车和日车。

云露，露水。晋曹毗《咏史》：“体炼五灵妙，气合云露津。”《艺文类聚》卷八七引南朝梁沈约《修竹弹甘蕉文》:“切寻苏台前甘蕉一丛,宿渐云露,荏苒岁月。”《太上洞玄灵宝五符序》卷上:“乘崩山之狩虎,骋云辇于虚无。上导洪精于七天,下和众生于云衢。抱云露于皓芝,饮灵液于龙须。”

“云+X”结构,X作为名词性成分,还可生成“云帙”(2见)、“云草”(2见)、“云蕃”(2见)、“云芽”(2见)、“云琅”(1见)、“云珠”(1见)、“云篆”(1见)、“云师”(1见)、“云牙”(1见)。

《洞玄灵宝三洞奉道科戒营始》:“三乘奥旨,藏诸云帙,闭以霞扃,使三洞分门,四辅殊统,寔天人之良药,为生死之法桥。”

《洞真高上玉帝大洞雌一玉检五老宝经》:“云草玄波者,黑巨胜之腴也,一名玄水清。”

《上清太上帝君九真中经》卷下:“骞树敷晨,盖条秀蓬,云蕃炼摩,扶养木王。洞根万里,荫遏吾躬。魂和神化,六玄虚充。”

《上清太极真人神仙经》:“服飢饭者,百害不能伤,疾病不能干。去诸思念,绝灭三尸,耳目聪明,行步轻腾。十年之后,青精之神给以使令,坐在立亡,能隐化遁变,招致风云。凶年无谷,穷不能得者,单服南烛,和茯苓,或和蜜,南烛杂松柏叶。会日相参,非但须谷也,但当不得名作飢饭。皆宜参以吐纳咽液,以和荣卫,常当如此。飢饭须云芽之用,云芽不须飢饭。”

《洞真高上玉帝大洞雌一玉检五老宝经》:“四愿玄母,与我俱食于自然之间,永离三途,长会自然。玉粒金丹,紫芒隐之,左掇右拾,夜光凤胎,虎沫云琅,琼霜奇味,一御则举,身拂太空。”

《紫阳真人内传》:“黄老君巾三华九阳之巾,手弹流征云珠素琴,被服金光。天姿严峻,眼有电精,口含玉膏。”

《洞玄灵宝三洞奉道科戒营始》:“高德一人叹经启愿,详夫三洞宝经,万天胜范,结飞玄之气,成云篆之章,义冠元生,文垂永劫。”

《太上洞玄灵宝五符序》卷上:“诸侯因尊轩辕为天子,代神农氏,以云命为云师,置左右大监,监于万国鬼神。”

《上清太极真人神仙经》:“云牙者,五老之精气,太极之霞烟,故采晖景之锋,以充六液之和。洞徹冥感,万神来降,幽映相求,不唱而应。”

云蕃,《玉篇·虫部》:“蕃,虾蕃。亦作蟆。”《广韵·麻韵》:“蟆,虾蟆。亦作蕃。”《说文·虫部》:“蟆,虾蟆也。”《上清太上九真中经绛生神丹诀》:“骞树敷盖,琼条秀蓬。云蕃炼摩,扶养木王。洞根万里,荫蔼吾躬。”

云篆,道家符箓,亦借指道家典籍。南朝梁陶弘景《吴太极左仙公葛公之碑》:“云篆龙章之牒,炳发于林岫。”前蜀杜光庭《胡常侍修黄箓斋词》:“金科玉律,云篆瑶章,先万法以垂文,具九流而拯世。”清厉荃《事物异名录·仙道·道书》:"道家字,名云篆,又曰云书。"

"云+X"结构,X作为动词或形容词性成分,生成的词语相对较少,仅见"云峙"(1见)、"云浮"(1见)、"云集"(1见)、"云萃"(1见)、"云虚"(1见)。

《上清太上帝君九真中经》卷上:"浩洲黯探,玄波云峙,总辔遁迁,澄理万涂,焕冷风于妙觉,隐摽霄以游盘,激玄元于天外,运九气于霞津。"

《太上洞玄灵宝诸天灵书度命妙经》:"长歌乐云浮,窈窕戏绿軿。逍遥大罗外,三界莫能轻。"

《洞玄灵宝三洞奉道科戒营始》:"愿皇帝百福庄严,万善云集。至心稽首正真三宝,以此讲经功德,资被群生,离苦解脱。"

《太上经戒》:"若见市朝,当愿一切群贤云萃,悉弘正道。"

《登真隐诀》卷中:"行常如跚空,行步若在云虚之中,非如履斗乘纲也。"

云萃,从四面八方聚集在一起。晋葛洪《抱朴子外篇·博喻》:"繁林翳荟,则羽族云萃。"南朝宋虞龢《上明帝论书表》:"群臣所上,数月之间,奇迹云萃。"

云虚,天空。虚,空际,天空。三国魏何晏《景福殿赋》:"飞阁干云,浮堦乘虚。"晋葛洪《抱朴子·对俗》:"萧史偕翔凤以凌虚,琴高乘朱鲤于深渊。"魏晋南北朝道经常用"空虚""虚空"表示"天空、空中"义,田启涛博士认为"空虚""虚空"的这种用法属于先秦词语在魏晋产生的新义。①

"云"在我们调查的语料中,共使用876次,其中"云+X"类型的有云霞、云气、云雾、云仪、云门、云虚、云峙、云轮、云台、云锦、云碧、云膏、云母、云舆、云芝、云茂、云萃、云辒、云龙、云集、云师、云景、云雨、云草、云珠、云罗、云帔、云衣、云軿、云罗、云浮、云琅、云庭、云辇、云阙、云房、云车、云驾、云汉、云牙、云芽、云衢、云露、云池、云台、云师、云马、云厦、云虬、云霄、云篆、云帙、云袖、云宫、云路、云端、云岫、云林;"X+云"格式有乘云、行云、驾云、兴云、敷云、披云、飞云、蹑云、颓云、浮云、青云、白云、黑云、绿云、绛云、黄云、碧云、紫云、五云、风云、雨云、烟云、散云、条云、灵云、庆云、秋云、流云、宝云、玄云、锦云、景云。"云+X"型构词能力更强,大部分词语都是通过这个格式类推而成的,这些词语基本都是偏正结构。"X+云"格式构词能力相对较弱,但生成的词语类型多样,有偏正式,亦有不少动宾式。

总之,魏晋南北朝道经道教文献中比较活跃的构词语素,多为多义语素,它们以某一特定语素义参与构词,其中,本义的成词能力更强。因参与

① 田启涛:《早期天师道文献词汇描写研究》,四川大学2012年博士学位论文,第327页。

构词的语素义不同，故而构成的词语在结构上也不尽相同，位置亦有前有后，“如果从语素项在词内的分布来看，本义语素项以双音词前位居多，而引申义语素项则很少有前位的用例[①]。”从成词数量角度来看，“构词数量多的语素项必然是人们日常生活常接触的事物或者是最基本最常用的概念，还有可能是表义中使用频率最高的[②]。”

① 张烨：《早期汉译佛经词汇系统的结构及生成：以支谶译经复音词为中心》，中国社会科学出版社2016年版，第185～186页。

② 张烨：《早期汉译佛经词汇系统的结构及生成：以支谶译经复音词为中心》，第188页。

第六章　魏晋南北朝道教文献词汇研究与词典编纂

《汉语大词典》是迄今最具权威性的大型历史性语文词典，代表了当今汉语词汇研究的最高水平，在汉语语源的推究上，无出其右者。其编辑原则是“古今兼收，源流并重”，对每一条词语都力求列出其始见用例。出版以来，嘉惠学林良多。但由于书出众手，每个人的学识功底不尽相同，加之在该词典的编纂年代，专书词汇、断代词汇研究的基础工作做得还不够，所以难免会有一些疏漏。

近年来，除了《〈汉语大词典〉订补》(上海辞书出版社 2010 年版)之外，仅对《大词典》进行补充修订的研究著作就有 10 部左右，例如王锳《〈汉语大词典〉商补》(黄山书社 2006 年版)、《〈汉语大词典〉商补续编》(贵州大学出版社 2015 年版)，马固钢《〈汉语大词典〉札记》(高等教育出版社 2012 年版)，曲文军《〈汉语大词典〉疏误与修订研究》(山东人民出版社 2012 年版)、《〈汉语大词典〉词目补订》(山东人民出版社 2015 年版)，相宇剑《〈汉语大词典〉书证溯源》(黄山书社 2012 年版)、《〈汉语大词典〉书证探源》(中国社会科学出版社 2015 年版)，李申等《〈汉语大词典〉研究》(商务印书馆 2015 年版)，其他单篇论文更是数不尽数。

笔者在研读魏晋南北朝道教文献的过程中，发现《大词典》等大型语文辞书在引证方面对道教文献利用不多，“《汉语大词典》指出的‘道家语’或‘道教语’的词不及‘佛教语’的十分之一”①。即使是专门的道教辞典，也多有欠缺，“现有的道教词典所释多为道教专门用词，对于道教文献中的普通用词收释很少”②。葛兆光早就指出：“道教语言就像古代的鼎一样，总是有绿锈的，看起来斑驳古奥，也像错金壶一样，总是有意弄得很繁复，装饰性很强，可是现在还没有深一步的研究。现在据说是语言学的时代，语言分析是

① 叶贵良：《敦煌道经写本与词汇研究》，第 53 页。

② 萧红、袁媛：《百年中国道教文献语言研究综述》，《武汉大学学报(人文科学版)》2013 年第 4 期。

很流行的方法，可是放着这么一个有意思的课题，没有人去做，不是太奇怪了么？就连一部好的道教词典，现在也还没有呢。”[①]这个问题提出将近十五年了，但一直没有得到圆满解决，个中原因，值得深思。本研究可为一些词条的立目、释义、书证等提供参考，对辞书的修订和完善具有重要意义，有助于利用中国古代道教文献，传承弘扬中国优秀传统文化。本章试选取若干条目，作一补正。

第一节　提早用例书证

王力曾说过：“我们对于每一个语义，都应该研究它在何时产生，何时死亡。虽然古今书籍有限，不能十分确定某一个语义必系产生在它首次出现的书的著作时代，但至少我们也可以断定它的出世不晚于某时期。”[②]词汇具有鲜明的时代性，编写辞书，尤其是历史性语文辞书，更应该注意反映词汇的时代特点。书证是辞书的血肉，是辞书立条时最重要的根据。“一般说来，如果没有特殊原因，我们应当选取成书时代最早的文献，因为它能更有效地展示条目的历史源流和使用的时间、空间。”[③]

《大词典》虽然在编纂时力求使词目下的第一条书证成为文献中最早出现的文例，但历代文献浩如烟海，要真正做好这一工作是非常困难的。因此，有许多词条引例较实际产生的年代晚，少则百年，多则上千，这对于汉语词汇史的研究是很不利的。可以说，书证滞后是《大词典》最明显的一个问题。词语的溯源是汉语词汇史研究的一个方面，而且是一个很重要的方面。利用魏晋南北朝道教文献，可以弥补《大词典》在词义溯源方面的一些不足。试看以下条目：

【皱】打皱，皮肤因松弛而起纹路。《大词典》始见书证为唐李贺《嘲少年》诗：“莫道韶华镇长在，发白面皱专相待。”嫌晚。魏晋南北朝道经已见，如《真诰》卷四：“人死，必视其形。如生人，皆尸解也。视足不青，皮不皱者，亦尸解也。”

【要】连词。表示假设，相当于“如果”、“倘若”。《大词典》始见书证为《红楼梦》第六回：“没有什么说的便罢；要有话，只管回二奶奶，和太太是一

---

① 葛兆光：《关于道教研究的历史和方法》，《中国典籍与文化》2003 年第 1 期。

② 王力：《新训诂学》，载氏著《龙虫并雕斋文集》，中华书局 1980 年版，第 358 页。

③ 吴金华：《〈汉语大词典〉商补》，《南京师大学报（社会科学版）》1997 年第 1 期。

样儿的。”过晚。魏晋南北朝道经已见，如《真诰》卷四：“人死，必视其形。如生人，皆尸解也。视足不青，皮不皱者，亦尸解也。要目光不毁，无异生人，亦尸解也。”

【头发】人的前额以上、两耳以上和后颈部以上生长的毛。《大词典》书证为《神异经·东荒经》：“东荒山中有大石室，东王公居焉，长一丈，头发皓白。”[①]唐贾岛《山中道士》诗：“头发梳千下，休粮带瘦容。”

《神异经》作为一部伪书，其成书年代还有待研究，此例可存疑。魏晋南北朝道经已见可靠例证，如《真诰》卷四：“头发尽脱而失形骨者，皆尸解也。白日尸解自是仙，非尸解之例也。”

【头皮】指脑袋。《大词典》始见书证为宋刘克庄《念奴娇》词：“颜发俱非，头皮犹在，胜捉来官里。”嫌晚。魏晋南北朝道经已见，如《真诰》卷七：“试遂不过，侨于是得有死罪，故名简早削夺，寻输头皮于水官也。可密寻彼家有此人名不，是谁者。”

【似乎】副词。好象，仿佛。《大词典》始见书证为宋杨万里《后蟹赋》：“幕府初开，延见俊良，望见一客，又似乎彭越与解扬。”过晚。魏晋南北朝道经已见，如《真诰》卷六：“此有抟书两本，虽曰术叙，其实多原大略极论，似乎不自书意也。”

【时常】常常，经常。《大词典》始见书证为元无名氏《独角牛》第一折：“〔这孩儿〕学拳摔交，时常里把人打伤了。”过晚。魏晋南北朝道经已见，如《真诰》卷八：“平昔时常多所恨，始悟人难作，而善不可失云。学道者除祸责此，审尔当勤。”

【好心】好意。《大词典》始见书证为《二刻拍案惊奇》卷十二：“此本是一片好心，却被他们看破的拿定了。”过晚。魏晋南北朝道经已见，如《真诰》卷八：“卿前所道相王事，顷面郗回，亦知有好心，但所得少耳，自当保其天年也。”

【手心】手掌的中心部分。《大词典》始见书证为《北齐书·昭帝纪》：“太常心痛，不自堪忍，帝立侍帷前，以爪掐手心，血流出袖。”过晚。魏晋南北朝道经已见，如《真诰》卷九：“常以手按两眉后小穴中三九过，又以手心及指摩两目权上，以手旋耳行三十过。摩唯令数，无时节也。”

---

① 金军华（2009）指出，对于《神异经》之成书年代，历来学者众说纷纭，形成了“东方朔时说”“六朝说”和“汉末说”等多种意见。近年来，学者李剑国又提出新的见解，他在“汉末说”的基础上加补证数条，并上推其成书年代当在西汉成帝、哀帝前后。笔者以为此说不可信，认为其成书年代当在公元2世纪与3世纪之间。（参见金军华：《也谈〈神异经〉之成书年代——兼与李剑国先生商榷》，《南阳师范学院学报》2009年第10期）

【发际】头部皮肤生长头发的边缘部分。《大词典》始见书证为《晋书·石勒载记上》:“有一老父谓勒曰:‘君鱼龙发际上四道已成,当贵为人主。’”

《晋书》始修于唐太宗贞观十八年,至二十年(646)修成。若以成书年代论,则《晋书》成于唐初,距西晋亡已有300多年,距东晋亡也有200多年,它的成书年代是很晚的。此例证明显过晚,其实魏晋南北朝道经已见,如《真诰》卷九:“毕,辄以手逆乘额上三九过,从眉中始,上行入发际中。口傍咽液,多少无数也。如此常行,目自清明,一年可夜书。”

【理发】梳理头发。《大词典》始见书证为《晋书·谢安传》:“温后诣安,值其理发。”过晚。魏晋南北朝道经已见,如《真诰》卷十:“道士结头理发及饮食、施履屐、枕褥,勿令非道士者见其理发,干其饮食,动其履屐,用其枕褥,彼俗尸魄形中之鬼来侵我神也。”

【烹饪】烧煮食物,做饭菜。《大词典》始见书证为唐孙逖《唐济州刺史裴公德政颂序》:“蔬食以同其烹饪,野次以同其燥湿。”过晚。魏晋南北朝道经已见,如《真诰》卷十一:“寻古来帝王并重鼎器者,以其两铉法日月,三足法三才,能烹饪熟成万物,兼自能轻重,神变隐显故也。”

【里屋】里间。《大词典》始见书证为老舍《二马》:“好了,你上里屋去,没我的话,不准出来!”过晚。魏晋南北朝道经已见,如《周氏冥通记》卷四:“里屋人自称木道士者,是北星鬼官所使,勿信之。”

【注释】用文字解释字句。《大词典》始见书证为《隋书·文学传·潘徽》:“总会旧辙,创立新意,声别相从,即随注释。”过晚。魏晋南北朝道经已见,如《真诰》卷九:“凡修行此道及卷中诸杂事,并甚有节度,悉以别撰在《登真隐诀》中,今不可备皆注释。”

【方圆】亦作“方圜”“方员”,谓范围;周围。《大词典》始见书证为《宣和遗事》前集:“徽宗道:‘见说月宫方圆八百里,若到广寒宫,须有一万亿,如何得到?’”过晚。魏晋南北朝道经已见,如《真诰》卷十:“方员之法,六边皆等,如印形也。”

【灵感】神灵的感应。《大词典》始见书证为唐王勃《广州宝庄严寺舍利塔碑》:“以法师智遗人我,识洞幽明,思假妙因,冀通灵感。”过晚。魏晋南北朝道经已见,如《真诰》卷十:“凡入室烧香,皆当对席心拜,叩齿阴祝,随意所陈。唯使精专,必获灵感。”

【药力】药物的效力。《大词典》始见书证为唐杜甫《同元使君春陵行》诗:“叹时药力薄,为客羸瘵成。”过晚。魏晋南北朝道经已见,如《真诰》卷十:“东海上童口诀:道士求仙,勿与女子交,一交而倾一年之药力。若无所服而行房内,减算三十年。”又:“黄仙君口诀:服食药物,不欲食蒜及石榴子、猪肝、犬头肉，至忌，都绝为上。道士自不可食猪犬肉而交房中，令药力不行。”

【房事】性行为。《大词典》始见书证为明冯梦龙《山歌·会》：“外郎娘子会行房事，染坊店里会撇青。”过晚。魏晋南北朝道经已见，如《真诰》卷十：“女仙程伟妻口诀：服食，勿食血物。食血物，使不得去三尸。干肉可耳。程伟为汉期门郎，其妇知房事，见葛洪《内篇》也。”

【入室弟子】指能得师传，学问或技艺造诣精深者。《大词典》始见书证为《晋书·外戚传·杨轲》：“虽受业门徒，非入室弟子，莫得亲言。”唐太宗贞观二十年（646）下诏修《晋书》，实际开修时间为贞观十五年，历时先后六载，此距两晋灭亡已相隔二三百年。《晋书》例明显过晚，魏晋南北朝道经已见，如《真诰》卷十四：“周真人有十五人弟子，四人解佛法。入室弟子王玮达、李建道、泉法坚。”

【下官】官吏自称的谦词。《大词典》始见书证为《晋书·范弘之传》：“将行，与会稽王道子牋曰：‘下官踁微寒士，谬得厕在俎豆，实惧辱累清流，惟尘圣世。’”[1]例证过晚。魏晋南北朝道经已见，如《真诰》卷二：“又有一人，甚少整顿，建芙蓉冠，朱衣带剑，未曾见也。意疑是桐柏山真人王子乔。多论金庭山中事，言多有不可解者。恭敬紫微上真九华妃也，皆礼揖称‘下官’。”

【念想】想念。《大词典》始见书证为元白朴《东墙记》第一折：“不争你这等念想，倘若其身有失，如何是了？”过晚。魏晋南北朝道经已见，如《真诰》卷八：“人学道，譬如万里行。比造所在，寒暑善恶，草木水土，无不经见也，亦试在其中也。顷数闻人道此，始乃悟之耳。彼君念想殊多，渠谓应作‘讵’字。能成远志不？平昔时常多所恨，始悟人难作而善不可失云。学道者除祸责此，审尔当勤。”

【不妨】表示可以、无妨碍之意。《大词典》始见书证为北齐颜之推（公元531～约591年）《颜氏家训·风操》：“世人或端坐奥室，不妨言笑，盛营甘美，厚供斋食。”过晚。魏晋南北朝道经已见，如陶弘景（456～536年）《真诰》卷九：“行此日在心、月在泥丸之道，谓省易可得旨，行无中废绝者也。除身三尸百疾千恶，炼魂制魄之道也。日月常照形中，则鬼无藏形，青君今故行之，

① 刘百顺（2009）指出：关于中古史书（主要是《后汉书》《晋书》）的语料时代，目前学界多数人认为应当区分为三部分：引录当朝文献、记事、记言。引录当朝文献视为所叙述时代的语料，记事部分看作修史者所处时代的语料；至于记言，有人认为应当作说话人所处时代的语料，有人认为应当作修史者所处时代的语料。本文通过考察发现，引录当朝文献中也有修史者自己的文字，记事部分也有原始资料，记言部分两种情况都有。所以，不能简单地那样认定，而应当都作具体的考察鉴别。（参见刘百顺：《也谈〈晋书〉的语料时代》，载浙江大学汉语史研究中心编：《汉语史学报》2009年第9辑，上海教育出版社2010年版，第243～260页）

吾则其人也。今以告子,子脱可密示有心者耳。行此道,亦不妨行宝书所服日月法也,兼行益善善也。"

【捣】舂;捶。《大词典》始见书证为唐杜甫《雨》诗之一:"柴扉临野碓,半湿捣香粳。"过晚。魏晋南北朝道经已见,如《真诰》卷十:"成治术一斛,清水洁洗令盛。讫,乃细捣为屑,以清水二斛合煮令烂。以绢囊盛,绞取汁。置铜器中,汤上蒸之。内白蜜一斗。大干枣去核,熟细捣,令皮肉和会。取一㪷,又内术蜜之中,绞令相得如餔状。日食如弹丸三四枚,一时百病除,二时万害不伤,三时面有光泽,四时耳目聪明。"

【葱白】葱的近根处。色白,故称。可食,亦可入药。《大词典》始见书证为北魏贾思勰《齐民要术·羹臛法》:"小蒜白及葱白、豉汁等下之。令沸,便熟也。"大约在北魏永熙二年(533 年),到东魏武定二年(554 年)间,贾思勰写成农业科学技术巨作《齐民要术》。其实,略早于贾氏的陶弘景(456 ~ 536年)在其编纂整理的《真诰》中已使用该词,"葱白"早见于《真诰》卷十:"炼麻腴法:清水三斛,麻腴一斛,蘸白二斤,合三物会煎之。以木盖盖上,勿令腴烟散出。取一斛止,内酒中服之,亦可单服。此一方有长史写,乃别出四蕊丹方中,而世之方本,又加葱白二斤。"

【留心】小心;当心。《大词典》始见书证为鲁迅《书信集·致萧军萧红》:"和朋友谈心,不必留心,但和敌人对面,却必须刻刻防备。"过晚。魏晋南北朝道经已见,如《真诰》卷十:"写神虎文不精,则万物不为己用心,将徒劳耳。得纸更留心谨写,烧香。先者写上书,当恒烧香文之左右。亦初不能令专,使烟清恒也。精诚务在匪懈,求道唯取于不倦耳。此又近于替乎!"

【凹凸】凹陷和凸起;高低不平。《大词典》始见书证为宋米芾《画史》:"王防家二天王皆是吴之人神画,行笔磊落,挥霍方圆凹凸,装色如新。"过晚。魏晋南北朝道经已见,如《真诰》卷十一:"向云高处一百七十丈,下处一百丈,则是中央高,四边渐下。今云'上盖正平',是言其质平无凹凸处耳,非直去如板也。"

【如】表示举例。《大词典》始见书证为宋欧阳修《六一诗话》:"太瘦生,唐人语也,至今犹以为语助,如作么生,何似生之类是也。"过晚。魏晋南北朝道经已见,如《真诰》卷十六:"三代乃远,而两汉魏晋,实有一段才名人,如刘向、董仲舒、扬雄、张衡、蔡邕、郑玄、王弼、阮、嵇之俦,并不应空散。数术有如管、郭,亦无标迹,故当多不隶三官,颇得预于仙家驱任矣。"

【诸如】举例用语。放在所举的例子前面,表示不止一个例子。《大词典》始见书证为孙犁《澹定集·读作品记(二)》:"他写了木石之盟、金玉良缘以下的,诸如焙茗和万儿、秦钟和智能的爱情。"过晚。魏晋南北朝道教文献已见，例如《周氏冥通记》卷二："纵有知者，亦不能穷而修之，或修而不久，或久而不精。诸如此事，良亦可悲。"卷二："诸如此者，世间非一，但无人报其此意。"卷三："侨乃流沉河水，身没异方，得脱以来，始十四年耳。今犹在鬼伍，昼夜辛勤。诸如此事，可不慎乎！"

【伞盖】古代一种长柄圆顶、伞面外缘垂有流苏的仪仗物。《大词典》始见书证为《封神演义》第八四回："准提同孔雀明王在阵中现二十四头、十八只手，执定璎珞、伞盖……幡幢等物，来战 通天教主。"过晚。魏晋南北朝道经已见，如《女青鬼律》卷二："床鬼，名赫子一扶。伞盖鬼，名晏。麾幢鬼，名托。"《赤松子章历》卷一："金人一身，五方彩各一疋，紫案巾、牙笏一，冠一，衣一领，帻一，笔、墨、算子、纸、青丝、席一，书刀一，水履一，紫伞盖一，钱一千二百文，米一石二斗，命素一疋，油、香。"

【约臂】戴在手臂上的环形装饰品，《大词典》始见例举宋张枢《风入松》词："记伴仙曾倚娇柔，重叠黄金约臂，玲珑碧玉搔头。"书证过晚。魏晋南北朝道教文献例如《真诰》卷一："指着金环，白珠约臂，视之年可十三四许。"

【屯集】集结；聚集。《大词典》始见书证为唐李德裕《驱逐回鹘事宜状》："臣等思虑，量为得计。若如此可行，即幽州兵马，望且令于本界屯集，待候处分。"过晚。魏晋南北朝道教文献例如《赤松子章历》卷四："臣谨按玄科，今据乡贯某，比者中外梦想纷纭，精神惚恍。或鬼贼屯集，口舌横生，钱财耗散，怪祟屡见，田产不收。盖由触犯先亡翁婆先祖、左社右稷、井鳌土公、凶神恶鬼。"

【辟斥】驱除斥逐。《大词典》始见书证为前蜀杜光庭《汉州王宗夔尚书安宅醮词》："辟斥凶恶，安复龙神，谢过延恩，祛灾请福。"过晚。魏晋南北朝道教文献例如《真诰》卷十："某国公侯甲乙，年如干岁，生值清真之气，死归神宫，翳身冥乡，潜宁冲虚。辟斥诸禁忌，不得妄为害气，当令子孙昌炽，文咏九功，武备七德，世世贵王，与天地无穷，一如土下九天律令。"

【按语】对有关文章、词句所作的说明、提示或考证。《大词典》始见书证为清周中孚《郑堂札记》卷二："遇有乖碍处，辄作按语以申明之。"过晚。魏晋南北朝道教文献例如《真诰》卷十四："今有华撰《周君传》，记季主事殊略。未见别真手书传，依此语则为非也。此前似有按语，今阙失一行。"

【厕溷】厕所。《大词典》始见书证为宋欧阳修《归田录》卷一："每罢官去后，人至官舍，见厕溷间烛泪在地，往往成堆。"过晚。魏晋南北朝道教文献例如《真诰》卷十四："广宁鲍叔阳者，汉高帝时赵王张耳、张敖之大夫也。少好养生，服桂屑而卒死于厕溷间。"

【蹑】用同"捏"。《大词典》始见书证为明陈继儒《珍珠船》卷一："梦觉以左手蹑人中二七遍，啄齿二七遍，反凶成吉。”过晚。魏晋南北朝道教文献例如《真诰》卷九：“数遇恶梦者，一曰魄妖，二曰心试，三曰尸贼，厌消之方也。若梦觉，以左手蹑人中二七过，琢齿二七遍。”卷十：“每当经危险之路、鬼庙之间、意中诸有疑难之处，心将有微忌。敕所经履者，乃当先反舌内向，咽液三过。毕，以左手第二、第三指蹑两鼻孔下人中之本，鼻中隔孔之内际也。”卷十：“祝毕，又琢齿三通，咽液三过。并右手第二指蹑右鼻孔下，左手第二指蹑左目下，各七过。当尽阴案之，勿举手也。”

【猥辱】谦词。犹言承蒙，表示对对方的尊重。《大词典》始见书证为唐韩愈《答魏博田仆射书》：“尝承仆射眷私，猥辱荐闻，待之上介。”过晚。魏晋南北朝道教文献例如《真诰》卷三：“真灵清秀，并垂戒悟，猥辱文翰，华藻成林，金声玉振，规矩有章。”猥，副词。犹辱、承。谦词。汉杨修《答临淄侯笺》：“猥受顾锡，教使刊定，《春秋》之成，莫能损益。”晋干宝《搜神记》卷五：“家女子并丑陋，而猥垂荣顾。”

【好】表示同意、赞许或结束等语气。《大词典》始见书证为《京本通俗小说·碾玉观音》：“郡王道：‘好！正合我意！’”过晚。魏晋南北朝道教文献已见，例如《周氏冥通记》卷一：“子良答曰：‘俗人童蒙，不辩真正，曲垂贷宥，实敢回异。’帅直云：‘好。’又曰：‘卿每礼拜，先依科朝四方，竟辄更礼拜司命、定录、保命，三真君既居乡，故应尔。’”

【罢】犹算了。亦表示无可如何。《大词典》始见书证为元关汉卿《窦娥冤》第一折：“若不来便罢，若来呵，我自有箇主意。”过晚。魏晋南北朝道教文献例如《周氏冥通记》卷四：“见作书，垂当授与，忽云：‘罢，君会不往山，我寻自下。’”

第二节　补充失收词条或义项

《汉语大词典》作为目前部头最大的一部历史性语文辞书，凡是见于古代文献信而有征的词目或义项都应该收录，但由于当时条件所限，加之历史文献浩如烟海，根本不可能穷尽所有文献，所以还是失收了很多词条及义项。“（《汉语大词典》）缺漏的词目，从文献材料的内容看，宗教文献中的词漏收较多。”[①]“大型辞书如《辞源》，尤其是《汉语大字典》《汉语大词典》这样

① 毛远明：《语文辞书补正·自序》，巴蜀书社2002年版，第15页。

古今兼收、源流并重的辞书，义项尤当以完备为佳。”[①]下面，我们利用魏晋南北朝道教文献，为《大词典》作一点增补。

【瘳除】病愈。《大词典》失收。《真诰》卷六：“飡其饵，则灵柔四敷，荣输轻盈。服其丸散，则百病瘳除，五藏含液，所以长远视久而更明也。”《太上洞玄灵宝上品戒经》：“盲者见物，瘂者能言，跛者能行，聋者得听，大地患者，皆悉瘳除，地狱停酸，永离鬼道。”

“瘳除”同义连文。瘳，病愈。《说文·疒部》：“瘳，疾瘉也。”《书·说命上》：“若药弗瞑眩，厥疾弗瘳。”除，指病愈。《方言》第三：“南楚病愈者谓之差，或谓之除。”《广雅·释诂》：“除，愈也。”

【金环】亦作“金镮”，戒指，指环。《大词典》失收此义项。如《真诰》卷一：“紫微王夫人见降，又与一神女俱来。神女着云锦褠，上丹下青，文彩光鲜。腰中有绿绣带，带系十余小铃。铃青色、黄色更相参差。左带玉佩。佩亦如世间佩，但几小耳。衣服儵儵有光，照朗室内，如日中映视云母形也。云发鬒此应是‘鬒’字。鬒，黑发貌也。鬓，整顿绝伦，作髻乃在顶中，又垂余发至腰许。指着金环，白珠约臂。视之年可十三四许。”

【举手】《大词典》失收。魏晋南北朝道经例如《周氏冥通记》卷四：“二十九日，梦见茅二君、周二君，并有控乘，游于雷平，直取伏龙。定录并举手见向，如谢去状。”《太上洞玄灵宝诸天内音自然玉字》：“于是四众同起作礼，举手指上，俛手指下，无上无下，无极无穷，无深无远。”

【位业】道教修习证果的各种品味与阶序。[②]《大词典》失收此词。《真诰》卷一：“案右英是紫微姊，今反在后，当位业有升降耳。”《道教义枢》卷一《位业义》：“位业者，登仙学道，阶业不同，证果成真，高卑有别……解释曰：位是阶序之名，业是德行之目。”

【守雄】以刚强的态度处世。《大词典》仅有“守雌”（以柔弱的态度处世义），失收“守雄”。《老子》：“知其雄，守其雌，为天下谿。”吴澄注：“雄，谓刚强；雌，谓柔弱。”魏晋南北朝道经例如《真诰》卷二：“虚和可守雄，萧萧可守雌。夫萧萧者，单景独往也。”

【药势】药物的效力。《大词典》有其同义形式“药力”，但失收“药势”。魏晋南北朝道教文献例如《真诰》卷十：“学生之人，一接则倾一年之药势，二接则倾二年之药势。过三以往，则所倾之药都亡于身矣。是以真仙之士，常慎于此，以为生生之大忌。”又：“沈羲口诀：服神药勿向北方，大忌。亥子日不可唾，亡精失气，减损年命，药势如土。”

① 毛远明：《语文辞书补正·自序》，第19页。
② 胡孚琛主编：《中华道教大辞典》，中国社会科学出版社1995年版，第486页。

【兼复】而且，加之。《大词典》失收此词。例如《周氏冥通记》卷一："向所言事不得尔，自已有定，兼复此职不可久空，所以勤勤重来者，正此耳。"又："本基既尘秽，兼复芜满，若葬之，必不为卿益。"

【轻慢】轻忽，懈怠。《大词典》失收此义项。例如《太真玉帝四极明科经》："触忤真灵，啖食五薰，气充胃府，损精丧神。裸露三光，轻慢玉晨，自收其咎，祸灭兆身。"又："得者丹成，变化七十四方，乘虚驾云，飞升上清，五色紫黄，金银立成。当秘而修行，不得轻慢，秽怠天真，宣露灵文，以示俗人。"《周氏冥通记》卷四："恶魅横行，不可卒禁，勿轻慢之。"

"轻慢"乃同义复词。轻，轻视，鄙视。《庄子·秋水》："我尝闻少仲尼之闻，而轻伯夷之义者。"三国魏曹丕《典论·论文》："文人相轻，自古而然。"慢，轻忽；怠忽。《书·咸有一德》："夏王弗克庸德，慢神虐民。"《三国志·蜀志·诸葛亮传》："若无兴德之言，则责攸之、祎、允等之慢，以彰其咎。"

【不宁】不舒服。《大词典》失收此义。例如《真诰》卷九："《消魔上灵经》曰：若体中不宁，当反舌塞喉，漱漏咽液，亦无数。须臾，不宁之痾自即除也，当时亦当觉体中宽软也。"《登真隐诀》卷上："若道士恐畏，凡云道士者，谓修道之士也。既山居独处，脱有邪魔来犯，及心中不宁，振惧之时，应为此法。"卷中："若体中不宁，此谓觉有不佳处，而无的所苦者。当反舌塞喉，漱津咽液无数，极力卷舌上向，屈以塞喉而漱咽也。须臾，不宁之痾即自除也，当时亦当觉体中宽软也。"

【摩切】摩擦。《大词典》失收此义项。例如《真诰》卷九："先当摩切两掌令热，然后以拭两目。毕，又顺手摩发㊞谓应作'如'字。理栉之状。两臂亦更互以手摩之，使发不白，脉不浮外。"《上清三真旨要玉诀》："每阳日之旦，阳日之夜，夜卧觉，旦将起，急闭目向本命之方。以两手掌相摩切，令小热，各左右拭按两目就耳门，令两掌相交，会于项中九过。"切，摩擦。《淮南子·俶真训》："可切循把握而有数量。"高诱注："切，摩也。"《文选·马融〈长笛赋〉》："啾咋嘈啐，似华羽兮，绞灼激以转切。"李善注："切，犹磨切也。"

【洞观】透视，看穿。《大词典》失收此义。《洞真太上素灵洞元大有妙经》："兆守三一，得吾三经，即能乘云，上升太清，洞观无穷，游宴紫庭。"《真诰》卷九："常欲以手按目近鼻之两眥，闭炁为之。炁通辄止，吐而复始。恒行之，眼能洞观。"

【在意】随意。《大词典》失收此义。《太上洞真智慧上品大诫》："劝助斋静读经，令人世世不堕地狱，即升天堂，礼见众圣。速得反形，化生王家，在意所欲，玩服备足。七祖同欢，善缘悉会，终始荣乐，法轮运至，将得仙道。"《上清太极真人神仙经》："立春日夜半时，东向坐，闭气九息，咽液三十五过，存天上北斗七星冉冉来下。比至我头顶，斗星大小任意恍恍，魁斗盖我顶上，杓指前，光明焕焕。”《太上洞玄灵宝五符序》卷中：“禁食生鱼、猪肉、韭菜，禁见丧尸、犬猪、产污，慎之。曰此是一剂也。若服尽，更合，可计药分并合之，多少在意，令周一年，服者乃佳。”

【萧萧】逍遥。[①]《大词典》失收此义。《高上太霄琅书琼文帝经》：“神州歌其妙，七转变其神。灵风迅其躯，回香荡其尘。萧萧太虚之上，靡靡洞波之滨。”《无上秘要》卷九七《玉清品下》：“司命保元籍，东宫注玉名。回光泥丸府，五脏秀华荣。耀景负圆珠，固魂保劫龄。上宴九霄馆，萧萧登玉清。”《真诰》卷一：“伏览圣记，事迹渊妙。金策素著，青录玄定，遂跨尘俗，逍遥紫阳。何萧萧之清远，眇眇之真贵哉，若能者矣，请借来喻。”卷三：“臭腥彫我气，百痾令心殂。何不飚然起，萧萧步太虚。”

【不烦】不必，不用。[②]《大词典》失收此义。《周氏冥通记》卷二：“陶既有功行。周方来于此，当为验二人之德，不烦谦谦，恐悒望故遣报。”又有“无烦”，《周氏冥通记》卷三：“功名已著，无烦苦，名并录我所关。”

【差】范围副词，全，多用于否定句。[③]《大词典》失收此义项。《周氏冥通记》卷二：“一日有期，差不为疑。”卷三：“既已久表昔记，于今差非嫌惑。”梁陶弘景《华阳陶隐居集》卷上《梁武帝答书》：“近二卷欲少留，差不为异纸卷，是出装书，既须见前，所以付耳。无正可取，备于此，及欲更须细书。”

【染着】谓传染，《大词典》失收此义。葛洪《肘后方》卷二：“断温病，令不相染着，断发仍使长七寸，盗着病人卧席下。”《孙真人备急千金要方》卷二：“断温病，不相染着方：汲水瓶绠长七寸，盗着病人卧席下，良。”此义古医书多见。

【岁代】年代。《大词典》失收此义项。例如《周氏冥通记》卷一：“知记月为好，岁代久远，让人见之，知其何年？”

【独】最、甚、特别。[④]《大词典》失收此义。例如《周氏冥通记》卷一：“按说寻此庭坛边诸树略有，唯此对户者独浓，必当是欲显已应有神灵降引之事故也。”

【本父】生身父亲。《大词典》失收。《周氏冥通记》卷二：“子良是其本父乍生便名此，无别小名也。”《传授经戒仪注诀》：“若在家学法，未经嫁聘，皆

① 参见夏先忠、周作明：《试论宗教文化对词语意义及构造的影响》，《云南师范大学学报（哲学社会科学版）》2008 年第 6 期。

② 参见蔡镜浩：《魏晋南北朝词语例释》，第 24 页。

③ 参见高育花：《中古汉语副词研究》，第 108～109 页。

④ 参见江蓝生：《魏晋南北朝小说词语汇释》，第 49～50 页。

称女生；不受录者，皆云弟子。并称本父姓，嫁为妻者，皆称夫姓。”

第三节　纠正释义错讹

“字书、词书的最重要处在于释义的正确，这是对任何词典的起码要求。汉语、汉字历史悠久，变化多端，对每一个字、词一一加以正确的解释，决非易事。”[①]辞书编纂工作，最根本的一点就是释义，释义是一部辞书最见功力的地方，“辞书释义的准确性是辞书释义原则的核心，是衡量辞书释义水平的根本标志”[②]。词义解释应当高度概括、准确无误，行文应简单明了。《大词典》的释义总体来说还是相当精善的，但个别地方仍有缺失。利用魏晋南北朝道教文献，可以发现并纠正一些疏误，为《大词典》的修订提供参考。

【巾】佩戴，穿戴。[③]《大词典》中收列义项“戴上头巾”，此释义欠妥。

在魏晋南北朝道教文献中，“戴”的对象并不限于头巾，还有“冠”“盖”等。如《紫阳真人内传》：“黄老君巾三华九阳之巾，手弹流征云珠素琴，被服金光，天姿严峻，眼有电精，口含玉膏。”《上清握中诀》卷上：“腰佩龙策，头巾虎文，包生万物，教化飞仙。”又：“中生五帝，乘光御形，探飞以虚，掇根得盈。首巾龙盖，披朱带青，彆乌流玄，霞映上清，赐书玉简。”又：“胎灵大神，皇纲天君，手执胞符，首巾紫冠，黄回赤转，上精命门，化神反生。”卷中：“太一帝君巾紫晨冠，龙锦凤衣，向南坐。我等七人登阶，北向拜求，乞飞真长生之道。”《真诰》卷二：“司命君形甚少于二弟，着青锦绣裙、紫毛帔，巾芙蓉冠。”卷五：“太极有四真人，老君处其左，佩神虎之符，带流金之铃，执紫毛之节，巾金精之巾。行则扶华晨盖，乘三素之云。”《无上秘要》卷十七《众圣冠服品上》：“中央黄老君，佩龙玄之文神虎之带流金之铃，执紫毛之节，巾金精巾或扶华晨冠。”又：“高圣太上大道君，佩九色离罗之帔，飞霜珠锦之裙，巾须臾百变之冠，带晨光日铃育延之剑。”

【容质】容貌，模样。《周氏冥通记》卷一：“二十七日二更中，开眼见一人在床前，容质端正，有须，须甚厚，细眉目，年可二十余。”

《大词典》释为容貌姿质，未的。《晋书·列女传·王广女》：“王广女者，不知何许人也。容质甚美，慷慨有丈夫之节。”《南史·袁昂传》：“昂容质修

---

① 刘又辛：《语文辞书补正·序》，载毛远明著《语文辞书补正》，巴蜀书社2002年版，第2页。

② 苏宝荣：《词义研究与辞书释义》，商务印书馆2000年版，第124页。

③ 冯利华：《六朝道经词语研究发微》，《唐都学刊》2006年第3期。

伟，冠绝人伦。”唐无名氏《灵应传》：“俄有一妇人，年可十七八，衣裙素淡，容质窈窕。”

质，形体，外貌。三国魏曹植《愍民赋》：“岂良时之难俟，痛予质之日亏。”唐谷神子《博异志·许汉阳》：“每花中有美人长尺余，婉丽之姿，掣曳之服，各称其质。”宋王谠《唐语林·补遗三》：“见其人，质清秀，复览其文卷，深器重之。”

【神母】《大词典》“神母”条下列三个义项：(1)指汉高祖斩白蛇传说中神人所化成的老母。《汉书·叙传下》：“神母告符，朱旗乃举。”(2)称传说中远古帝王之母。晋王嘉《拾遗记·春皇庖牺》：“神母游其(华胥之洲)上，有青虹绕神母，久而方灭，即觉有娠，历十二年而生庖牺。”宋陈师道《寄外舅郭大夫》诗：“慎勿冠惠文，神母仁如尧。”(3)指西王母。唐李贺《瑶华乐》诗：“舞霞垂尾长盘珊，江澄海净神母颜。”王琦汇解：“神母，即王母也。”通过对魏晋南北朝道经用例的调查，我们发现《大词典》的概括并不准确，道经中的“神母”指代范围很宽泛，并非某一具体的女神。

例如《真诰》卷七：“神母仁宥，辄复原赦，故今日忧惶深重，肝胆破碎。”卷十八：“糊连给事前后书，上启神母，因书小掾，并呈前后答神母云，小掾截留给事书，唯余此见还。此亦是虎牙，是掾去后事也，神母应是南真夫人。”又：“泰和元年八月三十日夕，梦得一帙，有四小卷书，云是神母书，或云是传，皆以青细布为秩，秩两头红色，书皆是素。”《正一法文经章官品》卷一《县官口舌》：“愿请东方大领神父、西方大领神母、南方大领神父、北方大领神母、中央大领神君，主领恶人逆使某口舌不语，从此绝。若某欲见口说者，又请太阴君吏十二人，为某收捕魂，令文墨不举，口舌不起，四方县官众祟伏恩，主治。”《上清道宝经》卷一《墨录中篇》：“黄上八经符乃中黄上神母玉门生景通明之精，其气乃天地纲维十二辰之始晖。”《上清明堂玄丹真经》：“玉帝宫玉清神母，姓廉，名衔，字荒彦，着玄黄素灵之绶，头七称朱玉髻，冠无极进贤之冠。”《上清洞真九宫紫房图》：“玉帝宫，玉清神母居之。天庭宫，上清真女居之。极真宫，太极帝妃居之。”唐《上清众经诸真圣秘》卷五《修真秘旨》：“上皇神母，讳曜道支，字正荟条。月中青帝夫人娥隐珠，字芬艳婴。”卷七《太上郁仪赤景文》：“右此卷中有日月内五帝及夫人真讳，已在前篇具载，此不复重出。日中赤气上皇高真道君。月中黄气上皇神母。”

第四节　补充文献用例

释义是辞书的灵魂，例证则是辞书的血肉。书证的多少及精确度，是衡量一部辞书质量如何的一个重要指标。“一个词自产生后一直使用到某一时代，理想的辞书书证，应该是这个词语存在的各个时段都能举出一二例来。”[1]从总体上看，《大词典》书证的丰富性和典型性超过了已往的任何一部词典。但具体到某一词条，有的书证尚显匮乏，有的书证则直接空缺，一定程度上影响了《大词典》的整体质量。

方一新在谈《大词典》书证方面的问题时曾指出这样两种情况：探流不够，缺后代用例；书证时间跨度过大，不易看清词义演化的脉络。[2] 我们要搞清楚每一个词的历史演变，就需要寻找各个阶段或者历史时期的典型用例，“现代语文辞书，特别是古今兼收、源流并重的大型辞书，还应该尽可能地从书证上体现词语源流，展示词义演变的轨迹”[3]。笔者在翻阅魏晋南北朝道教文献时，发现不少用例可为《大词典》提供书证上的补充，大致可分为三类：孤证例；无书证例；书证间隔过大例。

【道子】道家子弟。《大词典》书证为孤证。魏晋南北朝道经可为补，如《周氏冥通记》卷一：“善生是两姨弟，本姓朱，七岁时在永嘉病十余日，正尔就尽，隐居[若]（苦）为救治，仍舍给为道子。”《太上一乘海空智藏经》卷四：“我今受汝化生天王大慧，汝最不可思议，善能功德，开发法相，利益一切。善哉大慧，汝是道子，希有希有。”

【仰凭】凭借，依靠。仰，表敬之词。《大词典》书证为孤证。魏晋南北朝道经可为补，如《上清河图内玄经》：“臣恐谴重功微，方罹殃考，性命难保，子孙难得，所向乖心。今仰凭玄真，善成无弃，谨自整洁，洗濯身心，为某首舍众衅。”《赤松子章历》卷三：“某处宅中，土精地灵，更相追责。不知修何功德，防保家口。唯用一心，仰凭大道。”卷四：“火殃散漫村坊，侵害百姓，男女遭罹，非一吁嗟，道俗不可称计，忧惶恐怖，何以禳却？仰凭一心，上告大道。”

【远近】附近。《大词典》书证为孤证。魏晋南北朝道经可为补，如《周氏冥通记》卷四：“十日早发，尔夕应在胡熟方山间。此月中，远近多温病。”

---

① 黑维强：《敦煌、吐鲁番社会经济文献词汇研究》，第408页。

② 方一新：《东汉魏晋南北朝史书词语笺释》，黄山书社1997年版，第5～6页。

③ 毛远明：《语文辞书补正·自序》，第33页。

【幽鉴】犹玄鉴。喻微妙高深的见解。《大词典》书证为孤证。魏晋南北朝道经可为补，如《真诰》卷一："谁云幽鉴难，得之方寸里。翘想笼樊外，俱为山岩士。"其他文献例如《弘明集》卷十四："贵郎道师，胜子五百，幽鉴天命，来投王化。"

【淹稽】拖延；稽迟。《大词典》书证为孤证。魏晋南北朝道经可为补，如《真诰》卷十一："患于无良侣可同登陟之艰，独行又觉踽踽，是以遂尔淹稽，常所耻恨。"

【堋的】箭靶。堋，箭垛子，箭靶。《资治通鉴·宋顺帝升明元年》："左右王天恩曰：'领军腹大，是佳射堋。一箭便死，后无复射。'"胡三省注："射堋，今言射垛也。"《大词典》书证为孤证。魏晋南北朝道经可为补，如《真诰》卷九："为道当如射箭，箭直往不顾，乃能得造堋的。"

【祝誓】向鬼神祝告求助。《大词典》书证为孤证。魏晋南北朝道经可为补，如《真诰》卷十三："其一女真是傅礼和。礼和是汉桓帝外甥侍中傅建女也，北地人。其家奉佛精进，女常旦夕洒扫佛前，勤勤祝誓，心愿仙化。"

【谭说】议论；谈论。《大词典》书证为孤证。魏晋南北朝道经可为补，如《真诰》卷八："刘遵祖善谭说，殷浩向庾亮称之。后一会，谈论殊不合，遂名之为羊叔子鹤，于是失名。"

【将作大匠】官名。秦始置，称将作少府。西汉景帝时，改称将作大匠，职掌宫室、宗庙、陵寝及其他土木营建。东汉、魏、晋沿置。南朝梁时改称大匠卿，北齐时改称将作寺大匠。自隋至辽，多称将作监大匠。元代设将作院院使，掌金、玉、织造、刺绣等手工艺品的制作。明初设将作司卿，不久废，其职掌并入工部。《大词典》无书证。魏晋南北朝道经可为补，如《真诰》卷十三："含真台，洞天中皆有，非独此也，此一台偏属太元府隶司命耳。其中有女真二人总之。其一女真是张微子，汉昭帝时将作大匠张庆女也，微子好道，因得尸解法，而来入此，亦先在易迁中。"

【外屋】数间相连的房屋中直接通到外面的房间。《大词典》无书证。魏晋南北朝道经可为补，如《周氏冥通记》卷四："周在都，仍就王法明同住南庾第道士馆中。在外屋宿，当是欲进诸木问事，故得此告。"

【看地】旧时给人察看宅基、坟地以定吉凶的迷信活动，又称看风水。《大词典》无书证。魏晋南北朝道经可为补，如《周氏冥通记》卷一："良常在朱阳东北十里许，山连冈，亦至此间。从来不闻其履行看地，今日仓促便于此东冈营冢。"卷四："至于周欲别立屋，便虚心相许，自为看地，给钱一万。"

【薤】多年生草本植物。地下有圆锥形鳞茎，叶丛生，细长中空，断面为三角形，伞形花序，花紫色。新鲜鳞茎可作蔬菜，干燥鳞茎可入药。《大词典》无书证。魏晋南北朝道经可为补，如《太上灵宝五符序》卷中："胡麻膏一斗，薤头三斤，微火上煎之，令薤焦黄。绞去滓，以酒服之，日中一升。百日以去，服之肌肤充盛；二百日老者更少；三百日延年益寿。"《真诰》卷十三："叔茂种五辛菜，常卖，以市丹砂而用之。今山间犹有韭薤，即其遗种邪。"《无上秘要》卷八七《尸解品》："五光七白灵蔬者，薤菜也。白素飞龙者，石英也。法当种薤菜，使五月五日不掘拔者，唯就锄壅护治之耳。"

【有因】有缘故。《大词典》无书证。魏晋南北朝道经可为补，如《周氏冥通记》卷三："夫人生祸延福凑，皆有因而至，非神明之所如。"

【挹】指吸取。《大词典》书证分别为《庄子·山木》："徐行翔佯而归，绝学捐书，弟子无挹于前，其爱益加进。"宋吴自牧《梦粱录·六月》："恣眠柳影，饱挹荷香。"缺少中古汉语用例，魏晋南北朝道经可为补，如《上清握中诀》卷中："常以平日一向日，临目存青气、白气、赤气，各如线，从日下来，直入口中，挹之九十过，自饱便止。此当一吸辄一咽，令三炁入藏府。"《真诰》卷四："九凤唱朱籁，虚节错羽钟。交颈金庭内，结我冥中朋。俱挹玉醴津，倏欻已婴童。"

【动静】情况，消息。《大词典》书证分别为《六韬·动静》："先战五日，发我远候往视其动静，审候其来，设伏而待之。"《明史·王崇古传》："敌情不可得，而军中动静敌辄知。"缺少中古汉语用例，魏晋南北朝道经可为补，如《周氏冥通记》卷二："其间动静，赵夫人当见使来去，不复辞别。"

【慎密】谨慎保密。《大词典》书证分别为《易·系辞上》："几事不密则害成，是以君子慎密而不出也。"唐玄奘《大唐西域记·僧伽罗国》："宜各慎密，勿说事源，人或知闻，轻鄙我等。"缺少中古文献用例，魏晋南北朝道经可为补，如《上清明堂元真经诀》："此玄真之道，要而不烦，吾常宝秘，藏之囊肘，故以相示有慎密者也。"《上清玉帝七圣玄纪回天九霄经》："密则灵降，泄则灭身。妄行不真，七祖充责，万劫不原。己身丧命，永无复仙。有志之士，慎密此文。"《周氏冥通记》卷四："周在都仍就王法明同住南度第道士馆中，在外屋宿，当是欲进，诸木问事，故得此告。其还多有问木者，而都不说此事，实能慎密也。"

【横行】谓胡作非为。《大词典》书证分别为《史记·伯夷列传》："盗跖日杀不辜，肝人之肉，暴戾恣睢，聚党数千人横行天下，竟以寿终。"《古今小说·晏平仲二桃杀三士》："三个不知文墨礼让，在朝廷横行，视君臣如同草木。"缺少中古汉语用例，魏晋南北朝道经可为补，如《周氏冥通记》卷四："恶魅横行，不可卒禁，勿轻慢之。"《登真隐诀》卷下："盖天大将军十万人，主收捕天下饮食横行鬼贼，为万民作精祟者。"

【眷眄】眷恋，眷顾。《大词典》有一书证为南朝梁陶弘景《冥通记》卷一："勿区区于世间，流连于亲识，眷眄富贵，希想味欲。"此例出处有误，应是"卷二"。

以上几节内容或探讨词源，或探讨释义，或探讨书证，皆为补充完善《汉语大词典》而作。魏晋南北朝道教文献数量可观，有不少富有价值的训诂学、辞书学资料，在今后的研究中，我们将继续加以发掘，希望为《汉语大词典》的修订提供参考。

结　语

魏晋南北朝是道教整合发展并初步形成的关键阶段，而更早一些的两汉道经存世相对较少，因而这一时期的道教文献成为重要的“古道经”（相对于隋唐以后道经而言）系统，对研究道教的“整合”或“形成”，具有重要的意义。由此，关于六朝道教文献的专门性实证研究作为道教研究的重要起点，已经成为国际道教学界的共识。

儒、释、道向来被视为中国古代学术、文化的三大思想潮流。道教作为中国土生土长的宗教，其文化源远流长，博大精深，对中国社会发展产生了极其深远的影响。可对于道教文献，我们还没有很好地认识到它们在语言学，尤其是词汇史上的价值。中国道教研究在哲学、科技、医学、艺术、历史等方面都取得了长足的进步，然而从语言的角度对道教进行全面综合研究却没有看到。道教文献语言对汉语的贡献是不容低估的。如果想要全面认识和了解中华文化，全面认识和描写汉语史，绝对不能忽视对道经语言的研究。

本书的主体第二至七章分别从不同角度对魏晋南北朝道教文献词汇进行了分析。

关于魏晋南北朝道教文献词汇系统的概貌，从中可以归纳出魏晋南北朝道教文献词汇的几个特点：(1)风格典雅，语言华美，注重藻饰；(2)方俗语词成分在逐渐增多；(3)词汇系统表现出极为复杂的共融状态；(4)出现了大量中古新兴语言成分；(5)有一些罕见于同时代其他文献的个人言语创造。

关于魏晋南北朝道教文献中新词的产生方式，概括而言，具有以下几方面的特点：

1. 从音节角度来看，魏晋南北朝道教文献中的新词多为双音词，单音词、三音节及多音节词所占比重很小，这与中古时期词汇的双音化大潮相吻合。

2. 从造词法角度来看，语音造词已经明显衰落，仅仅生成了个别叠音词、联绵词。语法造词成为绝对的主流，语法造词是复音词的主要合成方式。修辞造词发展迅速，利用比喻、借代、化典、委婉等修辞格曲折地反映客观对象,生成新词语。

3.从新词构成来看,并列式和偏正式新词数量最多,附加式表现出了强劲的增长势头。并列式中以语素义相同、相近、相关的居多,语素义相反的组合构词能力较弱。附加式复音词的迅速发展可以说是中古汉语词汇的一个特点,魏晋南北朝道教文献中表现也很突出,新兴词缀构成了一大批附加式新词。

4.从内容上来看,大部分词汇并非道教专业语词,魏晋六朝时期道教不断发展壮大,为了传教的方便,尽量选用全民语言中的词语,有利于拉近与信徒的距离,也有利于和佛教进行抗衡。

5.从构词语素来看,魏晋南北朝道教文献中有不少活跃的构词语素,它们具有极强的构词能力,与其他语素复合成了数量庞大的词群。例如“玄”“虚”“焕”“升”“启”“游”“洞”“彻”“朗”等,这些高频语素反映了道门中人语言选择的倾向,他们喜欢选用切合道教文化的,具有神秘玄虚、清新脱俗色彩的构词语素。

关于魏晋南北朝道教文献中词义演变的情况,我们初步描写了魏晋南北朝道教文献词义的基本面貌。魏晋南北朝道教文献中既有沿用自上古的义位,也有中古时期新生的义位,还有一些上古时期的义位到了此期趋于消亡,更有一些义位在中古道经中发生了转移,呈现出一种新旧义位共融的局面。魏晋南北朝道教文献中新义位的产生,大多属于在原有义位基础上引申产生的;也有些是由语法原因造成的,比如不少副词经由实词虚化而来,还有些词缀的生成也是如此,词义的虚化现象比较普遍;还有的是由修辞原因造成的,主要是比喻、借代、委婉这几种情况;还有个别义位是由于社会历史、道教文化原因而形成的。

关于魏晋南北朝道教文献的常用词研究,一些调查结果与学界已有观点不太吻合,这启发我们,在研究常用词演变时,要区别语料的性质,不可一概而论。同样是中古文献,语料性质不同,反映口语的情况也就不一样。尽管在接近口语的文献中新词替换了旧词,但在比较保守的书面语系统中,旧词仍不妨长期使用。魏晋南北朝道教文献的面貌呈现出与口语文献不同的风貌,所以我们在研究中古汉语常用词演变时,不能只关注那些口语性较强的文献,对于文言色彩较强的其他文献也应给予充分的注意,只有这样,才能全面客观地描写中古汉语常用词的使用情况,从而得出更加科学的结论。

关于魏晋南北朝道教文献中比较活跃的构词语素,其中多为多义语素,它们以某一特定语素义参与构词,其中,本义的成词能力更强。因参与构词的语素义不同,故而构成的词语在结构上也不尽相同,位置亦有前有后。从语素项在词内的分布来看，本义语素项以双音词前位居多，而引申义语素项则很少有前位的用例。从成词数量角度来看，构词数量多的语素项必然是人们日常生活常接触的事物或者是最基本最常用的概念，还有可能是表义中使用频率最高的。

关于魏晋南北朝道教文献词汇研究与词典编纂，魏晋南北朝道教文献数量可观，有不少富有价值的训诂学、辞书学资料，对它的系统研究可为《汉语大词典》的修订提供参考。

本研究的特点主要表现在：(1)创新性，目前学界对魏晋南北朝道教文献词汇的研究仅有零星的个案语词考释，多为对某部道经中的个别语言现象的考察，尚未见立足于整体的较为全面的考察，本书在研究对象上予以拓宽。(2)全面性，本书以魏晋南北朝 30 部道教文献词汇为研究对象，尝试对其词汇面貌进行多角度的描写。(3)系统性，本书对魏晋南北朝道教文献词汇按照不同专题进行研究，如其中的口语词、道教语词、新词新义等等，力争描写出其词汇和词义的系统及构成。

道教产生于东汉时期，正是汉语从上古到中古转变的重要时期，保留了当时数量可观的口语词汇，反映了文言与白话分离的重要历史特征，为我们研究汉语词汇史提供了极为难得的语料，同时也为现代语言辞书的编纂提供了丰富的文献例证。另外，道教的兴盛发展，经历了漫长的历史阶段，道教典籍的词汇也必然具有各个阶段的语言特色，在一定程度上，可以反映汉语各个转型时期的重要特征，对汉语词汇史研究有重要的学术价值。然而，在方兴未艾的中古近代汉语词汇研究中，道经词汇尤其是魏晋南北朝道教文献的词汇，学界关注甚少，亟待加强[①]。有鉴于此，本书对魏晋南北朝道教文献词汇进行了一点研究，力争对其词汇面貌作出一个初步的描写，并尝试对其中的一些语言现象作出解释。

俞理明作为道经语言研究的权威，对道经语言研究的历史与现状有非常深刻的认识，曾指出："道教文献作为语料，一直没有得到很好的利用，其原因主要是道教文献本身缺乏整理和研究，尤其是大量道教文献的写作时代不清，直接影响了它们在汉语史的研究中作为语料的使用。近年来，道教研究的专家们在这方面作出了杰出的贡献，通过历史记载、文献本身内容和道教传承关系等多种因素，一批文献的写作时代已大体弄清，可以作为历史语言研究的基本材料。""较之一般的古代汉语研究，道教经典的语言研究面临着更多的困难。在历史上，道教典籍的整理和研究历来薄弱，全面汇集道

① 参见拙文：《新世纪以来道教文献词汇研究述评》，载四川大学汉语史研究所编《汉语史研究集刊》第 23 辑，巴蜀书社 2017 年版，第 286～301 页。

教文献的道藏，只有明代《正统道藏》一部流传至今。相比之下，几乎跟道教同时发展起来的佛教，文献的保存和整理情况就大不一样了，现在国内外保存的《大藏经》版本有二十多种。与此相应，道教典籍在现代标点整理、电子化方面，也相对落后。因此，把道经作为语料使用，可能比采用其他文献面临更多的障碍。”①俞先生所言极是，研究道经语言困难很大，仅仅是语料的搜集整理就需要花费很多时间，另外，《道藏》很难找到像 CBETA 电子佛典那样准确度较高的免费电子检索，希望以后随着信息技术的发展进步，这些问题能够逐渐得到解决。

本书是笔者对魏晋南北朝道教文献词汇的初步考察，囿于时间精力、个人水平等因素，一些章节还比较薄弱，书中还有许多不足之处亟待改进，今后本人将对这一课题继续展开更为深入全面的研究。

① 俞理明：《六朝上清经用韵研究·序》，载夏先忠著《六朝上请经用韵研究》，西南交通大学出版社 2010 年版。

参考文献

一、著作：

[美]萨丕尔著，陆卓元译：《语言论》，商务印书馆 1985 年版。

[日]福井康顺等监修，朱越利译：《道教》，上海古籍出版社 1990 年版。

[日]镰田茂雄：《中国佛教思想史研究》，东京：春秋社 1968 年版。

[日]秋月观暎：《讲座敦煌》，东京：大东出版社 1983 年版。

[日]洼德忠著，萧坤华译：《道教史》，上海译文出版社 1987 年版。

[日]小林正美著，李庆译：《六朝道教史研究》，四川人民出版社 2001 年版。

[苏]斯大林：《马克思主义和语言学问题》，人民出版社 1971 年版。

蔡镜浩：《魏晋南北朝词语例释》，江苏古籍出版社 1990 年版。

蔡言胜：《〈世说新语〉方位词研究》，南开大学出版社 2008 年版。

陈国符：《道藏源流考》，中华书局 1963 年版

陈秀兰：《敦煌变文词汇研究》，四川民族出版社 2002 年版。

陈秀兰：《魏晋南北朝文与汉文佛典语言比较研究》，中华书局 2008 年版。

陈寅恪：《金明馆丛稿初编》，三联书店 2001 年版

陈增岳：《隋唐医用古籍语言研究》，广东科技出版社 2006 年版

程湘清：《汉语史专书复音词研究》，商务印书馆 2003 年版。

邓军：《魏晋南北朝代词研究》，上海人民出版社 2008 年版。

丁培仁：《增注新修道藏目录》，巴蜀书社 2008 年版。

丁喜霞：《中古常用并列双音词的成词和演变研究》，语文出版社 2006 年版。

董秀芳：《词汇化：汉语双音词的衍生和发展》，四川民族出版社 2002 年版。

董志翘、蔡镜浩：《中古虚词语法例释》，吉林教育出版社 1994 年版。

董志翘：《〈入唐求法巡礼行记〉词汇研究》，中国社会科学出版社 2000 年版。

董志翘：《中古近代汉语探微》，中华书局 2007 年版。

方一新、王云路：《中古汉语语词例释》，吉林教育出版社 1992 年版。

方一新：《中古近代汉语词汇学》，商务印书馆 2010 年版。

高育花：《中古汉语副词研究》，黄山书社 2007 年版。

葛兆光：《屈服史及其他：六朝隋唐道教的思想史研究》，三联书店 2003 年版。

郭在贻:《训诂学》(增订本),中华书局 2005 年版。
何乐士等:《古代汉语虚词通释》,北京出版社 1985 年版。
何亮:《中古汉语时点时段表达研究》,巴蜀书社 2007 年版。
洪诚:《洪诚文集·雒诵庐论文集》,江苏古籍出版社 2000 年版。
胡孚琛主编:《中华道教大辞典》,中国社会科学出版社 1995 年版。
黄金贵:《古汉语同义词辨释论》,上海古籍出版社 2002 年版。
黄征:《敦煌俗字典》,上海教育出版社 2005 年版。
江蓝生:《魏晋南北朝小说词语汇释》,语文出版社 1988 年版。
蒋冀骋:《近代汉语词汇研究》,湖南教育出版社 1991 年版。
蒋礼鸿:《敦煌变文字义通释》(增补定本),上海古籍出版社 1997 年版。
蒋绍愚:《古汉语词汇纲要》,商务印书馆 2005 年版。
蒋绍愚:《近代汉语研究概况》,北京大学出版社 1994 年版。
蒋绍愚:《近代汉语研究概要》,北京大学出版社 2005 年版。
蒋宗许:《汉语词缀研究》,巴蜀书社 2009 年版。
雷汉卿:《禅籍方俗词研究》,巴蜀书社 2010 年版。
李荣主编:《现代汉语方言大词典》,江苏教育出版社 2002 年版。
李小荣:《敦煌道教文学研究》,巴蜀书社 2009 年版。
李小荣:《〈弘明集〉〈广弘明集〉述论稿》,巴蜀书社 2005 年版。
梁晓虹:《佛教词语的构造与汉语词汇的发展》,北京语言学院出版社 1994 年版。
刘百顺:《魏晋南北朝史书语词札记》,陕西师范大学出版社 1993 年版。
刘福根:《汉语詈词研究——汉语骂詈小史》,浙江人民出版社 2008 年版。
刘开骅:《中古汉语疑问句研究》,黑龙江人民出版社 2008 年版。
刘世儒:《魏晋南北朝量词研究》,中华书局 1965 年版。
柳士镇:《魏晋南北朝历史语法》,南京大学出版社 1992 年版。
柳士镇:《汉语历史语法散论》,上海人民出版社 2007 年版。
罗常培:《语言与文化》,北京出版社 2004 年版。
罗积勇:《用典研究》,武汉大学出版社 2005 年版。
吕叔湘著,江蓝生补:《近代汉语指代词》,学林出版社 1985 年版。
潘吉昌:《中国造纸技术史稿》,文物出版社 1979 年版。
裴学海:《古书虚字集释》,中华书局 2004 年版。
卿希泰、唐大潮:《道教史》,江苏人民出版社 2006 年版。
任继愈:《道藏提要》,中国社会科学出版社 1991 年版。
容志毅:《道藏炼丹要辑研究》(南北朝卷),齐鲁书社 2006 年版。
沈从文:《中国古代服饰研究》,北岳文艺出版社 2002 年版。

沈曾植著,钱仲联辑:《海日楼札丛》,上海古籍出版社 2009 年版。
宋闻兵:《〈宋书〉词语研究》,中华书局 2009 年版。
宋子然:《古汉语词义丛考》,巴蜀书社 2000 年版。
万久富:《〈宋书〉复音词研究》,凤凰出版社 2006 年版。
汪维辉:《东汉—隋常用词演变研究》,南京大学出版社 2000 年版。
汪维辉:《〈齐民要术〉词汇语法研究》,上海教育出版社 2007 年版。
汪维辉:《汉语词汇史新探》,上海人民出版社 2007 年版。
王承文:《敦煌古灵宝经与晋唐道教》,中华书局 2002 年版。
(南朝梁)陶弘景著,王京州校注:《陶弘景集校注》,上海古籍出版社 2009 年版。
王卡主编:《道教三百题》,上海古籍出版社 2000 年版。
王力:《龙虫并雕斋文集》,中华书局 1980 年版。
王力:《汉语史稿》,中华书局 1980 年版。
王力:《汉语语法史》,山东教育出版社 1980 年版。
王明:《道家和道教思想研究》,中国社会科学出版社 1984 年版。
王绍峰:《初唐佛典词汇研究》,安徽教育出版社 2004 年版。
王云路:《汉魏六朝诗歌语言论稿》,陕西人民教育出版社 1997 年版。
王云路:《六朝诗歌语词研究》,黑龙江教育出版社 1999 年版。
王云路:《中古汉语词汇史》,商务印书馆 2010 年版。
王云路、方一新:《中古汉语语词例释》,吉林教育出版社 1992 年版。
魏兆惠:《两汉语法比较研究》,高等教育出版社 2011 年版。
吴金华:《世说新语考释》,安徽教育出版社 1994 年版。
伍宗文:《先秦汉语复音词研究》,巴蜀书社 2001 年版。
向熹:《简明汉语史》(修订本),商务印书馆 2010 年版。
夏先忠:《六朝上清经用韵研究》,西南交通大学出版社 2010 年版。
萧登福:《道家道教与中土佛教初期经义发展》,上海古籍出版社 2003 年版。
萧登福:《正统道藏提要》,台北文津出版社 2011 年版。
萧旭:《古书虚词旁释》,广陵书社 2007 年版。
徐仁甫:《广释词》,四川人民出版社 1981 年版。
徐时仪:《汉语白话发展史》,北京大学出版社 2007 年版。
徐时仪:《汉语语文辞书发展史》,上海辞书出版社 2016 年版。
徐朝华:《上古汉语词汇史》,商务印书馆 2003 年版。
许地山:《扶箕迷信底研究》,商务印书馆 1999 年版。
杨联陞:《中国语文札记》,中国人民大学出版社 2006 年版。

杨树达:《高等国文法》,商务印书馆 1984 年版。

叶贵良:《敦煌道经写本与词汇研究》,巴蜀书社 2007 年版。

俞理明:《汉语缩略研究——缩略:语言符号的再符号化》,巴蜀书社 2005 年版。

詹鄞鑫:《神灵与祭祀——中国传统宗教综论》,江苏古籍出版社 1992 年版。

张联荣:《古汉语词义论》,北京大学出版社 2000 年版。

张世禄:《张世禄语言学论文集》,学林出版社 1984 年版。

张相:《诗词曲语辞汇释》,中华书局 2001 年版。

张烨:《早期汉译佛经词汇系统的结构及生成:以支谶译经复音词为中心》,中国社会科学出版社 2016 年版。

张永言:《词汇学简论》,华中工学院出版社 1982 年版。

张永言:《语文学论集》(增补本),语文出版社 1999 年版。

张振德等:《〈世说新语〉语言研究》,巴蜀书社 1995 年版。

张志毅、张庆云:《词汇语义学》(修订本),商务印书馆 2005 年版。

中国道教协会、苏州道教协会:《道教大辞典》,华夏出版社 1994 年版。

中国社会科学院古汉语研究室编:《古汉语虚词词典》,商务印书馆 1999 年版。

周俊勋:《中古汉语词汇研究纲要》,巴蜀书社 2009 年版。

周锡保:《中国古代服饰史》,中国戏剧出版社 1984 年版。

周汛、高春明编著:《中国衣冠服饰大辞典》,上海辞书出版 1996 年版。

周一良:《魏晋南北朝史札记》,中华书局 1985 年版。

周振鹤、游汝杰:《方言与中国文化》,上海人民出版社 1986 年版。

周志锋:《大字典论稿》,浙江教育出版社 1998 版。

周作明:《中古上清经行为词新质研究》,中国社会科学出版社 2013 年版。

周作明、俞理明:《东晋南北朝道经名物词新质研究》,中国社会科学出版社 2015 年版。

朱越利:《道经总论》,辽宁教育出版社 1991 年版。

朱越利:《道藏分类解题》,华夏出版社 1996 年版。

二、期刊论文:

Erik Zürcher,"Buddhist Influences on Early Taoism: A Survey of Scriptural Evidence,"*T'oung Pao*, Vol. 66, 1980. pp. 84—147

车淑娅:《专书词汇研究三维方法论》,《天津大学学报(社会科学版)》2005 年第 2 期。

陈翠珠:《汉语自称代词"某""某甲"和"某乙"》,《云南师范大学学报(对外汉语教学与研究版)》2008年第6期。
丁声树:《"何当"解》,《历史语言研究所集刊》1947年第11本。
董琨:《汉魏六朝佛经所见若干新兴语法成分》,原载《研究生论文选集·语言文字分册(一)》,江苏古籍出版社1985年版。
董秀芳:《词汇化与语法化的联系与区别:以汉语史中的一些词汇化为例》,见《21世纪的中国语言学(二)》,商务印书馆2006年版。
董秀芳:《动词性并列式复合词的历时发展特点与词化程度的等级》,《河北师范大学学报(哲学社会科学版)》2000年第1期。
董志翘:《也论中古汉语词汇研究中的推源问题》,载四川大学汉语史研究所:《汉语史研究集刊》第1辑,巴蜀书社1998年版。
董志翘:《古代文献中"今后"义的表达及其演变》,《中国语言学》第1辑,山东教育出版社2008年版。
方经民:《论汉语空间区域范畴的语法化》,载浙江大学汉语史研究中心编:《汉语史学报》第7辑,上海教育出版社2008年版。
方一新:《东汉语料与词汇史研究刍议》,《中国语文》1996年第2期。
方一新:《从〈抱朴子〉4组名词看中古基本词的更替演变》,《汉语史学报》第10辑,上海教育出版社2010年版。
冯利华:《中古道书词语辑释》,《宗教学研究》2010年第2期。
冯胜利:《论汉语的自然音步》,《中国语文》1998年第1期。
葛兆光:《道教与唐代诗歌语言》,《清华大学学报(哲学社会科学版)》1995年第4期。
葛兆光:《关于道教研究的历史和方法》,《中国典籍与文化》2003年第1期。
郭明志:《刀圭与〈西游记〉人物的别名代称》,《求是学刊》1997年第2期 。
郭作飞:《历史文献专书词汇研究方法新探》,《社会科学论坛(学术研究卷)》,2009年第18期。
郭作飞:《中古近代汉语专书词汇研究的总结与思考——百年中古近代汉语专书词汇研究述略(下)》,《前沿》2011年第6期。
韩吉绍:《论〈黄帝九鼎神丹经诀〉》,《宗教学研究》2009年第3期。
胡适:《陶弘景的〈真诰〉考》,载《胡适文集》第5册《胡适文存四集》,北京大学出版社1998年版。
黄景春:《"承负说"源流考——兼谈汉魏时期解除"重复"法术》,《华东师范大学学报(哲学社会科学版)》2009年第6期。
黄景春、樊文星:《中国古代对火浣布之理解与认知考略》,载《生命、知识与文明:上海市社会科学界第七届学术年会文集(2009年度)》,上海人民出版社 2009 年版。

黄勇:《道教文字观与书法艺术》,《中国道教》2004 年第 6 期。

黄征:《汉语俗语词研究的几个理论问题》,《杭州大学学报(哲学社会科学版)》1992 年第 2 期。

蒋重母、邓海霞:《从人体词语的使用看〈素问〉的成书年代》,《苏州科技学院学报(社会科学版)》2008 年第 1 期。

蒋冀骋:《三十年来汉语言文字学研究的回顾与反思》,《湖南师范大学社会科学学报》2009 年第 4 期。

蒋绍愚:《关于汉语词汇系统及其发展变化的几点想法》,《中国语文》1989 年第 1 期。

蒋宗许:《也谈词尾"复"》,《中国语文》1990 年第 4 期。

蒋宗许:《词尾"自"再说》,《古汉语研究》1992 年第 3 期。

蒋宗许:《再说词尾"自"和"复"》,《中国语文》1994 年第 6 期。

蒋宗许:《关于词尾"复"的一些问题》,《中国语文》1998 年第 4 期。

焦杰:《论唐人小字与姓名文化》,《中国典籍与文化》2004 年第 2 期。

金军华:《也谈〈神异经〉之成书年代——兼与李剑国先生商榷》,《南阳师范学院学报》2009 年第 10 期。

雷汉卿、周作明:《真诰词语补释》,《宗教学研究》2010 年第 3 期。

李丽:《试论〈魏书〉时语谣谚在汉语词汇史中的研究价值》,《语文知识》2009 年第 4 期。

李如龙:《汉语词汇衍生的方式及其流变》,《河北师范大学学报(哲学社会科学版)》2002 年第 5 期。

李润生:《二十世纪五十年代以来汉语词汇系统研究述评》,《燕山大学学报(哲学社会科学版)》2007 年第 2 期。

梁家璇:《方位词"边"的演变》,《信阳农业高等专科学校学报》2009 年第 3 期。

林晓恒:《"～边、～面、～头"类方位词产生原因探析》,《语言研究》2010 年第 4 期。

刘百顺:《古汉语年月日表达法考察》,《语言科学》2004 年第 5 期。

刘汉生:《谈魏晋时期的避讳、称呼和小字》,《天中学刊》2005 年第 1 期。

刘坚:《论汉语的语法化问题》,载《刘坚文集》,上海辞书出版社 2005 年版。

刘坚、曹广顺、吴福祥:《论诱发汉语词汇语法化的若干因素》,《中国语文》1995 年第 3 期。

刘瑞明:《词尾"复"续说》,《语言研究》1987 年第 2 期。

刘瑞明:《词尾"自"类说》,《语文研究》1989年第4期。
刘瑞明:《世说新语中的词尾"自"和"复"》,《中国语文》1989年第3期。
刘瑞明:《关于"自"的再讨论》,《中国语文》1994年第6期。
刘瑞明:《词尾"自"和"复"的再讨论》,《绵阳师范高等专科学校学报》1997年第1期。
刘瑞明:《"自"非词尾说驳议》,《中国语文》1998年第4期。
刘屹、刘菊林:《论太上妙法本相经的北朝特征——以对佛教因素的吸收为核心》,《首都师范大学学报(社会科学版)》2007年第3期。
刘祖国:《新世纪以来道教文献词汇研究述评》,载四川大学汉语史研究所编:《汉语史研究集刊》第23辑,巴蜀书社2017年版。
柳士镇:《〈世说新语〉语法札记》,原载《语苑新论》,上海教育出版社1994年版。
吕叔湘:《见字之指代作用》,载氏著:《汉语语法论文集》,商务印书馆1990年版。
吕叔湘:《说"们"》,《国文月刊》1949年第79～80期。
吕叔湘:《说代词词尾"家"》,《国文月刊》1949年第82期。
石云孙:《魏晋南北朝人小名》,《淮南师范学院学报》2003年第1期。
谭书旺:《从孟子章句看战国至东汉的语言发展》,《古汉语研究》2001年第2期。
汪维辉:《〈周氏冥通记〉词汇研究》,载浙江大学汉语史研究中心编:《中古近代汉语研究》第1辑,上海教育出版社2000年版。
汪维辉:《六世纪汉语词汇的南北差异——以〈周氏冥通记〉与〈齐民要术〉为例》,《中国语文》2007年第2期。
汪维辉、胡波:《汉语史研究中的语料使用问题——兼论系词"是"发展成熟的时代》,《中国语文》2013年第4期。
王东:《南北朝时期南北词语差异研究刍议》,《长江学术》2008年第3期。
王东、罗明月:《南北朝时期的南北方言词》,《中南大学学报(社会科学版)》2006年第4期。
王东:《〈水经注〉词汇性质浅论》,《唐都学刊》2006年第5期。
王小莘:《从魏晋六朝笔记小说看中古汉语词汇新旧质素的共融和更替》,《南京师范大学文学院学报》2003年第1期。
王云路:《〈太平经〉语词诠释》,《语言研究》1995年第1期。
王云路:《〈太平经〉释词》,《古汉语研究》1995年第1期。
王云路:《中古诗歌附加式双音词举例》,《中国语文》1999年5期。

王云路:《从〈唐五代语言词典〉看附加式构词法在中近古汉语中的地位》,《古汉语研究》2001 年第 2 期。

王云路:《谈"摒挡"及其相关词语的附加式构词特点》,《语言研究》2002 年第 1 期。

王云路、郭颖:《试说古汉语中的词缀"家"》,《古汉语研究》2005 年第 1 期。

吴福祥:《试谈语义演变的规律》,《古汉语研究》2017 年第 1 期。

吴海勇:《试论汉译佛经对中古道经文学的影响(上)》,《十堰职业技术学院学报》1998 年第 4 期。

吴金华:《〈三国志〉解诂》,《南京大学学报(社会科学版)》1981 年第 3 期。

夏先忠、周作明:《试论宗教文化对词语意义及构造的影响——以东晋六朝道教上清经为例》,《云南师范大学学报(哲学社会科学版)》2008 年第 6 期。

萧红:《六世纪第一、第二人称代词的南北差异——以〈齐民要术〉和〈周氏冥通记〉为例》,《长江学术》2010 年第 4 期。

萧红、袁媛:《百年中国道教文献语言研究综述》,《武汉大学学报(人文科学版)》,2013 年第 4 期。

肖同姓:《"不可思议"考辨》,《西南交通大学学报(社会科学版)》2011 年第 1 期

解惠全:《关于虚词复音化的一些问题》,载南开大学中文系《语言研究论丛》编委会编:《语言研究论丛》第 7 辑,语文出版社 1997 年版。

许嘉璐:《中学课本文言文注释商榷》,《北京师范大学学报》1980 年第 6 期。

阎艳:《释"青精饭"》,《广播电视大学学报(哲学社会科学版)》2003 年第 2 期。

尹志华:《新世纪道教研究展望》,《宗教学研究》2001 年第 4 期。

俞理明:《从〈太平经〉看道教称谓对佛教称谓的影响》,《四川大学学报(哲学社会科学版)》1994 年第 2 期。

俞理明、谭代龙:《共时材料中的历时分析——从〈根本说一切有部毗奈耶破僧事〉看汉语词汇的发展》,《四川大学学报(哲学社会科学版)》2004 年第 5 期。

俞理明、周作明:《论道教典籍语料在汉语词汇历史研究中的价值》,《绵阳师范学院学报》2005 年第 4 期。

张联荣:《近代汉语词汇研究中的推源问题》,《北京大学学报(哲学社会科学版)》1995 年第 5 期。

张婷、曾昭聪、曹小云:《十年来道教典籍词汇研究综述》,《滁州学院学报》

2005 年第 4 期。
张言军、唐贤清:《概数助词“许”的历时发展及其衰落动因考察》,《古汉语研究》2017 年第 1 期。
张诒三:《试论词语搭配的历时变化研究的必要性》,《浙江万里学院学报》2004 年第 3 期。
张谊生:《论与汉语副词相关的虚化机制——兼论现代汉语副词的分类、性质与范围》,《中国语文》2000 年第 1 期。
赵益:《东晋南北朝古道经研究简述及分析》,《古籍整理研究学刊》2004 年第 4 期。
周作明:《东晋南朝道典中的“䝙”》,《怀化学院学报》2009 年第 3 期。
周作明:《试论早期上清经的传抄及其整理》,《宗教学研究》2011 年第 1 期。

三、学位论文:

艾贵金:《从汉语史的角度论证〈素问〉成书年代的下限》,武汉大学 2004 年硕士学位论文。
冯利华:《中古道书语言研究》,浙江大学 2004 年博士学位论文。
季忠平:《中古汉语雅言词研究》,复旦大学 2007 年博士学位论文。
刘红妮:《汉语非句法结构的词汇化》,上海师范大学 2009 年博士学位论文。
刘晓然:《双音短语的词汇化:以〈太平经〉为例》,四川大学 2007 年博士学位论文。
田启涛:《早期天师道文献词汇描写研究》,四川大学 2012 年博士学位论文。
叶贵良:《敦煌道经词汇研究》,浙江大学 2005 年博士学位论文。
周学峰:《道教科仪经籍疑难语词考释》,南开大学 2013 年博士学位论文。
周作明:《东晋南朝道教上清派经典行为词新质研究》,四川大学 2007 年博士学位论文。

四、网络资料:

《传统饰品通览——臂钏》,详见 http://blog. sina. com. cn/s/blog_4dfc4f690100pqgy. html。
“道藏辑要研究计划”,详见 http://www. daozangjiyao. org/DZJY_C/Project. html。

主要引用书目

《道藏》,文物出版社、上海书店、天津古籍出版社 1986 年版。

张继禹主编:《中华道藏》,华夏出版社 2004 年版。

王明:《抱朴子内篇校释》(增订本),中华书局 1985 年版。

王明:《太平经合校》,中华书局 1960 年版。

(宋)张君房著,李永晟点校:《云笈七签》,中华书局 2003 年版。

王叔岷:《列仙传校笺》,中华书局 2007 年版。

俞理明:《太平经正读》,巴蜀书社 2001 年版。

(梁)陶弘景著,[日]吉川忠夫、麦谷邦夫编,朱越利译:《真诰校注》,中国社会科学出版社 2006 年版。

[日]麦谷邦夫、吉川忠夫编,刘雄峰译:《周氏冥通记研究》(译注篇),齐鲁书社 2010 年版。

(晋)葛洪著,胡守为校释:《神仙传校释》,中华书局 2010 年版。

(梁)陶弘景著,赵益点校:《真诰》,中华书局 2011 年版。

(五代)杜光庭著,董恩林点校:《广成集》,中华书局 2011 年版。

(五代)杜光庭著,罗争鸣辑校:《杜光庭记传十种辑校》,中华书局 2013 年版。

(梁)陶弘景著,王家葵辑校:《登真隐诀辑校》,中华书局 2011 年版。

(梁)陶弘景著,王家葵校注:《养性延命录校注》,中华书局 2014 年版。

韩吉绍校释:《黄帝九鼎神丹经诀校释》,中华书局 2015 年版。

周作明点校:《无上秘要》,中华书局 2016 年版。

叶贵良辑校:《敦煌本〈太玄真一本际经〉辑校》,巴蜀书社 2010 年版。

叶贵良辑校:《敦煌本〈太上洞玄灵宝无量度人上品妙经〉辑校》,四川大学出版社 2012 年版。

叶贵良辑校:《敦煌本〈太上洞渊神呪经〉辑校》,中国社会科学出版社 2013 年版。

(汉)郑玄注,(唐)贾公彦疏:《周礼》,中华书局 1980 年版。

(汉)郑玄注,(唐)唐贾公彦疏:《仪礼》,中华书局 1980 年版。

(汉)郑玄注,(唐)唐孔颖达正义:《礼记》,中华书局 1980 年版。

(魏)王弼、韩康伯注,(唐)孔颖达等正义:《周易》,中华书局 1980 年版。
(汉)孔安国传,(唐)孔颖达正义:《尚书》,中华书局 1980 年版。
(汉)毛亨传,(汉)郑玄笺,(唐)唐孔颖达正义:《诗经》,中华书局 1980 年版。
(魏)何晏集解,(宋)邢昺疏:《论语》,中华书局 1980 年版。
(晋)郭璞注,(宋)邢昺疏:《尔雅》,中华书局 1980 年版。
(汉)赵岐注,(宋)孙奭疏:《孟子》,中华书局 1980 年版。
(晋)杜预集解,(唐)孔颖达正义:《春秋左传》,中华书局 1980 年版。
(汉)何休解诂,(唐)徐彦疏:《春秋公羊传》,中华书局 1980 年版。
(晋)范宁集解,(唐)杨士勋疏:《春秋谷梁传》,中华书局 1980 年版。
(汉)司马迁著,(刘宋)裴骃集解,(唐)张守节正义:《史记》,中华书局 1959 年版。
(汉)班固著,(唐)颜师古注:《汉书》,中华书局 1962 年版。
(晋)陈寿:《三国志》,中华书局 1982 年版。
(刘宋)范晔:《后汉书》,中华书局 1965 年版。
(梁)沈约:《宋书》,中华书局 1974 年版。
(梁)萧子显:《南齐书》,中华书局 1972 年版。
(唐)姚思廉:《梁书》,中华书局 1973 年版。
(唐)姚思廉:《陈书》,中华书局 1972 年版。
(北齐)魏收:《魏书》,中华书局 1974 年版。
(唐)李百药:《北齐书》,中华书局 1972 年版。
(唐)令狐德棻:《周书》,中华书局 1971 年版。
(唐)李延寿:《南史》,中华书局 1975 年版。
(唐)李延寿:《北史》,中华书局 1974 年版。
(唐)魏征:《隋书》,中华书局 1973 年版。
(后晋)刘昫:《旧唐书》,中华书局 1975 年版。
(宋)欧阳修、宋祁:《新唐书》,中华书局 1975 年版。
(宋)薛居正:《旧五代史》,中华书局 1976 年版。
(宋)欧阳修撰,(宋)徐无党注:《新五代史》,中华书局 1974 年版。
(元)脱脱等:《宋史》,中华书局 1977 年版。
(元)脱脱等:《辽史》,中华书局 1974 年版。
(元)脱脱等:《金史》,中华书局 1975 年版。
(明)宋濂等:《元史》,中华书局 1976 年版。
(清)张廷玉等:《明史》,中华书局 1974 年版。
(宋)司马光:《资治通鉴》,中华书局 2016 年版。

赵尔巽、柯劭忞等编:《清史稿》,中华书局 1976 年版。

清徐松辑:《宋会要辑稿》,上海大东书局印刷所 1935 年版。

(三国)韦昭注:《国语》,上海古籍出版社 1982 年版。

(汉)刘向辑录,(汉)高诱注:《战国策》,上海古籍出版社 1985 年版。

(晋)郭象注,(清)王先谦集解:《庄子集解》,上海书店出版社 1986 年版。

(清)王先慎集解:《韩非子集解》,上海书店出版社 1986 年版。

(清)王先谦集解:《荀子集解》,上海书店出版社 1986 年版。

(清)孙诒让间诂:《墨子间诂》,上海书店出版社 1986 年版。

(清)戴望校正:《管子校正》,上海书店出版社 1986 年版。

(汉)高诱注:《吕氏春秋》,上海书店出版社 1986 年版。

(清)严可均校:《商君书》,上海书店出版社 1986 年版。

(汉)董仲舒:《春秋繁露》,中华书局 1975 年版。

(汉)焦赣:《焦氏易林》,河北人民出版社 1989 年版。

(汉)王符著,(清)王继培笺,彭铎校正:《潜夫论笺校正》,中华书局 1985 年版。

(晋)张湛注:《列子》,上海书店出版社 1986 年版。

(晋)干宝:《搜神记》,中华书局 1980 年版。

(汉)王充著,黄晖校释:《论衡校释》,中华书局 1990 年版。

王利器校注:《风俗通校注》,中华书局 1981 年版。

钱熙祚校:《文子》,上海书店出版社 1986 年版。

朱谦之:《老子校释》,中华书局 1984 年版。

董志翘译注:《观世音应验记三种译注》,江苏古籍出版社 2002 年版。

(后魏)贾思勰原著,缪启愉校释:《齐民要术校释》(第二版),中国农业出版社 1998 年版。

(南朝宋)刘义庆著,(南朝梁)刘教标注,余嘉锡笺疏:《世说新语笺疏》(修订本),上海古籍出版社 1993 年版。

(清)严可均辑,马志伟审订:《全三国文》,商务印书馆 1999 年版。

(梁)萧统编,(唐)李善注:《文选》,中华书局 1977 年版。

(陈)徐陵:《玉台新咏》,北京图书馆出版社 2004 年版。

(北魏)郦道元:《水经注》,上海人民出版社 1984 年版。

(北魏)杨衒之:《洛阳伽蓝记》,中华书局 1963 年版。

(北齐)颜之推:《颜氏家训》,上海书店出版社 1986 年版。

(唐)长孙无忌等:《唐律疏议》,中华书局 1985 年版。

(清)彭定求等编:《全唐诗》,中华书局 1960 年版。

(清)严可均辑:《全上古三代秦汉三国六朝文》,中华书局 1958 年版。
(唐)释道世撰,周叔迦、苏晋仁校注:《法苑珠林》,中华书局 2003 年版。
黄征、张涌泉校注:《敦煌变文校注》,中华书局 1997 年版。
(宋)李昉等编:《太平广记》,中华书局 1981 年版。
(晋)王嘉:《拾遗记》,中华书局 1981 年版。
(宋)陆游撰,李剑雄、刘德权点校:《老学庵笔记》,中华书局 1979 年版。
(清)王士祯著,靳斯仁点校:《池北偶谈》,中华书局 1984 年版。
(宋)叶绍翁:《四朝闻见录》,三秦出版社 2004 年版。
郭霭春校注:《黄帝内经素问》,人民卫生出版社 1992 年版。
(汉)张仲景著,何任校注:《金匮要略》,人民卫生出版社 1991 年版。
(晋)葛洪著,沈澍农校注:《肘后备急方》,人民卫生出版社 2016 年版。
(隋)巢元方著,丁光迪校注:《诸病源候论》,人民卫生出版社 1991 年版。
(唐)王焘编撰,高文铸校注:《外台秘要方》,华夏出版社 1993 年版。
(唐)孙思邈撰:《备急千金要方》,人民卫生出版社 1992 年版。
(唐)孙思邈撰,朱邦贤、陈文国等校注:《千金翼方》,上海古籍出版社 1999 年版。
(唐)段成式撰,方南生点校:《酉阳杂俎》,中华书局 1981 年版。
[日]长泽规矩也编:《明清俗语辞书集成》,上海古籍出版社 1989 年版。
徐朝华注:《尔雅今注》,南开大学出版社 1989 年版。
(汉)许慎撰,(清)段玉裁注:《说文解字注》,上海古籍出版社 1981 年版。
(清)朱骏声:《说文通训定声》,中华书局 1984 年版。
(梁)顾野王:《宋本玉篇》,中国书店,1983 年版。
(宋)陈彭年等编:《宋本广韵》,中国书店 1982 年版。
(宋)丁度等编:《集韵》,上海古籍出版社 1985 年版。
徐时仪校注:《一切经音义三种校本合刊》,上海古籍出版社 2008 年版。
(明)梅膺祚:《字汇》,上海辞书出版社 1991 年版。
(清)吴任臣:《字汇补》,上海辞书出版社 1991 年版。
(清)王念孙:《广雅疏证》,江苏古籍出版社 2000 年版。
(清)王引之:《经传释词》,江苏古籍出版社 2000 年版。
(唐)颜元孙撰:《干禄字书》,紫禁城出版社 1990 年版。
[日]释空海:《篆隶万象名义》,中华书局 1995 年版。
(辽)释行均撰:《龙龛手镜》,中华书局 1985 年版。
(明)宋濂撰:《篇海类编》,上海古籍出版社 1996 年版。
(明)张自烈撰:《正字通》,中国工人出版社 1996 年版。
(明)黄生撰,(清)黄承吉合按,刘宗汉点校:《字诂义府合按》,中华书局 1984

年版。
(清)俞樾撰:《古书疑义举例五种》,中华书局 1956 年版。
(清)王先谦撰:《释名疏证补》,上海古籍出版社 1984 年版。
华学诚汇证:《扬雄方言校释汇证》,中华书局 2006 年版。
徐中舒主编:《汉语大字典》,湖北辞书出版社 2006 年版。
罗竹风主编:《汉语大词典》,汉语大词典出版社 1995 年版。
冷玉龙、韦一心主编:《中华字海》,中华书局、中国友谊出版公司 1994 年版。

词条索引

后　记

本书为2016年山东省社科规划项目“魏晋南北朝道教文献词汇研究”(16CZWJ34)结项成果，书稿雏形为本人2011年的博士后出站报告《东晋南北朝古道经词汇研究》，在此基础上，进行了较大的增删与修改而成。

研究报告的写作，首先感谢我的合作导师杨端志教授。2009年我来到山东大学文学院任教，并从事博士后研究。八年来，在先生身上学到了很多，无论是为学，还是做人。杨老师早年毕业于北大中文系，他的训诂学研究在国内颇有影响，和先生交流闲谈，常可获得许多知识和信息。杨老师对我的工作和学习都很关照，书稿的出版也多蒙先生帮助，我在山大的成长凝聚了先生诸多心血。在书稿即将付梓之际，谨向先生表达最诚挚的谢意！

感谢我的硕士导师华学诚先生，华老师是我的学术道路引路人，正是由于先生的指引，我才走上了道经语言研究之路。虽已毕业多年，但老师还是对我关怀备至，感谢恩师的谆谆教导与莫大帮助。另外，还要特别感谢四川大学的俞理明、雷汉卿教授，虽未到川大求学，但两位先生对我多有提携，给过我多种形式的指导和帮助，在此致以衷心的感谢！

回顾本书的写作过程，不禁感慨良多。2009年夏天我离开了生活学习六年的华东师范大学，回到故乡。刚参加工作那两年的确可以说是“压力山大”，因为我们的身份是师资博士后，也就是说既是老师，又是博士后，不但要搞教学，还要搞研究，两者缺一不可，而且都必须做好。第一学期的主要精力花在了教学上，用了很多时间去备课，研究教材和教法，一直在思考怎样才能让学生喜欢上貌似枯燥的古代汉语课。经过不断的摸索，功夫不负有心人，我终于顺利上完了一个学期的课程。

其他时间就是看书准备课题材料。同时，也在为发文章而发愁。当时我们的出站要求是两年发表四篇CSSCI，这就像一个无形的枷锁。记得2009年冬天，有一段时间，经常失眠，晚上睡不着，早晨醒得早，经常四五点钟就醒来，再也睡不着了。后来，随着文章陆续刊出，压力总算逐渐缓解。感谢《宗教学研究》《人大复印报刊资料・宗教》《江海学刊》《汉语史研究集刊》《文献语言学》《古籍研究》《中国道教》《书品》《弘道》(香港)、《澳门文献信息学刊》(澳门)、《汉学研究通讯》(台湾)等多家刊物为书稿部分章节提供发表平台。

论文写作中，承蒙多位先生惠赐宝贵资料。感谢西北大学文学院刘百顺教授赐下大作《魏晋南北朝史书语词札记》，此书于 20 世纪 90 年代初出版，是研究中古汉语的重要参考书，可惜一直没有读到，于是我委托在西北大学工作的师姐周建姣博士帮助复印，出乎意料，刘先生后来竟亲自送我一本，不胜感激！西南民族大学文新学院周作明教授是四川大学俞理明先生的得意高足，因为都是从事中古道经语言研究，平时我们联系比较多，周老师给了我不少富有价值的文献资料，为论文修改提供了很大便利，感谢周老师对我的帮助。山东大学历史文化学院韩吉绍教授、山东大学《文史哲》编辑部孙齐博士是我的跨界好友，两位仁兄在历史学、宗教学、文献学领域颇有建树，与他们的交流使我获益良多，特此致谢！

论文修改过程中，曾就有关问题向多位学界友人请教，他们是：中南民族大学谢荣娥、中华书局张可、上海师范大学刘红妮、杭州师范大学姜黎黎，感谢她们提出的宝贵意见，文中不足概由本人负责。

感谢张树铮教授、王新华教授，两位先生和蔼可亲，对我帮助提携尤多，在此表示深深的谢意！感谢出站答辩会上，北京大学孙玉文先生、郑春教授、谭好哲教授、吉发涵教授等先生的指正赐教。同时，也要感谢学院各位领导及教研室诸位同事的关心与支持！感谢山东大学出版社原编辑董付兰牵线搭桥，使我得以结识本书编辑秦大忠先生，秦老师古道热肠，工作认真负责，此书出版多赖其鼎力相助，谨致谢忱！

当然，还要感谢家人长久以来的支持和理解，为了让我安心修改书稿，妻子主动承担了各种家务劳动，并全面负责女儿的日常起居。没有她的付出和辛劳，书稿是无法顺利完成修改的。

在上半年最忙的毕业论文答辩季，杨端志师、华学诚师拨冗赐序，使小书“蓬荜生辉”，在此向两位恩师表示衷心感谢！杜泽逊先生对此书的出版非常关注，感谢杜老师的关心和支持！

道教文献语言研究是近十多年来的一个新兴领域，由于道书内容古奥晦涩，流传过程中又多有改窜，加之版本单一，电子检索缺乏，所以道经语言研究难度很大，目前这方面的研究还非常薄弱。本书部分章节仍较为单薄，有待完善。限于课题要求、个人精力等原因，没有办法，只能等以后再慢慢弥补了。这部 40 多万字的书稿，是我近年学习道经语言交出来的一个尚不成熟的作业，不足之处一定很多，恳请各位专家学者批评指正！

刘祖国

2018 年 6 月

于山东大学兴隆山校区图书馆